Norbert Geiss Rechenknecht und Zauberlehrling

Für Marie-Luise, die kritisierte und verbesserte und
ohne die dieses Buch nicht hätte entstehen können.

Norbert Geiss

Rechenknecht und Zauberlehrling

Kulturgeschichte des Computers vom Abakus bis zur globalen Kommunikation

Frank & Timme
Verlag für wissenschaftliche Literatur

Umschlagabbildung: Kuno See (alias Konrad Zuse): *Rechnender Raum* © ZIB Berlin

ISBN 978-3-7329-0413-6

Herstellung durch Frank & Timme GmbH,
Wittelsbacherstraße 27a, 10707 Berlin.
Printed in Germany.
Gedruckt auf säurefreiem, alterungsbeständigem Papier.

www.frank-timme.de

Inhaltsverzeichnis

Einleitung

Dass die Dinge geschehen, ist nichts:
dass sie gewusst werden, ist alles.
Egon Friedell

Ein Arzt, ein Architekt und ein Computerexperte wetteifern hinsichtlich des Alters ihrer Berufe. Der Arzt sieht gute Argumente auf seiner Seite: „Schon in der Bibel steht, dass Gott dem Adam eine Rippe entnahm und daraus die Eva schuf. Die Entnahme der Rippe war offenbar eine Operation und damit ist der Arztberuf der älteste." Der Architekt lächelt und erwidert: „Ebenfalls in der Bibel steht, und noch ein Stück weiter vorne: Gott schuf die Welt aus dem Chaos – also betätigte er sich als Architekt!" Ohne zu zögern wirft der DV-Experte ein: „Und wer schuf das Chaos?"

Diese kleine Geschichte mag zwar erheitern, sie provoziert aber auch Widerspruch. Denn es wäre sicherlich zu weit gegriffen, den Computer und seine Experten im Großen und im Kleinen für alles Durcheinander und für alle Verwirrungen in dieser Welt verantwortlich machen zu wollen. Zwar wird bei Pannen und Verzögerungen im Geschäftsleben zur Entschuldigung immer wieder das Wort „Computerfehler" gemurmelt, aber nur allzu oft lässt es sich als das erkennen, worum es sich tatsächlich handelt: um eine Ausrede. Vielleicht hat jemand etwas schlichtweg vergessen oder es gibt andere Ursachen, die man dem Kunden lieber verschweigt. Ist es nicht auch Konsens, dass der Computer dabei geholfen hat, für verschiedene Lebensbereiche erst eine zuverlässige Übersicht zu gewinnen? Wie sollte man sich denn Verkehrssteuerungssysteme und eine weitgehend verlässliche Wettervorhersage ohne Computer vorstellen? Wie die zahlreichen Anwendungen in Beruf und Alltag?

Zweifellos ist der maschinelle Helfer heutzutage in das Leben der Menschen integriert und er wird von den allermeisten akzeptiert. Aber birgt er nicht auch Risiken, schafft er nicht auch ein Gefahrenpotenzial, das meist auf den ersten Blick nicht erkennbar ist, aber doch gravierende Auswirkungen haben kann? Ist die Eingangsgeschichte mit dem Chaos also doch nicht so verkehrt?

Eine Antwort auf diese Fragen verlangt eine intensivere Beschäftigung mit der uns umgebenden dichten und kaum zu durchschauenden digitalen Informationsvielfalt. Dabei erleichtert die Einbeziehung früherer Entwicklungsphasen ganz erheblich das Verständnis des Gegenwärtigen. In diesem Buch geht es um die Darstellung jenes historisch gewachsenen vielfältigen Bedeutungs- und Wirkungsgeflechtes, in dessen Zentrum Mensch und Computer stehen, der eine als Herr und Meister des Geschehens, der andere als dienstbereiter Rechenknecht. So zumindest entspricht es der erwünschten Rollenverteilung.

Wenn allerdings der eigentlich Abhängige von seinem Meister die eine oder andere Fähigkeit übernimmt und schließlich eigenmächtig handelt, kann es durchaus zu unerwünschten Geschehnissen und gefährlichen Entwicklungen kommen. In seiner berühmten Ballade „Der Zauberlehrling“ hat Joh. Wolfgang von Goethe einen solchen Vorgang dargestellt. Als nämlich der Zauberlehrling allein zu Hause ist, probiert er einen Zauberspruch seines Meisters aus. Er verwandelt einen Besen in einen Knecht, den er Wasser in eine Badewanne schleppen lässt. Als schließlich die Wanne überläuft und das Haus überschwemmt ist, gelingt es dem Zauberlehrling nicht, den Vorgang zu beenden, und er muss erkennen: „Die ich rief, die Geister, werd ich nun nicht los.“ Erst als der Meister zurückkommt, kann dieser das unheilvolle Geschehen beenden.

Nicht nur der Goethe'sche Zauberlehrling erlaubt sich Handlungen, die seine Fähigkeiten und Entscheidungsspielräume überschreiten, auch der Computer mutiert zuweilen zum Zauberlehrling. Und noch fataler sind Situationen, bei denen sich die Rollenverteilung umkehrt. Dann wird der Rechenknecht zu einem Zauberlehrling, der seinem Meister Befehle gibt, ihn ängstigt oder gar bedroht.

Aber was ist überhaupt ein Computer? Für die meisten Menschen öffnet sich bei diesem Begriff ein inneres Bild mit den Komponenten Bildschirm, Tastatur, Maus, vielleicht mit einem DVD-Laufwerk, einer Festplatte und noch einigen „Innereien“, beispielsweise dem Hauptspeicher und dem Prozessor (CPU). Aber es gibt auch Computer, die ganz anders aussehen, z. B. die Millionen unscheinbarer Mikroprozessoren, die in Autos oder Flugzeugen, Herz-Lungen-Maschinen und Digitalkameras eingebaut sind und dort unauffällig ihre Arbeit verrichten. Und handelt es sich bei einem Taschenrechner oder bei einem Mobiltelefon vielleicht ebenfalls um einen Computer?

Bei so viel Unsicherheit ist eine begriffliche Klärung unverzichtbar, für die Sprachgeschichte und Sprachgebrauch hilfreich sind. Der Begriff Computer leitet sich ab vom lateinischen Verb „computare“, das die Tätigkeiten Zusammenrechnen, Berechnen, Abrechnen meint. Danach lässt sich jedes Rechenhilfsmittel als Computer, also als Rechner bezeichnen. Konkret handelt es sich um Rechengeräte, Rechenmaschinen, Rechenautomaten, Rechenanlagen, Datenverarbeitungsanlagen, Informationsgeräte und rechnergesteuerte Kommunikationssysteme – um Geräte also, bei denen das Rechnen eine zentrale Funktion ist. Diese weit gefasste Begriffsbestimmung gestattet den Blick auf wichtige Zusammenhänge, und sie reicht bewusst über die häufig anzutreffende Beschränkung auf elektronische Digitalcomputer hinaus. Im 19. und 20. Jahrhundert wurden in England und den USA sogar Menschen, deren Berufstätigkeit das Erstellen mathematischer und sonstiger Tabellen war, als Computer bezeichnet.

Als in den 40er Jahren des 20. Jahrhunderts die ersten „Elektronengehirne“ aufkamen, fielen sie keineswegs als eine Art Überraschungsgeschenk vom Himmel. Sie sind auch nicht einem einzigen genialen Schöpfer zu verdanken, sondern einer Vielzahl von Erfindern, die alle auf Vorgefundenem aufbauten. In seiner langen Geschichte hatte der Computer mancherlei Erscheinungsformen und Namen. So hieß er beispielsweise bei den Römern Abakus, in der frühen Neuzeit Rechenbrett und später Rechenmaschine. Der Lochkartenmaschine folgte schließlich der elektronische Computer.

Die Geschichte der Menschheit ist nicht zuletzt eine Geschichte des technischen Fortschritts, der immer wieder zu veränderten Lebensbedingungen führt und zu gewandelten gesellschaftlichen und individuellen Verhaltensweisen beiträgt. Bei einem historischen Vergleich wird offenkundig, dass Ausmaß und Geschwindigkeit der Veränderungen nicht zu allen Zeiten gleich waren. Es dauerte Jahrtausende, bis nach dem Auftauchen des Abakus die Entwicklung von Rechenmaschinen begann. Von da an vergingen immerhin noch 260 Jahre bis zur Erfindung der Lochkartenmaschinen, aber nur noch etwa 60 weitere Jahre bis zu den ersten elektronischen Computern. Auf die ersten Heimcomputer und PCs sowie auf das Internet musste man noch drei bis vier Jahrzehnte warten und auf das benutzerfreundliche „World Wide Web" nur noch wenige weitere Jahre. Seit dem 20. Jahrhundert – und ganz besonders seit der letzten Jahrhundertwende – erlebten die Menschen in kurzer Zeit so massive Neuerungen, wie sie zuvor unvorstellbar waren. Nichts spricht dafür, dass sich diese Entwicklung verlangsamen wird – ganz im Gegenteil. Die Fähigkeit, aus dem Fortschritt gezielt Nutzen zu ziehen und gleichzeitig zu erkennen, dass es auch hier ein Zuviel geben kann, das die Grenzen des dem Menschen Zuträglichen überschreitet, gehört jedoch zu den wichtigen Qualifikationen, die ein Mensch des 21. Jahrhunderts erwerben muss.

Der moderne elektronische Computer ist eine jener Erfindungen, die einen außergewöhnlich starken Schub an Veränderungen und Neuerungen auslösten. Damit wurde ein Füllhorn von Möglichkeiten geöffnet, die auch heute noch nicht ganz überschaubar sind und unsere Lebenswirklichkeit in einem Ausmaß verändern wie kaum eine andere Innovation. Da es nur noch wenige Bereiche gibt, in denen das menschliche Handeln nicht durch Computer beeinflusst wird, wäre eine Aufzählung von Anwendungsfeldern – sei sie auch noch so umfangreich – ein vergebliches Unterfangen.

In diesem Buch wird der Frage nachgegangen, welche Rolle die Computer verschiedener Zeiten im Leben der Menschen spielten. Dabei wird untersucht, in welchem Ausmaß häuslicher Alltag und Beruf beeinflusst wurden und welche gesellschaftlichen Auswirkungen festzustellen sind, z. B. in Politik und Wirtschaft, Literatur und Kunst. Daneben ist zu klären, welche Gestaltungskräfte dafür verantwortlich waren, welche Computer entwickelt und in welcher Art sie gesteuert und genutzt wurden. Die Wirkungskräfte gehen also in zwei Richtungen: Der Mensch ist als Anwender Nutznießer; durch seine Tätigkeit am Bildschirm sowie als Objekt in oft riesigen Datenbanken kann er aber in mancherlei Hinsicht zum Opfer werden. Dabei ist er gleichzeitig als Erfinder und Ingenieur, Unternehmer und Politiker, Konsument und Händler eine gestaltende Kraft. Diese wechselseitigen Einflüsse gilt es zu bedenken, wenngleich es kaum möglich ist, sie vollständig in ihrem historischen Umfeld darzustellen.

Die Geschichte des Computers zeigt, dass jeder Erfinder gesellschaftlichen Einflüssen ausgesetzt ist, die sein Denken und Handeln beeinflussen. Er antwortet auf Anregungen aus seiner Umwelt oder auf Notwendigkeiten, die er glaubt aus Gegenwart oder Zukunft ablesen zu können. Eine Erfindung erlangt jedoch nur dann Bedeutung für die Gesellschaft, wenn sie als neues Produkt oder Verfahren in nennenswertem Umfang zur Anwendung gelangt, wenn sie also zur Innovation wird und reale Spuren hinterlässt. Eine Erfindung, die niemals das Studierzimmer oder das Labor oder die Werkstatt ihres Schöpfers verlässt, ist zumindest zunächst einmal für die Menschheit bedeutungslos. Erfolgt eine Innovation noch zu Lebzeiten des Erfinders, so wie die Lochkartenmaschinen von Herman Hollerith, dann hat er die Chance, erfolgreich zu sein. Bekanntlich ist dies nicht die Regel. Stattdessen erfahren manche bahnbrechende Erfindungen, wie beispielsweise die frühen Rechenmaschinen von Wilhelm Schickard und Gottfried Wilhelm Leibniz sowie die Analytische Maschine von Charles Babbage zunächst relativ wenig Beachtung und werden vergessen. Zuweilen führen sie erst mehr oder weniger lange nach dem Tod des Erfinders zur Innovation. Dann erntet ein anderer die Früchte, häufig nicht ohne Erweiterungen und Verbesserungen gegenüber dem ursprünglichen Konzept.

„Computer“ erleichterten den Menschen seit mindestens zweieinhalb Jahrtausenden die mühsame Rechenarbeit. Sie standen meist dann zur Verfügung, wenn sie gebraucht wurden und konnten ohne weiteres unbeachtet bleiben, wenn man ihrer nicht mehr bedurfte. Für den größten Teil dieser Zeitspanne entschied der Mensch, wie er mit ihnen umgehen wollte, und bestimmte das Arbeitstempo; er war der Herr, das Gerät der Rechenknecht.

Aber schon die zur Buchungs- und Fakturiermaschine weiterentwickelte Rechenmaschine stellte nun ihrerseits Anforderungen an den Menschen, an seine Konzentrationsfähigkeit, seine manuelle Geschicklichkeit und auch an die Organisation des Betriebs, in dem sie eingesetzt wurde. Diese Entwicklung wurde durch Lochkartenmaschinen und moderne Computer verstärkt. So hatten beispielsweise die Angestellten in einem kaufmännischen Betrieb bestimmte Daten zu einer vorgegebenen Uhrzeit komplett dem Rechenzentrum zu übergeben. Aktuelle Daten über Artikel und Kunden waren nicht mehr permanent am Arbeitsplatz verfügbar, sondern erst dann, wenn aus dem Rechenzentrum eine neue ausgedruckte Liste kam. Und da gab es Erfassungsformulare und Bildschirmmasken, die von den Mitarbeitern konkrete Vorgehensweisen erzwangen und Abweichungen davon nicht zuließen. Es konnte der Eindruck entstehen, dass in bestimmten Situationen nicht mehr der Mensch Arbeitsinhalte und Arbeitsrhythmus bestimmte, sondern der Computer. Hatte sich hier vielleicht bereits der Zauberlehrling selbständig gemacht und trotz seiner unvollkommenen Möglichkeiten zu zaubern angefangen?

Schon die Lochkartenmaschine besaß Fähigkeiten, die über das Rechnen hinausführten: Man konnte damit auch alphabetische Zeichen sowie Sonderzeichen wie Punkt, Komma, Fragezeichen dauerhaft speichern. Dies gelang, indem man auch diese Zeichen als Ziffern verschlüsselte. Jetzt konnten sowohl Zahlen als auch Buchstaben und Sonderzeichen miteinander verglichen und die Daten nach bestimmten Merkmalen sortiert werden. Das maschinelle Suchen von bestimmten Begriffen oder Zahlen in größeren Datenbeständen war nun problemlos möglich geworden und erleichterte viele Anwendungen. Auch hier werden die dem „Rechenknecht" ursprünglich anvertrauten Aufgaben vermehrt und erweitert. Beim modernen Computer hat man den Eindruck, dass dieser Maschine nichts unmöglich ist und ihre Leistungsfähigkeit die eines einzelnen Menschen bei weitem übersteigt. Also doch ein Zauberlehrling, der es seinem Herrn und Meister nicht nur gleichtun, sondern ihn gar übertreffen will? Muss man vor dieser Maschine auf der Hut sein, weil sie eines Tages die Menschen beherrschen könnte? Solche Schreckensvorstellungen gab und gibt es – und nicht nur in Science-Fiction-Romanen. Sie gehören mit zur Geschichte des Computers und sie werden dem Leser in diesem Buch begegnen.

Trotz der Anwendungsvielfalt, die weit über das Rechnen hinausführt, ist es gerechtfertigt, diese Universalmaschine als Computer zu bezeichnen, als Rechner. Auf den ersten Blick scheint der Begriff in die Irre zu führen, da ja seit vielen Jahren damit nicht nur Zahlen, sondern auch Texte, grafische Darstellungen oder Musik gespeichert und bearbeitet werden können. Aber eine nähere Beschäftigung mit der Arbeitsweise des Computers lässt erkennen, dass alle diese Objekte intern als Zahlen dargestellt werden und der Umgang damit im Speichern, Vergleichen und Verändern von Zahlen besteht. Damit wird – zumindest unter formalem Aspekt – eine Aussage bestätigt, die dem vor mehr als 2.500 Jahren lebenden Philosophen und Mathematiker Pythagoras (um 570 – 500 v. Chr.) zugeschrieben wird: „Alles ist Zahl."

In diesem Buch geht es nicht darum, technische Details zu den Computern verschiedener Zeiten auszubreiten. Allerdings kann nicht auf eine kurze Erläuterung grundsätzlicher technischer Merkmale verzichtet werden, denn nur so wird verständlich, welche Neuerungen und welche Eigenschaften ein Gerät, eine Maschine oder ein Verfahren den Vorgängern gegenüber überlegen machte und diese verdrängte. Das Ausmaß, mit dem technische Geräte verbreitet und genutzt werden, hängt aber nicht nur von ihrer Leistungsfähigkeit ab; vor allem im Industriezeitalter spielt eine Reihe weiterer Faktoren eine Rolle, etwa die Art und Weise der Präsentation in der Öffentlichkeit oder das Image von Herstellern oder Händlern. Hier muss das Blickfeld also erweitert werden, beispielsweise auf die Vertriebsstrategien von Unternehmen oder auf die Beweggründe handelnder Personen, seien es nun Erfinder, Unternehmer oder Benutzer.

Schließlich noch zwei Hinweise: Die Anmerkungen im Text enthalten ausschließlich Quellenangaben. Sie sind zum Verständnis des Inhaltes nicht notwendig und können gewöhnlich unbeachtet bleiben. Zitate fremdsprachiger Texte wurden in deutscher Übersetzung wiedergegeben.

Genug der einleitenden Worte – der Weg durch die ereignisreiche Geschichte des Computers kann beginnen.

Abakus und Rechenbrett – die Rechengeräte der Jahrtausende

Rechnen mit dem Abakus

> *Freundschaften dauern nicht länger, als Nutzen sie bringen;*
> *hin und her auf dem Brett schiebt man berechnend den Stein.*
> *Titus Petronius Arbiter*

An einem schönen Frühsommerabend des Jahres 60 n. Chr. sitzt L. Caecilius Iucundus in einem ruhigen Zimmer seines Hauses in Pompeji. Er ist gerade damit beschäftigt, zwei am nächsten Tag fällige Ausgabeposten zu addieren, die er fast vergessen hätte. Iucundus ist Bankier und er gehört zu den wohlhabenderen Bürgern der Stadt, wenngleich nicht zu den auffällig reichen. Er lebt davon, Kredite zu gewähren und weitere Bankgeschäfte anzubieten; so wechselt er Geld, führt für seine Kunden Zahlungsanweisungen aus, berät und hilft bei An- und Verkäufen und bewahrt auf Wunsch Geld auf. Oft ergeben sich diese Dienstleistungen aus seinem zweiten Geschäftsbereich, der Durchführung von Versteigerungen. Iucundus streckt dem Käufer den Kaufpreis vor, wenn dieser gerade nicht über die Summe verfügen kann, und zahlt an den Verkäufer sofort den gesamten Betrag aus. Wie überlieferte Quittungen in Form von Wachstäfelchen belegen, gehörten zu den versteigerten Gütern – die meist aus Erbschaften stammten – Möbel, Leinen und Maultiere, aber auch Sklaven. In seinem dritten Tätigkeitsfeld würden viele Caecilius Iucundus lieber nicht kennenlernen; aber an dieser „Geschäftsbeziehung“ zu rütteln, liegt nicht in ihrer Macht, denn er ist auch noch städtischer Steuerpächter und treibt für die Kommune Pompeji Steuern ein.[1]

Sein Verdienst besteht in Gebühren und Provisionen, die bei Auktionen allerdings nur bescheidene ein bis zwei Prozent des Verkaufserlöses betragen. Bei einem so intensiven Umgang mit Geld bei gleichzeitig geringem Gewinn muss er natürlich auf der Hut sein, um den Überblick zu behalten und nicht in Schwierigkeiten zu geraten: Schließlich wäre er nicht der Erste, der bei Bankgeschäften sein Vermögen eingebüßt hätte. Aus eigenem Interesse stellt er folglich Einnahmen und Ausgaben unter Berücksichtigung der Zahlungstermine sorgfältig einander gegenüber. Wohl hat er seine Sklaven, die für die tägliche Rechnerei zuständig sind, aber letztlich ist doch er dafür verantwortlich, dass seine eigene Zahlungsfähigkeit gewährleistet bleibt: Caecilius Iucundus muss also rechnen und immer wieder rechnen.

Aber wie ging er dabei praktisch vor, welcher Verfahren oder Hilfsmittel bediente er sich dabei? Vielleicht war er ein guter Kopfrechner und konnte die beiden Posten von 2783 und 458 Sesterzen ganz beiläufig zu 3241 addieren. Vielleicht scheute er aber auch diesen Rechenweg und zog eine Methode vor, mit der er langsamer, aber dafür sicherer zu einem Ergebnis kommen konnte. Was liegt für uns näher als zu vermuten, dass er, so wie wir, wenn wir keinen elektronischen Taschenrechner zur Hand haben, ein schriftliches Rechenverfahren anwenden würde. Allerdings erscheint die Ausgangssituation etwas befremdlich, wenn die beiden Zahlen in die zu seiner Zeit üblichen römischen Zahlzeichen übersetzt sind: ∞∞DCCLXXXIII und CCCCLVIII. Wenn man verstehen will, welche Schwierigkeiten sich über große historische Zeiträume den Menschen beim Rechnen entgegenstellten und warum zu bestimmten Zeiten gewisse Lösungsmöglichkeiten bevorzugt wurden, lohnt sich ein Ausflug in das Gebiet der römischen Zahlen, die bis ins 15. und 16. Jahrhundert in Europa vorherrschten. Auch heute begegnen uns gelegentlich noch diese Zeichen, vor allem als Jahreszahlen bei Gebäudeinschriften und als Kennzeichnung von Buchkapiteln, und meist können wir sie mit etwas Mühe in heute gebräuchliche Zahlen übersetzen. Bei der Darstellung römischer Zahlen werden überwiegend die folgenden Symbole verwendet:

Wert:	1	5	10	50	100	500	1000	5000	10.000	50.000	100.000	1.000.000
Zahl-zeichen	I	V	X	L	C	I) oder D	(I) oder ∞ oder M	I))	((I))	I)))	(((I)))	⌈X⌉

Bei der Schreibweise M für Tausend ist zu beachten, dass sie erst im Mittelalter üblich wurde. Neben den dargestellten existierten noch besondere Zeichen für Brüche. Während die Babylonier und Ägypter schon Jahrtausende früher mit der Zahl „Null“, mit dem „Nichts“, operierten, war sie den Römern unbekannt.

Das römische Zahlensystem beruht auf einem additiven Konstruktionsprinzip, d. h. hier wird jede Zahl durch eine Folge von Zeichen ausgedrückt, wobei ursprünglich kein Einzelzeichen häufiger als vier Mal vorkommen durfte. Zwar war es üblich, die Zeichen in der Folge fallender Werte zu ordnen, aber wenn man auf rasche Lesbarkeit verzichten würde, ließe sich beispielsweise die Zahl 2783 durchaus in einer beliebigen Reihung ausdrücken, z. B. als IXC∞CXLXI∞ID. Diese Beliebigkeit additiver Zahlensysteme wurde noch in der Barockzeit für Chronogramme genutzt, d. h. für Jahreszahlen, die in kurzen Inschriften versteckt sind. Dabei werden die römischen Zahlzeichen meist durch Großschreibung hervorgehoben und sie führen durch Addition zu der dargestellten Jahreszahl. Beispiele für diese barocke Spielerei lassen sich im Kloster Schöntal an der Jagst bewundern, wo die rege Bautätigkeit des sprachgewaltigen Abtes Benedikt Knittel auch zahlreiche Steininschriften hinterließ. Am Nordeingang der Klosterkirche findet sich über der Darstellung von Maria mit Kind (siehe Abbildung auf der folgenden Seite) ein Chronogramm mit dem Text

hIer Ist Der sChLVsseL zVM eIngang.

Die enthaltenen Zahlzeichen I + I + D + C + L + V + L + V + M + I lassen sich leichter lesen, wenn man sie zunächst in die gewohnte Reihenfolge bringt, nämlich

MDCLLVVIII oder
MDCCXIII = 1713

Es gibt jedoch eine weitere Schreibweise römischer Zahlen, bei der die vorgegebene Reihenfolge zwingend beibehalten werden muss. Dies ist dann der Fall, wenn z. B. VI der Zahl 6 entspricht und IV der Zahl 4. Ein niederwertiges Zahlensymbol direkt vor dem benachbarten höherwertigen bedeutete jetzt eine Subtraktion (z. B. IV = 5 - 1), bei umgekehrter Konstellation blieb es bei der Addition (z. B. VI = 5 + 1). Der Vorteil dieser Änderung: für die Zahl 4 sind jetzt nicht mehr vier Zahlzeichen (IIII) erforderlich, sondern nur noch zwei (IV). Im Prinzip blieb das additive System erhalten, wurde aber um positionsabhängige Komponenten ergänzt. Die Ausgangsaufgabe (2783 + 458) würde sich bei der zuletzt genannten Schreibweise folgendermaßen darstellen:

∞∞DCCLXXXIII
\+ CDLVIII

Chronogramm aus dem Kloster Schöntal an der Jagst

Hier mit den uns geläufigen Rechenregeln zu dem Ergebnis ∞∞∞CCXXXXI oder ∞∞∞CCXLI zu kommen, gelingt bestenfalls auf mühsamen und zeitraubenden Umwegen.

Aber zurück zu Caecilius Iucundus. Nehmen wir an, dass noch die zu erwartenden Gesamteinnahmen von 27 Steuerschuldnern zu berechnen seien, wenn von diesen jeder 268 Sesterzen zu zahlen habe. Während mit dem Taschenrechner der Zeitaufwand für diese Multiplikation praktisch nicht größer ist als für eine Addition, sieht die Sache mit römischen Zahlen anders aus, denn bei CCLXVIII mal XXVII versagen die uns bekannten Rechenregeln kläglich.

Oder sehen wir uns die Wandinschrift eines Witzboldes an, die über viele Jahrhunderte durch meterhohe Lavaschichten bedeckt war, nachdem der Vesuv bei seinem katastrophalen Ausbruch im Jahre 79 n. Chr. in der Stadt Pompeji alles Leben abrupt erstickte:

Ich beantrage, die Stadtkasse aufzuteilen;
Denn unsere Stadtkasse verfügt über eine Menge Geld.[2]

Hätte jemand wissen wollen, wie viel jeder bei der – allerdings ziemlich unwahrscheinlichen – Verwirklichung des Vorschlags erhalten hätte, wäre es erforderlich gewesen, den in der Stadtkasse verfügbaren Betrag durch die Zahl der Einwohner zu teilen.

Weitaus schwierigere Rechenaufgaben mussten bewältigt werden, so beispielsweise die Berechnung von Zinsen oder die Ermittlung der Breite einer Bleiplatte, die zusammengebogen und verlötet ein Rohr mit einem bestimmten Querschnitt ergeben sollte. Nicht nur Sextus Julius Frontinus, der Direktor der städtischen Wasserwerke Roms um 100 n. Chr. kannte sehr genau den für die Umfangberechnung von Rohren notwendigen Wert von π, der sich als 22/7 oder 3 + 1/7 ausdrücken lässt.[3]

All diese Rechenaufgaben waren für die Römer lösbar. Und auch Caecilius Iucundus wird sowohl bei den als Beispiel verwendeten als auch bei vielen anderen Berechnungen zum richtigen Ergebnis gekommen sein, weil es ihm sonst nicht gelungen wäre, hauptsächlich in den Jahren 53 bis 62 n. Chr. Geschäfte im Gesamtvolumen von etwas über 300.000 Sesterzen abzuwickeln.[4]

Aber wie gingen die Römer vor, wenn es Rechenaufgaben zu lösen galt, die im Kopf nicht mehr zu bewältigen waren? Dazu empfiehlt sich ein kleiner Ausflug in den Bereich der Zahlen und der sie ausdrückenden Symbole.

Zahlen lassen sich am einfachsten durch eine entsprechende Anzahl von Elementen ausdrücken, z. B. durch Steine, Knöpfe oder Striche auf einer Wachstafel. Aber schon bei Zahlen mittlerer Größenordnung wird das sehr mühsam. Die Idee, mehrere Elemente durch ein Zahlzeichen auszudrücken, mehrere Elemente also zu bündeln, liegt da auf der Hand. Das römische Zahlensystem arbeitet mit solchen Bündelungen. Beispielsweise wird die Zahl 17 wie folgt ausgedrückt:

```
I I I I I I I I I I   I I I I I   I I
└─────────────────┘   └───────┘
         X                V       I I  =  XVII
```

Während das Symbol X also zehn Elemente bündelt, sind es bei V nur 5. Für Menschen des 21. Jahrhunderts ist es verwirrend, dass für die zweistellige Zahl 11 zwar wie gewohnt zwei Zeichen, nämlich XI, für die zweistellige Zahl 89 in der ursprünglichen römischen Schreibweise aber neun Zeichen, nämlich LXXXVIIII, benötigt werden.

Aus dem römischen Zahlensystem lässt sich nun eine einfache Rechentechnik ableiten, um zwei oder mehr Zahlen mittels Addition oder Subtraktion zu einem Ergebnis zu verknüpfen. Angenommen von 17 sollen 9 subtrahiert werden. Selbst für jemanden, der keine Rechenregeln beherrscht, ist diese Aufgabe lösbar, wenn er nur zählen kann. Er müsste zunächst die Zahl 17 durch die entsprechende Zahl von Steinen oder Knöpfen oder Strichen ausdrücken. Um davon 9 zu subtrahieren, sind nun 9 Elemente wegzunehmen oder auszulöschen, der verbleibende Rest muss dann gezählt werden. Bei größeren Zahlen ist ein solches Verfahren allerdings sehr zeitraubend und deshalb praktisch nicht durchführbar.

Den römischen Kaufleuten, den staatlichen Rechnungskammern, Landvermessern und Ingenieuren sind die notwendigen Berechnungen trotz des dafür ungeeigneten römischen Zahlensystems gelungen, weil sie ein ebenso effizientes wie geniales Hilfsmittel einsetzten, den Abakus (Pluralform: ebenfalls Abakus). Im Prinzip genügen dafür Spalten, die in Holz oder Stein eingeritzt oder auf Sand gezeichnet sind, und bewegliche Elemente, z. B. Steinchen. Wohl hat sich das Aussehen des Abakus im Laufe seiner langen Geschichte im Detail verändert – entweder um eine bessere Übersichtlichkeit zu erreichen, um die Rechengeschwindigkeit zu erhöhen oder um dem Auge mehr zu gefallen –, aber das Grundkonzept ist gleich geblieben.

Zurück zum Eingangsbeispiel: Die Zahl 2783 lässt sich auf einem in Spalten eingeteilten Rechenbrett mittels Steinchen darstellen (s. nächste Seite). Weil der Wert eines Steines davon abhängt, in welcher Spalte des Abakus er sich befindet, spricht man von einem Stellenwertsystem. So kommt einem Stein im Tausenderstreifen der zehnfache Zahlenwert eines Steins im Hunderterstreifen zu. Um nun mithilfe des Abakus zur obigen Zahl 458 zu addieren, legt man in den Einerstreifen noch 8 Steine hinzu, in den Zehnerstreifen noch 5 und in den Hunderterstreifen noch 4. Da in einem Streifen aber nicht mehr als 9 Steine zulässig sind, muss man bei einer höheren Zahl 10 Steine entfernen und dafür einen Stein in den links benachbarten – höherwertigen – Streifen legen (Stellenwertsystem mit Zehnerstufung). Das Ergebnis lässt sich dann leicht ablesen und muss nur noch in die römische Zahlschrift „übersetzt" werden.

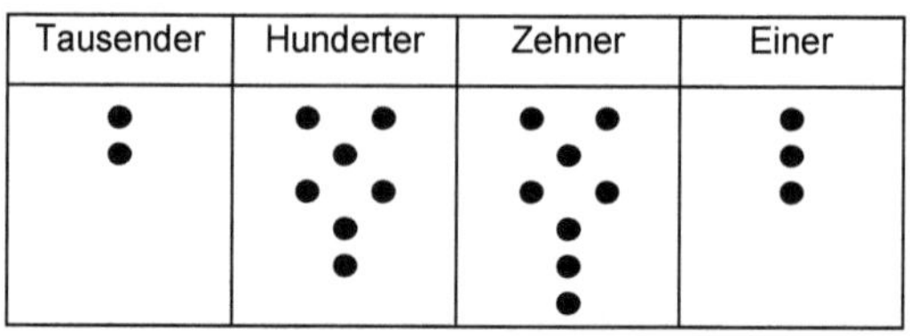

Die Multiplikation erfolgte in allen Zeitaltern durch die Bildung von Teilprodukten, wobei mit den beiden höchsten Faktorstellen begonnen und von da schrittweise abwärts gegangen wird. In modernen Zahlen ausgedrückt stellt sich das Verfahren wie folgt dar: 14 • 23 beispielsweise ergibt 10 • 20 = 200, 4 • 20 = 80, 10 • 3 = 30 und 4 • 3 = 12, also insgesamt 322. Zwischenergebnisse wurden in einer besonderen Darstellungsweise mit den Fingern festgehalten. Ein Nachteil des Rechenbretts besteht darin, dass jeder Rechenschritt den vorausgegangenen zerstört. Um zu verhindern, dass bei einem Fehler der ganze Rechenvorgang wiederholt werden musste, wurden Zwischenergebnisse auch auf Wachstäfelchen geschrieben. Wahrscheinlich wendete man beim Multiplizieren auch schon die für das frühe Mittelalter belegte

Technik des fortgesetzten Verdoppelns an: Um beispielsweise 219 mit 32 zu multiplizieren, kann man die Zahl 219 verdoppeln, das Ergebnis wird wiederum verdoppelt – was der Multiplikation mit 4 entspricht – und das jeweilige Ergebnis noch drei Mal verdoppelt. Anstelle dieser mit dem Rechenbrett ziemlich umständlichen Verfahren wurden aber auch vorgegebene Multiplikationstabellen eingesetzt.

Auch die Division war möglich. Die Berechnung mithilfe des Abakus ist etwas kompliziert und erfordert einen höheren Zeitaufwand. Will man etwa 577 durch 26 dividieren, so muss man von dem auf dem Rechenbrett dargestellten Ausgangswert so oft 26 subtrahieren, bis ein Rest unter 26 bleibt. Man erhält also den Quotienten 22 und einen Rest von 5.

Tatsächlich wurde das oben dargestellte Schema eines Abakus bei den Griechen und Römern in dieser einfachen Form nicht realisiert. Sie nutzten die Bündelung von je fünf Einheiten (V bei den Einern, L bei den Zehnern und D bei den Hundertern), was ein rasches und sicheres Ablesen von Ergebnissen ermöglichte. Dieses Verfahren wird in einem späteren Abschnitt erläutert.

In der Hand versierter Abakusrechner lassen sich durch die Verwendung besonderer Techniken die Nachteile bei Multiplikation und Division vermindern und die Rechengeschwindigkeit erhöhen. Durch das Notieren von Ausgangswerten und Zwischenergebnissen auf Wachstäfelchen oder – erst ab dem späten Mittelalter – auf Papier konnte die Zuverlässigkeit der Ergebnisse verbessert werden. Wer selbst mit einem Abakus rechnet, kommt wahrscheinlich zu der Auffassung, dass seine Benutzung viel einfacher ist und rascher zu Ergebnissen führt als die Erklärung seiner Arbeitsweise.

Wie groß die Leistungsfähigkeit dieses Jahrtausende alten „Computers“ ist, zeigt ein im Jahr 1946 von dem amerikanischen Journal „Stars and Stripes“ in Tokio durchgeführter Rechenwettkampf zwischen einem Japaner mit einem Soroban (der japanischen Version des Abakus) und einem Amerikaner mit einem elektrischen Tischrechner. Mit Ausnahme der Multiplikation sehr großer Zahlen war der Abakus das schnellere Rechengerät.[5]

Das archäologische Erbe

Mit einem wie oben dargestellten „Einfach-Abakus“ ließe sich also durchaus rechnen. Tatsächlich sind aber die uns bekannten römischen Abakus bedienerfreundlicher und häufig auch leistungsfähiger, indem sie beispielsweise auch die für den Alltag so wichtige Bruchrechnung ermöglichen.

Die Annäherung an dieses kulturgeschichtlich bedeutsame Rechengerät soll auf der begrifflichen Ebene beginnen. Das Wort Abakus (von griechisch abax, abakion;

lateinisch abacus) deckte in der antiken Welt eine Vielzahl von Bedeutungen ab. Im Allgemeinen verstand man darunter eine dünne Platte oder eine ebene Tafel, aber nachdem viele Gegenstände diese Eigenschaft haben, konnte damit eine Rechentafel, ein Spielbrett, eine Tischplatte oder ein Tisch, eine Abdeckungsplatte des ionischen und korinthischen Kapitells oder eine Wandbekleidung aus Stuck gemeint sein. Hier interessiert nur das Rechengerät der Antike, das es in zwei Ausführungen gab: einerseits als Rechenbrett oder Rechentisch mit beweglichen Rechensteinen und andererseits als Handabakus mit in Schlitzen verankerten beweglichen Rechenknöpfen. Vom Handabakus sind drei Exemplare überliefert und von zwei weiteren liegen Beschreibungen und Abbildungen vor. Von den römischen Rechenbrettern und -tischen blieb kein einziges Exemplar erhalten, lediglich einige Abbildungen sind anschauliche Zeugen. Die verwendeten Rechensteinchen (calculi) hingegen wurden überall in Italien und in den römisch beherrschten Gebieten gefunden. Es handelt sich um flache, nach oben gewölbte Scheiben mit einer ebenen Grundfläche, deren Durchmesser üblicherweise zwischen 1,25 und 2 cm beträgt. Hergestellt wurden sie aus Knochen oder Elfenbein, häufig bestehen sie aus Glas, zuweilen wurden auch abgerundete Scherben von Töpfereiwaren verwendet. Man kann davon ausgehen, dass ein Teil der Calculi als Figuren von Brettspielen eingesetzt wurde oder aber, je nach Bedarf, wechselweise Rechen- oder Spielzwecken dienten. Der gut funktionierende Handel und eine differenzierte Gütererzeugung verlangten nach Geld und Messgrößen, was wiederum zur Notwendigkeit des Rechnens führte.

Ein Blick auf körperlich oder bildlich überlieferte Abakus verhilft zu einem besseren Verständnis. Die französische Nationalbibliothek in Paris (BnF) verfügt über einen besonders gut erhaltenen Handabakus aus dem 2. bis 3. Jahrhundert (s. Schemazeichnung auf Seite 23), der mit 12,5 auf 8 cm nur wenig größer ist als eine Postkarte und für den der moderne Begriff Taschenrechner wirklich zutreffend wäre.

Im Gegensatz zu größeren Rechenbrettern, bei denen mit frei beweglichen Rechensteinen gearbeitet wurde, laufen beim Handabakus die Knöpfchen (*claviculi*) in Schlitzreihen (*alveoli*), die durch einen Mittelsteg voneinander getrennt sind. Da hierbei die bei der Zahlendarstellung nicht erforderlichen Steine nicht entfernt werden können, verkörpern die Knöpfchen nur dann einen Zahlenwert, wenn sie unmittelbar an den mit Zahlzeichen versehenen Steg herangeschoben sind.

Mit Ausnahme der rechten Halbreihe finden sich in den unteren Schlitzreihen vier Knöpfchen und in den oberen ein Knöpfchen. Die obere Reihe hat die Funktion einer Fünferbündelung für den betreffenden Stellenwert (Einer, Zehner, Hunderter usw.). Sind alle Knöpfchen einer vollständigen Schlitzreihe zum Mittelsteg hin geschoben, werden damit 9 Elemente des betreffenden Stellenwertes ausgedrückt.

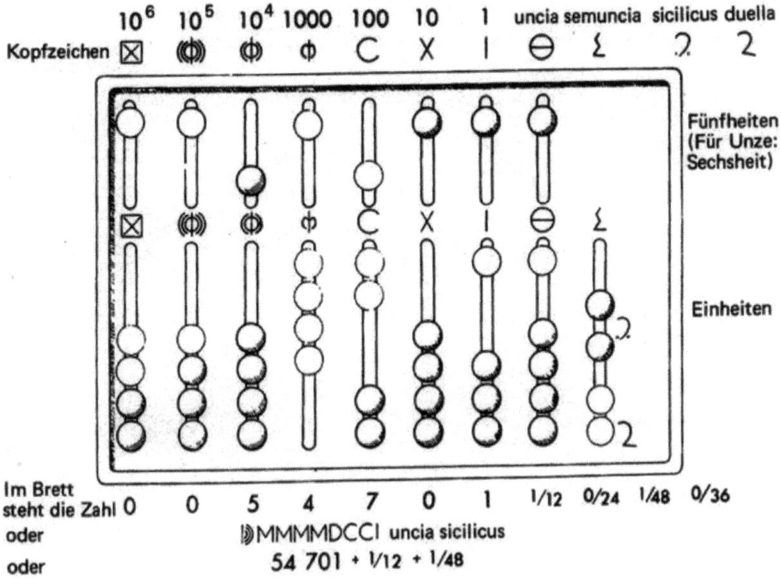

Schematische Darstellung eines Abakus nach dem Pariser Exemplar
(Abdruck mit freundlicher Genehmigung von PANORAMA Großantiquariat und Verlag GmbH in Wiesbaden)

Mit dem oben dargestellten Handabakus lassen sich ganze Zahlen immerhin bis 9.999.999 darstellen sowie eine ganze Reihe von Brüchen, darunter auch jene, die den gängigen Münz- und Gewichtswerten entsprachen. Die römische Bruchrechnung basierte auf dem 12er System: die Einheit, das As, entsprach 12 Unzen, die weiter unterteilt waren. Und so findet sich in der obigen Darstellung rechts neben der Einerspalte noch die Unzenspalte (Zeichen: ⊖), die unten 5 Knöpfchen für jeweils 1/12 Unze und oben ein Knöpfchen für 6/12 zeigt. Die ganz rechts liegende Spalte ermöglichte das Rechnen mit Halb-, Drittel- und Viertelunzen.

Die Römer haben das Rechenbrett nicht erfunden; schon lange Zeit davor bemühten sich die Menschen darum, das Rechnen als eine der grundlegenden Kulturtechniken zu vereinfachen und zu beschleunigen. Möglicherweise wurden einige Formen des Abakus bereits von frühgeschichtlichen Händlern verwendet. Die Phönizier, Ägypter und Griechen unterhielten im Mittelmeerraum intensive Handelsbeziehungen und dafür benötigten und verwendeten sie wahrscheinlich mechanische Rechenhilfsmittel.

Zum griechischen Kulturkreis der Antike gehört eine Prachtvase aus der Zeit etwa 300 v. Chr., die in Süditalien gefunden wurde und jetzt im Museo Archeologico Nazionale von Neapel aufbewahrt wird.

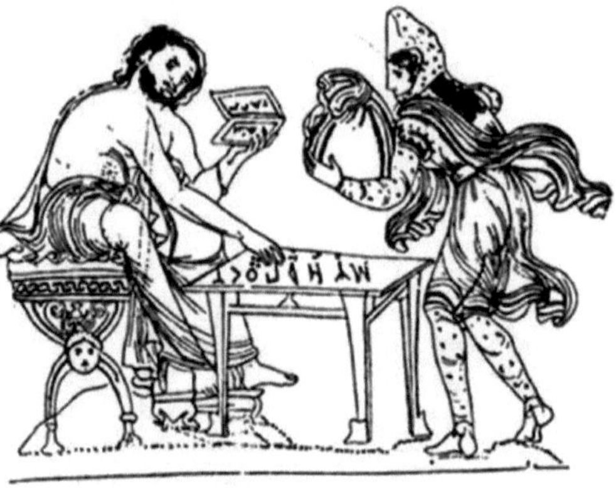

Der Schatzmeister auf der Dariusvase aus dem 4. Jh. v. Chr.

Die 1,30 Meter hohe sog. Dariusvase stellt u. a. den Perserkönig Darius I. auf dem Thron dar, während er sich mit den Großen seines Reiches berät. Es ist die Zeit der Kämpfe gegen die Griechen um 500 v. Chr. und das Land braucht dringend Geld. Vor einem kleinen Tisch, der mit Münzzeichen beschriftet ist, sitzt der Schatzmeister und nimmt die dem Lande auferlegte Kriegssteuer entgegen. Mit der rechten Hand bewegt er Rechensteinchen auf einem als Abakus dienenden Tisch, wobei die Steinchen ohne eine Spalteneinteilung einfach unterhalb der Zahlzeichen liegen. In der linken Hand hält er eine Doppeltafel, auf der die Posten aufgeschrieben sind, die nacheinander auf dem Abakus zusammengerechnet werden sollen. Zu lesen ist talanta H, was 100 Talent bedeutet.[6] Ein Talent stellte im antiken Griechenland die höchste Recheneinheit für Geldbeträge dar und entsprach 6 000 Drachmen.

Bei einem anderen, hier interessierenden archäologischen Fund handelt es sich um Steintafelfragmente mit griechischer Inschrift aus dem 5. Jahrhundert vor Christus. Sie enthalten die Jahresabrechnung eines griechischen „Heiligtums", das als sogenannte Tempelbank verzinsliche Kredite an den Staat Athen gewährte. Unter anderem befinden sich darauf so komplizierte Berechnungen wie die Ermittlung der Zinsen für ein Kapital von 766 Talenten, 1095 Drachmen und 5 Obolen, das für 1464 Tage bei einer Zinsrate von einer Drachme pro Tag für jeweils 5 Talente als Kredit zur Verfügung gestellt wurde. Obwohl jeglicher Hinweis auf Rechenhilfsmittel fehlt, muss eine Berechnung mithilfe des Abakus als äußerst wahrscheinlich gelten.[7] Der entsprechende Nachweis wird im nächsten Abschnitt behandelt.

Dass der Abakus nur in wenigen bildlichen Darstellungen zu finden ist, kann nicht überraschen. Welcher wohlhabende Eigentümer einer prächtigen Villa hätte Wert darauf legen können, dass ein so triviales Gerät in einem Wandgemälde seinen Platz findet und an schnödes Geldverdienen erinnert?

Literarische Quellen der Antike

Buchstaben schreiben und mit Steinchen rechnen die Hellenen, indem sie die Hand von links nach rechts führen.
Herodot

Neben den archäologischen Funden gibt es noch weitere Zeugen für die Verwendung des Abakus in der antiken Welt. Das ist einmal die Literatur, zum anderen der bis heute fortwirkende Sprachgebrauch. Zahlreiche griechische und lateinische Schriftsteller erwähnen den Abakus zu den unterschiedlichsten Zeiten. Eine kleine Auslese soll zeigen, dass er häufig genutzt wurde und dass es vielfältige Einsatzmöglichkeiten gab.

Im 5. Jahrhundert vor Christus lebte der Grieche *Herodot***.** Er ist einer der frühesten namentlich bekannten Geschichtsschreiber, und Cicero nannte ihn den „Vater der Geschichtsschreibung". Seine *Historien* sind auch der Ausgangspunkt für das Bemühen von *Mabel Lang*, mit geradezu kriminalistischen Methoden nachzuweisen, dass Herodot ebenso wie die Rechner der Tempelbank den Abakus benutzte.[8] Sie hat alle dort dargestellten Berechnungen, bei denen lediglich die Ausgangszahlen sowie die Ergebnisse genannt werden, nachgeprüft. Dabei konzentrierte sie sich auf jene Berechnungen, bei denen die Rechner zu fehlerhaften Ergebnissen kamen. *Mabel Lang* führt den Nachweis, dass sich die aufgetretenen Fehler überzeugend mit den Besonderheiten des verwendeten Abakus-Typs erklären lassen.

Ein Beispiel soll zeigen, wie anspruchsvoll die Berechnungen waren, die Herodot mithilfe des Abakus durchführte. Er berichtet von dem mächtigen Heer, das der persische König Xerxes nach Griechenland führte und das nach seinen Angaben 5 283 220 Kämpfer umfasste, den Tross nicht eingerechnet. Er schreibt: „Viel wunderbarer finde ich, dass sich für all die Tausende genug Nahrung fand. Wenn jeder Mann täglich einen Choinix Weizen bekam und nicht mehr, so ergibt das doch, wenn man es berechnen will, für jeden Tag 110 340 Medimnen."[9] Choinix und Medimos waren griechische Hohlmaße für trockene Stoffe, besonders für Getreide. Um die Berechnung durchführen zu können, muss man wissen, dass ein Choinix der 48. Teil eines Medimnos ist und folglich 5 283 220 durch 48 zu dividieren ist. Nur am Rande: Die dank Taschenrechner heutzutage leicht zu ermittelnde korrekte Lösung lautet, unter Vernachlässigung des Dezimalrestes, 110 067 Medimnen. Herodot hat sich also verrechnet.

Beim bedeutendsten Komödiendichter Athens, bei *Aristophanes* (ca. 446 – nach 388 v. Chr.), findet sich in der Komödie *Die Wespen* eine Textstelle, die sich auf das Rechnen bezieht. Bdelykleon streitet mit seinem Vater Philokleon, und sagt zu ihm: „Dann also lausche, oh Väterchen, und mach dein Gesicht um ein paar Falten freundlicher! Und als Erstes einmal berechne einfach nur, nicht mit den Rechensteinen sondern bloß mit den Fingern, wie hoch die Abgaben sind, insgesamt, die uns zufließen von den Städten."[10] Von zwei Rechentechniken ist hier die Rede: vom Rechnen mit den Rechensteinen – vermutlich mit einer Art Abakus – und dem Fingerrechnen, das wohl dem überschlägigen Rechnen dienen sollte.

Quintus Horatius Flaccus – *Horaz* genannt – wurde 65 v. Chr. als Sohn eines Freigelassenen, also eines ehemaligen Sklaven, in Venusia (Venosa) in der heutigen italienischen Region Basilicata geboren. In einer Satire spricht Horaz von der Erziehung, die ihm sein Vater angedeihen ließ: „Mager war sein Ackergut und knapp der Erwerb; gleichwohl mochte er mich nicht in Flavius' Knabenschule schicken, wohin die stolzen Söhne der stolzen Herren Hauptleute gingen, am linken Arm behängt mit *Rechenkasten und Tafel,* acht As Gebühr im Monat zahlend. Er fand den Mut, sein Kind nach Rom zu bringen: erlernen sollte es die Wissenschaften, die jedweder Ritter und Senator seinen Sprössling lernen lässt."[11]

Der römische Schriftsteller *Gajus Titus Petronius* (gest. 66 n. Chr.) – genannt *Petronius Arbiter* – ist wohl identisch mit dem von Tacitus als „arbiter elegantiae" bezeichneten „Schiedsrichter des feinen Geschmacks" am Hofe Kaiser Neros. Er ist Verfasser eines satirisch-parodistischen Schelmenromans mit dem Titel *Satyrica*, der im griechisch geprägten Süditalien spielt. Bei einem Gastmahl im Hause des Neureichen Trimalchio wendet sich der geschwätzige Altkleiderhändler Echion an den gebildeten Agamemnon: „Mein Sprössling wird einmal ein Schüler für dich. Er kann schon durch vier teilen; wenn er alt genug ist, soll er zu dir kommen. Denn jede freie Stunde *sitzt er über seiner Rechentafel.*"[12]

Alciphron, dessen nähere Lebensdaten nicht bekannt sind, schrieb im Athen des 3. Jh. n. Chr. seine fiktiven Briefe, eine in jener Zeit beliebte Literaturgattung. Historischer Hintergrund ist dabei das Athen des 4. Jh. *vor* Christus. Im ersten seiner *Briefe vom Land* schreibt ein Gutsherr von einem Besuch bei einem Geldverleiher. Nach einem unerfreulichen Gespräch, in dessen Verlauf ihm ein hoher Zinssatz genannt und eine Hypothek auf alle seine Besitzungen abverlangt wird, bemerkt der verärgerte Gutsherr: „Ein ganz großes Unglück sind diese Leute, die es mit den Rechensteinen und dem Fingerrechnen treiben."[13]

Der Abakus muss demnach in der Antike ein weit verbreitetes und von manchen häufig benutztes Gerät gewesen sein. Allerdings ist damit nicht entschieden, wie groß der Bevölkerungsteil war, der ihn benutzt haben könnte. Zudem muss man sich fragen, wie es möglich ist, dass er zwar in zahlreichen Schriften erwähnt, jedoch nirgendwo genauer beschrieben wird. Es gibt dafür einleuchtende Gründe, denn kann man erwarten, dass Philosophen, Politiker, Schriftsteller eine Abhandlung über ein Gerät schrieben, das vor allem von Sklaven und kleinen Gewerbetreibenden verwendet wurde? Außerdem waren bei den Griechen und Römern Händler – also eine der wichtigsten Benutzergruppen des Abakus – gesellschaftlich wenig angesehen. Man kritisierte den Egoismus der Händler, dadurch Gewinne zu erzielen, dass sie Waren zu einem höheren Preis verkauften, als sie diese einkauften. Jene Geringschätzung galt vor allem dem Kleinhandel, während der Großhandel, vornehmlich der Import, in gewisser Weise gerechtfertigt erschien. Wer hingegen nur verkaufte, was er selbst produzierte, galt nicht als Händler und genoss somit ein höheres Ansehen. Die Vorstellung, sich mit einer Tätigkeit im Handwerk, im Handel oder im Dienstleistungssektor zu identifizieren, wäre einem gebildeten Griechen oder Römer nicht in den Sinn gekommen. Wenn Angehörige der Oberschicht am Handel verdienen wollten – was häufig geschah –, dann ließen sie meist Freigelassene als Strohmänner für sich arbeiten. Einkünfte aus landwirtschaftlicher Tätigkeit hingegen waren nicht nur relativ sicher, der Erwerb und der Betrieb von landwirtschaftlichen Gütern galt auch als die angesehenste Form der Geldanlage und des Einkommenserwerbs.

Sprachliche Überlieferung

Des Menschen Sprache gleicht seinem Leben.
Sokrates

Ein anderer treuer Zeuge von Kulturgütern hilft auch beim Abakus weiter: die Sprache. Das Wort *calculus* behält seine Bedeutung als Rechenstein während des ganzen Mittelalters. Das heute geläufige Wort „kalkulieren" wurde allerdings von den Römern nicht verwendet. Das Verb „calculare" kam erst um 400 n. Chr., also in der römischen Spätantike, in Spanien auf.[14] Zuvor gebrauchten sie für das Rechnen die Verben *computare* oder *supputare*. In einer weiteren Wortbedeutung wurde *supputare* auch im Sinne von „unten abschneiden, beschneiden" verwendet, während *putare* für den römischen Gärtner das „Beschneiden von Bäumen" bedeutete. Was hat aber dies alles mit Rechengeräten zu tun? Nun, wörtlich übersetzt bedeutet *computare* „zusammen einschneiden". Dies stützt die Auffassung, das Wort sei ursprünglich in der vorrömischen Zeit der italienischen Halbinsel von italischen Hirten verwendet worden, die, indem sie Kerben in einen Zählstock einschnitten, zählten und auf diese Weise vielleicht auch Berechnungen anstellten. Wenngleich mit dem Wort *computare* schon der spätere Begriff Computer anklingt, so liegen doch in Funktion und Wirkungsmacht Welten zwischen dem Kerbholz antiker Hirten und dem multifunktionalen Rechner der Gegenwart.

Im Altgriechischen gibt es für „rechnen“ zwei Wörter: *pempázein* und *psephizein.* Das erste und ältere bedeutet „fünfern“ und lässt sich leicht mit den fünf Fingern und dem Zählen mit den Fingern in Verbindung bringen, das zweite heißt wörtlich übersetzt „steineln“ und verweist auf das Rechenbrett.[15]

Der Rechenunterricht der Griechen und Römer

Nicht für die Schule, sondern für das Leben lernen wir.
Seneca

Die Griechen und Römer – und vor ihnen die Phönizier und Ägypter – betrieben im Mittelmeerbereich einen lebhaften Handel. Für das römische Reich, das weitgehend eine zusammenhängende politische Einheit bildete, wird die Einwohnerzahl zwischen der Herrschaft des Augustus, also in der Zeit um Christi Geburt, und dem späten 2. Jahrhundert auf etwa 50 bis 70 Millionen geschätzt. Die meisten Städte hatten nur 5 000 bis 20 000 Einwohner und konnten ihren Bedarf an Korn, Wein, Fleisch und – in den Ländern um das Mittelmeer – an Olivenöl vornehmlich aus dem Umland decken. Für Großstädte, und hier vor allem für Rom mit etwa einer Million Einwohnern, reichte die landwirtschaftliche Produktion des Umlandes aber bei weitem nicht aus. Hier gibt es Zeugnisse für einen lebhaften interregionalen Handel, vornehmlich mit Korn, Öl, Wein und Fischsauce (*garum*), für den das geografische Dreieck Spanien – Italien – Gallien den Schwerpunkt bildete.[16] Darüber hinaus waren beispielsweise Manufakturwaren, Gewürze, Tuche, Luxuswaren und Sklaven wichtige Handelsgüter.

In den griechischen Staaten existierte zur Freude der Geldwechsler eine Vielfalt verschiedenartiger Münzen, zwischen denen es weitgehend feste Wechselkurse gab. Anders im Römischen Reich: die Zahl der städtischen und regionalen Münzprägungen wurde im Westen ständig reduziert und die Münzproduktion zentralisiert. Für etwa 450 Jahre war der Denar die maßgebende Silbermünze.

Man kann davon ausgehen, dass bei den vielgestaltigen wirtschaftlichen Aktivitäten vielen Menschen, zumindest aber den Händlern und Geldwechslern, ein Rechenhilfsmittel wie der Abakus hochwillkommen sein musste. Bei den Landarbeitern, bei vielen Handwerkern, den Tänzern, Schauspielern und ähnlichen „einfachen Leuten“ ist es hingegen denkbar, dass ihnen als Rechenhilfsmittel ihre Finger ausreichten. Aber auch das Abakusrechnen im Alltag darf man sich nicht zu anspruchsvoll vorstellen.

Etwas salopp, aber gleichwohl zutreffend, bezeichnet der Technikhistoriker *Fritz Kretzschmer* die Erfindung des Abakus als den Beginn „der Elementarrechnung für Klippschüler, Marktfrauen, Kaufleute, Büroangestellte, Handwerker, Techniker und

Ingenieure". [17] Mit komplizierter, wissenschaftlicher Mathematik hatte das nichts zu tun. Aber auch einfaches Rechnen und der Umgang mit dem Abakus will gelernt sein und es stellt sich die Frage, wo und in welchem Umfang die Kaufleute, Marktfrauen und Techniker entsprechende Kenntnisse und Fertigkeiten erwerben konnten. In dem Standardwerk *Geschichte der Erziehung im klassischen Altertum* von *Henri Irénée Marrou* sind die Aussagen zum Rechnen, aber auch zu den dafür verwendeten Hilfsmitteln, recht knapp und häufig vage. In der hellenistischen Zeit genügte es demnach, zählen zu lernen und in der Elementarschule, die vom 7. bis zum 12. oder 13. Lebensjahr besucht wurde, vermutlich auch die Darstellung von Fingerzahlen und eine damit verbundene Rechentechnik zu üben. Allerdings gab es in der Antike keine Schulpflicht. *Marrou* geht davon aus, dass die für unsere Kinder heutzutage selbstverständliche Beherrschung der vier Grundrechenarten über das hinausführte, was die antike Elementarschule zu leisten vermochte.[18] Meist gab man sich mit Addition und Subtraktion zufrieden. Anspruchsvolles Rechnen wurde wohl in der Weise gelehrt, dass man sich als Jurist, Ingenieur oder Seefahrer einem Könner auf dem jeweiligen Gebiet anvertraute. Von „training on the job" würde man heute sprechen, da ein eigentlicher Fachunterricht nicht existierte.[19]

Auch bei der klassischen Erziehung der Römer ging es zunächst um das Erlernen von Zahlwörtern, wobei zur anschaulichen Zahlendarstellung das Rechenbrett, aber auch die Finger verwendet wurden. *Paul Veyne* sieht die Aufgabe der römischen Schulen nicht darin, zu lehren „was bildend oder nützlich, sondern was prestigeträchtig war, vor allem die Rhetorik."[20]

Anspruchsvolleres Rechnen vermittelte nicht der *magister ludi* der Elementarschule, sondern der *calculator*, ein auf das Rechnen spezialisierter Fachmann.[21] Neben dem Abakus gab es Multiplikationstabellen sowie Tabellen für Quadratzahlen, die vor allem für die berufliche Fachausbildung von Bedeutung waren.

Fingerrechnen

Nachdem Abakus und Fingerrechnen bereits mehrfach gemeinsam in Erscheinung traten, lohnt es sich, der Frage nachzugehen, welche Bedeutung dem Fingerrechnen zukam.

Schon in frühester Zeit, als den Menschen spezielle Werkzeuge noch nicht zur Verfügung standen, übernahmen Hände und Finger vielfältige Aufgaben, darunter auch das Zählen. In so genannten primitiven Gesellschaften hatten die Menschen bereits ein hoch entwickeltes Verständnis für Zahlen und in einem gewissen Grad auch die Fähigkeit, sie mit Worten und Symbolen auszudrücken. In der römischen Welt zeigten die Leute Zahlen für sich und andere oft mit den Fingern an, indem sie die Finger in einer geregelten Art und Weise streckten und krümmten.

Auf einem in Trier gefundenen Grabstein aus der Zeit der Flavier (Regierungszeit 69 bis 96 n. Chr.) sind zwei Männer abgebildet, die mit dem Abakus rechnen. Ein dritter Mann gibt mit Fingerzahlen Hilfestellung

Leider gibt es aus der Antike keine grafische Darstellung dieser Fingerzahlen und auch das vollständige System wird in antiken Quellen nicht beschrieben. Aus dieser Zeit haben wir lediglich Hinweise für die Darstellung einzelner Zahlen; es ist auch sicher überliefert, dass mit der linken Hand die 9 Einer und die 9 Zehner und mit der rechten Hand die 9 Hunderter und die 9 Tausender ausgedrückt wurden, während man für 10000 und größere Zahlen auf einen jeweils dafür festgelegten Körperteil zeigte. Zahlreiche mittelalterliche Handschriften und Bücher der frühen Neuzeit geben jedoch anschaulich wieder, wie man sich Fingerzahlen vorzustellen hat.

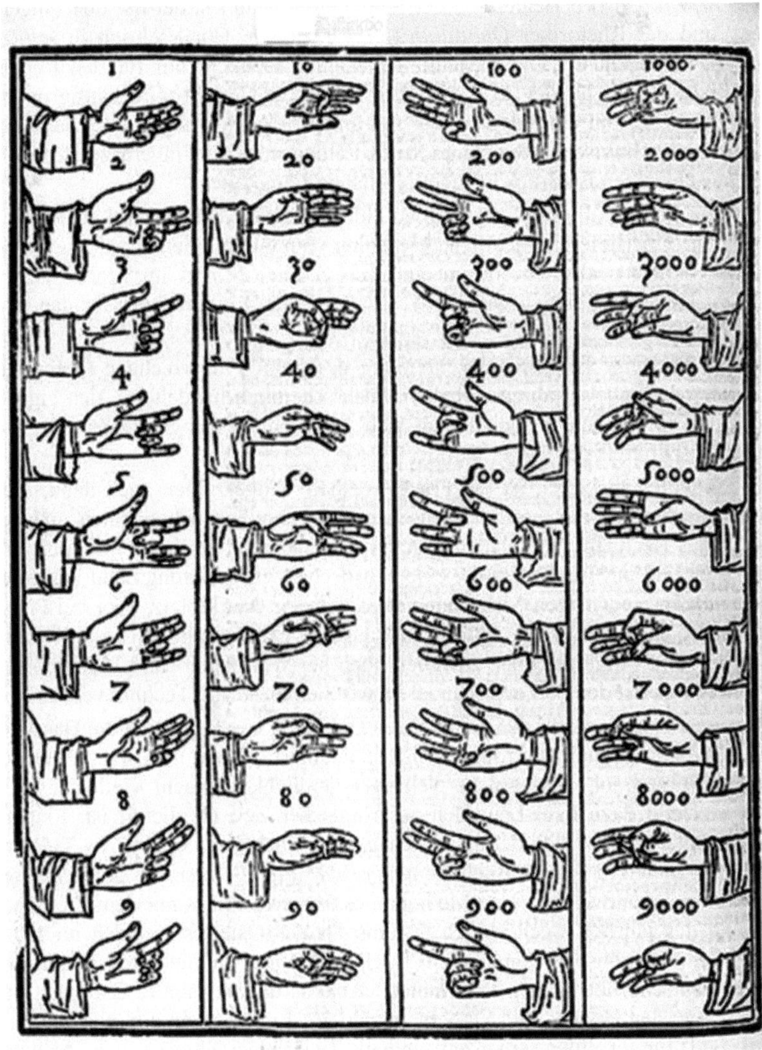

Fingerzahlen bei Luca Pacioli (1494)

Literarische Quellen weisen darauf hin, dass mit den Fingern auch Rechenoperationen ausgeführt werden konnten, die über das Zählen hinausgingen. *Plinius der Ältere* (23 - 79 n. Chr.) berichtet von der Statue eines Mannes, der mit den Fingern rechnete[22] und der Rhetoriker *Quintilian* (35 - um 95 n. Chr.) schrieb in seinem Lehrbuch der Redekunst: „Die Kenntnis der Zahlen ist nicht nur für den Redner wichtig, sondern auch für den, der schreiben kann; vor Gericht wird häufig davon Gebrauch gemacht, und ein Advokat, der mit einem Ergebnis zögert oder auch nur Unsicherheit oder linkisches Benehmen beim Zählen mit den Fingern zeigt, macht sofort einen schlechten Eindruck hinsichtlich seiner Fähigkeiten."[23]

Welche wichtige Rolle die Fingerzahlen einmal gespielt haben, wird auch durch die sprachliche Überlieferung deutlich. Abgeleitet vom lateinischen Wort „digitus" – also Finger – heißen die Ziffern im Englischen „digits" und im Französischen „doigts". Im Deutschen finden wir die Wortverbindung Digitalrechner für den modernen Computer.

Bedauerlicherweise ist keine Beschreibung des beim Fingerrechnen (computus digitalis) verwendeten Verfahrens erhalten. Wahrscheinlich handelte es sich eigentlich um ein Kopfrechnen, bei dem man sich lediglich Ausgangszahlen und Zwischenergebnisse mittels der Finger merkte.

Nicht eindeutig zu klären ist die Frage, weshalb Fingerzahlen auch dann noch verwendet wurden, als die meisten Menschen das Schreiben beherrschten und der Abakus für das Rechnen zur Verfügung stand. Einleuchtend erscheint ihre Verwendung an Orten und in Situationen, die eine akustische Verständigung nicht ungestört zuließen, z. B. in einer lauten Menschenmenge auf dem Marktplatz, oder bei Preisverhandlungen, für die es keine zufälligen Lauscher geben sollte. Bis vor Kurzem waren Hand- und Fingerzeichnen zuweilen noch bei Wertpapier- und Warenbörsen üblich. Allerdings hat der Computerhandel inzwischen diese alte Technik verdrängt.

Eine weitere Erklärung für den anhaltenden Gebrauch von Fingerzahlen: Das Verfahren gehörte nun einmal zum römischen Rechenunterricht und man war seit Generationen damit vertraut. Eine solche Selbstverständlichkeit macht vielleicht auch plausibel, weshalb dazu kein Lehrbuch aus römischer Zeit überliefert ist. Erst im frühen Mittelalter machte sich der angelsächsische Mönch *Beda* (um 672 – 735) daran, die Fingerzahlen in seinem Buch *De temporum ratione (Über die Zeitrechnung)* zu beschreiben. Er entwickelte eine Methode des Fingerrechnens mit dem Ziel einer Bestimmung des jährlich wechselnden Datums für das Osterfest.[24] Noch im Jahre 1522 erschien in lateinischer Sprache ein Buch des deutschen Gelehrten Aventinus, dessen ins Deutsche übersetzter Titel lautet: „Abakus und der uralte Gebrauch der alten Latiner, an den Händen und Fingern zu zählen". Er legt darin dar, wie sich Rechenbrett und Fingerzahlen ergänzen, indem Zwischenergebnisse von Abakus-Rechenoperationen mit Fingerzahlen dargestellt werden.[25] Mit der Einführung der arabischen Zahlen und der Verbreitung des schriftlichen Rechnens verlieren die Fingerzahlen schließlich ab dem 16. Jahrhundert zunehmend an Bedeutung.

Wo bleibt der Abakus im frühen Mittelalter?

Bis zur Mitte des 10. Jahrhunderts finden sich zum Abakusrechnen keine klaren Nachrichten mehr. Bedeutet dies, dass er nicht mehr verwendet wurde oder dass ihn lediglich kein Autor mehr für erwähnenswert hielt? Da unter den gegebenen Umständen eine durch Quellen abgesicherte Antwort nicht möglich ist, hat die Forschung aus einzelnen überlieferten Fakten sich zuweilen widersprechende Schlussfolgerungen gezogen.

Zunächst ist es hilfreich, einige wichtige historische Entwicklungen zu skizzieren. Im Jahre 395 n. Chr. starb der römische Kaiser Theodosius. Nach seinem Tod wurde das Imperium zwischen seinen beiden Söhnen aufgeteilt: Honorius regierte den westlichen Teil mit der Hauptstadt Rom, Arcadius den östlichen mit der Hauptstadt Konstantinopel, dem alten Byzanz. Die Geschichte der beiden Staaten verlief von nun an sehr unterschiedlich. Während das weströmische Reich bald dem Ansturm der germanischen Völker erlag, konnte sich das byzantinische Reich bis 1453 behaupten, zunächst mit wachsender Macht und territorialem Zugewinn, später aber mit zunehmenden Gebietsverlusten und wiederholter Existenzbedrohung.

Im Westen setzte Odoaker, der Führer germanischer Söldner in römischen Diensten, im Jahre 476 n. Chr. den Kaiser Romulus Augustulus ab und ließ sich von seinen Soldaten zum König ausrufen. Dieses Ereignis gilt für viele Historiker nicht nur als das Ende des weströmischen Reiches, sondern auch jener als Antike bezeichneten Epoche der Geschichte. Allerdings wäre es falsch, sich diesen Epochenwechsel als harten Bruch vorzustellen. Es war ein Übergang, der sich in einigen Teilbereichen schneller, in anderen langsamer vollzog. Feste Jahreszahlen können somit eher Wegmarken für unser Gedächtnis sein denn zwingende Grenzziehungen.

Gleichwohl kam es zu erheblichen Umbrüchen. Im 5. und 6. Jahrhundert wurden germanische Völker zu Trägern neuer Staaten und füllten das entstandene Machtvakuum. Es begannen nun jene Jahrhunderte der europäischen Geschichte, über die weniger bekannt ist als über frühere oder spätere Zeiten, wo viele Fertigkeiten in Handwerk und Technik und zahlreiche Kenntnisse und Fähigkeiten in der Wissenschaft und im kulturellen Bereich verloren gingen oder sich zurückzogen an einige wenige Orte des einstmals riesigen Reiches, vor allem in die verstärkt sich ausbreitenden Klöster als Hüter von Wissen und Kunst.

Zwar ging der Umfang des Handels mit dem Orient als auch mit Nordwesteuropa deutlich zurück, aber die alten Handelswege wurden weiterhin genutzt. Die Nachfrage nach Gütern war auch deshalb gering, weil das Geld fehlte, das von weltlichen Würdenträgern, Bischöfen und Klöstern gehortet wurde. Bereits 406/407 hatten die Münzstätten in Gallien als Folge des Zusammenbruchs der römischen Rheingrenze ihre Produktion eingestellt. Und schon zuvor, seit dem 3. Jahrhundert, war eine Zunahme der Tauschwirtschaft bei gleichzeitigem Rückgang der Geldwirtschaft festzustellen. Der Scheitelpunkt dieser Entwicklung lag an der Wende des 7. zum 8. Jahrhunderts. In dieser Zeit fehlten Kleinmünzen für Geschäfte des Alltags fast völlig, sodass sich beispielsweise die Landbesitzer bemühten, alle Bedürfnisse aus eigener Produktion zu befriedigen. Das wenige vorhandene Münzgeld hingegen wurde für den Fernhandel oder andere bedeutende Transaktionen verwendet. Trotzdem behielt das Geld auch in dieser Zeit seine Funktion als Rechnungseinheit bei Kauf und Verkauf.

Nur mühsam erfolgte die Rückkehr zur Geldwirtschaft. In der Karolingerzeit (8. und 9. Jahrhundert) finden sich dann vermehrt Hinweise auf Geldgeschäfte. Allmählich wurden die Städte wieder zu Zentren von Handel und Gewerbe. Bereits in der Mitte des 8. Jahrhunderts gab es in Norditalien „Berufskaufleute“, die es zuweilen zu großem Vermögen brachten.[26]

Zurück zur Ausgangsfrage: Wo bleibt der Abakus? Sicherlich wurden die vorhandenen Rechengeräte auch nach dem Zusammenbruch des römischen Reiches zunächst einmal weiter verwendet. Aber ihr Nutzen sank wohl in dem Maße, in dem das Fehlen von Münzgeld den Handel erschwerte. Jetzt reichte es, die Rechenoperationen des Alltags, die sich auf zunehmend kleinere Zahlen bezogen, im Kopf oder mit den Fingern zu realisieren. Daneben dürfte auch der „Calculus des Victorius“ für das frühe Mittelalter von Bedeutung gewesen sein, eine Multiplikationstabelle für die Zahlen von 2 bis 50 sowie die Bruchzahlen.[27]

Während die im konkreten Fall verwendeten Rechentechniken nicht bekannt sind, weiß man über die wichtigste mathematische Fragestellung jener Zeit Bescheid, nämlich die Ermittlung des Festkalenders eines Jahres und insbesondere des Ostersonntags. Das Problem besteht darin, dass Ostern ein bewegliches Fest ist und in Abhängigkeit vom Lauf von Sonne und Mond jedes Jahr auf ein anderes Datum fällt. Schwierigkeiten ergeben sich insbesondere daraus, dass Sonnen- und Mondkalender voneinander abweichen und dadurch regelmäßig Anpassungen erforderlich werden. Unterschiedliche Maßstäbe bei diesen Korrekturen führten dabei in der Vergangenheit leicht zu voneinander abweichenden Ergebnissen und damit, je nach Region, zu Abweichungen beim Festtagskalender.[28]

Im Jahre 525 erhielt der skythische Abt *Dionysios Exiguus* vom Papst den Auftrag, den Ostertermin des nächsten Jahres auszurechnen, nachdem diese Aufgabe zuvor bei Gelehrten aus dem byzantinischen Alexandria lag. *Dionysios* zeigte sich dieser Anforderung nicht nur gewachsen, er ging weit über seinen Auftrag hinaus und lieferte im Voraus auch die Ostersonntage für fünf neunzehnjährige Mondzyklen, nämlich für die Jahre 532 bis 626.

Das Osterfest sollte überall in der Christenheit zum gleichen Zeitpunkt begangen werden, und zwar am „richtigen“, von Gott vorgesehenen Kalendertag. Die erwähnten Abweichungen wurden als unbefriedigend empfunden und es gab Bemühungen um eine Vereinheitlichung. Einen solchen Versuch stellt auch die Schrift *Computus paschalis* aus dem Umfeld des unter ostgotischer Herrschaft in Italien wirkenden Staatsmannes und Gelehrten *Cassiodor* (490 – um 585) dar. Hier taucht ein dem

Begriff Computer sehr ähnliches Wort auf. Allerdings wird es in der im ganzen Mittelalter gültigen Bedeutung der Zeitrechnung verwendet.

Im 8. Jahrhundert tat sich bei der Festtagsberechnung der bereits im Zusammenhang mit dem *Fingerrechnen* genannte Mönch *Beda* besonders hervor. Da er mit keinem Wort den Abakus als Rechenhilfsmittel erwähnt, kann man vermuten, dass dieser bereits gründlich vergessen war. Nach Bedas Auffassung brauchte man die Rechenkunst auch nur für kirchliche Zwecke. Er selbst berechnete die Osterdaten für einen beeindruckend großen Zeitraum: einmal rückwirkend bis zum Jahr 532 und für die Zukunft bis zum Jahr 1063.

Und wie verhielt es sich mit dem Byzantinischen Reich, dessen Kultur im 5. bis 12. Jahrhundert eine herausragende Bedeutung zukam? Konstantinopel, das „Neue Rom", war in dieser Zeit die bedeutendste Stadt Europas und der führende Handelsplatz der Welt. Es war eine Stadt der Händler und Handwerker, in welcher das Luxusgewerbe weiter verbreitet war als andernorts, eine Stadt der Bäder und Hospitäler, der Arzneikunst und der Wissenschaft. So wundert es nicht, wenn sich merowingische Ärzte hier ausbilden ließen. Die höchste künstlerische Blüte fiel in das 9. bis 11. Jahrhundert. Bemerkenswert und vielfältig waren die Verbindungen von Byzanz mit dem islamischen Nahen Osten; sie betrafen Wirtschaft, Wissenschaft und Politik. Aber aus dieser lebendig-pulsierenden Vergangenheit, in der es mit Sicherheit einen immensen Rechenbedarf gab, ist keine Quelle bekannt geworden, die auf das Abakusrechnen hinweist.

Der Klerus und der Klosterabakus

Wir wollen, dass ihr, wie es sich für Streiter der Kirche ziemt, innerlich fromm, aber auch nach außen gelehrt seid, so dass ihr in Keuschheit gut lebt und wohlunterrichtet gut sprecht.
Karl der Große im Brief an die Klöster über die Pflege der Wissenschaft

Wieder sitzt ein Mann vor einem Rechenbrett, ruhig und aufmerksam, wie schon 900 Jahre vor ihm Caecilius Iucundus. Der Mönch *Gerbert von Aurillac* (um 950 bis 1003), der es einmal unter dem Namen Sylvester II. zum Papst bringen und als der bedeutendste Wissenschaftler seines Jahrhunderts gelten wird, setzt in seinem Studierzimmer in Reims Rechenmarken auf ein Brett, nimmt sie gelegentlich wieder weg und ersetzt sie durch andere. Gerbert bereitet sich gerade auf seinen Mathematikunterricht vor, den er an der Kathedralschule von Reims erteilt und den er mit der Vermittlung des Abakusrechnens einleitet.

Das von ihm benutzte Rechenbrett unterschied sich allerdings in mancher Hinsicht von dem zu Zeiten von Iucundus verbreiteten Abakus der Händler, Baumeister und Handwerker. Es war ein Rechenhilfsmittel, das erst verstanden und neu erlernt werden musste und mit dem nur wenige Gelehrte in Klöstern und den entstehenden Kathedralschulen umgehen konnten.

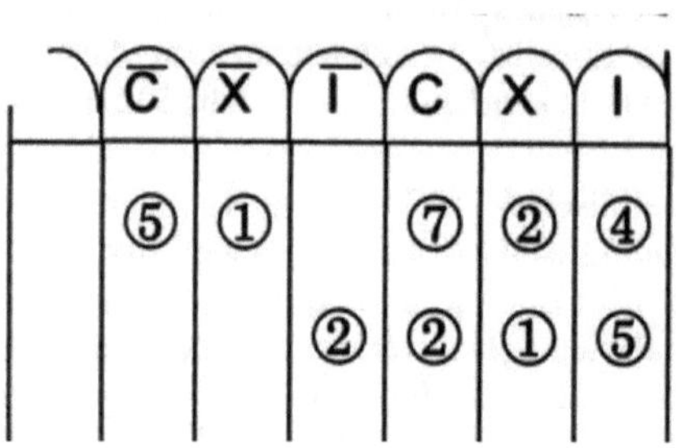

Das Rechenbrett Gerberts (schematisch)

Von den 27 verwendeten Spalten sind in der Schemazeichnung nur sechs wiedergegeben. Sie reichen aus, um am Beispiel der Aufgabe 510724 + 2215 zu verdeutlichen, dass sich mit dem neuen Abakus auch die Rechentechnik gewandelt haben muss. Neben der Einteilung der für den Stellenwert maßgeblichen Spalten erscheint zunächst einmal deren Kennzeichnung durch römische Zahlzeichen vertraut. Zusätzliche Oberstriche markieren die Tausenderstellen. Die grundsätzliche Neuerung findet sich bei der Darstellung der Ziffern in den einzelnen Spalten. Hier benötigte man im Gegensatz zum antiken Abakus nicht mehr so viele Steinchen wie dem Wert der Ziffer entsprachen, sondern nur noch eine einzige Rechenmarke, meist aus Horn hergestellt, die mit einem der Symbole von 1 bis 9 gekennzeichnet war. Für die Beschriftung der Rechenzeichen (apex, Plural: apices) dienten nicht mehr die gebräuchlichen römischen Zahlen. Stattdessen wurde für jede Ziffer ein eigenes Symbol verwendet. Da es umstritten ist, ob es sich um griechische Buchstaben handelte oder um Vorläufer unseres arabischen Zahlensystems, um so genannte Ghubarziffern, wurden bei der vorangegangenen Abbildung moderne arabische Ziffern verwendet. Die nachfolgende Abbildung vermittelt von den Ghubarziffern eine Vorstellung.

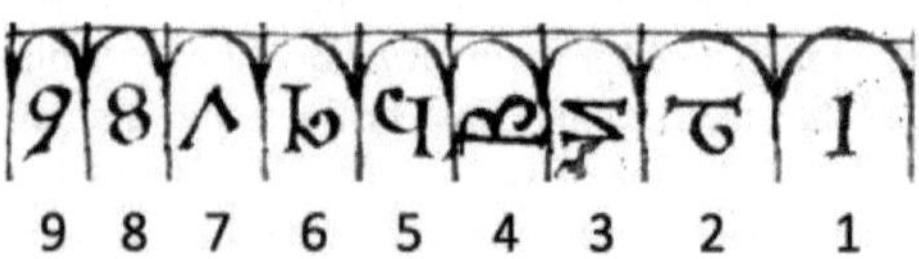

Ghubarziffern in einer Handschrift aus dem 11. Jahrhundert

Das Rechenbeispiel macht deutlich, dass ebenso wie beim antiken Abakus auf die Ziffer Null verzichtet werden konnte, indem die entsprechende Spalte einfach leer blieb. Name und Zeichen für die Null waren Gerbert und seinen Schülern zwar bekannt, aber erst in späteren Zeiten, in Verbindung mit dem schriftlichen Rechnen, wurden sie wirklich benötigt.

Gerbert von Aurillac wurde schon zu seinen Lebzeiten als Erfinder des „neuen“ Abakus angesehen. Dafür fehlen allerdings Belege, so dass seine Urheberschaft angezweifelt wird. Aber auch andere Erklärungsversuche für die Entstehung des Verfahrens können sich nicht auf verlässliche Quellen stützen. Die damit zusammenhängenden Überlegungen sind aber interessant genug, um ihnen ein Stück weit nachzugehen.

Ein Anknüpfungspunkt sind die Ghubarziffern. Gerbert könnte sie bereits im Jahre 967 als 17-Jähriger kennengelernt haben, als er in die spanische Mark kam, jenes christliche Grenzland im Norden der spanischen Halbinsel, die weitgehend in der Hand der Araber war. Zwei bis zweieinhalb Jahre lang erhielt er dort eine vertiefte Ausbildung in fast allen für seine Zeit wichtigen Wissenschaftsgebieten. In der spanischen Mark war eine Beschäftigung mit arabischer Wissenschaft ohne größere Probleme möglich, gab es dort doch sogar arabische Lehrer. Es wäre verwunderlich, wenn der wissbegierige junge Mann dabei nicht den Ghubarziffern begegnet wäre, mit denen die Westaraber rechneten. Ob sie allerdings auch über das Rechenbrett der Antike verfügten und Gerbert es mehr oder weniger übernehmen konnte, ist umstritten.[29]

Von ungleich größerer historischer Bedeutung als diese war die Übernahme des vollkommenen dezimalen Stellenwertsystems von den Arabern. Damit wurde ein Schritt getan, der für das Abendland einmal die größten Auswirkungen haben sollte. Für das praktische Rechnen aber war das von Gerbert verwendete Rechenverfahren zunächst eher ein Rückschritt, denn der Umgang mit Apices war umständlicher als der mit den Calculi der Römer. Es genügte jetzt nicht mehr, das Ergebnis von Rechenoperationen zu ermitteln, indem man Rechensteinchen hinzufügte und wegnahm und dann einfach nachzählte. Stattdessen musste man fähig sein, Zwischenergebnisse durch Kopf- oder Fingerrechnen zu ermitteln. Für Multiplikationen und Divisionen, für die sich das Gerät besser eignete als der „alte“ Abakus, musste man das von den Schulkindern aller Zeiten so wenig geliebte Einmaleins beherrschen oder mit Einmaleinstafeln arbeiten, die in Klosterhandschriften erhalten sind.

Das frühmittelalterliche Rechenbrett wurde vom Ende des 10. Jahrhunderts bis etwa 1250 vor allem in Klöstern eingesetzt[30] und so hat sich dafür die Bezeichnung Klosterabakus eingebürgert. In diese Zeit fiel auch eine Wandlung im Sprachgebrauch, die aus heutiger Sicht von Interesse ist. So benutzte Franco von Lüttich in einer Veröffentlichung des Jahres 1046 das Verb „computare" ganz selbstverständlich für die Arbeit des calculatores am Abakus.[31] Die Bedeutung des Klosterabakus lag darin, das mathematische Denken in neue Bahnen gelenkt zu haben. Er wurde zum Wegweiser für weitergehende Entwicklungen, insbesondere für den späteren Übergang zum schriftlichen Rechnen. Aber es dauerte noch Jahrhunderte, bis das Rechenbrett – dann in veränderter Gestalt – wieder ein vertrautes Gerät für Händler,

Handwerker und Schüler wurde. Und noch deutete nichts darauf hin, dass Rechenbrett und arabisches Zahlensystem über Jahrhunderte hinweg rivalisierende Rechensysteme sein werden.

Eine industrielle Revolution im Mittelalter

Wirtschaftlicher Aufschwung fördert grundsätzlich technische Innovationen in Produktion und Handel. Dadurch kommt es meist auch im Alltag der Menschen zu allerhand Veränderungen. Umgekehrt können verbesserte technische Möglichkeiten Impulse für einen wirtschaftlichen Aufschwung auslösen. Diese Zusammenhänge sind nicht nur für den Mittelmeerraum der Antike zu beobachten, sie treffen ebenso für das Europa des 11. bis 13. Jahrhunderts zu. Der Mittelalterforscher *Gimpel* bezeichnet diese Epoche als „eine der fruchtbarsten in der ganzen Geschichte der Menschheit." Und er fährt fort: „Sie hätte die Bezeichnung »erste industrielle Revolution« verdient, wenn sich der Begriff für die englische Revolution des 18. und 19. Jahrhunderts nicht bereits eingebürgert hätte."[32] Wie stark sich gesellschaftliche Strukturen wandelten, lässt sich auch daran ablesen, dass sich vom 11. bis zum 13. Jahrhundert die Anzahl der Berufe etwa verdreifachte.[33]

Wie kam es zu diesen gewaltigen Veränderungen in der bisher so fest gefügten mittelalterlichen Gesellschaft? Ein wichtiges Merkmal dieser Zeit ist eine Bevölkerungsexplosion, die zur Siedlungsausdehnung in allen Teilen Europas führte, wobei darunter sowohl die Binnenkolonisation in den bereits besiedelten Gebieten als auch die Auswanderung größerer Bevölkerungsteile in den Osten Europas zu verstehen sind. Um akzeptable Lebensbedingungen zu schaffen, wurde Land gerodet. Nach der Jahrtausendwende erfolgten zahlreiche Stadtgründungen, mit einem deutlichen Höhepunkt im 13. Jahrhundert. Gleichzeitig entwickelte sich in Europa das, was man heute als Unternehmertum bezeichnen würde. Es kam zur Gründung von Kapitalgesellschaften, die es erlaubten, erhebliche Mittel für große Vorhaben bereitzustellen. Um die Effizienz von Produktion und Handel zu steigern, setzte man in einem bisher unbekannten Maß auf Arbeitsteilung. Obwohl es in der Folge dieser Entwicklung zur Entstehung eines Proletariats kam, änderte dies nichts an der Gesamtsituation eines ansteigenden allgemeinen Lebensstandards. Es entstanden für heutige Menschen so selbstverständliche Einrichtungen wie neuzeitliche Banken und so wichtige Kontrollverfahren wie eine systematische Buchführung.

Eine besondere Bedeutung kam in Europa auch dem rapide zunehmenden Einsatz von Maschinen zu, der bis dahin in keiner anderen Kultur in diesem Ausmaß festzustellen ist. Damit begründete Europa für lange Zeit seine Vorherrschaft gegenüber der übrigen Welt. Zwar kannte auch die Antike Maschinen, aber für manuelle Arbeit wurden zumeist Sklaven und nicht maschinelle Hilfsmittel eingesetzt. Der Prototyp der mittelalterlichen Fabrik war die Mühle, meist durch Wasser- oder Windkraft angetrieben, zuweilen auch durch die Kraft der Gezeiten. Gimpel betont: „Die Wasserkraft spielte im Mittelalter eine nicht minder entscheidende Rolle als das Öl im 20. Jahrhundert.“[34] Der Wasserantrieb wurde beispielsweise eingesetzt beim Mahlen des Korns, beim Sieben von Mehl, beim Walken von Tuch und beim Gerben von Häuten. Hervorzuheben sind auch die von Wasserkraft angetriebenen Schmiedehämmer. Vom 11. Jahrhundert an wurde in Europa ein intensiver Bergbau betrieben. Die Leistungsfähigkeit von Zugtieren in der Landwirtschaft und im Transportwesen wurde durch verbessertes Zuggeschirr, die Verwendung von Hufeisen und das Hintereinanderspannen von Zugtieren erheblich gesteigert. Dies erlaubte die Einführung der schweren Pflüge, was zusammen mit der Einführung der Dreifelderwirtschaft ergiebige Ernten ermöglichte. Der Erntesegen wiederum begünstigte jene Bevölkerungsexplosion, die den Ausgangspunkt der geschilderten wirtschaftlichen Entwicklung bildete.

Zwar wurde diese Aufwärtsentwicklung in der zweiten Hälfte des 14. Jahrhunderts gebremst durch den in ganz Europa wütenden Schwarzen Tod, die Pest, die etwa ein Drittel der Bevölkerung hinwegraffte. Aber die Verluste an Menschen wurden allmählich wieder ausgeglichen und die städtische Wirtschaft war auch während der kritischen Zeit durch ständigen Nachzug vom Land nicht nachhaltig außer Funktion gesetzt.

Das „Rechnen auf den Linien“

Eine gute Zeit hätten die Kaufleute, wenn sie nicht rechnen müssten, ebenso hätten es die Landverwalter und Wucherer.
Französische Redewendung des Mittelalters

Welche Auswirkungen hatte nun diese bewegte und fortschrittsorientierte Zeit auf das Rechnen und die dafür verwendete Technik, wie sah es mit Rechenhilfsmitteln aus? Die Notwendigkeit zu rechnen war im Gegensatz zum frühen Mittelalter gewaltig angestiegen. Vor allem die Buchführung wurde bei zunehmendem Geschäftsumfang immer wichtiger, wollte der Kaufmann nicht den Überblick über Forderungen und Verbindlichkeiten, Waren- und Geldbestände verlieren. Auch die Gegenüberstellung von Aufwand und Ertrag und die Ermittlung des Unternehmensergebnisses waren ohne eine einigermaßen zuverlässige Buchführung nicht möglich. Beginnend mit dem 13. Jahrhundert sind Geschäftsbücher und -korrespondenzen von Kaufleuten erhalten. Das größte überlieferte Archiv dieser Art stammt aus dem Bankhaus Datini in Prato in der Nähe von Florenz. Es entstand um 1400 und umfasst 500 Rechnungsbücher und rund 153 000 Briefe.[35]

Trotz zunehmendem Zahlenvolumen und gestiegenem Rechenbedarf war mit dem römischen Zahlensystem in Europa die Form der Aufzeichnung von Zahlen unverändert geblieben. Zwar zog mit dem arabischen Zahlensystem eine Konkurrenz auf, aber sie konnte lange Zeit kaum an Boden gewinnen. In einzelnen Bereichen behaupteten sich die römischen Zahlzeichen besonders hartnäckig, so bei Datumsangaben, bei der fortlaufenden Seitennummerierung in Büchern und – was zunächst erstaunen mag – in der sich rasch entwickelnden und fortschrittlichen Buchführung der Kaufleute.

Kopf- und Fingerrechnen waren jetzt nicht mehr die den Anforderungen angemessenen Techniken. Der antike Abakus als erfolgreicher Partner des römischen Zahlensystems aber war in Vergessenheit geraten. Woher konnte Hilfe kommen? In dieser Situation erinnerte man sich an den mittelalterlichen Klosterabakus, der nun auch außerhalb kleiner Gelehrtenzirkel eine historische Aufgabe erfüllen konnte, nämlich eine Brücke zu schlagen zu dem neuen, wohl ab dem 13. Jahrhundert aufkommenden Rechenverfahren, dem „Rechnen auf den Linien“. Leider sind nahezu alle Rechenbretter und -tücher dieser Epoche verloren gegangen. Zu den wenigen erhaltenen gehört ein Rechentisch (s. Abbildung unten) vom Ende des 16. Jahrhunderts, auf dem der Schaffner (Verwalter) des Stiftes Unserer Lieben Frau zu Straßburg alljährlich vor Beauftragten des Rates der Stadt Straßburg Rechenschaft über Einnahmen und Ausgaben des Stiftes und der Straßburger Stiftsbauhütte ablegen musste. Da zwei Liniensysteme aufgetragen sind, war eine Kontrolle möglich, indem die gleiche Berechnung gleichzeitig von zwei Rechnern ausgeführt wurde. Außerhalb der Linien gab es genügend Platz zur Ablage der Rechnungsbücher und Belege.

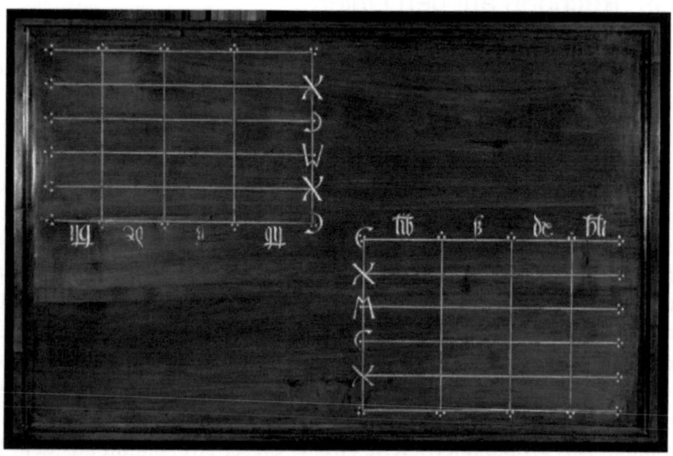

Rechentisch um 1600 mit zwei Rechenbrettern (Draufsicht) im Musée de L'Œvre Notre-Dame, Straßburg

Links die Vorderseite, rechts die Rückseite von zwei vergrößert dargestellten Nürnberger Rechenpfennigen (um 1600)

Dass Rechentische und -tafeln aus jener Zeit nur selten aufgefunden wurden, kann nicht verwundern. Sie waren aus Holz gefertigt und dadurch der Gefahr ausgesetzt, als Brennmaterial für Öfen zu enden. Hausrats- und Hinterlassenschaftsverzeichnissen sowie Testamenten lässt sich entnehmen, dass sie ursprünglich in großer Zahl existierten. Die benötigten Rechenmarken aus dem 13. bis 18. Jahrhundert sind hingegen in großen Mengen erhalten. Sie sehen wie Münzen aus und unterscheiden sich durch ihre meist aufwändige und kunstvolle Gestaltung deutlich von römischen Rechensteinen. In England hießen diese Rechenmarken *counters*, in Frankreich *jetons*, in Italien *tessera* und in Deutschland *Rechenpfennige*. Zwar wurden auch in Frankreich, England, Italien und den Niederlanden Rechenmarken hergestellt, aber besonders erfolgreich beim „Schlagen“ von Rechenpfennigen war die Stadt Nürnberg. Hier entstand ein blühendes Gewerbe mit einer eigenen Zunft. Die Nürnberger „Rechenpfennigschlager“ belieferten ganz Europa. Einer ihrer erfolgreichsten Produzenten, der Meister Hans Krauwinkel, hatte Verkaufsniederlassungen in Paris und Amsterdam.

Die Abbildung auf dieser Seite zeigt zwei typische Nürnberger Rechenpfennige. Bei dem oberen sitzt ein Rechenmeister am Rechentisch, auf welchem Rechenpfennige neben einem angedeuteten Liniensystem liegen. Auf der Rückseite ist das Alphabet in fünf Zeilen wiedergegeben. Auch der untere Rechenpfennig zeigt ein über lange Zeit beliebtes Motiv: eine stehende Venus, die in der Linken ein von einem Pfeil durchbohrtes brennendes Herz hält. Seitlich neben ihr ist der kleine Amor zu sehen. Auf der Rückseite finden sich ein durch das Lilienkreuz unterteiltes Wappen und die Inschrift „Rechenpfennig K K". Hinter „K K" verbergen sich die Initialen des Meisters Kilian Koch. Die Inschrift „Rechenpfennige" sollte dazu beitragen, eine Verwechslung mit Münzen zu verhindern.

Wie funktionierte nun dieses Rechnen auf den Linien? Als Grundlage diente entweder ein Rechentisch oder eine Rechentafel oder – mit gleicher Funktionsfähigkeit und leichter zu transportieren – ein zusammenrollbares Rechentuch mit aufgezeichneten oder aufgestickten Linien. Wurde unvorhergesehen ein Rechengerät benötigt, dann konnte sogar mit einigen Kreidestrichen auf einer Tischplatte oder einem Brett ein Abakus hergestellt werden. Die Rechenmarken trugen, im Gegensatz zu jenen des Klosterabakus, den Apices, keine Benennungen

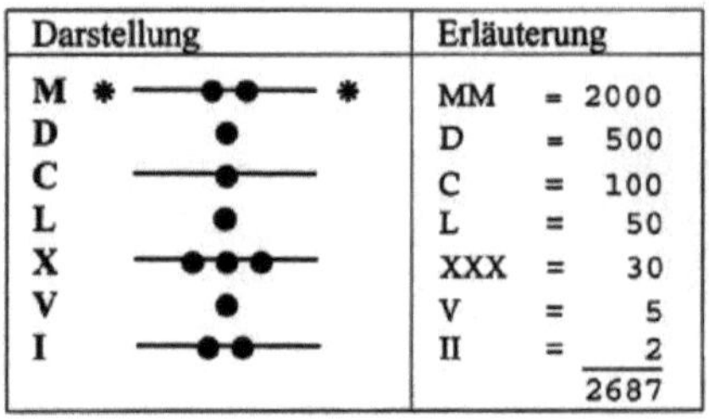

Schemazeichnung eines Rechenbretts mit der Beispielzahl 2687

Während beim Klosterabakus und beim antiken Tischabakus die Rechensteine *zwischen* den Begrenzungslinien für die einzelnen Spalten bewegt wurden, war ihr Platz jetzt – so wie beim römischen Handabakus – *auf den Linien.* Allerdings liefen die Linien jetzt nicht mehr vertikal, sondern horizontal, wobei die unterste Linie die Einer aufnahm und die oberste für den höchsten Stellenwert stand. Wie beim römischen Handabakus war eine Fünferbündelung vorgesehen, die durch eine Rechenmarke zwischen der aktuellen und der darüber liegenden Linie ausgedrückt wurde. Die Linien blieben meist unbenannt, nur die Linie der Tausender wurde gewöhnlich durch ein Kreuz oder das Symbol * gekennzeichnet. Auf dieses Zeichen lässt sich die heutige Markierung der Tausender- und der Millionenstelle in modernen Zahlenangaben zurückführen. Neben diesem „normalen“ Linienbrett gab es für die besondere Anwendung der Münzrechnung das Münzbrett. Ein Linienbrett konnte leicht in ein Münzbrett umgewandelt werden, indem man zugeschnittene Streifen auflegte, die Bezeichnungen für die Münzeinheiten trugen. Zuweilen fügte man auch bei Bedarf Kennzeichnungen mit Kreide ein.

Zu den Münztischen gehört auch das Straßburger Exemplar (Seite 40), das vier Münzspalten aufweist. Derartige Hilfsmittel waren besonders deshalb wichtig, weil die Währungen jener Zeit nicht dem Dezimalsystem entsprachen und sich voneinander unterschieden. So konnte ein Gulden beispielsweise 21 Groschen wert sein und der Groschen 12 Pfennigen entsprechen. Die Vielfalt der umlaufenden Münzen und das recht komplizierte Währungssystem machten Währungsumrechnungen erforderlich und begünstigten die Geschäfte der Geldwechsler. Aber auch innerhalb der Währung einer Region oder einer Stadt waren Geld- und Warenrechnungen aufwändiger als heute, entsprach doch häufig die Münzeinheit Pfund (lb = libra) 20 Schilling (s oder ß = solidus) und ein Schilling 12 Pfennigen (d oder de = denar). Der Straßburger Rechentisch sieht auch noch eine Bank (Spalte) für Heller (hl) vor, wobei ein Pfennig in manchen Gegenden zwei Hellern entsprach.

Die Mehrzahl der erhaltenen Rechentische, Rechenbretter und -tücher tragen Angaben für die Münzrechnung und belegen damit diesen wichtigen Anwendungsbereich.[36] Daneben ist eine Vielzahl fertig berechneter Umrechnungstabellen überliefert, die als „Tarife" bezeichnet wurden.[37] Für das rein arithmetische Rechnen außerhalb des Münzrechnens existierten meist keine speziellen Rechenbretter, weil sie bei Bedarf mittels Kreidestrichen auf einem normalen Tisch oder Brett leicht erzeugt werden konnten. Anstelle von Kreide mochte zuweilen auch Rötel verwendet worden sein, ein Gemisch aus Roteisenstein mit Ton oder Kreide. Bei derart vergänglichem Material verwundert es nicht, dass der Nachwelt davon nichts erhalten blieb.

Die vorige Schemazeichnung zeigt, wie ein auf der Rechentafel ermitteltes Ergebnis, nämlich 2687, problemlos in das römische Zahlensystem übertragen werden kann. Gleiches gilt für die Übernahme römischer Zahlen auf die Rechentafel. Die Rechenbretter hatten meist zwei Spalten (Bankire), aber auch solche mit einer Spalte konnten bei Bedarf leicht durch Kreidestriche abgeteilt werden, wodurch sich Übersichtlichkeit sowie Rechensicherheit erhöhen ließen. So war es möglich, zumindest die Ausgangszahlen von Rechenoperationen in eigene Spalten zu legen, eventuell auch Zwischen- und Endergebnisse.

Ausgehend von der französischen Schatzkammer, die bereits im 13. Jahrhundert das Brettrechnen einsetzte, übernahmen adelige Herren diese Rechentechnik für die Verwaltung ihrer Besitzungen. Von hier aus verbreitete sie sich allmählich in der Bevölkerung und gelangte in die angrenzenden Länder. – Im königlichen Schatzamt in London (Exchequer) wurde die Rechentafel, Exchequer-Tafel genannt, von dieser Zeit an bis ins 18. Jahrhundert eingesetzt. Das Wort „exchequer" bedeutet Linien oder Quadrate, die ja auch für das Schachspiel charakteristisch sind. Weil die Rechentafel mit einem Tuch mit Schachbrettmuster bedeckt war, erhielt die ganze Institution diesen Namen,[38] und noch heute heißt der britische Finanzminister *Chancellor of the Exchequer*.

Für den Hof des burgundischen Herzogs Karl der Kühne zitiert Karl Menninger einen ins Deutsche übersetzten Bericht aus dem Jahre 1474: „Der Herzog kommt selbst sehr oft in die Schatzkammer, und keine Rechnungen werden abgeschlossen ohne ihn oder ohne sein Siegel. Er selbst sitzt am bureau am einen Ende, wirft und rechnet wie die andern; und es besteht kein Unterschied zwischen ihrem und seinem Rechnen, außer dass der Herzog mit goldenen Rechenmünzen wirft und die andern mit silbernen."[39] Mit „bureau" ist im 15. Jahrhundert ein Rechentisch gemeint. Ab dem 17. Jahrhundert wird man unter dem Büro dann den gesamten Raum verstehen, der zum Rechnen oder ganz allgemein zum Verwalten bestimmt ist. Damit ist aber noch nicht die ganze Weite des Bedeutungswandels dargestellt, den das Wort bureau, oder ursprünglich bure, erfahren hat. Denn im 12. Jahrhundert versteht man darunter einen groben Wollstoff, im 13. Jahrhundert eine Tischdecke aus eben jenem Stoff, womit sich ja auch ein Rechentisch abdecken ließ. Schließlich verhalf das Tuch dem Rechengerät zu seinem Namen.[40] Eine erstaunliche Wandlungsfähigkeit eines Wortinhaltes! Das Wort „werfen" (franz. jeter) in obiger Quelle bezieht sich auf die Jetons, die Rechenmünzen, die an die entsprechende Stelle des Rechentisches geworfen wurden.

Wie selbstverständlich Rechenbretter und -tische über Jahrhunderte in das Leben der Menschen integriert waren, zeigen die folgenden Holzschnitte (S 45 und 46). Der erste wurde um 1493 in Lübeck als Titelholzschnitt der „Historie von den zwei Kaufleuten" gedruckt. Man sieht einen jungen Mann, der mit einem Beutel Geld in der Hand in einen Raum eintritt, in dem ein Geldwechsler hinter seinem Rechentisch sitzt.

Die zweite Abbildung ist *Martin Luthers* Deutschem Katechismus von 1530 entnommen und zeigt einen armen Schuldner, dem sein Gläubiger aus dem Schuldbuch die fälligen Forderungen vorliest und seinen Gehilfen die Summe auf dem Rechenbrett darlegen lässt, während im Vordergrund ein Mann einen anderen am Beten hindert.

Bei Luther findet sich die heute noch gebräuchliche Wendung „vom Hundertsten ins Tausendste kommen" in direkter Beziehung zum Rechenbrett: „Sie haben eine seltzame weise zu reden, als die keine Ordnung halten, sondern das Hundert ins Tausend werfen."[41] Selbstverständlich muss man zu falschen Ergebnissen kommen, wenn man Rechenpfennige auf die 1000er Linie „wirft" anstatt auf die 100er Linie. Anstelle des Verbs „werfen" hat man häufig auch das Wort „legen" verwendet, woraus sich der heute noch gebräuchliche Begriff der „Rechnungslegung" ableitet.

In der nachfolgenden Abbildung ist ein Mann zu sehen, den Geldnot zu einem Geldverleiher treibt. Zu dessen Geschäftsausstattung gehört selbstverständlich ein Rechengerät, in diesem Fall ein Rechentisch

Der Holzschnitt auf Seite 46 zeigt einen Kaufmann, der in seiner gewölbten Halle zwischen seinen Warensäcken und -ballen sitzt, von denen ein Teil draußen von seinen Leuten auf ein Fuhrwerk verladen wird. Auf seinem Tisch liegen Tinte und Feder, ein Hauptbuch, in dem er blättert, sowie ein auf dem Tisch mit Währungszeichen aufgezeichnetes oder darin eingelassenes Rechenbrett mit Rechenpfennigen. Über dem Kopf des vielbeschäftigten, vielleicht sogar überlasteten Kaufmanns fügte der Künstler in einem Rundbild einen Wunschtraum ein: Bäume, Vögel, Wolken und einen Mann, der mit dem Speer über der Schulter ohne äußere Zwänge seines Weges zieht.[42] Der Holzstich ist das Werk von Hans Weiditz und diente zusammen mit zahlreichen weiteren Bildern dieses genialen Künstlers zur Illustration der deutschen Ausgabe eines weit verbreiteten Trostbüchleins des italienischen Dichters und Humanisten Francesco Petrarca (1304 – 1374).

Titelholzschnitt der „Historie von zwei Kaufleuten“ vom Ende des 15. Jahrhunderts

Holzschnitt aus Luthers Katechismus mit einem Rechenbrett im Hintergrund

Bei einem Geldverleiher des 16. Jahrhunderts (Holzschnitt von Jörg Breu)

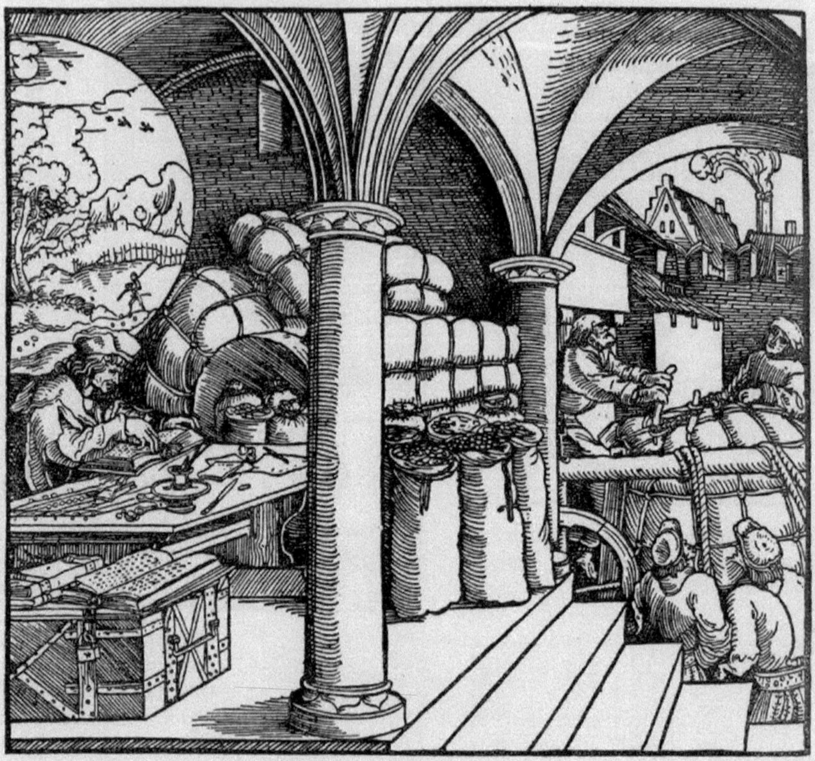

Handelsgewölbe mit dem Kaufmann an seinem Schreibtisch (Holzschnitt von Hans Weiditz)

Auch in Theaterstücken kommen Rechenbrett und Rechensteine vor. Bei Shakespeare ist mehrfach von Rechenmarken die Rede, beispielsweise in „The Winter's Tale" (Das Wintermärchen), wo der junge Schäfer folgende Aufgabe zu rechnen hat: „Lasst doch sehen: – immer elf Hammel machen einen Stein – jeder Stein gibt ein Pfund – und etliche Schilling: fünfzehnhundert geschoren, wie hoch kommt die Wolle dann?" Und er meint: „Ich kann es ohne Rechenpfennige nicht herausbringen."[43]

Molières erstmals 1673 aufgeführter „Malade Imaginaire" (Der eingebildete Kranke) beginnt damit, dass die Hauptperson Argan die Rechnungen des Apothekers mit Rechenpfennigen nachprüft und auf seine Weise nach unten korrigiert. Zu dieser Zeit galt das Verfahren schon als überholt und wurde von Molière dazu eingesetzt, seinen Helden Argan als verschroben zu charakterisieren und ihn lächerlich zu machen. Allerdings sollte es noch bis 1789 dauern, ehe im Gefolge der französischen Revolution die Verwendung des Abakus in Behörden und Schulen verboten wurde.[44]

Vom Einsatz der Rechentafel im kaufmännischen Rechnungswesen zeugen schließlich noch „Pünktchen-Diagramme“ am Seitenrand zahlreicher Rechnungsbücher von Kaufleuten. Sie geben die Position der Steinchen auf der Rechentafel wieder und sind selbst bei solchen Aufzeichnungen zu finden, bei denen ausschließlich arabische Ziffern verwendet wurden.[45]

Das Bayerische Hauptstaatsarchiv und das Bayerische Nationalmuseum, beide in München, verwahren insgesamt fünf Rechentücher, mit denen bayerische Beamte die Abrechnungen der Bürgermeister und anderer Verwaltungsstellen überprüften. Das jüngste Rechentuch wird „nur unwesentlich vor 1753“ datiert[46] – eine Zeit, in der man die Verwendung dieser Rechentechnik wirklich nicht mehr erwartet hätte.

Selbst in neuerer Zeit gab es noch Bemühungen, das Rechenbrett durch Verbesserungen den gestiegenen Rechenanforderungen anzupassen. So wird von dem russischen General *Swobodski* berichtet, der um das Jahr 1830 ein Rechengerät namens „Aggregat“ entwickelte, bei dem er 12 bis 30 Rechenbretter in einem großen Rahmen zusammenfügte. Eine Gutachterkommission soll zu der Einschätzung gekommen sein, dieses Riesenrechenbrett erlaube eine verfünffachte bis versechsfachte Rechengeschwindigkeit.[47]

Schulen und Rechenmeister

Wo konnten junge Menschen in jener Zeit rechnen lernen, wer zeigte ihnen den Umgang mit dem Rechenbrett? Das lässt sich nicht mit einem Satz beantworten, denn auf der einen Seite gab es je nach Herkunft, Stand und Beruf unterschiedliche Anforderungen an die Rechenfertigkeit, zum anderen änderten sich diese Ansprüche auch während der hier betrachteten großen Zeitspanne. Nach dem Zerfall des Römischen Reiches finden sich in Gallien im 5. Jahrhundert die letzten Berichte über städtische Schulen; in Italien und Spanien sind sie noch bis zum Ende des 6. Jahrhunderts bezeugt. In der Zeit danach waren Schulen jahrhundertelang den meisten jungen Menschen unbekannt. Zwar gibt es seit dem 6. Jahrhundert erste Belege für kirchliche Schulen, aber sie bildeten eine seltene Ausnahme und breiteten sich auch nur sehr zögerlich aus. Auch wenn die Klöster für die Ausbildung ihrer Novizen sorgten, war dies nicht immer als Schulunterricht organisiert und beschränkte sich meist auf die Einübung kirchlicher Gesänge und auf die Vermittlung dürftiger Kenntnisse der lateinischen Sprache. Wie in der Familie wurde meist der Jüngere durch den Älteren angeleitet. Der Unterricht an den später entstehenden Kloster- und Kathedralschulen war zwar umfassender, das Rechnen spielte aber nur eine untergeordnete Rolle, selbst wenn sich einzelne Lehrer, wie etwa Gerbert in Reims, darum bemühten.

Ein wichtiger Bereich, in dem junge Menschen seit dem Mittelalter etwas lernten, war die berufliche Lehre. Im Rahmen der Berufsausbildung machte sie der Meister und seine Gesellen oder der Kaufherr und seine Gehilfen grundsätzlich mit allem vertraut, was für ihren Beruf wichtig war. Dazu gehörte normalerweise auch das Zählen, elementares Rechnen sowie Messen und Wiegen. Die Kinder aus wohlhabenden Familien wurden meist von einem Hauslehrer unterrichtet.

Es dauerte noch einige Jahrhunderte, bis für die Bedürfnisse des Stadtbürgertums richtige Grundschulen eingerichtet wurden. Seit dem Ende des 13. Jahrhunderts hatten die großen italienischen Städte ihre eigenen Schulen und im 14. Jahrhundert gab es in fast jeder europäischen Stadt eine Schule. In Deutschland nahm im ausgehenden Mittelalter die Zahl der „Lateinschulen“ erheblich zu. Hier wurde nicht ausschließlich, aber doch primär Latein bzw. Grammatik unterrichtet, weshalb sie auch als „Grammatikschulen“ bezeichnet werden. Sie dienten – wie später die Gymnasien – zur Vorbereitung auf das Studium an den Universitäten, die es ab dem 13. Jahrhundert gab. Daneben entstanden im 15. Jahrhundert im deutschen Sprachbereich die meist weniger anspruchsvollen „teutschen Schulen“, an denen Lesen, Schreiben und in geringem Umfang Rechnen unterrichtet wurde. 1403 ist bereits eine solche Schule für Rothenburg ob der Tauber nachgewiesen, 1424 für Nürnberg. Was das Rechnen anbelangt, so wurden in den deutschen Schulen die vier Grundrechenarten mit dem Rechenbrett erlernt, wahrscheinlich – und damit ergibt sich das gleiche Bild wie in der Antike – ergänzt durch das Fingerrechnen oder zumindest die Fingerzahlen. Außerdem erlernten die jungen Leute die Handhabung einer Rechentabelle.

An den Lateinschulen kam es deutlich später zur Aufnahme rechnerischer Inhalte in den Unterricht. Bis 1566 fehlen sie im Lehrplan der angesehenen Straßburger Lateinschule und erst 1571 wurde für alle Klassen des Gandersheimer Pädagogiums der Arithmetikunterricht vorgeschrieben, d.h. der Umgang mit den vier Grundrechenarten.[48]

Für einen gekonnten und überlegenen Umgang mit Zahlen reichte dieses allgemeine Unterrichtsangebot bei weitem nicht aus. Wie konnte man nun aber eine vertiefte Rechenfertigkeit erlangen? Aus der zweiten Hälfte des 15. Jahrhunderts ist bekannt, dass der neunjährige *Christoph Scheurl* aus Nürnberg nach erfolgreichem Besuch der Lateinschule vom berühmten Rechenmeister *Michael Joppel* unterrichtet wurde. Die für jene Jahre neue Berufsbezeichnung beweist, dass jetzt das Rechnen eine eigenständige Rolle spielte und die gestiegenen Anforderungen eine berufliche Spezialisierung verlangten. Dass in Nürnberg solche Entwicklungen früher sichtbar wurden als andernorts ist kein Zufall, denn unter den freien deutschen Reichsstädten hatte es eine herausragende Bedeutung. Nicht zuletzt wegen ihrer guten Handelsbeziehungen zu Italien konnten die Nürnberger Kaufleute die in Italien üblichen fortschrittlichen Rechen- und Buchführungstechniken früher als andere einsetzen. Es kann nicht verwundern, dass der junge Scheurl nach dem Unterricht bei Joppel nach Venedig ging, um hier die *arte dela mercadantia*, die „Kunst der Kaufmannschaft", auf ihrem neuesten Stand zu erlernen.[49]

Rechenmeister gab es zuerst in Italien, dort wurden sie „maestri d'abbaco" genannt. Allerdings bedeutete das Wort „abbaco" nicht mehr nur den Abakus und die damit verbundenen Rechenverfahren. Es hatte einen erstaunlichen Bedeutungswandel erfahren und meinte nun zunächst die Rechenkunst in einem umfassenden Sinn und später gar nur noch die Methoden des indisch-arabischen Ziffernrechnens. Dieses neue Zahlensystem, ein Dezimalsystem, ist durch die Verwendung der Null und der übrigen neun arabischen Ziffern gekennzeichnet. Der Wert einer Ziffer hängt davon ab, welche Position sie innerhalb einer Zahl besetzt. Die übliche Bezeichnung als arabisches Zahlensystem ist nicht ganz zutreffend, denn entsprechend seiner ursprünglichen Herkunft müsste es eigentlich indisches Zahlensystem heißen.

Die Rechenmeister mussten nun entscheiden, ob sie das alte oder das neue System oder auch beide unterrichten wollten. Sie hatten damit eine wichtige Funktion für die weitere Entwicklung der Rechentechnik. Indem sie Menschen, die oft weder lesen noch schreiben konnten, einen Zugang zur Welt der Zahlen und der Rechenkunst vermittelten, kam ihnen auch eine besondere gesellschaftliche Bedeutung zu.

Zwischen der Qualität der Schulen – und auch jener der Rechenmeister – gab es damals, so wie auch heute, beträchtliche Unterschiede. Schüler in den Metropolen Florenz, Venedig und Genua konnten mit einer besseren Ausbildung rechnen als jene in Leipzig, Köln oder Marseille. Gleichzeitig besuchten die italienischen Kaufmannssöhne die Schule einige Jahre länger als Kinder in Frankreich und Deutschland. Die Fähigkeit der Kaufleute aus Florenz, Venedig und Genua, komplizierte Rechenvorgänge ohne Einbeziehung eines Experten selbst durchführen zu können, war sicherlich ein wesentlicher Faktor für ihre geschäftliche Überlegenheit. Zu nennen sind hier beispielsweise die Berechnung von Wechseldiskont oder die Ermittlung des mittleren Fälligkeitstermins von Forderungen, die zu verschiedenen Terminen fällig sind. Wie groß der Vorsprung der Italiener war, zeigt sich in den heute noch verwendeten Fachbegriffen italienischen Ursprungs, so z. B. Konto, Saldo, Kontokorrent, Storno, Agio und Bankrott. Am Ende des 15. Jahrhunderts wurde es bei deutschen Kaufleuten geradezu üblich, ihre Söhne zur Berufsausbildung nach Italien zu schicken.

Die Kaufleute jener Zeit hatten oft umfangreiche und schwierige Rechenaufgaben zu lösen, für die sie auch aus heutiger Sicht allen Respekt verdienen. Als Beispiel soll die sehr komplexe Kalkulation von Bezugskosten dienen, wie sie mit dem Einkauf von aragonischem Safran in Saragossa verbunden war. Safran war im 15. und 16. Jahrhundert als Gewürz und als Mittel zum Gelbfärben von Lebensmitteln hochgeschätzt. Sehr begehrt war die als „Ortsafran" bezeichnete Ware aus dem Gebiet des spanischen Aragon. Die folgenden Angaben stützen sich auf Aufzeichnungen, die sich im Archiv des Augsburger Handelsunternehmens Paumgartner befanden. Dabei bedeutet die Abkürzung ℔ ein Gewichtspfund und β steht für den Schilling. „1 ℔ Ortsafran kam daselbst auf 28 β aragonischer Münze; 1 Golddukaten entsprach um 1514 = 22 β dieser Münze. An Unkosten und Zoll bis Lyon waren 4 β zu rechnen (= zusammen 32 β); dazu musste man bis Lyon 1/3 des Gewichts (= 11 β Wert) als Abgang durch Eintrocknen des Safran rechnen, sodass das ℔ Safran in Lyon auf 43 aragonische β kam. Da 20 β = 1 schilt del roi = 28 Lyoner Groschen waren, so kostete das ℔ in Lyon rund 60 Groschen (eigentlich 59,2 Groschen).“[50]

Rechenbücher als Bestseller

Ich habe in der Unterweisung der jungen Menschen allweg befunden, dass sie beim Beginnen mit dem Linienrechnen des Rechnens fertiger und geläufiger werden, als wenn sie mit dem Ziffernrechnen anfangen.
Adam Ries (1550)

Neben dem Besuch des Unterrichts eines Rechenmeisters gab es noch eine zweite Möglichkeit, Rechnen zu lernen, nämlich durch den Erwerb und das Studium eines Rechenbuchs – dessen Verfasser üblicherweise ein Rechenmeister war. Bereits zu Beginn des 13. Jahrhunderts schrieb der Italiener *Leonardo Fibonacci* (um 1170 – nach 1240) in italienischer Sprache – nicht mehr in lateinischer – sein Buch „Liber abaci“, das die Leistungsfähigkeit des dezimalen Stellenwertsystems demonstriert, insbesondere auch für den Bereich des kaufmännischen Rechnens. Die Entscheidung, sich weitgehend auf kommerzielle Anwendungen zu beziehen, geschah nicht zufällig, leitete doch sein Vater in Bugia, dem heutigen Bejaïa in Algerien, die Handelsvertretung des Stadtstaates Pisa. Im arabisch beherrschten Nordafrika kam es zu unmittelbaren Begegnungen mit den arabischen Zahlen und den damit verbundenen Rechentechniken. Es ist wahrscheinlich, dass das Buch nur wenige speziell an dem neuen Zahlensystem interessierte Gelehrte erreichte, die zudem mit den behandelten Rechenaufgaben des Alltags vermutlich nicht allzu viel anfangen konnten. In einer Zeit, in der es noch keinen Buchdruck mit beweglichen Lettern gab, stand sicherlich auch der beträchtliche Umfang von 459 Seiten einer weiteren Verbreitung im Wege.[51] Diese Einschränkungen verhinderten jedoch nicht, dass sich die Idee des arabischen Zahlensystems allmählich über Europa verbreitete. Dafür spielte eine weitere Schrift eine wichtige Rolle. Schon Jahrhunderte früher hatte sie der arabische Gelehrte *al-Chwarizmi* (um 780 – nach 846) verfasst. Bekannt wurde sie durch lateinische Übersetzungen und ihr Autor wurde zum Namensgeber für das neue Rechenverfahren: Algorismus.

In italienischer Sprache entstanden von 1290 bis 1500 etwa 300 Bücher, in denen die für Kaufleute erforderlichen Rechentechniken dargestellt wurden. Die Mehrzahl davon erschien im 15. Jahrhundert. Typische Inhalte :

- Einführung in die Zahlenschreibweise und die arithmetischen Operatoren
- Preisermittlung und Geldtausch
- Maße und Gewichte
- Verteilungsrechnung bei Handelsgesellschaften
- Zins- und Diskontrechnung
- Rückzahlung von Anleihen
- Mischungsrechnung[52]

Obwohl schon seit dem frühen Mittelalter die Kirche verbot, Zinsen zu nehmen, bestätigen viele Zinsaufgaben in den Rechenbüchern, dass man sich nicht streng daran hielt.

Rechenbücher, deren Beispiele und Aufgaben keinerlei Bezug zu Beruf und Alltag hatten, gab es ebenfalls. So findet sich im 16. und 17. Jahrhundert die eigenartige Erscheinung der „historischen Rechenbücher", wobei „historisch" hier bedeutet, dass sich die Aufgaben auf die biblische und die Profangeschichte beziehen. Manche dieser Bücher waren zu ihrer Zeit hochgeschätzt und das Ansehen ihrer Verfasser stand mancherorts nicht hinter dem von Adam Ries zurück. Die verwendeten Aufgaben waren vielleicht nicht immer ernst gemeint, wie der folgende Text belegen kann: „In den Sprüchen Salomonis am 24. Cap. stehet beschrieben der Gerechte falle des Tages 7 mahl. Hier auß wollen wir zu Christlicher Fürstell- und Erinnerung unserer Sünden Vielfeltigkeit folgend Auffgaben abfassen: Wann ein Mensch täglich fellet [fehlet] oder sündiget 7 mahl: wie offt demnach im Jahr oder in 50 Jahren? Antw. 2555 mahl im Jahr und 127750 mahl in 50 Jahren."[53]

Die zunehmende Verbreitung von Büchern ist zu einem wesentlichen Teil auf eine geänderte Herstellungstechnik zurückzuführen. Bis ins späte Mittelalter wurden Bücher in den Schreibstuben der Klöster und Kathedralschulen abgeschrieben – eine zeitraubende und für den Käufer kostspielige Angelegenheit. Dann kam das Verfahren auf, von Holzblöcken zu drucken, bei denen der Bereich, der weiß bleiben sollte, vertieft wurde. Für jede Buchseite musste ein neuer Block hergestellt werden. Zudem war die Zahl der von einem Block möglichen Drucke sehr gering und die Preise der Bücher dadurch für viele Menschen immer noch unerschwinglich hoch. Mit der Erfindung des Buchdrucks mit beweglichen Lettern in der Mitte des 15. Jahrhunderts durch Gutenberg änderte sich die Situation grundlegend. Jetzt wurden Wissen und Bildung der Zeit zu günstigen Preisen einer breiten Öffentlichkeit zugänglich, ohne dass allerdings die geringe Auflagenhöhe einem Vergleich mit heute üblichen Zahlen bei Weitem nicht standhält. Die „Rechenbüchlein" gehörten neben der Bibel, neben politischen Flugschriften und Kalendern zu den frühesten Erzeugnissen der neuen Drucktechnik. 1478 erschien im italienischen Treviso das älteste derartige Rechenbuch. Es hatte eine nicht gerade bescheiden formulierte Einleitung: „Hier beginnt eine sehr gute und nützliche Unterweisung für jeden, der die Kunst der Kaufmannschaft, die gewöhnlich die Kunst des Abakus genannt wird, betreiben will."[54] Im Jahr 1483 brachte der Nürnberger Rechenmeister *Ulrich Wagner* das älteste mit beweglichen Lettern gedruckte deutsche Rechenbuch heraus, dem zahlreiche andere folgten.

Der bedeutendste Autor deutschsprachiger Rechenbücher war *Adam Ries* oder *Riese* (1492–1559). Sein 1518 erschienenes Büchlein „Rechenung auff der linihen" beschäftigte sich noch mit der herkömmlichen Rechenbretttechnik, während das zweite von 1522 unter dem Titel „Rechenung auf der linihen und federn" bereits das schriftliche Rechnen propagierte. Mit 108 bis zum Jahr 1656 nachweisbaren Auflagen sollte das zweite Buch außergewöhnlich erfolgreich werden. Allerdings vertritt Ries – dem man besondere methodische Fähigkeiten bei der Vermittlung der Rechentechnik bescheinigen kann, was nicht zuletzt für den Erfolg seiner Bücher maßgeblich gewesen sein dürfte – noch in seinem dritten Buch von 1550 die Auffassung, dass es methodisch zweckmäßig sei, erst das Linienrechnen zu erlernen und sich dann mit dem Ziffernrechnen zu beschäftigen. Der Erfolg und die nachhaltige Wirkung dieses Rechenmeisters belegt eine noch heute gebräuchliche Redewendung: „Nach Adam Riese macht das ...". Der Engländer J. Palsgrave, Französischlehrer am englischen Hof, hob 1530 ebenfalls die praktischen Vorteile des Brettrechnens hervor: „Ich muss es sechs Mal mit dem Algorismusverfahren rechnen, während du nur einmal die Rechenpfennige zu legen brauchst."[55]

Eine weitere Möglichkeit, sich Rechenvorgänge zu ersparen oder sie zumindest zu beschleunigen, soll noch erwähnt werden: die Rechentabellen. In ihrer einfachsten Form finden wir sie als Multiplikationstabellen in den meisten Rechenbüchern des 15. und 16. Jahrhunderts; aber auch eigene Bücher sind ihnen gewidmet, vor allem für die Bedürfnisse von Handel und Geldwesen. So veröffentlichte Adam Ries 1536 eine Schrift mit Tabellen, die eine rasche Preisermittlung für verschiedene Maßeinheiten ermöglichen sollte: „Ein Gerechent Büchlein auff den Schöffel, Eimer und Pfundtgewicht". Und der französische Mathematiker Jean Trenchant veröffentlichte 1558 eine Tabelle für so spezielle Anforderungen wie die vierprozentige Verzinsung eines Kapitals, das in 41 vierteljährlichen Raten zurückzuzahlen ist.[56]

Auch eine Erfolgsgeschichte hat ein Ende

Wer häufig komplizierte Berechnungen mit römischen Zahlen durchführen musste, kam um das Rechenbrett nicht herum. In dem Maße aber, in dem ein weniger umständliches Zahlensystem sich ausbreitete, verlor auch dieses Rechenhilfsmittel seine Bedeutung. Die nur sehr zögerliche Verbreitung des neuen Verfahrens zeigt eindrücklich, dass auch überlegene neue Methoden jahrhundertelang an althergebrachten scheitern können. Zuallererst wurde das neue Zahlensystem nur vereinzelt eingesetzt, vor allem für die gelehrte Komputistik, die in dieser Zeit sowohl Zahlentheorie als auch Zeitrechnung umfasste.[57] Bereits im 13. Jahrhundert hatte sich der Schwerpunkt des wissenschaftlichen Lebens von den Klöstern zu den neu entstehenden Universitäten verlagert. Auch die neue Rechenpraxis des Dezimalsystems fand zunächst nur den Weg in die Vorstellungswelt europäischer Wissenschaftler.

Aus heutiger Sicht kann das nur verwundern, denn jeder, der beide Zahlensysteme kennt, wird für Berechnungen schwerlich das römische System verwenden wollen. Weshalb hielt das Mittelalter aber so hartnäckig daran fest? Tatsächlich gibt es dafür mancherlei Gründe, die aus jener Zeit heraus verstanden werden müssen.

Zunächst einmal stand – so wie in römischer Zeit – mit dem Rechenbrett ein leistungsfähiges Hilfsmittel zur Verfügung, das von seiner Logik her die Vorteile eines Stellenwertsystems durchaus zu nutzen wusste und damit die Überlegenheit des neuen arabischen Zahlensystems etwas verblassen ließ. Zum anderen stellt sich die Frage, wer denn den Menschen die neue Rechentechnik hätte vermitteln und sie von deren Vorteilen hätte überzeugen können. Da bis ins 16. und 17. Jahrhundert viele Menschen weder lesen noch schreiben konnten, hatten die Algorismus-Schriften der Universitäten und der Rechenmeister keine große Breitenwirkung. Für ein weiteres Hindernis sorgten die Preise: Bücher waren in jener Zeit ein sehr kostbares und für viele unerschwinglich teures Gut. Erst die Herausgabe billiger Bücher in den verschiedenen Nationalsprachen bewirkte eine Änderung.

Ein Hemmnis für das neue Zahlensystem war auch die Notwendigkeit, sich mit der Null eine Ziffer zu verdeutlichen, die selbst keinen Wert hat, aber den Wert anderer Zahlen beeinflussen kann. Ein derart abstrakter Gedanke lag völlig außerhalb der Vorstellungsmöglichkeiten vieler Menschen und bewirkte eine starke Abwehrhaltung. Mancher mochte bei derlei Zaubertricks befürchten, dass der Teufel seine Hand im Spiel hatte. Die besondere Beurteilung der Null lässt sich auch aus der Tatsache ablesen, dass „al-sifr", das alte arabische Wort für Null (das auch „leer" bedeutet), noch heutzutage für alle arabischen Ziffern verwendet wird. Schließlich musste im christlichen Abendland beim neuen Zahlensystem auch deshalb mit gewissen Widerständen gerechnet werden, weil es aus dem indischen bzw. islamischen Kulturkreis stammte, einer für die meisten Menschen äußerst fremden Welt.

Nicht zuletzt spielte in diesem Geschehen auch die Obrigkeit eine Rolle. Es sind Fälle überliefert, in denen die Abneigung politischer und wissenschaftlicher Autoritäten die Verwendung des neuen Systems auch dort behinderte, wo die Menschen bereit waren, es einzusetzen. So verbot 1299 in Florenz das Edikt »Statuto dell'Arte di cambio« den Kaufleuten, ihre Bücher mit arabischen Ziffern zu führen. Es war untersagt, sie in Urkunden zu verwenden, in denen es um Geld und Ware ging.[58] Als Grund wurde angegeben, die Zahlen seien leicht zu fälschen, z. B. durch angefügte Nullen. Dieses Argument kann nicht als belanglos abgetan werden, denn tatsächlich werden bis heute in wichtigen Dokumenten Zahlen in Worten ausgeschrieben. Bei den römischen Zahlen hingegen hatten die Kaufleute verschiedene Tricks entwickelt, die nachträgliche Änderungen verhindern konnten. So schrieben sie beispielsweise VII in der Form von Vij, sodass ein weiteres i nicht mehr angefügt werden konnte, ohne Verdacht zu wecken, während die Großschreibung der ersten Ziffer verhinderte, dass weitere Ziffern vorangestellt werden konnten. 1348 wies die Universität Padua an, dass in einer Verkaufsliste für Bücher die Preise in römischen Zahlen anzugeben seien.[59] Wie sehr man sich mit den römischen Zeichen identifizierte, zeigt auch die Ende des 15. Jahrhunderts in der „Schreckensberger Bergordnung" festgeschriebene Aufforderung, im Rechnungswesen ausschließlich „deutsche tzalen" – und damit waren römische Zahlen gemeint – zu verwenden.[60] Bei Schreckensberg handelt es sich um jene Bergwerksstadt im Erzgebirge, die ab 1501 den Namen St. Annaberg tragen und in der einige Jahre später Adam Ries als Bergwerksschreiber des sächsischen Herzogs Georg wirken sollte.

Etwa ab dem Jahre 1500 war es dann endlich so weit: Das Rechnen mit arabischen Ziffern begann seinen Vormarsch, zunächst noch recht zögerlich, jedoch bis zum Ende des Jahrhunderts umso forscher. Letztlich gab wohl der Sieg der arabischen Ziffern in den Geschäfts- und Kontobüchern der Kaufleute den Ausschlag für das allmähliche Zurückweichen des Rechenbretts. Die große Zahl der im 16. Jahrhundert in deutscher Sprache erscheinenden Rechenbücher befasste sich bereits mit dem „Rechnen mit der Feder" oder (gleichbedeutend) mit dem „Rechnen mit der Kreyden" oder „auff Ziffern". Zahlreiche Schriften, in denen beide Verfahren gelehrt wurden, beweisen jedoch noch die Unsicherheit der Menschen darüber, welches Verfahren das geeignete sei.

Die konkurrierenden Rechenverfahren auf einem Tisch

Eine größere Zahl der in den Rechenbüchern wiedergegebenen Bilder thematisiert die Rivalität zwischen altem und neuem Rechenverfahren. So trägt die Titelseite des von Robert Record, dem Leibarzt des englischen Königs, 1543 herausgegebenen Buches über die sieben freien Künste (artes liberales) einen Holzschnitt (s. vorige Seite), bei dem sich im Vordergrund offenbar ein „Abacist“ und ein „Algorithmiker“ über die Vorzüge des Brettrechnens und des Ziffernrechnens streiten. Ein dritter Mann im Hintergrund rechnet ziemlich unbeteiligt mit Feder und Papier, während der Ziffernrechner im Vordergrund wohl Kreide benutzt.

Nach dem Niedergang des Rechenbretts ersetzte das Rechnen mit Papier und Schreibstift den Umgang mit einem Rechengerät. Karl Menninger fasst die Vorteile des neuen Systems in einem Satz zusammen: „Die Zweiheit von Rechnen auf dem Brett und Schreiben in römischen Zahlen ist überwunden durch das schriftliche Rechnen in der einen indischen Ziffernschrift.“[61] Aber auf lange Sicht konnte auch die neue Rechentechnik nicht Sieger bleiben. Das Pendel der Entwicklung sollte zurückschwingen, indem seit dem 20. Jahrhundert zunehmend wieder Geräte – jetzt in Gestalt von Tisch- und Taschenrechnern, Buchungsautomaten und Computern – das schriftliche Rechnen verdrängen. Während das Steinchen auf dem Rechenbrett als das älteste Rechenzeichen gelten kann, erlebt es eine moderne Auferstehung als elektronisch realisiertes Bit in elektronischen Computern.

Der allgemeinen Entwicklung zum Trotz gab und gibt es bis heute – oder gab es zumindest bis vor einigen Jahren – einige Nischen, die dem Abakus in abgewandelter Form eine bescheidene Überlebenschance ließen. So gibt es ein Gerät mit dünnen Stäben oder Drähten, die parallel zwischen einem rechteckigen Rahmen aufgezogen sind und auf denen Kugeln oder Perlen zum Rechnen hin und her bewegt werden können. In den Ländern der früheren Sowjetunion blieb in kleineren Geschäften ein als Stschoty bezeichnetes Gerät dieser Art bis fast in die Gegenwart hinein erhalten. In China gibt es heute noch ein Suapan genanntes Rechengerät und in Japan führte die japanische Industrie- und Handelskammer noch nach dem 2. Weltkrieg in großem Umfang Einführungskurse für die Nutzung des Sarobans durch. Auch in Deutschland begegnet uns an Grundschulen zuweilen noch ein Gerät in der Form dieses Kugelrahmens, das zur Veranschaulichung von Stellenwerten und des dezimalen Zahlensystems verwendet wird. Selbst wenn der Abakus körperlich kaum mehr anzutreffen ist, so begegnet man ihm doch häufig in der Computer- und Nachrichtenbranche als Werbesymbol sowie als Name von Unternehmen und Software.

Von der Antike bis weit in die Neuzeit hat also der Abakus (und nach einer Unterbrechung das Rechenbrett) zuverlässig seinen Dienst als Rechenknecht geleistet. Da rasch und einfach herstellbar, konnte er auch bei Verlust leicht ersetzt werden und war somit immer verfügbar. Gute Voraussetzung für eine erfolgreiche Karriere durch die Jahrtausende hindurch!

Abakus und Rechenbrett als Vorfahren des modernen Computers?

In der Einleitung wurde die umfassende Definition des Begriffs Computer begründet, die auch den Abakus mit einbezieht. Jetzt ist es an der Zeit zu überprüfen, ob ein Entwicklungspfad vom alten Rechenbrett zum modernen Computer zu erkennen ist und über eine funktionale Verwandtschaft hinaus auch technisch-inhaltlich eine Beziehung von Vorgänger zu Nachfolger besteht. Natürlich ist es sinnlos, an dieser Stelle alle Merkmale moderner Computer aufzulisten und bei Abakus und Rechenbrett nach Entsprechungen zu suchen: Bei den meisten Kriterien wäre Fehlanzeige das Ergebnis. Gleichwohl gibt es bereits beim Abakus Techniken, die auch beim Computer eine wesentliche Rolle spielen.

So arbeiten beide Geräte nach dem Digitalprinzip (digitus = Finger), d. h. die Rechengrößen dürfen nur genau festgelegte Zustände annehmen, die man als diskrete Zustände bezeichnet. Das Prinzip soll zunächst an einer Digitaluhr mit Stunden- und Minutenanzeige verdeutlicht werden. Danach dürfen bei dieser Uhr an den ersten beiden Stellen von links nur die Zahlen 00 bis 24 und an den nächsten beiden nur die Zahlen 00 bis 59 auftauchen; darüber hinaus gehende Zahlen oder dazwischenliegende, z. B. für Bruchteile von Minuten, sind bei dieser Uhr nicht möglich. Beim römischen Taschenabakus stellt sich das Prinzip so dar, dass Kugeln nur dann eindeutig interpretierbar sind, wenn sie sich entweder am Rand des Gerätes befinden oder am Mittelsteg. Halb zum Steg hin geschobene Kugeln sind missverständlich und somit ungültig. Ähnlich verhält es sich mit dem mittelalterlichen Rechenbrett: Ein Rechenpfennig kann auf den Linien oder zwischen den Linien liegen, eine Position, bei der gerade noch die Linie gestreift wird, führt zu Fehldeutungen und ist somit unzulässig. Diskrete Zustände lassen sich durch Zahlen ausdrücken und haben somit den Vorteil, für eine rechnerische Weiterverarbeitung mittels der Grundrechenarten zur Verfügung zu stehen.

Neben dieser Methode sind für Berechnungen aber auch analoge Techniken möglich. Ihr Kennzeichen ist die Gültigkeit beliebiger Zwischenzustände, das Gerät lässt also kontinuierliche Veränderungen bei der Darstellung von Werten zu. Ein analoges Rechengerät ist beispielsweise der Rechenschieber. Weitaus bekannter ist die Zeigeruhr, die beschaulich ihre Kreise immer wieder aufs Neue zieht. In jüngerer Zeit ist jedoch nicht nur im Bereich des Rechnens die Analogtechnik immer mehr gegenüber der Digitaltechnik ins Hintertreffen geraten.

Ein anderer Aspekt betrifft das für die Darstellung von Zahlen verwendete logische System. Beim additiven Verfahren werden für bestimmte ausgewählte Zahlen Zeichen festgelegt, die für das römische Zahlensystem bereits besprochen wurden. Es sei noch einmal daran erinnert: Falls man sich bei dieser Technik darauf beschränkte – so wie es in der Antike der Fall war –, Zahlen nur durch Addition ihrer Komponenten zu bestimmen, wäre es eigentlich gleichgültig, in welcher Reihenfolge man die Zeichen schreibt, auch CXICCI würde zum Ergebnis 312 führen. Ganz anders bei dem von uns heute verwendeten Zahlensystem. Bei der Zahl 312 können die Ziffern eben nicht beliebig vertauscht werden, weil etwa 213 einen ganz anderen Wert repräsentiert. Unser Dezimalsystem ist ein *Stellenwertsystem*, bei dem jede Ziffer mit ihrem jeweiligen Stellenwert multipliziert werden muss, die Ergebnisse sind dann zu addieren. 312 bedeutet also: $3 \cdot 100 + 1 \cdot 10 + 2 \cdot 1$, weil die entsprechenden Stellenwerte 100, 10 und 1 sind. Wenn man die Stellenwerte als Potenzzahlen schreibt, was weiter unten geschehen soll, werden noch einige Zusammenhänge deutlich. Während bei den römischen Zahlen zumindest in der Antike die Reihenfolge der Zahlensymbole also keine Rolle spielte, ist dies beim Abakus völlig anders: Ein Calculus in den 10er Streifen gelegt hat einen ganz anderen Wert als eben dieser Stein im 1000er Streifen. Das bedeutet aber nichts anderes, als dass die Römer zum Rechnen ebenfalls ein Stellenwertsystem benutzten, während die Schreibweise der Zahlen einem anderen System entsprach.

Als letztes Kriterium ist zu prüfen, wieviel verschiedene Werte an einer bestimmten Zahlenposition möglich sind. Beim Klosterabakus gab es je Spalte neun diskrete Zustände, die durch bezifferte Rechenmarken (Apices) von 1 bis 9 ausgedrückt wurden. Beim antiken Abakus und beim mittelalterlichen Rechenbrett hingegen sind die Rechenmarken unbezeichnet, d. h. an einer dafür vorgesehenen Stelle befindet sich entweder eine Rechenmarke oder sie fehlt dort. In einem solchen System existieren also nur zwei diskrete Zustände, sodass man von einem *Binärsystem* spricht. Je nach der Position auf dem Rechenbrett kann eine Rechenmarke dabei unterschiedliche Werte annehmen.

Um diesen Sachverhalt mathematisch präzise darzustellen, eignet sich die Potenzschreibweise. Die Zahl 100 lässt sich bekanntlich darstellen als $10 \cdot 10$ oder (in Potenzschreibweise) als 10^2. Die Zahl 1000 entspricht dann $10 \cdot 10 \cdot 10$ oder 10^3 und die Zahl 10000 der Potenz 10^4 usw. Die Zahl 10 hingegen lässt sich auch als 10^1 ausdrücken. Laut Vereinbarung unter Mathematikern und logisch nicht weiter begründbar, entspricht jede zur Potenz 0 erhobene beliebige Zahl dem Wert 1, ausgenommen davon ist lediglich die Zahl 0 selbst. 10^0 ist also gleichbedeutend mit 1. Die Zahl 312 in Potenzschreibweise lautet demnach: $3 \cdot 10^2 + 1 \cdot 10^1 + 2 \cdot 10^0$.

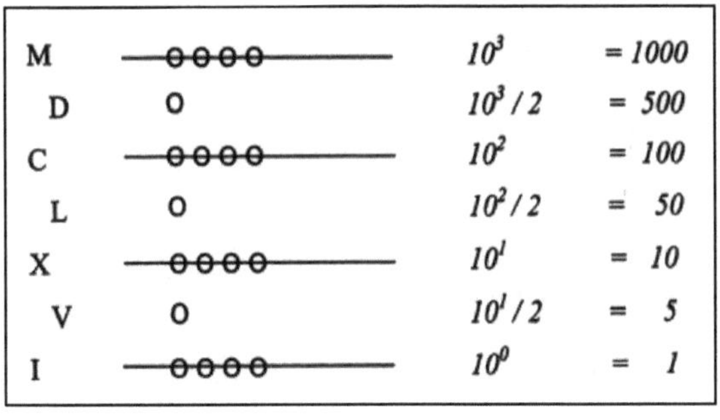

Beim Rechenbrett können grundsätzlich die nebenstehenden Positionen auf oder zwischen den Linien besetzt werden. Rechts neben dem

Linienschema sind die Stellenwerte vermerkt, die einem jeden in dieser Zeile gelegten Rechenpfennig zukommen. Als Beispiel soll die Zahl 2583 dienen. Sie ist auf dem folgenden Rechenbrettschema durch schwarze Kreise dargestellt. Rechts daneben findet sich die entsprechende Potenzschreibweise.

M	●●○○	$\underline{1} \cdot 10^3 + \underline{1} \cdot 10^3 + 0 \cdot 10^3 + 0 \cdot 10^3$	+
D	●	$\underline{1} \cdot 10^3 / 2$	+
C	○○○○	$0 \cdot 10^2 + 0 \cdot 10^2 + 0 \cdot 10^2 + 0 \cdot 10^2$	+
L	●	$\underline{1} \cdot 10^2 / 2$	+
X	●●●○	$\underline{1} \cdot 10^1 + \underline{1} \cdot 10^1 + \underline{1} \cdot 10^1 + 0 \cdot 10^1$	+
V	○	$0 \cdot 10^1 / 2$	+
I	●●●○	$\underline{1} \cdot 10^0 + \underline{1} \cdot 10^0 + \underline{1} \cdot 10^0 + 0 \cdot 10^0$	

Nachdem sich die Stellenwerte fest aus der Position auf dem Brett ergeben, sind für den Benutzer nur die Binärwerte gestaltbar und lediglich die mit 1 gekennzeichneten Binärwerte müssen im Anschluss an Rechenoperationen gezählt bzw. abgelesen werden. Ein Zeichen in einem Binärsystem bezeichnet man heutzutage als „binary digit", abgekürzt *bit*. Und damit sind wir beim modernen Computer angelangt. Er gehorcht durchgängig dem Binärprinzip, sei es bei der Datenspeicherung in Form der diskreten Zustände Rechtsmagnetisierung oder Linksmagnetisierung oder in der Form Impuls oder Nicht-Impuls bei der Datenübertragung.

Zusammenfassend lässt sich sagen: Abakus und Rechenbrett in allen hier besprochenen Formen – einschließlich Klosterabakus – arbeiten wie moderne Computer nach dem Digitalprinzip, Abakus und das „Rechnen auf den Linien" auch nach dem Binärprinzip, sodass die gelegentlich anzutreffende Bezeichnung „erster Computer der Welt" für den Abakus auch unter prinzipiellen Gesichtspunkten zutreffend ist.

Rechenmaschinen zwischen Raritätenkabinett und kommerziellem Einsatz

Die Technik gewinnt an Ansehen

War das „Rechnen mit der Feder“ im 17. und 18. Jahrhundert wirklich so einfach, dass die Menschen sich damit dauerhaft zufrieden geben konnten? Abgesehen davon, dass auf dieser Erde kaum etwas dauerhaft Bestand hat, gehört das Rechnen seit eh und je für die meisten Menschen zu den ungeliebten Tätigkeiten und muss sich deshalb kritische Betrachtungen gefallen lassen. Als Geräteausstattung, die man nun mit sich führen musste, um jederzeit rechnen zu können, genügte zwar ein Schreibgerät – entweder ein Gänsekiel, zu dem man die Tinte vielerorts finden konnte, oder ein Bleistift – und ein Blatt Papier. Handwerkern oder Händlern mochte auch ein Stück Kreide als Ausstattung genügen, denn ein Brett oder eine Tischplatte ließen sich fast überall leicht auftreiben. Aber die Sache hatte einen Haken: Man musste das Einmaleins beherrschen, das zu erlernen für viele Generationen zu einer Tortur wurde. Und beim schriftlichen Rechnen traten nur allzu leicht und unbemerkt Fehler auf, bei denen schon die Vorstellung der denkbaren Auswirkungen erschrecken konnte.

Vor allem bei Menschen, die komplizierte Rechenvorgänge zu bewältigen hatten und für die Rechnen einen großen Teil des Arbeitstages ausfüllte, erwachte nicht selten der Wunsch nach anderen, einfacheren Lösungen. Wie das geschehen könnte – davon hatten die meisten keinerlei konkrete Vorstellungen. Andere hingegen, Wissenschaftler und Tüftler, suchten ganz bewusst nach verbesserten Verfahren – sei es, um die Mühe des eigenen Alltags zu erleichtern, sei es, um Aufsehen und Anerkennung zu erlangen, sei es, weil sie für eine neue Erfindung gute Absatzmöglichkeiten und Gewinn erwarteten. Bei aller Ungewissheit hinsichtlich realisierbarer neuer Techniken und Verfahren war eines klar: Neue Rechenhilfsmittel mussten mindestens die Leistungsmerkmale des Rechenbretts erfüllen, darüber hinaus sollten sie aber leichter und schneller zum Ziel führen und dabei mindestens ebenso zuverlässige Ergebnisse liefern.

Die zahlreichen Erfindungen, die das 17. und 18. Jahrhundert auf den verschiedensten Gebieten hervorbrachten, müssen vor allem auf dem Hintergrund einer veränderten Einstellung der Wissenschaftler zur Technik gesehen werden. Im Gegensatz zu Antike und Mittelalter, ließ man sich nun faszinieren von Aufgabenstellungen aus den Werkstätten der Uhren-, Automaten- und Instrumentenbauer sowie von technischen Problemen der Bergwerksbetreiber und Festungsbauer. An den meisten kleineren und größeren Höfen der Barockzeit gab es einen „Hofmechanicus“, und die von ihm erzeugten oder anderswo erworbenen Maschinen, Geräte und Modelle zierten ein „Mechanisches Cabinett“. Die Mathematikhistoriker Scriba und Maurer charakterisieren treffend das Weltbild dieser Zeit: „Die Welt erschien als ein großer Mechanismus, und die Mathematik galt als das beste Instrument zu ihrer Beschreibung.“ [62] Um den Bau von Kriegsgeräten und Befestigungsanlagen herum begann sich im 17. Jahrhundert das Berufsbild des Ingenieurs herauszubilden, ein Beruf, der die verschiedensten Wissenschaften und praktischen Anwendungen zu verbinden hatte. Die Gelehrten „begannen experimentell, also mit technischen Mitteln, Wissenschaft zu betreiben."[63] So versuchte der französische Philosoph *Descartes*, die Wissenschaften selbst als einen Mechanismus zu interpretieren und der in vielen Wissenschaftsfeldern erfolgreich wirkende *Leibniz* sah eine Mechanik der Denkgesetze. Diese Zeit des Rationalismus, in der man die Logik zu mechanisieren suchte und ein Uhrwerk als Abbild des Kosmos galt, war ein guter Nährboden für die Entwicklung der ersten Rechenmaschinen. Dabei ist zu bedenken: Maschinen im klassischen Sinn sind Vorrichtungen, die auf die Umwandlung von Masse oder Energie abzielen. Rechenmaschinen stellen nun insofern etwas Neues dar, als sie den Begriffsinhalt erweitern, indem jetzt auch Vorrichtungen zur Rationalisierung geistiger Arbeit mit einbezogen werden. Zunächst recht zögerlich, dann aber immer entschiedener betritt die Rechenmaschine nun als zweiter wichtiger Akteur nach dem Abakus die Bühne der Computergeschichte.

Der Erste ist nicht immer der Erste

Bis in die Mitte des 20. Jahrhunderts galt *Blaise Pascal* als der Erfinder der Rechenmaschine. Spätestens seit 1956 wurden jedoch Briefe und Skizzen bekannt, die belegen, dass der Tübinger Professor *Wilhelm Schickard* (1592–1635) bereits 1623 – und damit 20 Jahre vor *Pascal* – eine Rechenmaschine für Addition, Subtraktion, Multiplikation und Division – also eine sogenannte Vierspeziesmaschine – konstruierte und bauen ließ. Dabei handelt es sich um die erste urkundlich nachweisbare mechanische Rechenmaschine mit Zahnradgetriebe und einem automatischen Zehnerübertrag. Gerechnet werden konnte mit maximal sechsstelligen Ausgangszahlen.

Schickard war ein Universalgelehrter, der biblische Sprachen wie Aramäisch und Hebräisch, aber auch Astronomie und Mathematik an der Universität lehrte und sich darüber hinaus intensiv mit Theologie, Mathematik und Kartographie beschäftigte. Zudem war er ein geschickter Mechaniker, ein begabter Zeichner und ein guter Kupferstecher, der sogar mit einigen Kupferstichen in Keplers großem Werk „Harmonices mundi" (Die Weltharmonie) vertreten ist. In seinem Nachlass befindet sich eine Skizze mit dem Entwurf einer Rechenmaschine. Auch sind hier Listen mit Aufzählungen von aufgetretenen technischen Mängeln zu finden, um die sich der Mechanikermeister *Johann Pfister* zu kümmern hatte: „Die zän seind gar vngleich vnd vnfleißig. Drumb treibts bißweil mehr als den zehenden theil, bißweil minder (...)".[64] Der Tübinger Professor *Baron von Freytag Löringhoff* konnte durch Rekonstruktionen, die er anhand der Konstruktionszeichnungen und -beschreibungen von 1957 bis 1960 anfertigen ließ, die grundsätzliche Funktionstüchtigkeit der Maschine nachweisen.

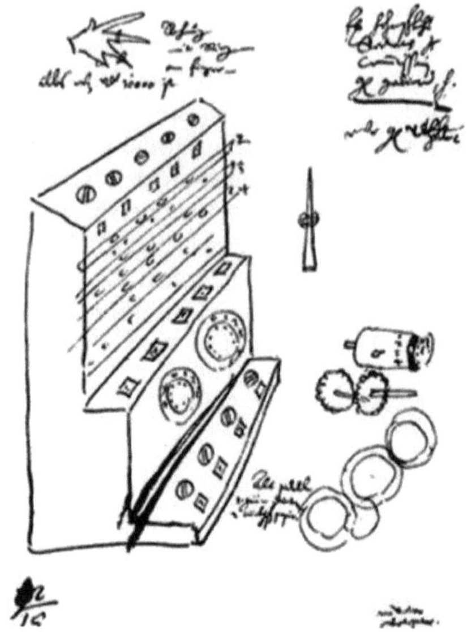

Frühe Entwurfsskizze (verkleinert) zur Konstruktion einer Rechenmaschine für die Verarbeitung fünfstelliger Zahlen im Nachlass von Wilhelm Schickard

Die schickardsche Rechenmaschine von 1623 (Rekonstruktion von Baron von Freytag Löringhoff im Tübinger Stadtmuseum)

Die Maschine besaß im Addierwerk nur wenige Zahnräder und drehbare Teile, sodass gegenüber den später von Pascal und Leibniz entwickelten Rechenmaschinen deutlich weniger technischer Aufwand erforderlich war. Wegen dieser zweckmäßig-einfachen Konstruktion erscheint auch unter den technischen Gegebenheiten ihrer Entstehungszeit ein einwandfreies Funktionieren als recht wahrscheinlich. Unterstützt wird diese Einschätzung durch einen Brief, den *Schickard* am 20. September 1623 an den berühmten Mathematiker und Astronomen *Johannes Kepler* schrieb.

BRIEF SCHICKARDS AN JOHANNES KEPLER

Ferner habe ich dasselbe, was du rechnerisch machst, kürzlich mechanisch versucht und eine Maschine konstruiert, die aus 11 vollständigen und 6 verstümmelten Rädchen besteht und mit gegebenen Zahlen sofort selbsttätig rechnet, sie addiert, subtrahiert, multipliziert und dividiert. Du würdest hell auflachen, wenn du hier wärest und sehen könntest, wie sie die linken Stellen bei Überschreitung des Zehners oder Hunderters von selbst erhöht oder bei der Subtraktion ihnen etwas fortnimmt.

Aus dem Lateinischen ins Deutsche übersetzter Auszug, zitiert nach Bruno von Freytag Löringhoff: Wilhelm Schickards Tübinger Rechenmaschine von 1623, 5. Aufl., Tübingen 2002, S. 7

Wer verstehen will, welche Wege beschritten wurden, um erstmals Grundrechenarten zu mechanisieren, sollte sich auf den etwas theoretischen Inhalt der folgenden Seiten einlassen. Multiplikation und Division beruhen bei der schickardschen Rechenmaschine auf dem System der napierschen Stäbe, das Schickard möglicherweise schon 1617 durch Diskussionen mit Kepler kennengelernt hatte. Sie wurden erstmals von *John Napier* oder *Neper* (1550–1617) beschrieben, einem schottischen Lord, der sich, völlig in Übereinstimmung mit dem Kulturverständnis des Landadels seiner Zeit, neben der Verwaltung seiner Güter noch die Zeit nahm, seinen mathematischen und theologischen Interessen nachzugehen und darüber zu publizieren. Erfunden wurden die Rechenstäbe vermutlich bereits um die Mitte des 16. Jahrhunderts, worauf die Darstellung eines nahezu gleichen Verfahrens in einem deutschen Rechenbuch von 1543 hinweist.[65]

Die Stäbe sollten es ermöglichen, Berechnungen ohne den Umweg über Schreibgerät und teures Papier durchzuführen. Napier veröffentlichte 1617, im Jahr seines Todes, eine Studie, in der er ein System vorstellte, bei dem auf Stäben Multiplikationstabellen eingraviert sind, die man in Form eines Gitternetzes zusammenlegen und dann das Ergebnis einer beliebigen Multiplikation ablesen kann (Schemadarstellung siehe nächste Seite). Im Prinzip werden dabei zeitraubende Multiplikationen durch einfache Additionen ersetzt. Das Ergebnis der Berechnung von 926 · 6 lässt sich in dem waagerecht markierten Bereich durch das Ablesen bzw. die Addition einstelliger

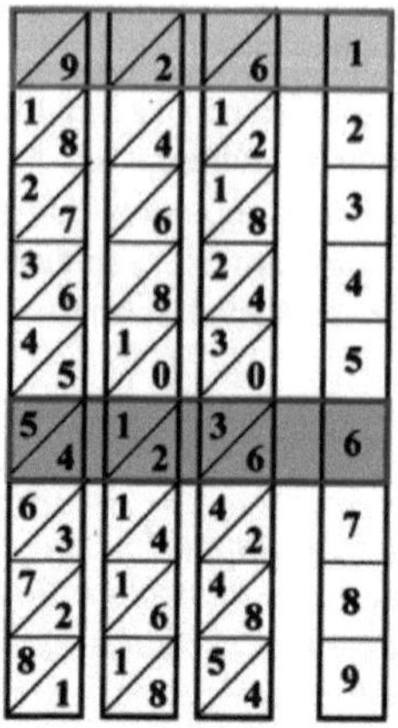

Funktionsweise der napierschen Stäbe am Beispiel der Rechenaufgabe 926 · 6

Zahlen innerhalb der Diagonalstreifen ermitteln, nämlich als 5; 4 + 1; 2 +3 sowie 6, also 5556.

1614 hatte *Napier* ein Buch über die Logarithmen veröffentlicht, jenes Thema, das ihn in erster Linie berühmt machte. Mit Hilfe der Logarithmen war es möglich, zeitraubende Multiplikationen und Divisionen durch einfache Additionen und Subtraktionen zu ersetzen. Aber auch die Rechenstäbchen verbreiteten sich sehr rasch und innerhalb weniger Jahre lässt sich ihr Gebrauch von Europa bis China nachweisen.[66] Erwähnenswert ist auch die aus der logarithmischen Rechentafel abgeleitete Idee des logarithmischen Rechenstabes, der in seiner bis ins 20. Jahrhundert üblichen Form als „Rechenschieber" bereits um 1630 entstand. Im vergangenen Jahrhundert machten dann leistungsfähige Tisch- und Taschenrechner den Rechenschieber ebenso überflüssig wie Logarithmentafeln und trigonometrische Tabellen.

Aber zurück zu Schickards Rechenmaschine! Den oberen Teil bilden drehbare Zylinder, auf die *Schickard* das System der napierschen Stäbe übertragen hatte, um Multiplikation und Division durchführen zu können. Bei einer Multiplikation werden die Ziffern des maximal sechsstelligen Multiplikanden mit den oberen Drehknöpfen eingestellt und sind in der obersten Fensterzeile sichtbar. Je Rechenoperation ist nur ein einstelliger Multiplikator möglich. Es genügt das Verschieben des entsprechenden seitlich angebrachten Schiebers nach links, um das Produkt im Fenster sichtbar zu machen. Die jeweiligen Teilergebnisse, z. B. die Teilprodukte einer Multiplikation, müssen dann per Hand in das darunterliegende sechsstellige Addier- und Subtrahierwerk übertragen werden. Bei einem mehrstelligen Multiplikator müssen mehrere Rechenschritte durchgeführt werden, wobei die besondere Schwierigkeit für den Benutzer in der stellengerechten Übertragung der Teilprodukte liegt. Von einer Mechanisierung der Rechenoperationen Multiplikation und Division kann also bei der schickardschen Maschine keine Rede sein; von ihren mechanischen Gegebenheiten her kann sie also nur als Zweispeziesmaschine (Addition und Subtraktion) gelten. Zu beachten ist auch, dass bei Additionen die Einstellscheiben mit einem Stift rechts herum, bei Subtraktionen links herum zu drehen sind. Im Unterteil der Maschine befinden sich Merkscheiben für Zwischenergebnisse (Speicher), z. B. zum Festhalten der sich nach und nach ergebenden Ziffern des Quotienten bei Divisionsrechnungen. Aus heutiger Sicht würden wir uns über die eingeschränkte Bedienungsfreundlichkeit beklagen, aber schließlich steht die schickardsche Maschine erst am Anfang einer Jahrhunderte andauernden Entwicklung. Gleichwohl war sie vom Leistungsumfang her der pascalschen überlegen.

Schickard gelangen seine vielfältigen wissenschaftlichen Leistungen und Erfindungen in einem Land, auf dem die Schatten des Dreißigjährigen Krieges lagen. Von den Wirren und Leiden der Zeit blieb er nicht verschont, denn vor Krieg und der von den Soldaten eingeschleppten Pest musste er fliehen; seine Frau und seine drei Töchter starben am „schwarzen Tod“, seine Mutter wurde von Landsknechten erschlagen. Als er zusammen mit seinem kleinen Sohn zu früh in das pestverseuchte Tübingen zurückkehrte, starb auch er – erst 43 Jahre alt – an der Seuche; sein Sohn überlebte ihn nur wenige Tage.

Die einzige vollendete Rechenmaschine Schickards, von ihm als „Rechenuhr“ bezeichnet, ging in den Wirren des Krieges verloren; ein zweites Exemplar, das seinem Freund, dem Astronomen *Johannes Kepler*, die Berechnung komplizierter Planetenbahnen erleichtern sollte, wurde – ohne ganz fertig zu sein - bei einem Brand zerstört. Alles in allem: schlechte Zeiten für herausragende geistige Leistungen sowie angemessenen Nachruhm. Schickards Erfindung wurde vergessen und erst nach mehr als 300 Jahren erhielt er die verdiente Anerkennung. Die unmittelbaren Auswirkungen der schickardschen Rechenmaschine auf das gebräuchliche Rechenverfahren des Alltags und die wissenschaftliche Weiterentwicklung von Rechenmaschinen mussten unter diesen Umständen sehr gering sein, seine geniale Erfindung blieb kulturgeschichtlich ohne direkt zuordenbare Folgen. *Pascal, der* Erfinder der zweiten Rechenmaschine, wurde in eben jenem Jahr 1623 geboren, in dem Schickards erste Rechenmaschine entstand. Und diese Parallelität bewirkte, dass der Prozess des historischen Umdenkens nicht ohne Pannen verlief: Infolge einer Anregung der Stadt Tübingen brachte die Deutsche Bundespost im Jubiläumsjahr 1973 eine Sondermarke mit der Aufschrift „350 Jahre Rechenmaschine – Wilhelm Schickard“ und mit einer Abbildung des Tübinger Modells heraus. Einer führenden deutschen Tageszeitung unterlief allerdings der Fauxpas, Pascal als Erfinder der dort dargestellten Rechenmaschine zu würdigen![67]

Es muss als äußerst unwahrscheinlich gelten, dass der 20jährige *Blaise Pascal* (1623–1662) von der schickardschen Erfindung Kenntnis hatte, als er 1643 eine mechanische Rechenmaschine für seinen Vater entwickelte. Dieser war königlicher Steuerintendant in der Normandie und hatte in diesem Amt neben der Überwachung der rund 1500 Steuereintreiber die Höhe der Steuern festzulegen. Dies hatte in der Art und Weise zu geschehen, dass trotz eines hohen Steueraufkommens die Bauern noch überleben konnten. Die umfangreichen und zeitraubenden Berechnungen waren derart mühsam, dass der Sohn dafür Erleichterung schaffen wollte. Wie überliefert ist, waren fünfzig Entwicklungsgeräte erforderlich, bis die erste halbwegs funktionsfähige Rechenmaschine zur Verfügung stand.

Rechenmaschine von Blaise Pascal (um 1650)
im Mathematisch-Physikalischen Salon Dresden

1645 widmete *Pascal* nach Abschluss der Erprobungsphase eine der ersten Maschinen dem Kanzler Pierre Séguier, der als Statthalter der Normandie Vorgesetzter seines Vaters war.

BRIEF PASCALS AN SÉGUIER, DEN FRANZÖSISCHEN KANZLER UNTER KARDINAL RICHELIEU

Der Brief ist überschrieben:

Widmungsschreiben an den Herrn Kanzler, betreffend die jüngst von Herrn B. P. erfundene Maschine, mit der sich alle Arten von arithmetischen Rechenoperationen mittels eines Vorgangs durchführen lassen, der weder der Schreibfeder noch der Rechenpfennige bedarf.

Auszug aus dem Text:

Die Methoden, deren man sich bisher bediente, waren so zeitraubend und schwierig, dass ich auf den Gedanken kam, ein geeigneteres und leichteres Mittel zu erfinden, das mir bei den großen Berechnungen helfen könne, die mich seit einigen Jahren beschäftigen; diese Berechnungen hängen mit den Ämtern zusammen, mit denen Sie meinen Vater für die Dienste zu ehren beliebten, die er Seiner Majestät in der hohen Normandie erwiesen hat; so verwandte ich auf diese Untersuchungen das ganze Wissen, das ich mir durch meine Neigungen und durch die Arbeit meiner ersten Studien in der Mathematik erworben hatte. Nach tiefem Nachdenken erkannte ich, dass es nicht unmöglich sei, ein solches Hilfsmittel zu finden. Die Erkenntnisse der Geometrie, Physik und Mechanik lieferten mir den Plan und überzeugten mich, dass der Gebrauch einer solchen Maschine unfehlbar wäre, falls ein Handwerker im-

stande wäre, das Instrument herzustellen, dessen Modell ich ausgedacht hatte. Aber in diesem Punkte begegnete ich neuen Schwierigkeiten, die ebenso groß waren wie die, welche ich vermeiden wollte und für die ich eine Abhilfe suchte.

Hans Loeffel: Blaise Pascal, Stuttgart 1987, S. 50 (übersetzt aus dem Französischen), Reinhold Schneider (Hrsg.): Pascal, Frankfurt a. M. und Hamburg 1954, S. 74

Die Angabe im Brief zum Funktionsumfang der Maschine ist aus technischer Sicht nicht korrekt, denn sie konnte eigentlich nur addieren und subtrahieren, wobei die Subtraktion, weil die Zahnräder wie bei einem modernen Kilometerzähler nur in eine Richtung zu drehen waren, über die Addition des Subtrahenden zum Neunerkomplement des Minuenden erfolgen musste. Die Differenz wurde dann als Komplement des Ergebnisses abgelesen. Da Multiplikation und Division als wiederholte Addition bzw. Subtraktion durchgeführt werden mussten, handelt es sich also um eine Zweispeziesmaschine.

Nachdem sein Werk allgemein Bewunderung erlangte, übergab Pascal den Verkauf zum Stückpreis von 100 livres (Pfund) dem Pariser Mathematikprofessor *de Roberval* vom Collège Royal de France, der (wie einem weiteren Schreiben aus dem Jahre 1645 zu entnehmen ist) Kaufinteressierten an der Rue du Foin in Paris die Rechenmaschine jeden Tag bis acht Uhr und Samstag nachmittags unentgeltlich vorführte. Im Jahre 1649 erwirkte Pascal ein königliches Privileg, das ihm die ausschließlichen Rechte für Fabrikation und Verkauf nicht nur seiner eigenen Erfindung zusicherte, sondern auch für jedes ähnliche Gerät.[68] Das klingt nach einer ausgeprägten Geschäftstüchtigkeit, aber man muss sich verdeutlichen, dass es zu jener Zeit keinen anderen Schutz gegen geistigen Diebstahl oder – unter Verwendung heutiger Begriffe – gegen die Verletzung des Urheberrechts gab. 1652 führte Pascal seine „Pascaline“ in einer Demonstrationsveranstaltung hochgestellten Personen vor und fand dabei große Anerkennung, wie ein zeitgenössisches Lobgedicht beweist.[69]

Im selben Jahr empfahl sich Pascal mit seiner Rechenmaschine auch in einem Schreiben an die *Königin Christine von Schweden.* Möglicherweise erhoffte er sich damit, als Nachfolger des 1650 verstorbenen *Descartes* zum mathematischen Berater der Königin berufen zu werden.[70] Als Wissenschaftler arbeitete Pascal intensiv auf den Gebieten der Mathematik, der Physik und der Religionsphilosophie und gehört dadurch bis heute zu den Großen der Geistesgeschichte. In den Augen seiner Zeitgenossen allerdings begründete hauptsächlich seine Rechenmaschine den Anspruch auf Ruhm. Ihn jedoch als „Vater der Informatik“ zu bezeichnen, wie dies Hans Loeffel in seiner Pascal-Biografie 1987 tut, erscheint bei allem Respekt vor der Leistung Pascals nicht angemessen, auch wenn eine von Professor Nikolaus Wirth ab 1970 an der Eidgenössischen Technischen Hochschule Zürich entwickelte und recht erfolgreiche Programmiersprache den Namen PASCAL trägt.

Aber zurück zur Rechenmaschine von Pascal, deren hoher Preis trotz aller Anerkennung einen größeren Geschäftserfolg verhindert haben dürfte. In diesem Zusammenhang stellt sich die Frage, wie sich erkennen lässt, ob ein Preis in der Mitte des 17. Jahrhunderts als hoch oder niedrig zu beurteilen ist. Natürlich lässt sich der geforderte Preis von 100 livres nicht sinnvoll in Euro umrechnen. Nicht nur, weil es über die Jahrhunderte hinweg keine zuverlässigen Preisindizes gibt, sondern vor allem auch deshalb, weil die Lebens- und Kaufgewohnheiten – heute würde man vom repräsentativen Warenkorb reden – damals ganz andere waren als heute. Aber ein direkter Vergleich zwischen dem Preis einer Rechenmaschine und dem Mietzins für Häuser eröffnet gewisse Vorstellungen. So kostete 1650 ein Haus in der Grand-Rue de Buci in Paris 350 livres Jahresmiete, hingegen konnte das Haus eines Zimmermanns mit Garten im Provinzstädtchen Tulle in der Region Limousin bereits für 50 livres pro Jahr gemietet werden. 1642 betrug die Miete für das Haus eines Weinhändlers mit Kellern und Gärten gar nur 20 livres, wobei die Lage in der Vorstadt von Tulle berücksichtigt werden muss.[71] Fazit: Fast ein Drittel einer Jahresmiete für ein Haus in Paris und das Doppelte des Mietzinses für ein Haus in der Provinz muss als stattlicher Preis für eine Maschine angesehen werden, ohne die man bisher gut zurechtgekommen war.

Von der pascalschen Rechenmaschine blieben immerhin neun Originalexemplare erhalten, acht in französischen Museen und Sammlungen, eine in Dresden. Die Dresdener Rechenmaschine gelangte wahrscheinlich 1645 über die aus Frankreich stammende Königin Marie Louise de Gonzague an den polnischen Hof und während der sächsisch-polnischen Union nach Dresden und damit in die Sammlung des Mathematisch-Physikalischen Salons.[72] Wie viele Maschinen insgesamt hergestellt und verkauft wurden, ist nicht mehr nachprüfbar.

Ein besonderer Mangel der pascalschen Rechenmaschine dürfte sich immer wieder bemerkbar gemacht haben: Der mit einem komplizierten Hebelmechanismus realisierte Zehnerübertrag ist relativ störanfällig, weil er mit Schwerkraft arbeitet und nur in annähernd waagerechter Lage korrekt funktioniert. Auch ein zu rasches Drehen einer Einstellscheibe konnte leicht zu unerklärlichen Rechenfehlern führen. Grundsätzlich ist die mechanische Umsetzung des Zehnerübertrags bei der Konstruktion von Rechenmaschinen ein Kernproblem, insbesondere dann, wenn auf einen Schlag Überträge über mehrere Stellen ausgeführt werden müssen. Beispielsweise sind bei der Addition der Zahlen 9999 und 5 insgesamt vier Überträge erforderlich, um das Ergebnis 10004 zu erhalten. Dies verlangt eine enorme technische Präzision der eingesetzten mechanischen Bauteile.

In einer Zeit, in der in Europa der Dreißigjährige Krieg wütete, war es für einen Wissenschaftler ein Privileg, in einem Land wie Frankreich zu leben, dessen Territorium vom Krieg nicht betroffen war und in dem Handel und Wandel und Wissenschaft ihren gewohnten Gang nahmen. Die Kenntnis von Pascals Erfindung blieb erhalten und konnte als Grundlage für Weiterentwicklungen dienen.

So verbesserte *Jean Lepine*, der Uhrmacher des französischen Königs, 1725 den kritischen Übertragungsmechanismus. Seine Addiermaschine lehnte sich, ebenso wie die von *de Boitissandeau* im Jahr 1730 entwickelte, eng an das pascalsche Vorbild an. Noch in der 1751 bis 1780 erschienenen und von *d'Alembert* und *Diderot* herausgegebenen „Encyclopédie Française"[73] finden sich unter dem Titel „Machine Arithmétique" eine genaue technische Beschreibung der pascalschen Rechenmaschine sowie eine Zeichnung.

Einzelne Funktionsteile der pascalschen Rechenmaschine in der berühmten „Encyclopédie" von Diderot und d'Alembert

Für den Bau der ersten Rechenmaschinen war also ein erheblicher technischer Aufwand erforderlich. Wie einfach ließ sich dagegen ein Rechenbrett realisieren, das ja hier und da noch immer zur Anwendung kam und den gleichen Zweck erfüllte. Dabei sollte man aber nicht vergessen, dass sie ganz verschiedenen Entwicklungssträngen angehören: Das Rechenbrett ist ein einfaches Gerät, das am Ende einer Jahrtausende alten und insgesamt gemächlichen Entwicklung steht; bei der Rechenmaschine hingegen handelt es sich um einen neuen Spross aus der Familie der Räderuhren und Automaten, bei dessen weiterer Entwicklung es in den nächsten Jahrhunderten noch recht turbulent zugehen sollte. Die Geschichte der Rechenmaschine beginnt eigentlich mit den Kirchen- und Rathausuhren des 14. Jahrhunderts und setzt sich fort mit der Kombination von Uhren und Automaten: den astronomischen Uhren – raffinierten Kunstwerken mit krähenden und flügelschlagenden Hähnen, aufziehenden Figurengruppen sowie Spiel- und Schlagwerken. Die für den Bau der Uhren und Automaten erforderlichen mechanischen Komponenten – Zahnräder, Hebel usw. – wurden allerdings schon zwischen dem 6. Jahrhundert v. Chr. und dem 3. Jahrhundert n. Chr. von griechischen Mechanikern erfunden, unter denen so klangvolle Namen wie *Aristoteles* und *Archimedes* zu finden sind. Weil die Präzision der technischen Komponenten oft zu wünschen übrig ließ, durfte man bis zur Mitte des 17. Jahrhunderts an die Ganggenauigkeit der Uhren keine allzu hohen Anforderungen stellen; Zeitabweichungen von 10 bis 20 Minuten galten als normal und mussten mit Hilfe von Sonnenuhren korrigiert werden.[74] Diese fertigungstechnischen Einschränkungen bildeten auch für die Entwicklung der ersten Rechenmaschinen ein großes Problem.

Neben den Uhren und Automaten hatten die Rechenmaschinen noch Ahnen, die eine einzige Rechenoperation beherrschten. Es handelt sich um Vorrichtungen, die lediglich die Zahl 1 fortlaufend addieren konnten. Auf den ersten Blick kann man bezweifeln, dass es für solche Maschinen eine sinnvolle Anwendung gab. Aber tatsächlich existierten sie schon lange und es gab dafür einen passenden Namen: Podometer, von griechisch *podion* für Fuß und *metron* für Maß, also Schrittmesser. Allerdings lässt sich das älteste bekannte Gerät erst für das Jahr 1525 als Eigentum eines französischen Handwerkers datieren.[75]

1584 beschreibt *Jean Errard de Bar-le-Duc* (1554–1610), Festungsingenieur des französischen Königs Heinrich IV. und Mathematiker, dieses Gerät als „ein neues geographisches Instrument, welches, am Pferdesattel befestigt, anhand der Schritte des Pferdes die Länge der zurückgelegten Wegstrecke anzeigt" oder – an anderer Stelle – „durch welches, entsprechend den Schritten eines Pferdes oder Mannes, die Abmessungen eines Platzes oder die Länge einer Reise gemessen werden können."[76] Noch um 1800 konnte der deutsche Schriftsteller *Jean Paul* bei seinen Lesern offenbar die Kenntnis dieses Geräts voraussetzen, und so formulierte er in seiner ironischen Art: „Nur auf einem morastigen ausgefahrenen Lebensweg schrauben wir Schrittzähler an, nicht auf dem weichen grünen."[77]

Aber warum versuchten sich Erfinder nicht schon vor *Schickard* und *Pascal* am Bau von Rechenmaschinen? Technische Schwierigkeiten alleine haben Menschen selten davon abgebracht, Träume zu verwirklichen. In der Tat gab es weitere gewichtige Hinderungsgründe. Hier ist einmal die lange anhaltende Vorherrschaft des römischen Zahlensystems und das Fehlen der für das Maschinenrechnen so bedeutsamen Null zu bedenken. Zum anderen standen die mittelalterlichen Zünfte unausgereiften technischen Neuerungen ablehnend gegenüber und verhinderten ihre Realisierung. Und schließlich herrschte im 15. und 16. Jahrhundert ein Klima des Dogmatismus und Mystizismus, das es nicht geraten erscheinen ließ, durch kühne Neuerungen Konflikte mit der allmächtigen Kirche zu riskieren. Aberglaube auf der einen und Inquisition auf der anderen Seite waren beherrschende Erscheinungen jener Zeit. 1633 musste Galileo Galilei auf massiven Druck der Kirche seine revolutionierenden Theorien zum Sonnensystem feierlich widerrufen. Und 1618 sah sich der einflussreiche Johannes Kepler, seines Zeichens kaiserlicher Hofastronom, gezwungen, seine wegen Hexerei angeklagte Mutter selbst vor der Inquisition zu verteidigen. Die Anklage stützte sich auf das Argument, eine Frau, die ein solches Genie wie ihn zum Sohn habe, müsse intimen Umgang mit dem Teufel gepflogen haben. Eine Zeit, in der das Rechnen als rein geistiger Vorgang göttlicher Herkunft galt und Abweichungen von diesem Denken als schwerer Frevel, war kein Nährboden für die Entwicklung rechnender Maschinen.[78]

Die besondere Bedeutung der frühen Rechenmaschinen lag weniger in deren unmittelbarem praktischen Nutzen. Sie machten vor allem nachkommenden Konstrukteuren Mut – oder, wie es der Computerhistoriker Aspray charakterisiert: „Mit der Entwicklung eines Systems, bei dem mechanische Hebel, Getriebe und Räder die Möglichkeiten des menschlichen Intellekts ersetzen konnten, zeigten die Pioniere dieser Geräte den Weg zu einer vollständigen Automatisierung des Rechenprozesses."[79]

Die Rechenmaschine von Leibniz setzt Maßstäbe

> *Der vernünftige Mensch passt sich der Welt an; der unvernünftige beharrt auf dem Versuch, die Welt sich selbst anzupassen. Deshalb hängt aller Fortschritt von den unvernünftigen Menschen ab.*
> *Bernhard Shaw: Maxims for revolutionists*

Als am 14. November 1716 *Gottfried Wilhelm Leibniz* in Hannover starb, ging der Lebensweg eines Mannes zu Ende, der als einer der letzten Universalgelehrten der europäischen Geistesgeschichte gilt. Leibniz stand nicht nur als Mathematiker und Physiker, als Philosoph und Historiker, Geschichts- und Sprachwissenschaftler an der Spitze der Wissenschaften seiner Zeit, er bemühte sich auch in vielfältiger Weise um die Verbindung von Theorie und Praxis. Seinem Neffen und Alleinerben Friedrich Simon Löffler wurde in einer Königlichen Resolution vom 26. Januar 1717 mitgeteilt: „Dem Erben ist das Eigentum des verstorbenen Hofrats zu verabfolgen, ausgenommen die Privatbibliothek, die Manuskripte, die Korrespondenz und die Rechenmaschine."[80] Diese Bestandteile des Erbes galten in der Sicht des Hofes wohl als „staatswichtig" und gingen deshalb in den Besitz der Königlichen Bibliothek über, der heutigen Gottfried Wilhelm Leibniz Bibliothek Hannover.

Leibniz wurde 1646 in Leipzig geboren, einer Stadt, die in besonderem Maße die Schrecken des Dreißigjährigen Krieges erdulden musste. Sein Vater war Jurist und Professor der Moral an der durch den Krieg mehrfach in ihrem Bestand gefährdeten Universität seiner Vaterstadt. Der Sohn studierte Philosophie, Mathematik und Jura an den Universitäten Leipzig, Jena und Altdorf bei Nürnberg. Sein weiterer Lebensweg, der sich zwischen Wissenschaft und Politik bewegen sollte, führte ihn 1667 an den Hof des Mainzer Kurfürsten Johann Philipp von Schönborn, wo er zunächst an einer Reformschrift zur Rechtslehre arbeitete und dann in vielfältiger Weise als persönlicher Berater des Ministers *Christian von Boineburg* tätig war. Wegen seines erfolgreichen Wirkens wurde Leibniz, obwohl er protestantischen Glaubens war, 1670 zum Revisionsrat am kurmainzischen Appellationsgericht ernannt. Schon in dieser Zeit trat sein sprunghafter Arbeitsstil deutlich hervor – jenes rastlose Wechseln zwischen unterschiedlichen Wissenschafts- und Tätigkeitsgebieten, das ihn ein Leben lang begleiten sollte. So nahm er an allen wissenschaftlichen, theologischen und politischen Fragen seiner Zeit Anteil und verfasste zahlreiche Abhandlungen zu mathematischen, physikalischen, philosophischen, religiösen und historischen Problemen und Streitfragen. [81] Gleichzeitig war er in juristischen Fragen für die Familie *Boineburg* tätig, korrespondierte mit einer ständig wachsenden Zahl von Briefpartnern in verschiedenen Ländern und machte Eingaben an den Kaiser, um die Genehmigung für die Herausgabe einer wissenschaftlichen Zeitschrift zu erhalten. 1715, also fast 50 Jahre später und bald am Ende seines Lebens angelangt, bekannte Leibniz: „Die Ruhe ist eine Stufe zur Dummheit. Man muß stets etwas finden, was es zu tun, zu denken, zu entwerfen gilt, wofür man sich interessiert, sei es für die Öffentlichkeit oder den einzelnen.“[82] Das Ergebnis dieser Lebensmaxime war ein unglaublich umfangreicher handschriftlicher Nachlass, der etwa 60.000 Abhandlungen, Aufzeichnungen, Exzerpte und Briefe umfasst und bis heute noch nicht vollständig ausgewertet werden konnte.

Zu den besonders anspruchsvollen Zielen dieses genialen Menschen gehörte die Entwicklung einer „Universalsprache der Begriffe“, bei der mit einer endlichen Zahl von Begriffen alle nur möglichen Aussagen darstellbar sein sollten. Gleichzeitig sollte für jede dieser Aussagen die Richtigkeit oder Fehlerhaftigkeit durch einen Kalkül „errechnet“ werden. Mit diesem Vorhaben bewegte sich Leibniz ganz im Rahmen des mechanistischen Weltbildes seiner Zeit. Erst im 19. Jahrhundert gelang es *George Boole* (1815–1864), mit der sogenannten „Booleschen Algebra“ eine solche Kalkülsprache zu schaffen. Im Hinblick auf die „Universalsprache der Begriffe“ hat jedoch der Mathematiker *Kurt Gödel* im Jahre 1931 nachgewiesen, dass die damit verbundenen Forderungen für den Bereich der Mathematik unerfüllbar sind.[83] Auf die Idee des maschinellen Rechnens brachte Leibniz, wie er in einer späteren Handschrift darlegte, das Konzept des Schrittzählers.

AUS EINEM BRIEF VON LEIBNIZ

Als ich vor einigen Jahren zum ersten Mal ein Instrument sah, mit Hilfe dessen man seine eigenen Schritte ohne zu denken zählen kann, kam mir sogleich der Gedanke, es ließe sich die ganze Arithmetik durch eine ähnliche Art von Werkzeug fördern, in der nicht die bloße Zählung, sondern auch die Addition mit der Subtraktion und die Multiplikation mit der Division mit sicherem Erfolge von der entsprechend ausgerichteten Maschine selbst leicht und bequem ausgeführt wurde.

Zitiert nach L. v. Mackensen: Von Pascal zu Hahn. Die Entwicklung der Rechenmaschinen im 17. und 18. Jahrhundert, in: Martin Graef (Hrsg.), 350 Jahre Rechenmaschinen, München 1973, S. 21–33, hier S. 25

Es ist auszuschließen, dass Leibniz in dem Stadium erster Ideen die entsprechenden Arbeiten der Vorgänger Schickard und Pascal kannte. Die erste Nachricht in seinem Nachlass, die sich auf eine Rechenmaschine bezieht, findet sich in einem Brief aus dem Jahre 1671, der in einer für die Barockzeit typischen Mischung aus Deutsch und Latein geschrieben ist (siehe nächste Seite).

1672 reiste Leibniz im Auftrag des Mainzer Hofes nach Paris, wo Ludwig XIV. ein Plan schmackhaft gemacht werden sollte, im reichen Ägypten Kolonien zu gründen und dafür von seinen auf den Westen des Deutschen Reiches und die Niederlande gerichteten Expansionsgelüsten abzulassen. Zwar blieben diese politischen Bemühungen erfolglos, aber dafür ging es mit der Rechenmaschine voran, nachdem Leibniz in Paris einen offenbar sehr geschickten Mechaniker namens Olivier hatte ausfindig machen können, der ihm mehrere für Demonstrationszwecke geeignete dreistellige Getriebemodelle baute. Wahrscheinlich lernte Leibniz in Paris auch die pascalsche Maschine kennen.

AUS EINEM BRIEF VON LEIBNIZ AN DEN HERZOG JOHANN FRIEDRICH IN HANNOVER

In Mathematicis und Mechanicis habe ich vermittels artis combinatoriae einige Dinge gefunden die in praxi vitae von nicht geringer importanz zu achten, und erstlich in Arithmeticis eine Machine, so ich eine Lebendige Rechenbanck nenne, dieweil dadurch zu wege gebracht wird, dass alle Zahlen sich selbst rechnen, addiren subtrahiren multipliciren dividieren.

Zitiert nach Ludolf von Mackensen: Die ersten dekadischen und dualen Rechenmaschinen, in: Erwin Stein und Albert Heinekamp (Hrsg.), Gottfried Wilhelm Leibniz, Hannover 1990, S. 52 – 61, hier S. 57)

Die Zusammenarbeit mit *Olivier* erstreckte sich über viele Jahre, möglicherweise sogar über mehr als zwei Jahrzehnte. Der Technikhistoriker Ernst-Eberhard Wilberg, zugleich Entwickler von mechanischen Rechenmaschinen im 20. Jahrhundert, charakterisiert die Art und Weise der Zusammenarbeit zwischen Erfindern und Handwerkern im 17. Jahrhundert wie folgt: „Dass dies nicht nach den Zeichnungen, wie heute, sondern in stetem Wechsel von Idee, Entwurf, Herstellung und Ausprobieren der Einzelteile und ihres, beiden Beteiligten mehr oder weniger nur gedanklich bekannten Zusammenwirkens geschehen konnte, dürfte klar sein, so dass dem Mechanikus ein gerütteltes Maß Anteil an dieser »Entwicklungsarbeit«, wie wir sie heute nennen würden, gebühren dürfte."[84]

Die Weiterentwicklung der Rechenmaschine sollte Leibniz von seiner Pariser Zeit bis zu seinem Lebensende im Jahre 1716 beschäftigen, allerdings immer wieder durch andere Aufgaben unterbrochen. Es war ein Ringen mit mancherlei Widerständen. So traten immer wieder erhebliche technische Schwierigkeiten auf und Fähigkeiten und Sorgfalt der Mechaniker reichten oft nicht an die Arbeitsqualität des Franzosen Olivier heran. Vierundvierzig Jahre dauerte das zähe Ringen um diese erste mechanische Vierspeziesmaschine, die alle vier Grundrechenarten technisch integrierte. Es war eine Maschine, die niemals die volle Funktionsfähigkeit erreichte. Erst Ende des 19. Jahrhunderts gelang es mit einer inzwischen verbesserten Fertigungstechnik das leibnizsche Konzept erfolgreich zu realisieren.

Leibniz stellte seine Rechenmaschine häufig Wissenschaftlern und Herrschern Nicht selten musste er dabei Rechenfehler und technische Schwierigkeiten bagatellisieren, indem er erklärte, sie seien in kürzester Zeit zu beheben. Immerhin brachten die Vorführungen 1673 in London und 1675 in Paris anerkennende Aufmerksamkeit; in London kam es gar zur Aufnahme in die „Royal Society". Außerdem bestellten diese traditionsreiche Gesellschaft sowie das französische Steueramt und das Pariser Observatorium je eine Maschine. Die hinterlassene Korrespondenz belegt den Kampf um die zugesagten Verbesserungen und die trotz größter Anstrengungen nicht eingehaltenen Termine. Sie lässt auch nachvollziehen, wie es zu der immensen Summe von angeblich 24.000 Talern[85] kam, die Leibniz für die Entwicklung aus eigener Tasche aufbringen musste.

Die einzige von Leibniz erhaltene Rechenmaschine in der Landesbibliothek in Hannover

Im Laufe der Jahre experimentierte Leibniz mit verschiedenen Rechenmaschinen. Durch die häufigen Änderungen, die geplant wurden und nicht selten wieder verworfen werden mussten, war es ein mühsamer Weg voller Ärger und Enttäuschungen. Die Tatsache, dass Leibniz erst 1710 eine Beschreibung mit Abbildung in den „Miscellanea Berolinensia" veröffentlichte, mag als Hinweis gelten, dass er auch Plagiate befürchtete.

Die einzige erhaltene leibnizsche Rechenmaschine wurde 1693 begonnen und war der Gegenstand jahrzehntelanger Umbauten und Verbesserungsbemühungen. Besonders der Zehnerübertrag machte immer wieder Schwierigkeiten und spätere Überprüfungen ließen bezweifeln, dass er über alle Stellen hinweg jemals korrekt funktionierte. Aber Leibniz setzte mit dieser Maschine für zwei Jahrhunderte technische Maßstäbe, darunter als neues Maschinenelement die sogenannte Staffelwalze, d. h. eine Walze, bei der die Länge der Zahnrippen an einer Seite nacheinander verkürzt ist, wobei die längste Zahnrippe der Ziffer 1 und die kürzeste der Ziffer 9 zugeordnet ist.

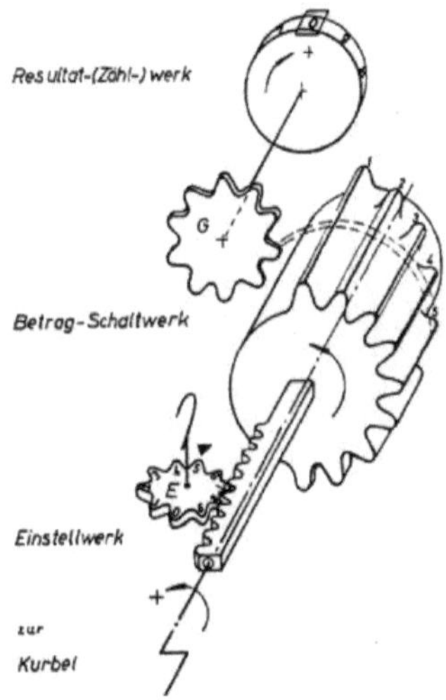

Prinzip der Staffelwalze bei der Rechenmaschine von Leibniz

Diese Staffelwalzentechnik sollte bis zum industriemäßigen Einsatz des raumsparenden Sprossenrades in der 2. Hälfte des 19. Jahrhunderts in zahlreiche Vierspeziesrechenmaschinen übernommen werden. Die letzte nach diesem Prinzip arbeitende Maschine kam 1948 unter dem Namen „Curta" auf den Markt.

Obwohl Leibniz auch als Erfinder und Konstrukteur in die Zukunft hinein wirkte, ist seine Bedeutung als Mathematiker für die künftige Entwicklung moderner Computer noch viel weitreichender und umfassender. In mehreren Niederschriften stellt er das dyadische (duale) Zahlensystem und die Regeln der binären Arithmetik dar (siehe folgende Seite). Allerdings gilt heute nicht mehr Leibniz, sondern der Engländer *Thomas Harriot*[86] (1560?–1621) als der Erfinder jenes Zahlensystems, bei dem die Ziffern 0 und 1 ausreichen, um alle denkbaren Zahlenwerte auszudrücken. Es wurde später zur entscheidenden Grundlage der modernen Datenverarbeitung.

In den Aufzeichnungen von Leibniz findet sich auch der gedankliche Entwurf einer dualen Rechenmaschine, die mit Kugeln arbeitet und völlig auf Zahnräder verzichtet. 1974 setzte der Leibniz-Forscher von Mackensen die Überlegungen von Leibniz in eine Zeichnung um und ließ danach ein funktionsfähiges Modell bauen. [87]

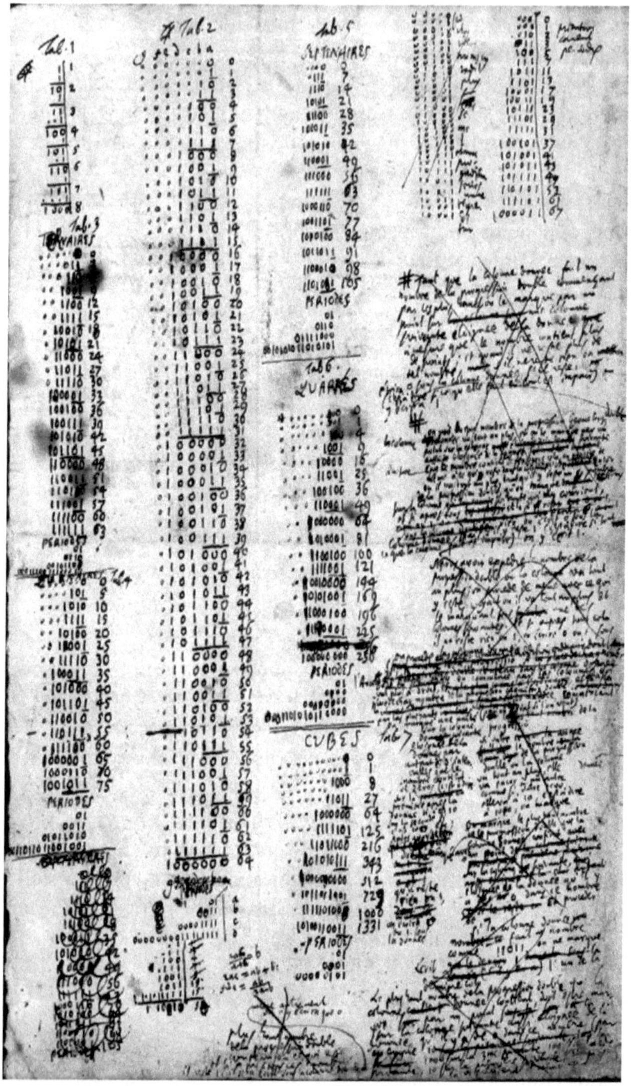

Faksimile handschriftlicher Erläuterungen von Leibniz zum dyadischen (dualen) Zahlensystem aus dem Jahr 1679

Mit dem dualen Zahlensystem stand eigentlich ein genial einfaches System für die Entwicklung von Rechenmaschinen zur Verfügung: Man brauchte keine Zahnräder mehr, einfache technische Mittel mit zwei möglichen Zuständen reichten aus, z. B. in Gestalt von Schalter „ein" oder Schalter „aus" oder (bei Lochkarten) Loch „offen" oder Loch „geschlossen". Bei einer technischen Realisierung von Rechenvorgängen fiel es da wenig ins Gewicht, dass die Dualzahlen eine größere Stellenanzahl benötigten als die entsprechenden Dezimalzahlen. Aber ein anderer Nachteil wirkte sich umso deutlicher aus: Die Menschen verstanden die Dualzahlen nicht, sie konnten damit nichts anfangen. So ist es nicht verwunderlich, dass Leibniz auf den Bau einer dualen Rechenmaschine verzichtete. Allerdings dürften dabei auch seine praktischen Misserfolge beim Bau der Dezimal-Rechenmaschine eine Rolle gespielt haben.

Obwohl moderne Computer nicht mehr ausschließlich mit dem reinen Dualsystem arbeiten, sondern mit einem Binärcode, bei dem Zahlen ziffernweise binär dargestellt werden, bleibt Leibniz das Verdienst, eine wesentliche theoretische Grundlage bereits vor mehr als 300 Jahren übersichtlich dargestellt, mit seinem späteren Anwendungsgebiet in Beziehung gebracht und in die Gegenwart transportiert zu haben.

Pionierleistungen im 18. Jahrhundert

> *Das Genie kommt mir immer vor wie eine Rechenmaschine; die wird gedreht, und das Resultat ist richtig; sie weiß nicht warum.*
> *Goethe*

Zu den entscheidenden wirtschaftlichen und gesellschaftlichen Gestaltungskräften gehörten die neu entstehenden Manufakturen, die Konzentration von Kapital in der Hand von Unternehmern und die Herausbildung einer Klasse von Lohnarbeitern. Die Manufakturen als Vorläufer der Fabriken beschäftigten oftmals über tausend Arbeiter und sie schufen Arbeitswelten, die mit dem traditionellen Handwerksbetrieb nicht mehr viel zu tun hatten. Insgesamt bewirkten diese Veränderungen eine erhebliche Steigerung der Produktivkräfte, einen Aufschwung der Wirtschaft und einen enormen wissenschaftlichen und technischen Fortschritt. Zu den in die Zukunft weisenden Erfindungen jener Zeit gehört eine große Zahl von Rechengeräten. Sie alle darzustellen ist nicht möglich und so wurden jene ausgewählt, die zu ihrer Zeit Aufmerksamkeit erregten oder technisch bedeutsame Neuerungen enthielten.

Im Jahre 1709 – noch zu Lebzeiten von Leibniz – bemühte sich in Padua der Astronomieprofessor *Giovanni Poleni* (1683–1761) um die Konstruktion und den Bau einer Rechenmaschine, bei der er erstmals die Technik des Sprossenrades verwirklichte ohne zu wissen, dass Leibniz bereits eine derartige Idee skizziert hatte. Bei dieser Technik wird die Anzahl der bei einem Zahnrad wirkenden Zähne dadurch verändert, dass die Zähne durch Verdrehen einer Kurvenscheibe bei Bedarf aus dem Walzenkörper herausgeschoben oder wieder darin versenkt werden können.

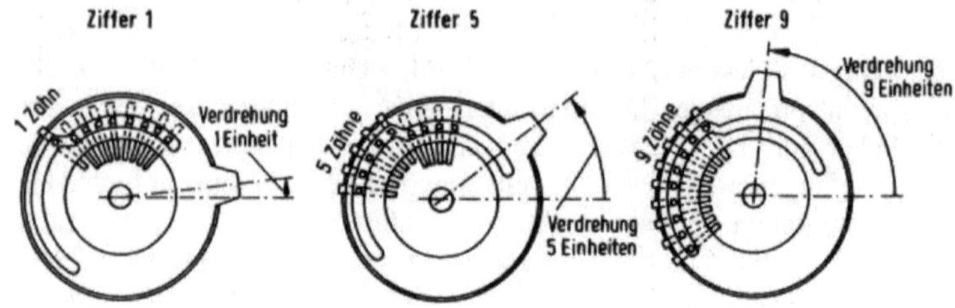

Schemadarstellung des Sprossenrades am Beispiel der Zahl 159

Gegenüber der Staffelwalze ist der Platzbedarf geringer, weil im Getriebe kein platzraubendes Verschieben von Zahnrädern und Walzen erforderlich ist. Poleni scheiterte an der nicht ausreichenden Fertigungspräzision seiner teilweise aus Holz gefertigten Maschine. Angeblich zerstörte er deshalb sein Werk eigenhändig. Von seiner Erfindung weiß man nur aus einer Veröffentlichung, die den Konstruktionsentwurf und eine Beschreibung enthält.[88] Ende des 20. Jahrhunderts konnte durch einen Nachbau nachgewiesen werden, dass das Konzept grundsätzlich funktionstüchtig ist. Allerdings zeigte es sich auch, dass ein einziger Rechenvorgang durch den aus der Uhrentechnik übernommenen Gewichtsantrieb etwa vier Minuten dauert – was sicherlich auch für Benutzer in einer geruhsameren Zeit unzumutbar gewesen wäre.

Fast zwei Jahrzehnte später, im Jahre 1727, begann *Antonius Braun* (1685–1728) in Wien mit dem Bau einer Vierspeziesmaschine nach eben diesem Prinzip, das er wahrscheinlich bei einem Mailand-Aufenthalt kennengelernt hatte. Nach seinem frühen Tod wurde die Maschine von seinem Sohn *Anton Braun dem Jüngeren* (1708 –1776) fertiggestellt, aber erst 1766 dem kaiserlichen Hof übergeben. Im Gegensatz zu den bisher gebauten quaderförmigen Maschinen hat diese eine Zylinderform, bei der durch eine veränderte Anordnung die Reibungswiderstände in Grenzen gehalten werden können. Und ein weiteres Merkmal zeichnet sie vor all ihren Vorgängerinnen aus – sie war voll funktionsfähig. Mit ihr zu rechnen erforderte allerdings volle Konzentration und viel Übung. Kein Wunder also, dass die Hofbeamten zu Protokoll gaben, dass jede Rechenoperation mit Feder und Papier schneller auszuführen sei. Die deutsche Übersetzung der umfassenden Deckelinschrift dieses überaus prächtigen, von dem später berühmten Münchener Bildhauer *Johann Baptist Straub* reich verzierten Gerätes aus Goldbronze, Silber und Stahl lautet: „Arithmetische Maschine, mittels der die Addition, die Subtraktion, die Multiplikation und die Division auch von ungelernten Rechnern mit Leichtigkeit ausgeführt wird. Dem allererhabensten und unbesiegbaren römischen Kaiser Karl VI., König von Deutschland, Spanien,

Ungarn, Böhmen, Erzherzog von Österreich weiht und widmet diese arithmetische Maschine in ewiger Dankbarkeit untertänigst der niedrigste Erfinder Antonius Braun, Seiner geheiligten kaiserlichen Majestät Optiker und Mathematiker [seit] 1727." Brauns Rechenmaschine war für Berechnungen im Rahmen der Landvermessung vorgesehen. Da sie sich aber offenbar noch besser als prachtvolles Schauobjekt eignete, fand sie bald in der kaiserlichen Kunstkammer des Wiener Hofs ihren Platz.[89]

Die Automatisierung von Rechenvorgängen sowie die Steuerung bisher manueller Abläufe galten immer mehr Menschen als erstrebenswertes Ziel. Für viele war es aber ein Schreckgespenst, das seit Langem Vertrautes zu zerstören drohte und deshalb zu einer Abwehrhaltung führte. Die Befürworter begrüßten die Erfindung der Lochkartensteuerung von Webstühlen durch *Falcon* im Jahre 1728, die Skeptiker fanden sich in dem Spott wieder, den zwei Jahre zuvor *Jonathan Swift* in seinem Roman „Gullivers Reisen" über die „Denkmaschine" ausgegossen hatte. Dort findet auch ein Vorgang seine ironische Würdigung, der den Erfindern von Rechenmaschinen nicht ganz unbekannt war. Es handelt sich um das Plagiat, von dem *Swift* sagte, dass „es die Gewohnheit unserer Gelehrten in Europa sei, Erfindungen voneinander zu stehlen, wobei sie wenigstens den Vorteil hätten, dass ein Streit daraus entstehe, wer der rechtmäßige Besitzer sei".[90]

1727 erschien kurz nach dem Tod des Leipziger Mathematikers und Ingenieurs *Jacob Leupold* (1674 – 1727) dessen Buch "Theatrum arithmetico-geometricum". Es war der letzte Band eines neun Bände umfassenden bedeutenden Werkes der Technikgeschichte, dem „Theatrum machinarum". Er beschreibt darin zuverlässig und gründlich eine große Zahl der bis dahin bekannten Rechenmethoden und -hilfsmittel, einschließlich der Rechenmaschinen. Zur Veranschaulichung verwendete er Ansichten von Geräten und Maschinen, Konstruktionszeichnungen und Rechenbeispiele. Auch eine von Leupold selbst entwickelte Rechenmaschine wird beschrieben; allerdings ist nicht zweifelsfrei nachweisbar, ob sie tatsächlich gebaut wurde. Das in ganz Europa rasch verbreitete Buch ist vor allem deshalb von großer Bedeutung, weil es für die Entwicklung weiterer Rechenmaschinen eine solide Grundlage darstellte.

Im 18. Jahrhundert gab es in Europa Gebiete, die sich einer langen Friedensperiode, einer verbesserten Versorgung der Bevölkerung mit Nahrungsmitteln und einem wirtschaftlichen Aufschwung erfreuen durften. Das Herzogtum Württemberg, das hier ganz vorne zu nennen ist, zeichnete sich durch eine weitere Besonderheit aus, nämlich die Spezialisierung des ländlichen Gewerbes auf ausgefallene Bereiche und dabei vor allem auf die Feinmechanik. Hier bildeten sich technische Fertigkeiten heraus, die, zusammen mit einer Mentalität des Tüftelns und der Freude am Konstruieren, ideale Voraussetzungen für zahlreiche Erfindungen bildeten.

In diese Zeit – in der im Großen und Ganzen das Jahrhunderte währende Gebet der Menschen „Beschütz uns, Herr, vor Hunger, Pest und Krieg" in Erfüllung gegangen war – fiel die Lebensspanne des schwäbischen Pfarrers, Theologen und Mechanikers *Philipp Matthäus Hahn* (1739–1790). Hahn erregte nicht nur mit seinen theologischen Schriften Aufsehen – und bei seinen kirchlichen Vorgesetzten zuweilen Ärger –, er war nicht nur einer der Väter des württembergischen Pietismus, sondern er wirkte auch sehr erfolgreich als Konstrukteur von Stand- und Taschenuhren, von neuartigen Neigungswaagen, mechanischen Planetensystemen, Himmelsgloben, Globusuhren und Rechenmaschinen. Dadurch gilt er als Begründer der württembergischen Feinwerktechnik.

Die Idee, eine Rechenmaschine zu bauen, kam Hahn bei seinen umfangreichen Berechnungen, die für den Bau einer zweiten astronomischen Maschine erforderlich wurden (s. Text auf der folgenden Seite).

In den Jahren 1772 bis 1774 verwendete Hahn viel Zeit auf die Konstruktion der Rechenmaschine, d. h. er fertigte Zeichnungen an und überwachte den Bau, für den ihm eine feinmechanische Werkstatt mit Gesellen und Lehrlingen zur Verfügung stand. Auch bemühte er sich, Zugang zu entsprechenden Veröffentlichungen zu bekommen. 1774 berichtete er davon, dass er Leupolds „Theatrum machinarum" gelesen hatte. So kann auch davon ausgegangen werden, dass er dessen Ausführungen zur leibnizschen Rechenmaschine kannte. Leupold bezog sich in seinem Buch auf Leibniz' Veröffentlichung aus dem Jahre 1710. Dort fehlen allerdings Angaben zu wesentlichen Konstruktionsmerkmalen, darunter auch das Prinzip der Staffelwalze. Andere schriftliche Quellen zum Mechanismus der leibnizschen Rechenmaschine sind für das 17. und 18. Jahrhundert nicht nachzuweisen und die Maschine selbst wurde erst in den 1870er Jahren wieder aufgefunden. Da Hahn aber die Staffelwalze verwendete, kann es dafür nur zwei Erklärungsmöglichkeiten geben: Entweder hat er sie neu erfunden oder er hatte persönliche Kontakte zu Menschen, die mit der leibnizschen Maschine in Berührung gekommen waren. Bis heute konnte nicht geklärt werden, was wirklich zutrifft.

Wie viele Rechenmaschinen Hahn baute, ist umstritten. Nach neueren Untersuchungen[91] erscheint die Zahl von fünf Maschinen am wahrscheinlichsten. Zu seinen Lebzeiten wurden davon wohl zwei verkauft, eine an den württembergischen Herzog Carl Eugen. Kurz nach seinem Tod ging vermutlich eine Maschine an das Haus Urach, eine weitere wurde noch 1823 im Rahmen einer Lotterie verlost, um von dem Erlös den Lebensunterhalt der Witwe Hahns zu bestreiten. Alle Maschinen waren Unikate, was schon daran ersichtlich ist, dass sie alle unterschiedliche Rechenkapazitäten besaßen, nämlich 9, 10, 11, 12 und 14 Stellen. Sie waren alle voll funktionsfähig.

PHILIPP MATTHÄUS HAHN IN EINER VERÖFFENTLICHUNG VON 1774

Als ich aber einen Weg fand, die Revolutionen der Himmelskörper [= Umläufe um ein Hauptgestirn] mit wenigeren Rädern eben so genau darzustellen, und auch in der Hin- und Herführung der Bewegungen manches kürzer zu fassen: so waren ganz neue, langwührige und sehr beschwerliche Rechnungen hiezu vonnöthen, also, daß ich beynahe stumpf im Denken wurde, und wann ich eine halbe Nacht hindurch gerechnet hatte, nimmer zwo Zahlen zuverlässig zusammen zehlen konnte. Dieses brachte mich auf den Gedanken: ob nicht eine Rechnungs-Maschine möglich sey? Ich wusste zwar des Hrn. von Leibnitz seine Versuche, in Ansehung einer solchen Maschine, aber auch dass sie ihm fehlgeschlagen. Ich hörte im Rechnen auf und dachte von nun an zu gelegener Zeit einer Rechnungs-Maschine nach: ich untersuchte die Quellen aller Rechnungen, ich fand, daß alles im Addiren und Subtrahiren bestehe, und nur darauf ankomme, daß immer Einheiten von Einheiten, Zehner von Zehnern u.s.w. abgezogen werden. Der Transport, oder die Einheit, die von einer Classe in die andere steigt, nämlich wenn es über 9 Einheiten gehet, ... machte mir am meisten zu schaffen: jedoch, ich müsste ein ganzes Buch schreiben, wenn ich alle meine Anstände und Schwierigkeiten entdecken wollte.

Philipp Matthäus Hahn: Beschreibung mechanischer Kunstwerke, Stuttgart 1774 (Nachdruck Stuttgart 1991), S. XV

11-stellige Rechenmaschine von Philipp Matthäus Hahn im Württembergischen Landesmuseum in Stuttgart

Über die Erleichterung bei den eigenen Rechenvorgängen hinaus war Hahn durchaus an einem wirtschaftlichen Erfolg durch den Verkauf seiner Geräte interessiert. In seinen Aufzeichnungen findet sich dazu eine klare Aussage: „Ich hörte von allerhand beträchtlichen Erfindungen: die Lust an diesen Sachen verband sich mit der Begierde, mich und meine Familie aus den dürftigen Vermögens-Umständen zu erheben; und hierdurch wurde ich von dem Erfindungs-Geiste besessen.“[92]

In Hahns Werkstattbuch der Jahre 1771 bis 1773 findet sich die Kalkulation der Entwicklungskosten für eine seiner Rechenmaschinen: insgesamt 2 475 Gulden. Auf der anderen Seite steht der Betrag, den Hahn im Falle eines Verkaufs zu erlösen hoffte: die enorme Summe von 10 000 Gulden, allerdings für eine Maschine, die gegenüber der kalkulierten erheblich aufwändiger konstruiert war.[93] Es ist jedoch davon auszugehen, dass Hahn einen derartigen Betrag niemals als Verkaufserlös erzielen konnte. Um die Zahlen besser einordnen zu können, ist ein Vergleich mit seinen Jahreseinkünften als Pfarrer sinnvoll, die, wie in Württemberg üblich, je nach Pfarrstelle unterschiedlich waren. Als Pfarrer von Kornwestheim, das von der Dotierung her als „gute Pfarrey“ galt, erhielt Hahn ein jährliches Einkommen im geschätzten Gesamtwert von 269 Gulden, in der Pfarrei Echterdingen, in die er sich versetzen ließ, hingegen 505 Gulden.[94]

In seinen späteren Lebensjahren baute Hahn auch reine Addiermaschinen, weil ein deutlich geringerer Preis gegenüber den von ihm als Rechenmaschinen bezeichneten Vierspeziesmaschinen einen besseren Absatz erwarten ließ. Es wird vermutet,[95] dass er insgesamt drei bis fünf dieser Maschinen baute.

Aber nicht nur in Deutschland gab es in dieser Zeit erstaunliche technische Fortschritte. 1775, also kurz vor der Fertigstellung der ersten hahnschen Maschine, vollendete der englische Staatsmann, Naturwissenschaftler und Erfinder *Charles, 3. Earl Stanhope* (1753–1816) eine voll funktionsfähige Vierspeziesmaschine. Obwohl er wahrscheinlich keine Kenntnisse von den Erfindungen seiner Vorgänger hatte, löste er im Alter von 22 Jahren auf Anhieb technische Probleme, für die Leibniz seinerzeit Jahrzehnte benötigt hatte. Stanhope hatte gegenüber Leibniz den großen Vorteil, für seine Mechaniker selbst exakte technische Zeichnungen anfertigen zu können, während jener sich mit zuweilen missverständlichen Handskizzen behelfen musste. Bemerkenswert ist auch, dass Stanhope nicht nur mehrere Rechenmaschinen bauen ließ, sondern dass von ihm sogar nach drei verschiedenen Konstruktionsprinzipien gebaute Maschinen erhalten sind.

1779 veröffentlichte Hahn im „Teutschen Merkur“ (einer Publikation, die man heute als Kulturzeitschrift bezeichnen würde) die Beschreibung seiner 14-stelligen Rechenmaschine.[96] Der Darmstädter Ingenieur-Offizier und Landbaumeister *Johann Helfrich Müller* (1746–1830), der sich bereits mit der Konstruktion einer Addiermaschine befasst hatte, wurde durch den Artikel angeregt, nach dem hahnschen Prinzip eine Multiplikationsmaschine zu bauen, die speziell geeignet war für das Erstellen einer Volumentabelle für Bauhölzer. Die Anwendungsmöglichkeiten gingen jedoch weit über die vorgesehene Aufgabenstellung als auch über das hahnsche Vorbild hinaus und man muss von einer Neukonstruktion ausgehen. So kann mittels austauschbarer Ziffernscheiben in allen Zahlensystemen von der Basis 2 bis zur Basis 12 gerechnet werden, außerdem ist Bruchrechnen möglich. Die verwendete Technik gestattete ohne zusätzliche Rechenschritte die nichtdezimale Währungs-, Gewichts- und Zeitrechnung. Ein weiteres Merkmal sind Vorrichtungen, um die Maschine gegen Bedienungsfehler abzusichern. Insgesamt handelt es sich um eine Rechenmaschine mit außergewöhnlicher technischer Raffinesse, die als erste jenes duale Zahlensystem beherrscht, mit dem der moderne Computer intern arbeitet. Müller führte vergleichende Zeitmessungen durch, die erstmals zahlenmäßig belegten, dass das Multiplizieren und Dividieren von großen Zahlen (8 und mehr Ziffern) mit Rechenmaschinen deutlich schneller vonstattengeht als mit dem schriftlichen Verfahren.

Nach einer Präsentation der Maschine vor Mitgliedern der Königlichen Societät der Wissenschaften in Göttingen war in den „Göttinger Gelehrten Anzeigen“ im Jahre 1784 folgende Erwartung zu lesen: „Wenn sie viel Beyfall finden sollte, ließe sie sich vielleicht durch Vortheile und fabrikenmäßige Arbeit so wohlfeil machen, daß jeder bemittelte Mann sie sich anschaffen könnte; wenigstens würde sie in Rechnungscanzleien, großen Handlungscomtoirs [Büros] u. d. g. sehr viel Dienste leisten.“ Und drei Jahre später wurde im selben Blatt der Maschine ein guter Verkaufserfolg gewünscht, damit ihr Erfinder in die Lage versetzt würde, sie weiter zu vervollkommnen und sie auch in den Stand zu versetzen, Zahlen „nicht nur zu berechnen, sondern selbst abzudrucken“.[97] Aber die Wirklichkeit sah anders aus: Es blieb bei dieser einzigen Maschine und Müller, der bereits sein ganzes Vermögen in ihre Entwicklung investiert hatte, blieb keine andere Wahl, als sie 1787 für 4000 Gulden an den hessischen Erbprinzen und späteren Großherzog zu verkaufen. Dieser ließ sie in seinem Physikalischen Kabinett verwahren, das zusammen mit anderen Sammlungen 1790 der Darmstädter Bevölkerung als Museum zugänglich gemacht wurde. Heute steht die Maschine im Hessischen Landesmuseum in Darmstadt.

Rechenmaschinen, die sich weitgehend an das hahnsche Konzept anlehnten, baute auch dessen Mitarbeiter und Schwager *Johann Christoph Schuster* (1759–1823). Eine der drei bekannt gewordenen Maschinen wurde 1993, genau 170 Jahre nach dem Tod ihres Erbauers, beim Auktionshaus Christie's in London für die astronomische Summe von 7,7 Millionen Pfund (umgerechnet 9,8 Millionen Euro) versteigert.[98]

Allen bisher vorgestellten Rechenmaschinen ist eines gemeinsam: Sie brachten ihren Erbauern nicht den erwünschten wirtschaftlichen Erfolg. Aber wie lässt sich erklären, weshalb sie sich nur vereinzelt verkaufen ließen und dann meist als bestaunenswerte Objekte, als Stoff gewordene Ideen, als eine besondere Gattung von Kunstwerken in den fürstlichen Schatz- und Raritätenkammern landeten? In den Augen der Menschen jener Zeit gab es für sie einfach zu wenig Einsatzmöglichkeiten, ihr Gebrauchswert war zu gering. Zwar erkannten die (wenigen) Zeitgenossen, welche die Möglichkeit hatten, mit Rechenmaschinen umzugehen, ihre Vorteile bei der Multiplikation und Division großer Zahlen. Aber wo brauchte man denn derartige Zahlen? Das war hauptsächlich bei astronomischen und Tabellenberechnungen der Fall, für die im 18. Jahrhundert allerdings auch Logarithmentafeln zur Verfügung standen. Und damit ließ es sich viel kostengünstiger und weniger störanfällig rechnen. Bei einfacheren Berechnungen der Kaufleute und Beamten hingegen blieb man eben bei Schreibgerät und Papier oder bediente sich des alten Rechenbretts. Wozu sollte man an den althergebrachten und bewährten Abläufen etwas ändern? In den Verwaltungsstuben und Büros der absolutistisch-merkantilistischen Epoche gab es im allgemeinen weder Zeitdruck noch Arbeitskräftemangel, wozu hätte man da mechanische Rechenknechte benötigt? Schließlich waren eine durch Gutswesen und Leibeigenschaft gekennzeichnete Landwirtschaft sowie das Handwerk die wirtschaftlich dominierenden Bereiche. Auch für die aufstrebenden Manufakturen war ein auf das Verwaltungsgeschehen gerichtetes Rationalisierungsdenken noch fremd.

In der Vorrede zu Leupolds „Theatrum machinarum" findet sich ein Abwägen der Vorteile und Nachteile der Nutzung von Rechenmaschinen. Wer erwartet, dass Leupold zu einem überzeugenden Plädoyer für die Rechenmaschine anheben würde, wird enttäuscht. Als Vorteile nennt er nur die korrekten Rechenergebnisse und zusätzlich ein pädagogisches Motiv, das nicht ganz überzeugend klingt: durch die Benutzung der Rechenmaschine werde der „Verstand geschärfet".

Schon 1789 warnte Jean Paul vor den Maschinen, die in seinen Augen Arbeitsplätze vernichten und das menschliche Verhalten den Regeln einer mechanischen Welt unterwerfen: „Schon von ieher brachte man Maschinen zu Markt, welche die Menschen ausser Nahrung setzten, indem sie die Arbeiten derselben besser und schneller ausführten. Denn zum Unglück machen die Maschinen allezeit recht gute Arbeit und laufen den Menschen weit vor. Daher suchen Männer, die in der Verwaltung wichtigerer Aemter es zu etwas mehr als träger Mittelmäßigkeit zu treiben wünschen, so viel sie können ganz Maschinenmäsig zu verfahren, und wenigstens künstliche Maschinen abzugeben, da sie unglücklicherweise keine natürliche sein können."[99]

Die ersten Rechenmaschinen aus industrieller Fertigung

> *„Die Welt wird immer komischer", sagten wieder andere, „jetzt fangen gar Maschinen an zu rechnen."*
> *Fritz Müller-Partenkirchen (1925)*

Bisher war es also keinem Erfinder von Rechenmaschinen gelungen, daraus ein marktfähiges Produkt zu entwickeln. Das Aufblühen der Manufaktur- und Gewerbebetriebe und die industrielle Revolution, die sich immer rascher ausbreitete, sollten aber zu einer günstigeren Ausgangssituation führen. Jetzt waren es nicht mehr nur die Angehörigen einer wissenschaftlichen Elite wie Mathematiker und Astronomen, die intensiv mit Zahlen umzugehen hatten. Die Ausweitung von Anzahl und Menge der produzierten Güter, das gewaltige Anwachsen der Handelstätigkeit und der internationalen Bankgeschäfte sowie die Notwendigkeit über alle geschäftlichen Aktivitäten Buch zu führen, bewirkten ein bisher nicht gekanntes Ausmaß an Rechenvorgängen. In den Büros war eine ständig wachsende Anzahl von (menschlichen) Rechnern beschäftigt, die zu einem gewichtigen Kostenfaktor, aber auch zu einer störenden Fehlerquelle wurden. Zahlreiche Menschen bemühten sich täglich darum, bei ihren oft lang andauernden Berechnungen fehlerfrei zu arbeiten. Trotzdem bestand ein erheblicher Teil ihrer Arbeitszeit im Suchen von Fehlern, die sich trotz aller Anstrengungen eingeschlichen hatten. Zuweilen wurden Berechnungen, von denen viel abhing, von zwei Mitarbeitern durchgeführt, die unabhängig voneinander rechneten und die Ergebnisse miteinander verglichen. Unter solchen Voraussetzungen gab es vielfältige Bemühungen, die Situation durch technische Hilfsmittel zu verbessern.

Der erste große Erfolg auf diesem Feld gelang *Charles Xavier Thomas* (1785–1870) aus Colmar. Als Nachschuboffizier der französischen Armee nahm er in jungen Jahren am Spanienfeldzug teil. Seine Aufgabe war die Verproviantierung des Armeekorps von Marschall Soult. Hier zeigte sich bereits sein Organisationstalent, denn während es anderen militärischen Einheiten an allem mangelte, war sein Korps vergleichsweise gut versorgt. Während des insgesamt drei oder vier Jahre dauernden Spanienaufenthalts, der ein Jahr Kriegsgefangenschaft einschloss, konzipierte er seine Rechenmaschine. Nach seiner Rückkehr in das zivile Leben gründete er 1819 in Paris nach englischem Vorbild die erste seiner zwei Versicherungsgesellschaften. 1820 wurde ihm ein französisches Patent erteilt „für eine Maschine oder einen Apparat, genannt Arithmometer, dafür geeignet, bei allen arithmetischen Operationen das Gedächtnis zu ersetzen."[100] Im Haus seiner Versicherungsgesellschaft richtete er feinmechanische Werkstätten ein, in denen bis 1870 Rechenmaschinen gefertigt wurden. Thomas verwendete die aus dem 18. Jahrhundert bekannten Rechenmaschinenelemente: die leibnizsche Staffelwalze, die Technik des automatischen Zehnerübertrags und die Möglichkeit, das Einstellwerk gegenüber dem Resultatschaltwerk zu verschieben. Im Vergleich mit den Erfindern des 17. und 18. Jahrhunderts hatte seine Maschine jedoch den enormen Vorteil, dass jetzt die erforderlichen Komponenten wie Hebel, Zahnräder und Staffelwalzen nicht mehr rein handwerklich erzeugt werden mussten, sondern durch den Einsatz von Fertigungsmaschinen eine bisher nicht gekannte Präzision erreichten – und somit wesentlich zuverlässiger funktionierten. Ständig bemühte sich Thomas um Verbesserungen. So fügte er später eine Nullstellungsvorrichtung für das Resultat- und Umdrehungszählwerk hinzu, die das mühsame Zurückstellen der benutzten einzelnen Zahlenscheiben nach einem Rechenvorgang ersparte.

Während es sich bei den Rechenmaschinen der vorausgegangenen beiden Jahrhunderte um ausgefallene Kuriositäten gehandelt hatte, dominierten im 19. Jahrhundert bei der Konstruktion die praktischen Gesichtspunkte. Jetzt siegte – wie es der Technikhistoriker Marguin formulierte – der Pragmatismus über Poesie und Traum.[101]

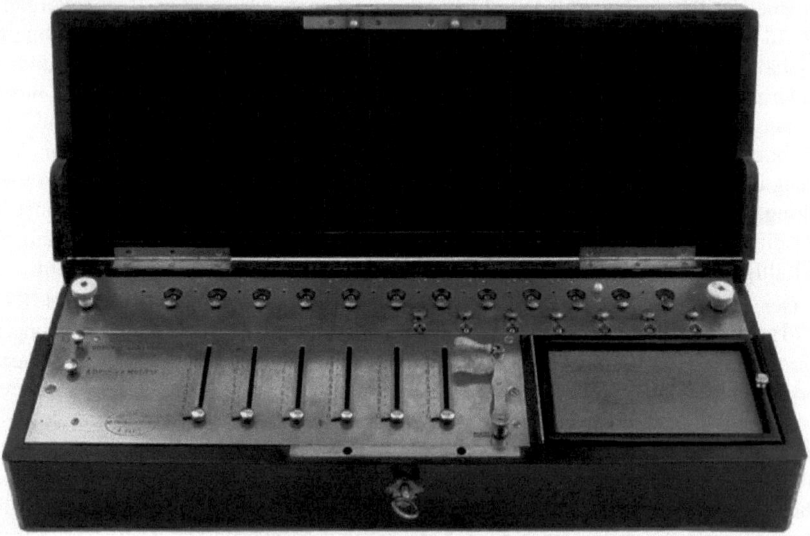

Thomas-Arithmometer (um 1860)

Bei äußerlichen Details lässt sich dieser Wandel deutlich beobachten: Anstelle kunstvoller Metallziselierungen, die das Auge erfreuen, finden wir auf der Oberfläche jetzt Gerätenummern, Firmen- und Patentangaben.

Zunächst setzte Thomas die Rechenmaschinen nur im eigenen Versicherungsunternehmen ein. Dank der ständigen Verbesserungen und der wachsenden Zuverlässigkeit des Arithmometers sowie zunehmender öffentlicher Anerkennung entwickelte sich langsam ein Markt für Bürorechenmaschinen, auf dem die Thomas'sche Maschine ein halbes Jahrhundert lang für die ganze Welt eine Monopolstellung hatte. Die Serienfertigung begann erst zwischen 1848 und 1850. In den Jahren davor hatte sich Thomas darauf konzentriert, seinen Arithmometer so perfekt wie möglich zu gestalten. Von 1821 bis 1865 wurden insgesamt gerade einmal 500 Rechenmaschinen verkauft. Diese Zahl muss auf dem wirtschaftlich-gesellschaftlichen Hintergrund einer Zeit gesehen werden, wo ein verbreitetes deutsches Konversationslexikon den einzigen Zweck der Rechenmaschinen darin sah, „die Aufmerksamkeit beim Rechnen zu fesseln und begangene Irrthümer durch seine Hülfe aufzudecken.“[102]

Ein besonderer Impuls für einen höheren Bekanntheitsgrad und für einen zunehmenden Absatz des Arithmometers ging von der Präsentation bei der Pariser Weltausstellung von 1855 aus. Welch weitreichende Auswirkungen diese frühen Weltausstellungen auslösten, zeigte sich auch bei der zweiten Pariser „exposition universelle" von 1867, zu der die USA eine Kommission entsandte, deren Mitglieder arbeitsteilig die angebotenen Produkte und Erfindungen zu bewerten hatten. Frederick A. P. Barnard, Präsident des Columbia College hatte die Aufgabe, neue Maschinen und Verfahren der mechanischen Gewerbezweige zu überprüfen. Sein Bericht enthielt auch ein Kapitel über Metrologie (Maß- und Gewichtskunde) und mechanische Rechenhilfen. Hier ging er voller Begeisterung auf die Thomas-Rechenmaschine ein. Neben anderen Maschinen und Geräten kaufte er einen Arithmometer und benutzte ihn auch als Rechenhilfe zur Erarbeitung seines Berichts über den Ausstellungsbesuch. Über die weitere Verwendung dieser Rechenmaschine ist nur bekannt, dass sie 1886 an die Astronomen der Columbia Universität weitergegeben wurde, als dort umfangreiche Berechnungen zum nächtlichen Sternenhimmel durchzuführen waren.[103]

1865 bis 1878 verließen tausend weitere Rechenmaschinen die Fertigungsstätte in Paris und noch bis 1920 konnte der Arithmometer am Markt überleben. Der Anteil der ins Ausland gelieferten Maschinen war mit 60 % recht hoch. Da nicht in allen Ländern jener Zeit ein patentrechtlicher Schutz möglich war, wurden vor allem in Deutschland und England zahlreiche Kopien hergestellt – zuweilen unverändert, manchmal gegenüber dem Original mehr oder weniger modifiziert.

Seinen guten Ruf verdankte der Arithmometer einer bemerkenswerten Zuverlässigkeit. So war eine 1864 vom Königlich Preußischen Statistischen Bureau angeschaffte Maschine zwölf Jahre lang im Einsatz; ebenso ein im Folgejahr gekauftes Exemplar. Für einen geübten Benutzer war die Multiplikation zweier achtstelliger Zahlen in 18 Sekunden möglich und die Division einer sechzehnstelligen durch eine achtstellige Zahl dauerte 24 Sekunden. Addition und Subtraktion hingegen waren gegenüber dem schriftlichen Rechnen relativ langsam. Bei diesen beiden Rechenarten wirkte sich der hohe Zeitanteil für die Zahleneingabe nachteilig aus, der durch das umständliche Positionieren der Einstellhebel bedingt war. Bei Multiplikation und Division hingegen war dies durch die längere Gesamtrechenzeit nicht so gravierend. Insgesamt führte der Einsatz der Maschine zu einer Produktivitätssteigerung. Die französische Eisenbahnverwaltung des Nordens kam zu dem Ergebnis, dass man mithilfe des Arithmometers durch den Einsatz „von zwei Angestellten, von denen einer die Maschine bedient und der andere die Ergebnisse abschreibt, die Arbeit von sechs erledigen kann."[104] Dieses im Vergleich zu den vorangegangenen Zeiten erstaunliche Rationalisierungsinteresse lässt aufhorchen. Aber schließlich waren die Löhne in Frankreich außergewöhnlich stark gestiegen, beispielsweise seit 1850 bis zum Jahre 1880 von der Indexziffer 51 gar auf 82, wobei 100 dem Jahr 1900 zuzuordnen ist.[105] Die kritische Betrachtung der Kostenkomponente Lohn durch die Unternehmer soll von nun an nicht mehr verschwinden. Zusammen mit den zunehmend verbesserten technischen Möglichkeiten war nun das Streben nach niedrigen Lohnkosten der Auslöser für einen bis heute anhaltenden wirtschaftlichen und gesellschaftlichen Wandel.

DER BEDEUTENDE TECHNIKWISSENSCHAFTLER FRANZ REULEAUX 1892 IN EINEM BUCH ZUR THOMAS-RECHENMASCHINE

Unter die drückendsten Arbeiten ... gehört die geistige Handlangerei grosser Zahlenrechnungen, wie sie der Maschinen-, Bau-, Berg- und Militäringenieur, der Physiker, der Astronom und der Zahlenmathematiker in Versicherungsgesellschaften, Rentenanstalten, der Steuer- und Finanzbeamte, der Statistiker viele Stunden, Tage, Wochen, Monate lang auszuführen haben, wenn ihnen nicht die Maschine hilft. Fast keine geistige Erschlaffung ist so gross wie diejenige nach tagelang fortgesetzter Beschäftigung mit dem Abstraktum der Zahlen, namentlich in höheren Rechnungsarten, und bekannt ist es, dass es bis jetzt nicht menschenmöglich gewesen ist, Logarithmentafeln fehlerfrei zu rechnen, indem der menschliche Geist sich entschieden zu sträuben scheint, in die unbeugsame Maschinenmässigkeit einzutreten, welche dafür gefordert wird.

Franz Reuleaux: Die sogenannte Thomas'sche Rechenmaschine, 2. Aufl., Leipzig1892, S. 2

Neben den Argumenten, die für den Einsatz der Rechenmaschine sprachen, gab es aber auch einen negativen Aspekt: den fast immer recht hohen Preis. Die Anschaffung einer oder mehrerer Maschinen wagten vor allem größere Unternehmen, und so waren Finanzbehörden, Banken und Versicherungen, Eisenbahngesellschaften, Industrieunternehmen und große Warenhäuser die wichtigsten Anwender. Nach und nach gehörten aber auch Ingenieure, Mathematiker, Astronomen, Physiker und Statistiker zu den Kunden.[106]

Der Weg nach Paris ist zu weit

Bei einem neu entstandenen Markt, auf dem sich Geld verdienen lässt, treten bald Konkurrenten auf. Diese Erfahrung musste auch Charles Thomas machen. Zudem scheuten potentielle Rechenmaschinenkäufer das doch recht umständliche Verfahren einer Beschaffung im Ausland sowie die Notwendigkeit, im Falle einer Störung oder bei Verschleiß die Maschine zur Reparatur nach Paris schicken zu müssen.[107] Erfinder aus verschiedenen Ländern wurden somit zu Neukonstruktionen ermutigt. Bis zur Mitte des 19. Jahrhunderts kam es zu ungefähr einem Dutzend solcher Erfindungen, die aber alle weniger Spuren hinterließen als der Arithmometer. In der zweiten Jahrhunderthälfte gab es gar sechzig Versuche, neue Rechenmaschinen zu konzipieren, aber nur wenige kamen über das Experimentierstadium hinaus.

Auch deutsche Rechenmaschinenkonstrukteure rückten jetzt wieder ins Blickfeld. Sie waren dadurch begünstigt, dass Deutschland nach dem gegen Frankreich gewonnen Krieg von 1870/71 von einer Woge des Nationalismus getragen wurde. So zog auch in Sachsen in der erzgebirgischen Kleinstadt Glashütte bei Dresden Konkurrenz auf für die erfolgreichen Rechenmaschinen aus der Weltstadt Paris. In diesem Städtchen, einem seit der Mitte des 19. Jahrhunderts aufstrebenden Zentrum der Feinmechanik und der Uhrenproduktion – und bis heute weltweit für die hohe Qualität seiner Uhren bekannt – hatte sich der Maschinenbauingenieur *Curt Dietzschold* auf Getriebetechnik und Uhrenkonstruktion spezialisiert. Etwa ab 1876 befasste er sich mit der Entwicklung einer Rechenmaschine, die auf einem bis dahin nicht bekannten Konstruktionsprinzip, dem so genannten Schaltklinkenprinzip, beruhte. Das Konzept hatte jedoch Schwachstellen, die einen erfolgreichen Praxiseinsatz verhinderten. Als Dietzschold 1878 zum Direktor der österreichischen Fachschule für Uhrenindustrie in Karlstein ernannt wurde, holte er seinen Studienfreund *Arthur Burkhardt* (1857–1918) nach Glashütte, um die Entwicklung der Rechenmaschine fortzusetzen.

Aber Burkhardt hatte andere Vorstellungen; anstatt die Schwächen der dietzscholdschen Konzeption zu beheben, fertigte er Rechenmaschinen nach dem Vorbild des Arithmometers von Thomas. Es muss erstaunen, dass er 1878, bereits ein Vierteljahr nach seiner Ankunft in Glashütte, in der Lage war, zwei Rechenmaschinen an das Preußische Statistische Landesamt zu liefern, die dort im praktischen Einsatz geprüft werden sollten. Wahrscheinlich stand er dabei unter einem solchen Zeitdruck, dass er zwei originale Thomas-Maschinen verwendete, die lediglich technisch etwas verbessert wurden. Das wurde möglich, weil durch den Tod von Thomas im Jahre 1870 der Patentschutz für dessen Rechenmaschinen nicht mehr eindeutig gesichert war. 1879 schließlich konnten die in aller Eile gelieferten Maschinen durch so genannte Burkhardt-Arithmometer aus der neu aufgenommenen Fertigung in Glashütte ersetzt werden. Die Prüfung durch das Statistische Landesamt (s. nächste Seite) fiel positiv aus und Burkhardt erhielt mehrere Aufträge von Behörden und Versicherungsunternehmen.

Burkhardts Ehrgeiz lag nicht darin, mit einem völlig neuen technischen Konzept zu glänzen; ihm war sehr daran gelegen, den Gebrauchswert der Maschine durch Änderungen im Detail zu verbessern. So erleichterte er beispielsweise ihre Benutzung, indem er die Bedienelemente günstiger anordnete, beim Kapazitätsüberlauf im Resultatwerk ein akustisches Zeichen ertönen ließ und die bisher für das Zurücksetzen der Ziffern zuständigen Knöpfe durch Hebelzüge ersetzte. Für Burkhardt hatten Erfahrungen und Wünsche der Kunden und einen hohen Stellenwert. Schon bei der

Konstruktion und der Produktion wurde daran gedacht, für eine spätere Reparatur möglichst günstige Voraussetzungen zu schaffen.

EMPFEHLUNGSSCHREIBEN VON DR. ENGEL, DIREKTOR DES PREUSSISCHEN STATISTISCHEN BUREAUS IN BERLIN AUS DEM JAHRE 1880

Attest für Herrn Arthur Burkhardt, Rechenmaschinenfabrikant in Glashütte in Sachsen.

Dem Rechenmaschinenfabrikanten Herrn Arthur Burkhardt zu Glashütte in Sachsen wird auf seinen Wunsch hierdurch bescheinigt, dass die dem Königlich Preussischen Statistischen Bureau von ihm gelieferte 8stellige Rechenmaschine gut und sicher functionirt.

Herr Arthur Burkhardt hat mit der Anfertigung dieser Maschine in Deutschland den Anfang gemacht, und wenn er derselben auch lediglich das bekannte und allseitig anerkannte Princip des Arithmometers von Thomas, Colmar und Paris zu Grunde legte, so gebührt ihm und seiner Fabrikation dennoch für die exakte Ausführung derselben, welche sich von vornherein durch einen sanften und leichten Gang der Maschine dokumentirt, volle Anerkennung. Es kann ausserdem noch besonders bemerkt werden, dass die Burkhardt'sche Maschine in der Construction wesentlicher Theile Aenderungen gegen die Thomas'sche aufweist – so bei den Trommeln (Schaltwalzen) des Schaltwerkes, der Zehnerübertragung u.s.w. – welche eine grössere Garantie für die Sicherheit der Function bieten; da hierdurch auch die Aenderung der anderen Maschinentheile wiederum bedingt war, so kann wohl behauptet werden, dass die Maschine, wie sie von Herrn Arthur Burkhardt geliefert wird, nicht eine blose Nachahmung des Thomas'schen Arithmometers, sondern in allen ihren Theilen das Resultat der eingehendsten Studien und des angestrengtesten Fleisses ist.

W. Jordan: Eine Deutsche Fabrik für Rechenmaschinen, in: Zeitschrift für das Vermessungswesen, Bd. 9/1880, S. 439–441, hier S. 440

Obwohl keine eigene Vertriebsorganisation aufgebaut und nur auf Bestellung gefertigt wurde, verbesserten aktive Werbemaßnahmen Bekanntheitsgrad und Absatz. Allerdings gab es auch Zeiten, wo Burkhardt mangels Absatz daran dachte, die Rechenmaschinenproduktion aufzugeben zugunsten anderer feinmechanischer Produkte, die zeitweilig ebenfalls in seiner Fabrik gefertigt wurden. Dazu gehörten beispielsweise Umdrehungszählgeräte für Kraftmaschinen und die Mechanik von Doppelpedalharfen. Günstig für das Unternehmen wirkte sich in dieser schwierigen Situation die von Bismarck vorangetriebene Reichsgesetzgebung zur Sozialversicherung aus, die zur Ausstattung der zahlreichen neu geschaffenen Rechenämter mit Rechenmaschinen führte.[108] Bereits 1895 überstieg die Zahl der in Glashütte gefertigten

Rechenmaschinen die Zahl der produzierten Thomas-Arithmometer und 1908 war in einer Werbeanzeige des Unternehmens der stolze und vielleicht etwas übertriebene Hinweis zu lesen: „Bei allen Behörden, Eisenbahnen und größeren und mittleren Industrie-Etablissements eingeführt.“[109]

Auch dieser Erfolg rief Nachahmer auf den Plan. 1895 verließ ein versierter Mitarbeiter Burkhardts das Werk und gründete in Glashütte ein konkurrierendes Unternehmen mit dem Namen „Saxonia“. Wenige Jahre später entstand durch die Trennung eines weiteren Mitarbeiters von Burkhardt mit „Archimedes“ eine dritte Rechenmaschinenfabrik in Glashütte. Nach dem 1. Weltkrieg wurde die Wirtschaftslage sowohl für das Burkhardt-Werk als auch für „Saxonia“ zunehmend schwieriger. Es fehlte an Kapital und neuen technischen Ideen. Auch eine Fusion verhinderte nicht das Aus im Jahre 1926. „Archimedes“ hingegen gelang nicht nur das Überleben; bis 1960 konnten erfolgreich mechanische Rechenmaschinen in 27 Länder verkauft werden.

Rechenmaschinen, die Zähne zeigen

Ende des 19. Jahrhunderts kam die in Europa erfolgreichste Vierspeziesrechenmaschine aus Russland. Entwickelt und gebaut hatte sie der aus Schweden stammende Ingenieur *Willgodt T. Odhner* (1845–1905). Patentschutz gab es dafür in verschiedenen Ländern, seit 1878 auch in Deutschland. Mit für den Verkaufserfolg entscheidend war die Sprossenradtechnik, bei der je nach darzustellender Ziffer bis zu neun Sprossen (Zähne) aus einem schmalen Zylinder hervortreten. Dieses bereits von Poleni erdachte Verfahren ermöglichte es, Rechenmaschinen nicht nur kompakter herzustellen als den mit Staffelwalzen realisierten Arithmometer, sondern auch billiger.

Da es schwierig gewesen wäre, von St. Petersburg aus den gesamten europäischen Markt zu beliefern, entschloss sich Odhner zum Verkauf von Lizenzen für einzelne Länder. Auf einer Tagung der deutschen Nähmaschinenfabrikanten im Frühjahr 1892 in Hamburg wurden die Lizenzrechte für Deutschland und einige weitere Länder angeboten, fanden aber bei den meisten Teilnehmern kaum Interesse.

Franz Trinks (1852–1931), technischer Leiter der Braunschweiger Nähmaschinenfabrik Grimme, Natalis & Co. (abgekürzt: GNC) hingegen beeindruckte die Präsentation dermaßen, dass er gegenüber seiner Unternehmensleitung den Erwerb der Herstellungs- und Vertriebsrechte für Deutschland, Belgien und die Schweiz durchsetzte. Die Produktion begann wenige Monate später. Bereits im ersten Jahr konnten 500 Odhner-Maschinen unter der Markenbezeichnung „Brunsviga" hergestellt und für 150 Reichsmark – einem Viertel des Preises des Burkhardt-Arithmometers – verkauft werden. Bald wurde die Lizenz auf Österreich-Ungarn und die USA erweitert. Seth Low, der Nachfolger von Barnard im Präsidentenamt des amerikanischen Columbia College, lernte im Sommer 1893 die neu eingeführte Rechenmaschine bei einer deutschen Bildungsausstellung in Chicago kennen. Er kaufte eine Maschine und übergab sie der Abteilung für Astronomie der Columbia Universität. 1895 und im Folgejahr wurden in Deutschland noch drei weitere Brunsviga-Maschinen beschafft.[110] Während Burkhardt in Glashütte noch weitgehend auf Bestellung baute, handelte es sich bei GNC um eine Massenfertigung, die für einen anonymen Markt bestimmt war. Allerdings lässt sich erst ab den 1920er Jahren eine durchorganisierte Fließbandfertigung feststellen.[111]

Brunsviga-Werbeanzeige 1921

Neben dem günstigen Preis war das gut funktionierende Vertriebssystem eine wichtige Erfolgskomponente. Schon 1905 gab es insgesamt 40 Hauptverkaufsstellen oder Depots und 1914, im Jahr des Kriegsbeginns, beschäftigte das Werk 25 „Außenbeamte", die sechs Wochen im Maschinenrechnen geschult worden waren. Es war ihre Aufgabe, Kunden bei Rechenvorführungen die Leistungsfähigkeit der Maschine in das rechte Licht zu rücken, was nicht zuletzt von der Wahl des optimalen Rechenwegs abhing. Der Vertrieb schließlich wurde selbstständigen Generalvertretern für die einzelnen Länder übertragen.

Zum gut entwickelten Kundenbetreuungssystem gehörte auch eine monatlich erscheinende Firmenzeitschrift, die zu einer wachsenden Verbundenheit der Kunden mit dem Unternehmen beitrug. Dort wurden vielfältige Themen rund um die Rechenmaschine behandelt – zum Nutzen des Unternehmens und seiner Kunden, aber auch als wichtige Quelle für spätere Technikhistoriker. Ein Artikel im Februarheft des Jahres 1919 ging beispielsweise auf die Ängste von Angestellten ein, die in den Rechenmaschinen ein Rationalisierungsinstrument sahen, das ihre Arbeitsplätze gefährdete. Zugleich wird von Chefs berichtet, die bei einer Anschaffung von Rechenmaschinen Boykotthandlungen von Mitarbeitern befürchteten. Grimme, Natalis & Co. versuchte, diese Befürchtungen zu widerlegen, indem man auf Berechnungen und Statistiken verwies, die für eine erfolgreiche Unternehmensführung sehr wichtig seien, aber aus Mangel an Rechenkapazität meist unterblieben. Durch die Anschaffung von Rechenmaschinen könnten nun derart wichtige Aufgaben *zusätzlich* erledigt werden, Entlassungen seien somit unwahrscheinlich.[112]

Der 1. Weltkrieg hatte die Verbreitung von Rechenmaschinen deutlich gefördert, denn überall herrschte ein Mangel an Arbeitskräften, dessen Auswirkungen sich zumindest in Teilbereichen durch Maschinen abschwächen ließen.[113] In Braunschweig bemühte man sich um ständige Produktverbesserungen. Nach Kriegsende kam es zu einer strategischen Erweiterung der Produktpalette um die in den USA so erfolgreiche Kategorie der Addiermaschinen. Das gezielte Bemühen, die Maschinen „narrensicher" zu machen, schuf ein zusätzliches Absatzpotenzial. So konnte es schließlich nicht ausbleiben, dass in den 1930er Jahren auch mittlere und kleine Unternehmen sowie zahlreiche Handwerksbetriebe Brunsviga-Maschinen einsetzten.

WERBEMOTIVE FÜR DIE BRUNSVIGA-RECHENMASCHINE, DIE IN PROSPEKTEN UND BROSCHÜREN STÄNDIG WIEDERHOLT WURDEN

Als wesentlichste Vorzüge der Rechenmaschine sind demnach zu buchen:

1. *Sie macht keinen Rechenfehler. Sind bei ihr, was außerordentlich einfach zu kontrollieren ist, die Zahlen richtig eingestellt, so ist das Rechnungsergebnis unter allen Umständen richtig.*
2. *Sie spart Zeit. Mit ihr lassen sich alle Rechnungen mit jeder gewünschten Genauigkeit in wesentlich kürzerer Zeit durchführen als mit anderen Rechenhilfsmitteln.*
3. *Ihre Handhabung ist äußerst einfach und leicht. Das Rechnen mit ihr kann jeder in kürzester Zeit erlernen. Irgendwelche Vorkenntnisse, z. B. mathematischer Art, wie sie die logarithmische Rechnung erfordert, sind bei ihr nicht notwendig.*

H: Haupt: Rechenmaschine und rechnende Technik. Sonderdruck der Brunsviga Monatshefte, o. J., S. 5, zitiert nach Peter Faulstich: Brunsviga (1892 – 1959) – Mechanische Rechenmaschinen als Welterfolg, in: Zeitschrift für Unternehmensgeschichte, 37. Jg., H. 2/1992, S. 101–114, hier S. 111

Voller Stolz konnte man beim sechzigjährigen Firmenjubiläum – zugleich das vierzigjährige Jubiläum der Rechenmaschinenproduktion – berichten, dass bei allen „namhaften" Expeditionen des frühen 20. Jahrhunderts (nämlich den Polarexpeditionen von Robert F. Scott, Ernest H. Shackleton und Umberto Nobile) zur Bewältigung der umfangreichen Rechenarbeiten Brunsviga-Rechenmaschinen mitgeführt wurden. „Weiter wird interessieren, dass die Brunsviga im Dienst des Flugwesens steht, z. B. das Luftschiff Zeppelin dauernd eine Brunsviga an Bord hat, und dass sie weiter Verwendung findet in den Observatorien Greenwich, Zugspitze und Vesuv."[114] Zeitweilig umfasste das Braunschweiger Fertigungsprogramm gleichzeitig bis zu 18 Modelle. Als 1959 die Selbstständigkeit des Unternehmens mit der Übernahme durch die Olympiawerke endete, waren insgesamt mehr als 500 000 Rechenmaschinen verkauft worden.

Nach dem Ende des amerikanischen Bürgerkrieges im Jahre 1865 schritt in den USA die Industrialisierung stürmisch voran. Wichtige Impulse gingen von der zunehmenden Zahl an Erfindungen aus, die durch eine frühe gesetzliche Regelung gefördert wurde, denn schon seit 1790 konnten Erfinder in den Vereinigten Staaten ihr geistiges Eigentum schützen lassen. Während von 1790 bis 1800 jährlich durchschnittlich 31 Erfindungen angemeldet wurden, waren es in der Dekade von 1850 bis 1860 bereits 2 500 im Jahr und 1909 wurden gar 37 421 Patente erteilt. Zu den Neuerungen des 19. Jahrhunderts, denen eine herausragende Bedeutung zukommt, gehören nicht nur so bekannte Erfindungen wie der Telegraf, das Telefon und die Nähmaschine; auch verbesserte Mittel und Verfahren zur Herstellung bereits bekannter Produkte – beispielsweise von Kochherden, Waffen und Fußbodenbelägen – erlangten Bedeutung. Es herrschte geradezu eine Erfindungseuphorie in nahezu allen Bereichen und nicht zuletzt gehörten Büromaschinen dazu.

In den 1870er Jahren befasste sich der Amerikaner *Frank Stephen Baldwin* (1838–1925) erstmals mit Rechenmaschinen, als ihm von einer Versicherungsgesellschaft ein Thomas-Arithmometer zur Reparatur gebracht wurde. Der Gedanke des maschinellen Rechnens faszinierte ihn, und so entwickelte er eine eigene Rechenmaschine, die allerdings, im Gegensatz zu den Staffelwalzen von Thomas, auf jenem Sprossenradprinzip beruhte, das seit Poleni nicht mehr verwendet worden war. Bereits 1875 – und somit drei Jahre vor Odhner – erhielt Baldwin darauf in den USA ein Patent. Bis heute gilt es als ungewiss, ob Odhner diese Maschine kannte. Zwar wurden Baldwin-Maschinen erfolgreich von Regierungsbehörden und in der Eisenbahnverwaltung eingesetzt, aber es gelang dem Erfinder nicht, die fertigungstechnischen und unternehmerischen Voraussetzungen für eine Produktion größeren Stils zu schaffen. 1902 unternahm er mit einer überarbeiteten Version dieser Maschine einen zweiten Anlauf, ohne damit Erfolg zu haben. Danach befasste er sich mit der Konstruktion einer reinen Addiermaschine. Erst 1911 brachte die Begegnung mit dem Geschäftsmann Jay Randolph Monroe den Durchbruch. Auf dessen Vorschlag hin entwickelte der inzwischen 73jährige Baldwin eine Vierspeziesmaschine mit der neuen Technik geteilter Staffelwalzen, die unter der Bezeichnung „Monroe" verkauft wurde. 1914 kam es zum Beginn einer Massenfertigung für diese Maschine, die durch die Verwendung einer Volltastatur, wie sie inzwischen von den Addiermaschinen bekannt war, eine zügige Einstellung der Ziffern gestattete. Konkurrenten waren bis zum 2. Weltkrieg auf diesem für Amerika insgesamt nicht so wichtigen Teilmarkt der Vierspeziesmaschinen vor allem die Hersteller *Marchant* und *Friden*.

Amerikanische Addiermaschinen dominieren den Weltmarkt

Während in Europa also fast ausschließlich Vierspeziesmaschinen gefertigt wurden, prägten Addiermaschinen den jungen amerikanischen Rechenmaschinenmarkt. Sie beherrschten die Addition und manche von ihnen auch die Subtraktion, während sie sich für Multiplikation und Division nur behelfsmäßig einsetzen ließen. Diese Ein- oder Zweispeziesmaschinen waren kleiner und billiger als Vierspeziesmaschinen und konnten leichter bedient werden. Schätzungen für jene Zeit gehen davon aus, dass Büroarbeit zu 60 % aus Rechenleistung bestand und sich darunter 80 % reine Additionsvorgänge befanden. So war das Aufgreifen der Geschäftsidee Addiermaschine nur eine Frage der Zeit. Allerdings mussten ihre Entwickler bedenken, dass bei Addition und Subtraktion die Zahleneingabe den größten Anteil an der gesamten Bearbeitungsdauer ausmachte und eine Addiermaschine nur dann erfolgreich sein konnte, wenn die bisher verwendeten Einstellschieber durch eine Zeit sparendere Technik ersetzt wurden. Die Lösung war eine numerische Tastatur, bei der ein kurzer Fingerdruck auf eine bestimmte Taste genügte, um eine Ziffer ins Einstellwerk zu übertragen.

Die Idee dazu hatte man den Schreibmaschinen abgeschaut, die sich ebenfalls in einer raschen Entwicklung befanden. Bereits 1873 begann bei der amerikanischen Remington Company, die bislang Waffen und landwirtschaftliche Maschinen herstellte, die industrielle Produktion von Schreibmaschinen. Damals wurden Festlegungen getroffen, die sich bis zur heutigen Computertastatur erhalten haben. Es handelt sich um die Zeichenanordnung auf der so genannten QWERTY-Tastatur (in Deutschland QWERTZ), die, neben anderen Mängeln, beim Zehnfingerschreiben vor allem die kleinen Finger belastet. Geplagte Benutzer unterstellen zuweilen, diese Tastatur sei für Texte in englischer Sprache optimiert und deshalb müssten für andere Sprachen Nachteile in Kauf genommen werden. Aber tatsächlich ist sie nicht einmal für das Englische optimal, denn sie wurde nicht im Hinblick auf Bedienerfreundlichkeit gestaltet. Ziel der Konstrukteure war es, das Verhaken von gleichzeitig angeschlagenen Typenhebeln möglichst zu vermeiden. Spätere Versuche, an dieser inzwischen weit verbreiteten und allgemein akzeptierten Festlegung etwas zu ändern, sind immer wieder gescheitert.

Zunächst gab es nur die Möglichkeit der Großschreibung; erst 1878 konnte bei der Schreibmaschine durch Umschaltung (mit den kleinen Fingern) zwischen Klein- und Großbuchstaben gewählt werden. Eine konkurrierende Entwicklungslinie war die „Volltastatur", bei der jeweils eigene Tasten für Groß- und Kleinschreibung vorhanden waren. Zwar konnte sich die letztgenannte Technik bei den Schreibmaschinen nicht durchsetzen, aber für die Volltastatur der Rechenmaschinen war sie der Ideengeber.

Bei der Volltastatur stehen für jede Ziffer einer Zahl die Zifferntasten 1 bis 9 zur Verfügung. Ist die Maschine beispielsweise für die Eingabe einer maximal neunstelligen Zahl ausgelegt, so sind 81 Zifferntasten erforderlich. Neben Rechenmaschinen, die das Ergebnis nur anzeigten, gab es auch recht bald solche, bei denen die Resultate auf einer Papierrolle ausgedruckt wurden.

Auf der Grundlage von Rechenmaschinen entwickelten sich Registrierkassen, die zu Informations- und Dokumentationszentren für kleinere Geschäfte wurden. Durch die Kombination von Schreibmaschine und Rechenmaschine schließlich entstanden Fakturiermaschinen für die Rechnungsschreibung sowie Buchungsmaschinen.

Mit Ausnahme der Schreibmaschinen gab es bei den hier angesprochenen Büromaschinen keine dominierende technische Realisierungsform; extreme Vielfalt in Funktionsweise und Gestaltung beherrschte die Szene. Als ein Beispiel für derart gegensätzliche Konzepte kann die Art und Weise dienen, in der die eingegebenen Zahlen in das Resultatwerk übernommen wurden. Zunächst geschah dies durch eine manuell ausgeführte Hebelbewegung; später reichte ein Tastendruck, der für diesen Vorgang einen Elektromotor in Bewegung setzte. Ab 1903 begann die Fertigung elektrisch angetriebener Addiermaschinen und nach dem 1. Weltkrieg konnten praktisch alle Gerätetypen mit elektrischem Antrieb gebaut werden. Nach dem 2. Weltkrieg erhielten zunehmend auch die Vierspeziesmaschinen eine Druckvorrichtung. Unterschiedliche Anwenderanforderungen und Preise sowie die Entwicklung neuer Techniken sorgten dafür, dass eine beeindruckende Vielfalt von Maschinentypen angeboten wurde.

Druckende Burroughs-Addiermaschine mit Volltastatur 1888

In einer Büromaschinenzeitschrift des Jahres 1904 wird die Mühsal der herkömmlichen Buchhaltung dargestellt und auf die mögliche Erleichterung verwiesen.

AUSZUG AUS EINER AMERIKANISCHEN BÜROMASCHINENZEITSCHRIFT DES JAHRES 1904

Der Mensch, der über Bücher und Konten gebeugt ist, lange Zahlenkolonnen addiert, sich über den kleinen Fehler in der Probebilanz aufregt und bei dem vergeblichen Versuch ihn zu finden viel mitternächtliches Lampenöl verbrennt, dieser Mensch verbraucht sowohl Nerven als auch Geisteskraft, seine körperliche und geistige Stärke schwindet und er ist bald ein Nervenbündel. Von all der stumpfsinnigen Plackerei in einem kaufmännischen Berufsleben ist das Addieren die schlimmste. Wie leicht kann man einen Fehler machen und wie schwer ist es, ihn zu finden. »Irren ist menschlich«, fehlerfrei zu sein ist mechanisch.

o. Verf.: The Standard Adding Machine: A Modern Life Preserver, in: Typewriter Trade J. and the Office System, Bd. 1, Nr. 5 (Okt. 1904), S. 15 (übersetzt)

Das Gehen lernte die Rechenmaschine in Europa, aber das Eilen von Erfolg zu Erfolg gelang ihr in den USA. So wie überhaupt dieses Land bei den Büromaschinen und später bei der Informationstechnologie eine Vormachtstellung auf dem Weltmarkt erlangte und bis heute behaupten konnte. Wo nahm diese Entwicklung ihren Anfang? Hier ist an erster Stelle der Amerikaner *William S. Burroughs* (1857–1898) zu nennen.[115] Als junger Bankbuchhalter mit angegriffener Gesundheit litt er darunter, dem täglichen Kampf mit Zahlen ausgesetzt zu sein. Als sich ihm die Möglichkeit bot, stattdessen in einer kleinen Maschinenfabrik zu arbeiten, wechselte er Arbeitsplatz und Beruf. Hier konnte er Erfahrungen in den Bereichen Mechanik und Fertigung gewinnen, aber auch im praktischen Umgang mit Erfindungen. Ebenso wie viele andere Amerikaner seiner Zeit arbeitete Burroughs an Erfindungen für unterschiedliche Bereiche und erhielt dafür auch Patente. Es handelte sich unter anderem um einen zusammenlegbaren Hühnerstall und eine Wagenkupplung. Die meiste Kraft und Zeit verwendete er allerdings für das Konzept einer druckenden Volltastatur-Addiermaschine.

Für Produktion und Vertrieb gründete er 1886 zusammen mit drei Partnern die American Arithmometer Company in St. Louis. Die ersten Kunden waren in der Hauptsache Banken. In der Anfangsphase mussten immer wieder konzeptionelle und fertigungstechnische Mängel der Maschinen behoben werden; häufig waren aber auch Reparaturen erforderlich, die auf Bedienungsfehlern von Angestellten beruhten. Nach der Überwindung der technischen Hindernisse galt es, in einer jahrelangen Anstrengung eine breitere Öffentlichkeit vom Nutzen der Rechenmaschinen zu überzeugen. Parallel dazu liefen die Bemühungen, die Maschinen gegen Bedienungsfehler abzusichern, sie „narrensicher" zu machen. 1892 begann die Serienproduktion. Die Geduld der Gesellschafter wurde auf eine harte Probe gestellt, denn erst 1895 konnte die erste Dividende gezahlt werden; aber zu ihrer Freude setzte das Unternehmen, das bald als Burroughs Adding Machine Company firmierte, die Dividendenzahlungen mehr als neunzig Jahre lang ununterbrochen fort. Auch in Deutschland kam die Burroughs-Maschine recht früh zum Einsatz. Nachdem schon die bayerische und die württembergische Post damit arbeiteten, war 1898 bei der Reichspostverwaltung die für damalige Verhältnisse stattliche Zahl von 55 Geräten in Betrieb.[116]

MAYERS KONVERSATIONS-LEXIKON STELLT 1901 DIE VORZÜGE DER BURROUGHS-RECHENMASCHINEN DAR

Dazu kommt, dass Burroughs Maschine die einzelnen zu addierenden Zahlen auf einem endlosen Papierstreifen aufschreibt, der abgetrennt die sonst handschriftlich aufzustellenden Verzeichnisse ersetzt, was keine andre Maschine leistet. Erfahrungsmäßig kann ein eingeübter Beamter 1000 Postanweisungsbeträge in 1 – 1 ½ Stunde mit Burroughs Maschine auf dem Papierstreifen aufschreiben, während das Aufschreiben und Addieren ohne Maschine etwa 4 Stunden in Anspruch nimmt. Die Zeitersparnis ist so bedeutend, dass an Rechnungsstellen, wo früher 100 Beamte beschäftigt waren, deren nur 71 erforderlich sind. Selbstverständlich bietet die Maschine nur da Vorteil, wo täglich mindestens gegen 3000 Postanweisungsbeträge zu addieren sind.

o. Verf.: Rechenmaschinen, in: Meyers Konversations-Lexikon, 5. Aufl., 21. Band, Jahres-Supplement 1900–1901, Leipzig und Wien 1901, S. 641–644, hier S. 644

Bereits 1904 – sechs Jahre nach dem frühen Tod seines Gründers – wurde das Werk, das Platz zur Ausdehnung brauchte, nach Detroit verlegt. Bis 1907 konnten insgesamt 50 000 Maschinen weltweit verkauft werden, bis 1926 waren es bereits eine Million.[117]

Seit 1912 war im Produktionsprogramm eine Buchungsmaschine vertreten, die eine Verbindung von Addier-/Multipliziermaschine und Schreibmaschine darstellte. Diese als „Moon Hopkins" bezeichnete Maschine war bereits 1902 von Hubert Hopkins konstruiert worden und sollte bis in die 1950er Jahre sehr erfolgreich vertrieben werden.

1928 wurde in Berlin die Deutsche Burroughs Rechenmaschinen AG gegründet. Bis zur Mitte des 20. Jahrhunderts entwickelte sich Burroughs zur größten Büromaschinenfabrik der Welt und verfügte alleine in den USA über 572 Zweigwerke und Verkaufsniederlassungen.[118] Für die Jahre um 1970 wird die Jahresproduktion mit fast drei Millionen Stück angegeben. 15 Millionen Burroughs-Maschinen sollen in dieser Zeit im Einsatz gewesen sein.[119] Als Burroughs 1986 mit Sperry Rand zum neuen Unternehmen Unisys fusionierte, hatte es bereits die Umstellung zum Computerhersteller hinter sich.

Burroughs-Werbung 1924

Aus einer hölzernen Verkaufskiste für Nudeln, aus Fleischerhaken, Weinkorken und Gummibändern bastelte der junge amerikanische Mechaniker Dorr *E. Felt*[120] (1862–1930) im Jahre 1884 seine berühmte „Maccaroni-Box", die zum Prototyp für den „Comptometer" wurde. Das Ziel war eine Addiermaschine mit Volltastatur, mit der, soweit man einige Übung hatte, auch multipliziert und dividiert werden konnte. Nach zwei Jahren intensiver Entwicklungsarbeit stellte sich die Frage, wie die Vermarktung erfolgen sollte. Da Felt nicht die finanziellen Mittel hatte, um alleine die Fertigung durchzuführen, ging er mit dem Geschäftsmann Robert Tarrant eine geschäftliche Partnerschaft ein und sie gründeten in Chicago die Felt & Tarrant Manufacturing Company.

Die ersten acht funktionsfähigen Maschinen hatte Felt an Regierungsvertreter, Geschäftsleute und andere wichtige Persönlichkeiten gegeben, von denen er sich Referenzen erhoffte. Vor allem im Hinblick auf die amerikanische Volkszählung von 1890 konstruierte er eine ganz spezielle Rechenmaschine, die auf breiten Papierbögen Zahlen parallel in mehreren Kolonnen ausdrucken konnte. Zunächst scheiterten die Bemühungen, die Verantwortlichen der Regierung zum Einsatz seiner Erfindung zu bewegen, aber schließlich blieb der wirtschaftliche Erfolg doch nicht aus. 1911 konnte die Gesellschaft den Verkauf von über 35 000 Maschinen („Comptometer") bejubeln. Felt gilt als der erste Erfinder von Addiermaschinen, der durch seine Erfindung vermögend wurde.

Trotz eines ständigen und heftigen Konkurrenzkampfs mit Burroughs, der auch patentrechtliche Auseinandersetzungen einschloss, war Felt & Tarrant ein außergewöhnlich erfolgreiches Unternehmen. Das lässt sich auch damit erklären, dass die von den beiden Unternehmen vertriebenen Maschinen unterschiedliche Stärken und Schwächen hatten. Zwar galt der Comptometer von Felt lange Zeit als die schnellste

Addiermaschine der Welt, dafür hatte sie im Gegensatz zu den Burroughs-Maschinen lange Zeit keine Druckvorrichtung für die Ergebnisse. Aber auch bei der Burroughs gab es ein Manko: Das ausgedruckte Resultat konnte erst eingesehen werden, wenn man die durch den hohen Aufbau der Maschine verdeckte Antriebsrolle für das Papier zurückklappte.

Ein dritter Erfinder von Addiermaschinen hatte eine noch längere Zeit des Bangens und Hoffens zwischen Prototyp und verkaufsfähigem Modell zu überstehen als Burroughs und Felt. Es handelt sich um den Mechaniker *Hubert Hopkins*[121] (1859 - 1920), der eine Addiermaschine mit einer Tastatur baute, die nur zehn Tasten besaß. Diese waren horizontal in zwei Reihen angeordnet, einer Technik, die noch sehr lange beibehalten werden sollte. Erst 1914 wurde von *Oskar Sundstrand* die Zehnerblocktastatur mit den neun in drei Reihen angeordneten Ziffern von 1 bis 9 sowie der darunter liegenden Nullleiste entwickelt. Schon die von Hopkins verwendete Tastatur bot einige Vorteile: Das Gewicht der Maschine konnte reduziert werden und eine schnellere Zahleneingabe wurde möglich. Wie viele Erfinder hatte auch Hopkins nicht die finanziellen Voraussetzungen, um die Entwicklung seiner Maschine selbst voranzutreiben.

In *James L. Dalton* (1866–1925), dem Eigentümer einer florierenden Eisenwarenhandlung, fand er einen Geldgeber, der dem Projekt eine Zukunft zutraute. Daltons Zuversicht wurde auf eine harte Probe gestellt. Obwohl es 1903 zur Gründung eines Unternehmens kam, das später als Dalton Adding Machine Company firmierte, konnte erst 1904 das erste funktionierende Modell der Öffentlichkeit vorgestellt werden. Ende 1906 waren erst sechs Maschinen fertiggestellt, obwohl das Projekt bereits 250 000 Dollar gekostet hatte. Erst 1910 konnte die Maschine als technisch mangelfrei angesehen werden. Nun galt es, sich im Wettbewerb gegenüber der Konkurrenz der Volltastaturmaschinen einen Platz zu erkämpfen. Dalton übernahm sehr erfolgreich diese Aufgabe, indem er einen Vertreterstab heranbildete, der besonders dafür geschult war, die Maschinen bei Kunden im praktischen Einsatz vorzuführen. In einer Abhandlung über Addiermaschinen wird Dalton als „einer der fähigsten Addiermaschinen-Verkäufer (...), der je gelebt hat" bezeichnet.[122] Die von ihm gegründete Gesellschaft florierte und wurde in einer 1912 erschienenen Ranking-Liste mit „AAA" bewertet, womit Unternehmen mit einem Kapital zwischen 500 000 und einer Million Dollar klassifiziert wurden. 1927 fusionierte die Dalton-Gesellschaft zusammen mit einigen anderen Büromaschinenherstellern zur Remington Rand Inc.[123]

Beginnend mit dem Ersten Weltkrieg wurden auch in Deutschland in größerem Umfang Addiermaschinen gebaut. Bekannte Produktnamen waren Continental und Astra. Zu den erfolgreichsten Herstellern gehörten die Wanderer- und die Astra-Werke, GNC in Braunschweig sowie etwas später Rheinmetall und die Mauser-Werke.

Schon unmittelbar nach der Jahrhundertwende war nicht mehr zu übersehen, dass die Rechenmaschinen aus Europa und den USA einen beachtlichen Interessenten- und Abnehmerkreis gefunden hatten, auch wenn man die 1918 in einer pädagogischen Zeitschrift veröffentlichte Aussage anzweifeln mag: „Es gibt augenblicklich nur wenige technische, wissenschaftliche und kaufmännische Betriebe, die sich nicht ihrer [der Rechenmaschine] bedienen.“[124] Neben Leistungsfähigkeit und Qualität der Maschinen waren für diesen Erfolg auch andere Faktoren von Bedeutung. Dazu gehörten beispielsweise der Verkauf durch Reisende, die überall im Land die Maschinen vorführten, oder eine Einführung in die Bedienung einer Maschine durch besondere „Comptometer-Schulen“ (Felt & Tarrant). Andere Hersteller warben mit ihrem weltweiten Kundendienst (Remington-Rand). Viel hing von der gründlichen Schulung der Verkäufer und der Techniker ab.

Schulung von Burroughs-Verkäufern im Jahre 1914

In den Jahren 1900 bis 1929 wurde der Weltmarkt für Rechenmaschinen immer deutlicher von den USA und Deutschland beherrscht, wobei sich allerdings in Deutschland die Fertigung auf eine größere Anzahl von Unternehmen verteilte, die sich im Vergleich zu den wenigen und absatzstarken amerikanischen Herstellern wie Zwerge ausnahmen. Wie kam es aber zu dieser Dominanz der amerikanischen Büromaschinenhersteller, worin waren sie den europäischen Produzenten überlegen? Die Tüchtigkeit amerikanischer Erfinder und Unternehmer reicht als Begründung nicht aus, denn auch in Europa gab es vorausschauende und ideenreiche Konstrukteure und gestaltungskräftige und energische Unternehmer. Aber worin bestanden die für die USA günstigen Voraussetzungen?

Nach dem Ende des amerikanischen Bürgerkriegs (1865) nahm die Industrialisierung der USA einen stürmischen Verlauf. Zwischen 1870 und 1900 kam es nicht nur zu gewaltigen technischen Veränderungen, die zu neuen Produkten und leistungsfähigeren Produktionsverfahren führten; auch in der Art der Vermarktung gab es erhebliche Neuerungen. In vielen Bereichen führte der wirtschaftliche Boom jedoch zu Überproduktion und Absatzproblemen, die Firmenzusammenbrüche sowie eine wirtschaftliche Depression in den 1870er und erneut in den 1890er Jahren zur Folge hatten. Die Unternehmen reagierten darauf mit veränderter Produktgestaltung und intensiverer Werbung. Gleichzeitig versuchten sie aber auch, die Konkurrenzsituation durch Unternehmenszusammenschlüsse abzuschwächen. Auch nach Überwindung der Depressionsphasen hielt diese Fusionstendenz nicht nur an, sie kam sogar erst richtig in Schwung und führte zu Unternehmensgrößen, die bisher in diesem Ausmaß unbekannt waren. Solche Großunternehmen mit Tausenden von Beschäftigten und gewaltigem Kapitaleinsatz ließen sich lediglich durch Massenproduktion auslasten. Sie konnten aber nur effizient arbeiten, wenn Leitung und Kontrolle funktionierten, wenn eine entwickelte Produktionssteuerung, eine aussagefähige Kostenrechnung, geeignete Systeme zum Leistungsanreiz für die Mitarbeiter und ein transparentes Berichtswesen zur Verfügung standen. Es galt, einen ungehinderten Fluss von Material und Informationen zu gewährleisten. Das letztlich maßgebliche Ziel war dabei der Erhalt des eingesetzten Kapitals und möglichst seine Vermehrung durch Gewinn.

In der Wachstumsphase gab es trotz eines anschwellenden Stroms von Einwanderern einen Mangel an Arbeitskräften, der zur Rationalisierung zwang. Dies galt nicht nur für den Fertigungsbereich. Besonders im Verwaltungsbereich fehlten Mitarbeiter, die imstande waren, die Aufgaben des radikal erneuerten Rechnungswesens zu übernehmen. Und so suchte man auch im Büro nach Möglichkeiten, Abläufe zu beschleunigen und aus der Datenflut die wichtigen Informationen herauszufiltern. Damit schlug die Stunde der Büromaschinen, vor allem der Schreibmaschinen, Rechenmaschinen sowie der Buchungs- und Fakturiermaschinen. Bei den enormen Absatzzahlen für diese Armeen von Rechenknechten war nicht nur eine kostengünstige Produktion möglich, auch auf Qualität und Weiterentwicklung konnte Wert gelegt werden.

Mehr als Rechnen: Registrierkassen und Buchungsmaschinen

In den 70er und 80er Jahren des 19. Jahrhunderts florierte die Wirtschaft in vielen Industriestaaten. Mehr Einzelhandelsgeschäfte und damit mehr Verkaufspersonal waren erforderlich, um die Waren zum Kunden zu bringen. Vielerorts litt der Handel an einem Mangel an geschulten Verkäufern, der damals nur durch die Arbeitsmarktreserve der Frauen gedeckt werden konnte. Nicht selten zweifelten die Kaufleute daran, dass das nur angelernte und schlecht bezahlte Verkaufspersonal mit Waren und Geld ehrlich umging. Die Geschäftsinhaber suchten deshalb nach Möglichkeiten der Kontrolle. Sie wollten sicherstellen, dass der abgerechnete Tagesumsatz auch der verkauften Warenmenge entsprach. Es kann nicht verwundern, dass sich vor allem in den innovationsfreudigen USA eine Reihe von Erfindern um eine Lösung bemühte. Dem Amerikaner *James R. Ritty* (1836 –1918), Inhaber einer Gaststätte in Dayton, gelang 1879 die Erfindung eines „automatischen Kontrolleurs", der Registrierkasse. Zunächst stieß sie überwiegend auf Ablehnung; in erster Linie bei den Verkäuferinnen und Verkäufern, die in der Maschine einen Auswuchs des Misstrauens sahen. Aber auch bei jenen Kaufleuten, die mit ihren Mitarbeitern gute Erfahrungen gemacht hatten und das Vertrauensverhältnis nicht gefährden wollten. Für die Verwertung des Patents wurde ein Unternehmen gegründet, das ab 1884 als National Cash Register Company (NCR) firmierte. Zunächst hatte es eine schwierige Startphase zu überstehen, aber allmählich stellten sich sowohl in Nordamerika als auch beim Export große Verkaufserfolge ein.

Registrierkasse im Jahr 1932 im Berliner Kaufhaus KaDeWe

Wegen des eklatanten Personalmangels kamen Maschinen auf den Markt, die nicht nur rechnen, sondern, da sie über mehrere Speicherwerke verfügten, die Beträge und Buchungstexte auch spalten- und zeilengerecht auf Papier schreiben konnten. Dazu gehörten Fakturiermaschinen, mit denen Rechnungen erstellt wurden, und Buchungsmaschinen, die in der Lage waren, mehrere buchhalterische Grundfunktionen (Fixieren von Daten, Klassifizieren, Summieren und Saldieren) in integrierten Abläufen miteinander zu verknüpfen, sie somit zu beschleunigen und die Aussagefähigkeit des Rechnungswesens zu erhöhen. Mit diesen spezialisierten Maschinen hielt in den 1920er Jahren auch in Deutschland die Automation ihren Einzug ins Büro.

Eine Untersuchung der Zusammenhänge zwischen Technisierungsgrad und Arbeitsdauer brachte beeindruckende Ergebnisse. Danach ergab sich bei einer Erstbearbeitung von tausend Sachversicherungspolicen mit Buchungsmaschinen gegenüber der handschriftlichen Erledigung eine Zeitersparnis von 40 Prozent.[125]

Die mechanischen Superrechenmaschinen und ihr plötzliches Ende

Nach dem zweiten Weltkrieg waren Rechenmaschinen von Remington und Olivetti Vorbild für die Entwicklung einer Vielzahl konkurrierender Maschinen, die in dem Jahrzehnt von 1960 bis 1970 hinsichtlich Funktionsvielfalt, Zuverlässigkeit, Bedienerfreundlichkeit und Rechengeschwindigkeit, die höchste Entwicklungsstufe erreichten. Neben den Tischrechenmaschinen war eine mechanische Taschenrechenmaschine auf dem Markt außergewöhnlich erfolgreich: die „Curta“ des Wiener Erfinders Curt Herzstark. Wegen seiner jüdischen Abstammung musste der Sohn eines Wiener Rechenmaschinenfabrikanten in den beiden letzten Jahren des 2. Weltkriegs Zwangsarbeit in einem Außenbetrieb des Konzentrationslagers Buchenwald leisten. Dort war er für die Reparatur und Wartung beschlagnahmter Büromaschinen zuständig. Nach Arbeitsschluss konzipierte er technische Details einer Kleinrechenmaschine. Als 1945 das Lager von den Amerikanern befreit wurde, baute Herzstark beim Thüringer Rechenmaschinenhersteller Rheinmetall drei

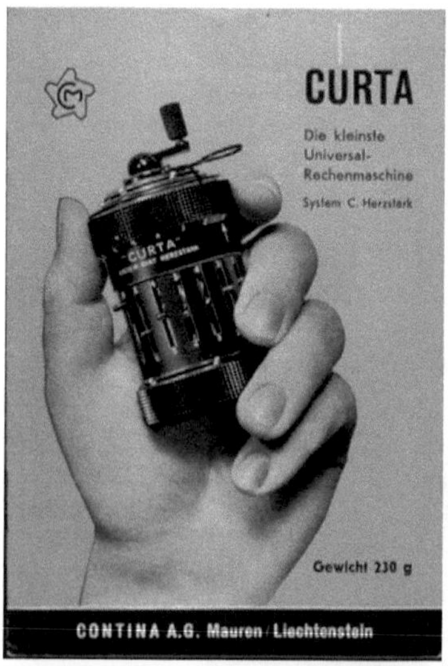

Bedienungsanleitung aus den 1960er Jahren für die Curta-Rechenmaschine

Prototypen. 1946 lösten jedoch die Russen als Besatzungsmacht die Amerikaner ab und Herzstark entschloss sich zur Flucht nach Wien. Dort erreichte ihn das Angebot der Regierung Liechtensteins, in dem Fürstentum seine Kleinrechenmaschine zu bauen.

Die runde Minimaschine, die an eine kleine Pfeffermühle erinnert, hat als Typ I einen Durchmesser von 5,3 cm und eine Höhe von 8,5 cm und kommt ohne jegliche elektrische Komponente aus. Sie gilt als Höhepunkt in der Entwicklung der mechanischen Vierspeziesrechenmaschinen, war sie doch kleiner, leichter, schneller, leiser und billiger als alle ihre Vorgängerinnen. Von dieser bis heute bei Sammlern begehrten „rechnenden Pfeffermühle" wurden von 1948 bis 1972 mehr als 140 000 Exemplare gebaut.[126]

Nach diesem letzten Triumph der mechanischen Rechenmaschinen folgte ein rascher Niedergang, ausgelöst durch die überlegenen elektronischen Rechengeräte. Technisch gesehen handelt es sich dabei nicht um eine Weiterentwicklung der mechanischen Rechenmaschinen, sondern um ein Produkt der sich ausbreitenden elektronischen Computertechnik. Die neuen Rechengeräte verfügten über einige faszinierende Eigenschaften. Wenn man auf den Ausdruck von Eingabewerten und Ergebnissen verzichtete, waren jetzt kein Motor und – außer den Tasten der Volltastatur – keine beweglichen Teile mehr erforderlich und so konnte man damit fast geräuschlos arbeiten. Ende 1961 kam als erster Tischrechner dieser Art die von Norman Kitz entwickelte „Anita" der englischen Bell Punch Company auf den Markt. Indem die Grundprinzipien des riesigen ENIAC, des ersten elektronischen amerikanischen Computers, auf den vergleichsweise winzigen Tischrechner übertragen wurden, begann ein völlig neues Kapitel der Rechnergeschichte. Die „Anita" war mit 144 Elektronenröhren ausgestattet, wog 15 kg und kostete mit 4.200 DM ebenso viel wie ein VW-Käfer. Schon zwei Jahre später gab es mit der „IME" aus Italien den ersten Tischrechner mit Transistoren. Diese Technologie war noch leistungsfähiger und weniger fehleranfällig als die mit Röhren ausgestatteten Geräte; außerdem gab es beträchtliche Preisvorteile. Das Paderborner Nixdorf-Museum verdeutlicht in einer eigenen Ausstellungsabteilung den durch elektronische Tisch- und Taschenrechner ausgelösten kommerziellen Siegeszug, der bis heute andauert und die Mikroelektronik zur Massenware machte.[127]

Japan hatte bisher im Schatten der technischen Entwicklung gestanden. Aber nachdem 1953 das japanische Unternehmen Sony von der amerikanischen Gesellschaft Western Electric für bescheidene 25.000 Dollar die Lizenzrechte für die Herstellung von Transistoren erworben hatte, war die Keimzelle für eine ab den 1970er Jahren in Japan gewaltig expandierende elektronische Industrie gelegt.[128] In rascher Folge kamen nun neue Geräte aus Amerika und Japan auf den Markt. 1970 waren von den japanischen Unternehmen Sanyo, Canon und Sharp nahezu zeitgleich die ersten batteriebetriebenen Taschenrechner erhältlich, allerdings für den stattlichen Preis von etwa 400 Dollar. Zwar waren diese Geräte zu groß, um wirklich in die Tasche eines Jackets oder in eine Hosentasche zu passen, aber trotzdem waren sie mit Abstand kleiner als alles, was man bisher gesehen hatte. Bald folgten „wissenschaftliche“ Taschenrechner von Hewlett Packard und Texas Instruments, die auf der Wunschliste vor allem junger Menschen weit nach oben rückten. Sie kosteten zunächst ebenfalls knapp 400 $.

Für die bisher gebräuchlichen Rechenmaschinen gab es keine Überlebenschance, obwohl es sich um äußerst leistungsfähige und ausgereifte Geräte handelte. Auch die handliche und leistungsstarke Curta wurde aus dem Markt gedrängt, als der Preis für die elektronischen Taschenrechner die Schwelle von 100 $ unterschritt. 1978 kosteten derartige Geräte bereits weniger als 10 $. Damit wurden die Taschenrechner zu billigen Massengütern, die sich jedermann leisten konnte.

Ein Vergleich der billigen elektronischen Taschenrechner aus dem Supermarkt mit ihren Vorgängern lässt Zweifel aufkommen, ob man diese Winzlinge überhaupt noch der Kategorie Rechenmaschine zuordnen kann. Sie hatten bald nur noch den Umriss einer Zigarettenschachtel und die Dicke eines Bierdeckels. Nicht nur der Größenunterschied beeindruckte: Bei den Rechenmaschinen handelte es sich bis in die Mitte des 20. Jahrhunderts um Hebel- und Getriebewerke aus Blech und Stahl, deren mechanischer Charakter sich durch ein mehr oder weniger deutlich hörbares Rattern bei jeder Rechenoperation vernehmen ließ. Die nachfolgenden Rechengeräte blieben lautlos und man mag sich fragen, ob ein technisches Gebilde ohne Zahnräder und Übersetzungen noch als Maschine gelten kann.

Die Frage lässt sich auch anders stellen: Gibt es einen Sinn, ein Gerät der 1960er Jahre, auf dem man beispielsweise 215 x 8 ausrechnet, als Maschine zu bezeichnen und einen modernen Taschenrechner, mit dem man dieselbe Aufgabe löst, davon abzugrenzen? Tatsächlich hat der Maschinenbegriff eine erhebliche Erweiterung erfahren: Eine Maschine ist jetzt nicht mehr an eine bestimmte materielle Form gebunden und es spielt keine Rolle mehr, ob sie mechanisch oder elektronisch realisiert ist. Dieser Wandel zeigt sich in jüngster Zeit deutlich bei dem Begriff der „Suchmaschine“ im Internet, der ein besonderes Suchprogramm meint, das schließlich – außer der ohnehin vorhandenen Computerhardware – keine körperlichen Komponenten mehr umfasst. Entscheidend ist also nicht mehr die Materie, aus der ein Maschinenobjekt besteht, sondern seine Funktion. Somit ist es gerechtfertigt, „jedes Gerät, jede Vorrichtung, jedes materielle System, das einen bestimmten Input (...) zu einem bestimmten Output (...) verarbeitet,“[129] als Maschine zu bezeichnen.

Mit der ständigen Verbilligung der elektronischen Mikroprozessoren standen nun Rechengeräte nicht mehr nur den Beschäftigten am Arbeitsplatz zur Verfügung, sondern für die meisten auch zu Hause, in der Schule und in der Freizeit. Die vorhandenen mechanischen Rechenknechte hatten nun in großer Zahl ebenso einsatzfreudige elektronische Nachfolger bekommen. Und zugleich wurden die Taschenrechner zu Vorboten einer modernen elektronischen Welt.

Neue Rechenverfahren und die Berufswelt

Nachdem im 17. und 18. Jahrhundert nur wenige Menschen als Gelegenheitsnutzer mit den Rechenmaschinen in Berührung kamen, lassen sich für diese Zeit keine nennenswerten sozialen Auswirkungen feststellen. Und wie verhielt es sich, als die Maschinen in wachsenden Stückzahlen produziert wurden? Beeinflusste die Rechenmaschine jetzt die Arbeit in den Verwaltungsstuben und Büros? Was bewirkten die zunächst vermehrt und dann im 20. Jahrhundert massenhaft auftretenden metallenen „Rechenknechte" im Beruf und im privaten Alltag? Diese Fragen zu beantworten scheint schwierig zu sein, weil ab dem Ende des 19. Jahrhunderts die „kleine Rechenmaschine" Konkurrenz bekam durch den neuen Typ der „großen Rechenmaschine", d. h. durch die Lochkartenmaschine und später den programmierbaren elektronischen Computer. Lassen sich jetzt Wirkung und Verursachung noch zuverlässig einander zuordnen? Bei genauerer Betrachtung zeigt es sich jedoch, dass die Rechenmaschine an den Orten, wo sie eingesetzt wurde, die längste Zeit im 19. Jahrhundert nur nichtmaschinelle Konkurrenten hatte – neben dem schriftlichen Rechnen nämlich lediglich Tabellen und Logarithmen. Verglichen mit der Verbreitung der Rechenmaschinen war zudem bis zum 2. Weltkrieg der Lochkarteneinsatz deutlich geringer und – wie noch später dargestellt wird – auf bestimmte Anwendungen konzentriert.

Zu den Einsatzgebieten von Tischrechnern, bei denen die historische Quellenlage besonders ergiebig ist, gehört die Landvermessung (Geodäsie). 1912 wurde eine Dissertation veröffentlicht, die sich vermutlich als erste in Deutschland mit dem Einsatz von Rechenmaschinen bei wissenschaftlichen Berechnungen befasste. Thema ist die Bahnbestimmung von Planeten. Der Verfasser stellte fest, dass die neue Rechentechnik bislang nur in der Geodäsie besondere Beachtung gefunden hatte, nicht jedoch in einem so rechenintensiven Bereich wie der theoretischen Astronomie.[130] Schon 1898 hatte der Potsdamer Sossna in der „Zeitschrift für Vermessungswesen" über seine fünfjährige Praxiserfahrung mit der Burkhardt-Rechenmaschine geschrieben: „Die Maschine ist (...) trotz ihrer Verbesserungsbedürftigkeit für die Erledigung der Rechenarbeit schon in ihrem jetzigen Zustande nicht nur das schnellste und bequemste Hilfsmittel, sondern man vermag mit deren Hilfe auch die Schreibarbeit und den Papierverbrauch, ohne unübersichtlich zu werden, auf ein Minimum einzuschränken."[131] Auch der Geodäsie-Professor Wilhelm Jordan befürwortete im selben Jahr die Rechenmaschine. Er empfiehlt, wichtige Berechnungen doppelt durchzuführen, einmal wie gewohnt mit Logarithmen und das zweite Mal mit der Rechenmaschine. Bisher war es üblich gewesen, zur Absicherung der Ergebnisse die logarithmische Berechnung zweimal auszuführen. Das Kombinieren von altem und neuem Verfahren bedeutete einen spürbaren Zeit- und Kostenvorteil.[132]

Fünfzehn Jahre später scheinen die Rechenmaschinen bei den Landvermessern deutlich weiter an Bedeutung gewonnen zu haben. Der Basler Grundbuchgeometer

E. Reich schreibt: „Das Rechnen mit Tafeln, insbesondere Logarithmentafeln, kann der weniger Gebildete schon nicht mehr so ohne weiteres erlernen oder gar verstehen. Es gehört meines Erachtens eine höhere Erkenntnis und große Übung dazu, um eine Sicherheit zu erlangen, die der maschinellen nur annähernd gleich kommt." Durch die Weiterentwicklung der Rechenmaschinen waren jetzt auch Berechnungen üblich geworden, die laut Reich zuvor als „unausführbar, namentlich als nicht ökonomisch" galten.[133] Schließlich wurde im Laufe des 20. Jahrhunderts das Rechnen mit Logarithmen völlig durch das Maschinenrechnen verdrängt.

Auch in anderen wissenschaftlichen Bereichen, dabei vor allem in der Astronomie, der Statistik und im Ingenieurswesen kamen allmählich Rechenmaschinen zum Einsatz. An der Wende vom 19. zum 20. Jahrhundert beobachtete der Stuttgarter Mathematiker Mehmke, wie die Existenz der Rechenmaschinen einen bestimmenden Einfluss darauf hatte, wie manche Formeln und Berechnungsweisen gestaltet wurden.[134] Für Anwendungen, bei denen hauptsächlich Multiplikationen erforderlich waren, eignete sich besonders die von den Schweizern *Egli* und *Steiger* entwickelte Rechenmaschine „Millionär". Bei dieser Rechenoperation war der von 1896 bis 1935 produzierte Direktmultiplizierer dank eines speziellen Einmaleinskörpers lange Zeit unschlagbar schnell. Wegen des hohen Preises und des enormen Gewichts konnten in all den Jahren allerdings nur etwa 4 500 Maschinen verkauft werden.

Rechenmaschinen waren zunächst so teuer, dass viele Betriebe davon nur wenige anschafften. Trotzdem entstand um die knappen Geräte herum kein spezieller Beruf eines „Maschinenrechners". Überhaupt war es eher die Ausnahme, dass Angestellte nur mit Rechenvorgängen beschäftigt waren (z. B. für das Erstellen von Logarithmentafeln, Versicherungs- und technische Tabellen sowie für Arbeiten in statistischen Büros). Üblicherweise war die Rechenmaschine ein wichtiges Hilfsmittel, das die Angestellten je nach Bedarf wechselseitig nutzten.

Das gültige Leitbild war weiterhin der umfassend ausgebildete Angestellte, der auch imstande sein sollte, die Rechenmaschine zu bedienen. Die erhofften Vorteile des Maschineneinsatzes ließen nicht lange auf sich warten: Zeitersparnis und größere Rechensicherheit. Aber es ließen sich auch noch andere Auswirkungen beobachten. So war es für die Angestellten sinnvoll, den Weg zur Rechenmaschine nicht für jeden einzelnen Rechenvorgang anzutreten, sondern mehrere Vorgänge zu sammeln und diese dann als Sequenz an der Maschine abzuarbeiten. Zweckmäßigerweise entwickelte man zur Zwischenspeicherung der Vorgänge übersichtliche Formulare, in welche die Zahlen bis zur Weiterverarbeitung an der Rechenmaschine eingetragen wurden.

Während also in deutschen Unternehmen für mehrere Angestellte oft nur eine Rechenmaschine zur Verfügung stand, gab es in den USA Behörden sowie große Gesellschaften mit Abteilungen, bei denen alle Arbeitsplätze mit Rechenmaschinen ausgestattet waren und Berechnungen die Hauptaufgabe darstellten.

Gravierender als die Einführung von Rechenmaschinen wirkte sich die Verbreitung der Buchungsmaschinen aus. Es kam in der Buchhaltung zu erheblichen Änderungen von Verfahren und Inhalten. An die Stelle der bisher gebräuchlichen fest gebundenen und handschriftlich geführten Buchhaltungsbücher (Journal, Hauptbuch, Bilanzbuch usw.) trat jetzt ein System maschinell bedruckter Lose-Blatt-Konten, wobei durch ein Durchschreibeverfahren mittels Kohlepapier Arbeitsschritte eingespart und Fehlerquellen vermindert wurden. Um dieses Verfahren zu legitimieren, war es in manchen Ländern, darunter auch in Deutschland, erforderlich, gesetzliche Vorschriften zu ändern. Die Buchungsmaschinen hatten ihre fixierte und weitgehend starre Verarbeitungsweise, die häufig eine Änderung von Arbeitsabläufen erforderlich machte. In der Büromaschinenindustrie galt es als ausgemacht, dass „ein Buchungsmaschinen-Verkäufer nicht die Maschine, sondern die Organisation verkaufen muss."[135] Damit setzte eine Entwicklung ein, bei der die Maschine nicht nur die Arbeitsinhalte vorgab, sondern auch auf den Arbeitsrhythmus einwirkte.

AUS EINER FACHZEITSCHRIFT DER 1920er JAHRE

Eine Leistung von 1000 Verbuchungen im Tag einschließlich ausführlichem Text, Niederschrift der Zahlen, Bilden und Niederschrift des Saldos ist z. B. mit Hilfe einer Ellismaschine eine Durchschnittsleistung. – Es ist selbstverständlich, dass die Aufmerksamkeit des Buchhalters bei diesem Tempo in ganz anderer Weise in Anspruch genommen ist, als bei jeder handschriftlichen Buchführung, bei der während des Niederschreibens Zeit zum Überlegen gegeben ist. Hier bestimmt der Mensch, dort die Maschine das Tempo der Arbeit und ein Buchhalter, der Zeit für die Überlegung etwa braucht, ob ein Vorgang zu belasten oder zu erkennen ist, wäre an einer Buchhaltungsmaschine unmöglich.

o. Verf.: Die soziale Bedeutung der Buchhaltungsmaschinen, in: Mahn- und Buchhaltungspraxis, 10. Heft, Januar 1927, S. 450–457, hier S. 453 f.

Der Rationalisierungseffekt blieb nicht aus. Er schlug sich in Entlassungen nieder und trug vor allem in den 1930er Jahren dazu bei, das Heer der Massenarbeitslosen weiter anwachsen zu lassen.

Während vor der Einführung der Buchungsmaschine der Buchhalter als rechte Hand des Unternehmers eine besondere Vertrauensposition innehatte, erfuhr der Beruf nun in Gestalt des Maschinenbuchhalters oder – bald häufiger – der Maschinenbuchhalterin hinsichtlich Aufgabenvielfalt, Qualifikation und sozialem Ansehen zunächst eine deutliche Abwertung.

SCHILDERUNG DER ARBEITSBEDINGUNGEN IN DER DEPOTBUCHHALTUNG EINER SCHWEIZERISCHEN GROSSBANK ENDE DER 1920ER JAHRE

Im Hauptsaal dieser Abteilung, wo damals ungefähr 80 Angestellte arbeiteten, war ich während einem halben Tag beschäftigt. Mein erster Eindruck hier mag etwa gewesen sein: »Wie kann man da nur arbeiten, das ist ja ein Getöse wie in einem Fabriksaal!« Elliot-Fischer-Maschinen, deren Wagen hin und her rasseln, Telephone, Schreibmaschinen, schnatternde Stempel, zwischen alldem hastende und arbeitende Menschen. Man kann also auch auf Lärm trainiert werden und scheint dahin zu kommen, dass jeder sich intensiv mit seiner speziellen Arbeit abgibt und das Getöse des Saales gleichsam über sich hinweggehen lässt. Neben mir saß eine Angestellte, die schon seit sechs Jahren für Titelsendungen die Begleitformulare auszustellen hat. Andere Mädchen in derselben Abteilung haben Korrespondenzarbeiten zu erledigen. Die großen Rechen- und Buchhaltungsmaschinen werden alle von Herren bedient. In der Börse wurde damals gerade eine Moon-Hopkins-Maschine, für elektrischen Antrieb, angeschafft. Alle sperrten sich dagegen, fanden, sie wäre für ihre Arbeit nicht geeignet. Jetzt wird die Moon-Hopkins täglich für die Börsenabrechnungen benützt. Sie ist Arbeitsgut wie die Schreibmaschinen, an die man sich schon lange gewöhnt hat.

Maria Hohl: Als Ehemalige in der Grossbank, in: Schule und Leben. Zeitschrift des Vereins Ehemaliger Handelsschülerinnen Zürich, XXI. Jahrg., Juli 1931, S. 125–129 sowie S. 146–150, hier S. 128

PERSONALAUSWAHL FÜR DIE BUCHHALTUNG (1955)

»Wenn wir Personal einstellen«, erklärte der Chef der Buchhaltung einer großen Firma, »dann bevorzugen wir Mädchen im Alter von mindestens siebzehn Jahren, die wenigstens zwei Jahre die Mittelschule besucht oder eine entsprechende andere Ausbildung haben und die einen guten Allgemeineindruck machen. Wir bevorzugen Mädchen ohne irgendwelche Erfahrung, für die die Stellung einen finanziellen Anreiz bietet. Wir haben herausgefunden, dass sie die besten Arbeitskräfte sind und am wenigsten nachlassen. Wir suchen uns deshalb diejenigen Bewerberinnen heraus, die auf ihren Arbeitsverdienst ganz oder wenigstens teilweise angewiesen sind ... «

C: Wright Mills: Menschen im Büro, Köln-Deutz 1955, S. 286

Auch das Aussehen der Büroräume änderte sich nun. Wo früher das Stehpult, geeignet für den Umgang mit schweren Büchern, dominierte, setzten jetzt flache Tische, Stahlbehälter und Aktenschränke für den Umgang mit Loseblattsystemen sowie überlegt gestaltete Beleuchtungsinstallationen neue Akzente. Aber nicht nur das Auge, auch das Ohr konnte Änderungen wahrnehmen: Während bislang im Kontor himmlische Ruhe herrschte, verursachten jetzt die Schreib-, Rechen- und Buchungsmaschinen, die Telefon- und Adressierapparate eine Geräuschkulisse, die Hektik signalisierte und nicht selten als belastend empfunden wurde. Ein Blick in die Büros zeigte auch, dass im späten 19. und im 20. Jahrhundert, beginnend in den USA, der Anteil der Frauen stark zugenommen hatte und den der Männer zuweilen überstieg. Vor allem die spezialisierte Beschäftigung von Frauen als Bedienerinnen von Schreibmaschinen, aber auch als Maschinenbuchhalterinnen hatte zu dieser Entwicklung geführt.

Die Schulen und das Maschinenrechnen

Jemand, der in einem kaufmännischen oder technischen Beruf das schriftliche Rechnen beherrschte, war nicht ohne weiteres im Stande, eine Rechenmaschine rationell einzusetzen. Denn hier ging es nicht nur um die Fähigkeit der reinen Bedienung – die war mit der mitgelieferten Anleitung noch einigermaßen schnell zu erlernen –, sondern mehr noch um spezielle Verfahren, mit denen der Rechenaufwand vermindert und die Rechenzeit verkürzt werden konnte. Wie bereits gezeigt wurde, übernahmen sowohl in Amerika als auch in Deutschland häufig die Hersteller die Schulung ihrer Kunden. Aber wie stellten sich die Schulen und Universitäten zu dieser neuen Aufgabe, die ihnen natürlicherweise hätte zuwachsen können?

Bei den Vorlesungen, die Professor *Felix Christian Klein* (1849–1925) – einer der bedeutendsten Mathematiker seiner Zeit – im Wintersemester 1907/08 vor Göttinger Mathematikstudenten für das Lehramt an höheren Schulen hielt, behandelte er das Rechnen mit ganzen Zahlen ausschließlich im thematischen Zusammenhang mit der Rechenmaschine. Er wies seine Studenten darauf hin, dass man Rechenmaschinen „heute in jedem größeren Bankhause oder Bureau in Anwendung“ finde und sie „also für die Praxis in der Tat von größter Bedeutung“ seien.[136] Beim Vergleich mit anderen Quellen[137] mag man bezweifeln, ob diese Aussage des Professors in jener Zeit bereits der betrieblichen Realität entsprach. Nicht zuletzt die Studenten Kleins müssen es bedauert haben, dass die Universität Göttingen zu jener Zeit in ihrer mathematischen Sammlung nur über eine einzige Brunsviga-Maschine verfügte, sodass der Aufforderung des Professors, im Anschluss an die Vorlesung eigene praktische Erfahrungen damit zu gewinnen, der Einzelne nur allmählich Folge leisten konnte. Professor Klein bemühte sich jedoch, durch eine ausführliche theoretische Erläuterung von Funktionsweise und Bedienung für die praktische Arbeit günstige Grundlagen zu schaffen.[138] Seine vielfältigen Ambitionen für eine Integration von reiner Wissenschaft und ihren Anwendungen sowie seine weitreichenden Bemühungen für die Ausbildung von Mathematiklehrern galten in seiner Zeit als außergewöhnlich fortschrittlich. Doch seine Forderungen, die im Hinblick auf die Rechenmaschine aus heutiger Sicht bescheiden anmuten, sollten noch lange Zeit ungehört verhallen: „Vor allem sollte sie [die Rechenmaschine] natürlich jeder Lehrer der Mathematik genau kennen, und es müsste sich gewiss auch ermöglichen lassen, dass jedem Primaner unserer höheren Lehranstalten einmal eine solche Rechenmaschine vorgeführt wird."[139]

Zwischen Professor Klein und dem Pädagogen und Mathematiker *Walter Lietzmann* (1880–1959) gab es mehrere Jahre der Zusammenarbeit. Lietzmann leitete nach dem 1. Weltkrieg 27 Jahre lang eine Göttinger höhere Schule und galt in Deutschland als mathematik-didaktische Autorität. 1919 ging er von einer künftig noch wachsenden Verbreitung der Rechenmaschine als auch der Schreibmaschine aus. Er zweifelte aber daran, dass im Schuletat die für die Beschaffung einer Rechenmaschine erforderlichen Mittel zur Verfügung gestellt werden können. Stattdessen empfahl er, nach „gütigen Stiftern" Ausschau zu halten.[140]

Auch in den 1920er Jahren gab es entsprechende Bemühungen. Aber es gelang kaum, die finanziellen Hürden zu nehmen. 1921 berichtete die Brunsviga-Kundenzeitschrift von dem Bedauern der Besucher eines Mathematikerkongresses, „dass die Universitäten und Schulen für solche fachwichtigen Lehrmittel nicht die erforderlichen Barmittel zur Verfügung haben."[141] Und in einem Zeitschriftenbeitrag stellte ein Mathematiklehrer fest: „Leider können wir nicht jeden Schüler mit einer Rechenmaschine ausstatten, kostet doch eine gebrauchte Brunsviga-Maschine ohne Zehnerübertrag im Umdrehungszählwerk noch 125 RM." Um den Schülern „einen kleinen Hauch der Annehmlichkeit des maschinellen Rechnens" verspüren zu lassen, empfahl er, aus einem Holzrahmen, Messingstäben und Kugeln eine „chinesische Rechenmaschine" zu bauen. Mit Hilfe des Suanpan – der chinesischen Form des Abakus – hoffte dieser phantasievolle Mathematiklehrer, wenigstens andeutungsweise eine Rechenmaschine des 20. Jahrhunderts zu simulieren.[142]

In der 1930 erschienen „Didaktik des mathematischen Unterrichts" von *Albert Rohrberg* findet sich der Satz: „Selbstverständlich gehört in jede Schule heute eine Rechenmaschine, denn es ist unmöglich, nur durch Beschreiben oder durch Zeichnungen den Schülern die Wirkungsweise der Maschine klarzumachen."[143] Aber auch hier handelte es sich offenbar eher um eine Forderung als um die Beschreibung der Realität. Dennoch gab es für ein 1931 erschienenes Lehrbuch für Maschinenrechnen offenbar bereits einen Bedarf.[144]

Angesichts der wachsenden Verbreitung der Rechenmaschine in den Büros kann es nicht verwundern, wenn sich die kaufmännischen Schulen um eine Ausstattung mit solchen Geräten bemühten. Sogar ein zusätzliches Fach „Maschinenrechnen" an Handels und Berufsschulen wurde gefordert sowie für höchstens zwei Schüler eine Maschine.[145] Aber für eine Umsetzung fehlte es am Geld zur Beschaffung und an entsprechend ausgebildeten Lehrern.

Auch nach dem Zweiten Weltkrieg waren Rechenmaschinen für viele Jahre in den Klassenzimmern nur selten anzutreffen. In den 1960er Jahren wird von Unterrichtsversuchen mit dem Maschinenrechnen besonders in Deutschland, der Schweiz,

Österreich und England berichtet. So hatten die 30 Schüler einer Anfangsklasse eines Krefelder Gymnasiums für die Behandlung der vier Grundrechenarten mit ganzen Zahlen 15 Curta-Rechenmaschinen zur Verfügung.[146] Aber die Entwicklung kam nicht recht voran. Nicht zuletzt deshalb, weil ein anderes Rechengerät bis zum Ende der 1970er Jahre den Unterricht beherrschte: der Rechenstab oder Rechenschieber.

Klaus Wigand, der als junger Mann selbst Rechenmaschinen konstruiert hatte, wagte 1961 die Prognose, die Beschaffung eines Satzes von 30 bis 40 Maschinen sei für eine Schule in zwanzig Jahren denkbar, wenn nämlich deren Preis infolge einer Massenproduktion auf den Preis guter Armbanduhren, wie sie Schüler tragen, gesunken sei.[147] Er sollte grundsätzlich Recht behalten; allerdings waren es nicht mechanische, sondern elektronische Rechengeräte, mit denen seine Vision in Erfüllung ging - und es dauerte weniger als 20 Jahre.

Mordmotiv: Addiermaschine

Fortschritt besteht nicht darin, dass wir in einer bestimmten Richtung unendlich weiterlaufen, sondern dass wir einen Platz finden, auf dem wir wieder eine Zeitlang stehenbleiben können.
Gilbert Keith Chesterton

Der Buchhalter Mister Zero hat es trotz lebenslang gewissenhafter Pflichterfüllung in einem Warenhauskonzern zu nichts gebracht. Am Tag seines 25jährigen Jubiläums allerdings rechnet er damit, durch eine Gehaltserhöhung und eine Versetzung in die Direktionsabteilung die längst fällige Anerkennung für seine Arbeit zu finden. Stattdessen teilt ihm jedoch der Direktor mit, dass er ihn leider entlassen müsse, obgleich er mit seiner Arbeit zufrieden sei. Der Grund: Rationalisierungsfachleute des Unternehmens hatten für die Buchhaltung die Anschaffung von Addiermaschinen als günstigere Alternative zur menschlichen Arbeitskraft empfohlen. Der immer übersehene kleine Mann gerät außer sich und bringt seinen Chef um. Er wird verhaftet, zum Tode verurteilt und hingerichtet.

Damit endet ein erster Teil des expressionistischen Theaterstücks „The Adding Machine" des amerikanischen Autors *Elmer Rice* (1892 – 1967). Es wurde 1923 geschrieben und entwirft eine Vorausschau auf eine erwartete mechanisierte, inhumane Gesellschaft, in der die kleinen Leute nur Rädchen im Getriebe sind und – wie im Stück – anstatt Namen nur Nummern tragen. Kurt Tucholsky, der das Stück 1927 bei der Aufführung einer Pariser Studiobühne kennengelernt hatte, war davon sehr beeindruckt – wie seine unter dem Pseudonym Peter Panter in der Vossischen Zeitung erschienene Theaterkritik belegt.[148]

SZENE AUS DEM SCHAUSPIEL „DIE ADDIERMASCHINE" VON ELMAR RICE

Die Szene spielt im Jenseits. Dort erfährt der verstorbene Zero, dass er auf die Erde zurückkehren und dort mit einer Addiermaschine umgehen müsse.

Zero (eifrig). *Was werde ich zu tun haben? Wieder eine Addiermaschine?*
Charles. *Ja. Aber keine dieser antiquierten Addiermaschinen. Es ist eine großartige Super-Hyper-Addiermaschine, die von diesem alten Schrott so weit entfernt ist wie du von Gott. Sie wird dich in ihren Bann ziehen, deine ganze Aufmerksamkeit in Anspruch nehmen, diese Rechenmaschine. Es handelt sich um eine Rechenmaschine, die in einem Kohlenbergwerk installiert wird und welche die individuelle Arbeitsleistung jedes Bergarbeiters aufzeichnet. Wenn ein Bergmann unten in den tieferen Stollen eine Schaufel Kohle aufnimmt, setzt das Auftreffen seiner Schaufel automatisch einen Graphitstift in deinem Stollen in Bewegung. Der Stift schreibt eine weiße Markierung auf eine geschwärzte lichtempfindliche Trommel. Jetzt bist du dran. Mit dem großen Zeh deines rechten Fußes löst du einen Hebel aus, der einen violetten Lichtstrahl auf die Trommel lenkt. Der Lichtstrahl durchdringt die weiße Markierung und fällt schließlich auf eine Selenzelle, welche wiederum den Mechanismus des Additionsapparates in Bewegung setzt. So kann die Arbeitsleistung jedes einzelnen Bergmannes ohne jedes menschliche Zutun, abgesehen von dem leichten Druck des großen Zehs deines rechten Fußes, aufgezeichnet werden.*

Zero (atemlos, mit vor Erstaunen aufgerissenen Augen). *Das ist aber eine tolle Maschine!*

Charles. *Richtig, eine ganz tolle Maschine. Sie ist der Höhepunkt menschlicher Erfindungsgabe – der endgültige Triumph der Evolution. Viele Millionen Jahre lang drehten sich Gaswolken im Weltraum. Weitere Millionen Jahre lang kühlten sich die Gase ab und im Laufe unvorstellbar langer Zeiten bildete sich daraus hartes Gestein. Und dann entstand das Leben. Grünes Zeug trieb auf dem Wasser, das die Erde umgab. Noch weitere Millionen von Jahren und einen Schritt voran – es gab belebte Organismen in dem Urschlamm. Und so weiter – Schritt für Schritt im Lauf der Zeiten – ein Fortschritt hier, ein Fortschritt dort – die Molluske, der Fisch, das Reptil, dann das Säugetier, der Mensch! Und das alles, damit du im Stollen eines Kohlenbergwerks sitzen und die Super-Hyper-Rechenmaschine mit dem großen Zeh deines rechten Fußes bedienen könntest!*

Elmer Rice: The Adding Machine, in: Elmer Rice, Three Plays, Clinton (Massachusetts) 1965, S. 66 f. (Übersetzung aus dem Amerikanischen)

Im 19. und 20. Jahrhundert setzten sich zahlreiche Schriftsteller und Künstler mit der Technik und der Technisierung des Lebens auseinander, aber meist waren imposantere Objekte als Addiermaschinen die Auslöser für eine künstlerische oder literarische Gestaltung. So sind Schiffe und Eisenbahnen, kühne Brückenbauten oder auch Vorgänge rund um die Energie- und Stahlerzeugung sehr viel häufiger die Themen, später auch Autos, Flugzeuge. Während der Naturalismus der Technik noch rational analysierend begegnete, sahen die Expressionisten vor allem ihre zerstörerische Kraft und setzten den Moloch Stadt und das Verlorensein des Menschen in Theaterstücken, Filmen und Gedichten in Szene.

Ernst Tollers Theaterstücke „Die Wandlung“ und „Masse – Mensch“ stehen ebenso für diese Richtung wie *Fritz Langs* Film „Metropolis“ und *Charly Chaplins* „Modern Times“. In einem Gedicht von *Karl Otten* aus dem Jahre 1917 werden Ablehnung und Hass hinaus geschrien: „Nieder mit Technik, nieder mit der Maschine!“ und „Fluch dir, Zeitalter, glorreich lächerliches, der Maschine – alles Fabrik, alles Maschine.“[149]

In den Jahrhunderten zuvor hatten es die Rechenmaschinen bei geringerer Konkurrenz durch andere technische Produkte noch leichter gehabt, literarische Beachtung zu finden. Gelegentliche Berichte in Zeitschriften und Anmerkungen von Schriftstellern brachten seit dem Ende des 18. Jahrhunderts die Rechenmaschinen – und hier namentlich jene von Hahn und Müller – zunehmend in das Blickfeld des gebildeten Bürgers. So stellte *Jean Paul* in „Palingenesien“ den Maschinenmann ironisch als „das Neueste und Tollste auf der Erde“ vor und beschreibt eine seiner Besonderheiten wie folgt: „Das Rechnen, das er fertig konnte – aber nicht das Einmaleins –, betrieb er nicht wie eine Maschine, sondern durch eine Maschine. Er drehte nämlich die Rechenmaschine des Herrn Hahn ein paar Mal um, so hatt' er sein Fazit und Spaß dazu. – Warum stellte man nicht längst auf der Erde die Hahnische Maschine, da sie Gewissen hat, als Rechnungsrevisor an?“[150] Und eine weitere Textstelle zeigt, wie genau der zu Abstrusitäten und skurrilem Humor neigende Jean Paul die so ganz anders gearteten realen Ingenieurprodukte seiner Zeit kannte: „So hat auch Herr Müller in seiner Rechenmaschine ein Glöckchen angebracht, dessen Klingeln bloß erinnern soll, dass in der Maschine ein falsches Rechenexempel oder irgendein Rechenverstoß vorkomme.“[151] Und *Achim von Arnim* berichtet in einem Roman des Jahres 1810 von einem „Knochengerippe“, das eine auf dem Tisch stehende Rechenmaschine bedient, von der es heißt: „die Räder schnarrten ängstlich in dem runden Kasten.“[152]

Auch im philosophischen Werk von *Arthur Schopenhauer* (1788–1860) ist die Rechenmaschine mit einer Randbemerkung vertreten, wenngleich mit einer weniger freundlichen: „Dass die niedrigste aller Geistestätigkeiten die arithmetische sei, wird dadurch belegt, dass sie die einzige ist, welche auch durch eine Maschine durchgeführt werden kann, wie denn jetzt in England dergleichen Maschinen bequemlichkeitshalber schon in häufigem Gebrauch sind.“[153] Dabei bezieht sich Schopenhauer auf die Vierspeziesmaschinen von Thomas.

Goethe verleiht den technikskeptischen Tendenzen seiner Zeit eine Stimme, wenn er der Frau Susanne in „Wilhelm Meisters Wanderjahre“ die Worte in den Mund legt. „Was mich drückt, ist doch eine Handelssorge, leider nicht für den Augenblick, nein! Für alle Zukunft. Das überhandnehmende Maschinenwesen quält und ängstigt mich, es wälzt sich heran wie ein Gewitter, langsam, langsam, aber es hat seine Richtung genommen, es wird kommen und treffen. Schon mein Gatte war von diesem traurigen Gefühl durchdrungen. Man denkt daran, man spricht davon, und weder Denken noch Reden kann Hülfe bringen. Und wer möchte sich solche Schrecknisse gern vergegenwärtigen!“[154]

Die Rechenmaschine, der Fortschritt und der moderne Computer

Hat die Rechenmaschine den Fortschritt begünstigt? Fragen lassen sich erst dann vernünftig beantworten, wenn zumindest einigermaßen feststeht, was geklärt werden soll. In diesem Fall bewegt man sich auf schwankendem Boden, weil der Fortschritt so viele Gesichter haben kann. Dass Fortschritt vorliegt, wenn eine neue Maschine gegenüber ihren Vorgängerinnen schneller, zuverlässiger, kostengünstiger arbeitet, wird niemand bestreiten. Kann man aber noch von Fortschritt reden, wenn durch diese Erfindung eine große Anzahl von Arbeitnehmern den Arbeitsplatz verliert, und dies vielleicht für lange Zeit ohne die Aussicht auf eine neue Beschäftigung? Ist es ein Fortschritt, wenn durch den Einsatz von Rechenmaschinen Artillerie und Bombenflugzeuge in den Kriegen der ersten Hälfte des 20. Jahrhunderts besser treffen und somit größere Schäden anrichten und mehr Menschen töten konnten, als es zuvor möglich war? Haben also jene Recht, die wie die Expressionisten vor allem die zerstörerische Kraft der Maschinen und der Technik sehen und vor ihrer sterilen Unmenschlichkeit warnen? Soll man vielleicht trotz der erkennbaren Ironie dem Schriftsteller *Herbert Rosendorfer* (1934 - 2012) folgen, wenn er im Fortschritt einen Schritt sieht, die den Menschen fort von allem führt, auch von sich selbst?[155] Diese Fragen haben ethische und philosophische Dimensionen, die nicht beiläufig geklärt werden können. Was jedoch hier geleistet werden kann, ist das Ansprechen der förderlichen wie auch der belastenden Auswirkungen des Technikeinsatzes. Denn „die Technik hat, wie der gesamte Rest dieser unvollkommenen Welt, die Eigenschaft, teilweise schlecht und teilweise gut zu sein.“[156]

Im 17. und 18. Jahrhundert, als die Rechenmaschinen in einem mühsamen Ringen um Konzept und handwerkliche Umsetzung nur in Einzelstücken gebaut und von nur wenigen Menschen genutzt wurden, waren kaum nennenswerte Auswirkungen auf das Denken und Handeln der Zeitgenossen möglich. Vielmehr taugen diese Erfindungen als Ideengeber für die Zukunft, ihre Bedeutung für den Fortschritt wird erst in den kommenden Generationen sichtbar. Auf die Erwartungen, die mit der Entwicklung von Rechenmaschinen verbunden waren, und die sich im 19. und 20. Jahrhundert zunehmend erfüllten, wurde immer wieder hingewiesen. Auf einem Firmenschild des Rechenmaschinenherstellers Marchant sind sie sogar lesbarer Teil des Produkts geworden: SIMPLICITY – ACCURACY – SPEED (einfache Bedienung, Zuverlässigkeit und Schnelligkeit). Als Fortschritt begrüßt wurde auch die durch Rechen- und Buchungsmaschinen verbesserte Aussagefähigkeit des Rechnungswesens von Unternehmen, die jetzt möglichen umfangreicheren statistischen Auswertungen und genauere technische und kommerzielle Berechnungen.

Auf der anderen Seite stellt sich die Frage, ob die rechnenden Büromaschinen in nennenswertem Umfang zu Arbeitslosigkeit führten und wie dies von den Zeitgenossen wahrgenommen wurde. Leider fehlen zu dieser speziellen Frage bislang dezidierte wissenschaftliche Untersuchungen; zumindest gibt es aber Studien, die sich ganz allgemein mit dem technischen Fortschritt und der Arbeitslosigkeit beschäftigen und deren Ergebnisse auf unsere Fragestellung übertragbar sind. Besonders ergiebig sind hier Studien, die sich auf die USA beziehen.[157]

In Nordamerika wurden in den letzten Jahrzehnten des 19. Jahrhundert sich mehrfach wiederholende Phasen von Massenarbeitslosigkeit beobachtet. Auslöser dafür waren Unternehmenszusammenbrüche, Reduzierung der Produktion bei zahlreichen Betrieben und die Produktivitätszuwächse durch eine rasche Mechanisierung. In solchen Depressionszeiten konnten die Arbeitslosen auch in der Landwirtschaft, die ebenfalls durch den Einsatz von Maschinen revolutioniert worden war, keine neue Beschäftigung finden.

Erstaunlicherweise wurde nicht den Erfindungen, den neuen Maschinen, die Schuld für die Entwicklung gegeben. Im Gegenteil – die Auffassung war verbreitet, dass durch neue Erfindungen mehr Menschen eine Beschäftigung erhalten würden, als wenn es nicht zu diesen Erfindungen gekommen wäre. Zwar konnte man die große Zahl an Arbeitslosen nicht wegdiskutieren, aber man sah sie als den Preis an, den eine dynamische und fortschrittliche Gesellschaft zu zahlen habe, indem sich eine bestimmte Zahl von Arbeitnehmern im Wechsel von einem Arbeitsplatz zum anderen befindet und vorübergehend ohne Arbeit ist. Am Ende des Jahrhunderts nahm ein starkes neuerliches Wachstum dem Arbeitslosenproblem seine Brisanz und die Optimisten mit ihrer technikfreundlichen Theorie der vorübergehenden Arbeitslosigkeit sahen sich in ihrer Auffassung bestätigt, dass eine unsichtbare Hand immer wieder für ein günstiges Gleichgewicht sorgt.

Aber allmählich kam es zu einem Umdenken. Als der amerikanische Boom der 1920er Jahre nicht gleichzeitig zu einer Zunahme der Beschäftigtenzahlen führte, verbreitete sich die Vorstellung einer technikbedingten Arbeitslosigkeit. Es wurde erkannt, dass technischer Fortschritt zwar auf der einen Seite neue Arbeitsplätze schafft, aber dafür andere zerstört und der Saldo wesentlich davon abhängt, ob die Konjunkturlage günstig oder ungünstig ist. Als in den frühen 1930er Jahren die Arbeitsproduktivität nicht zuletzt wegen der anhaltenden Mechanisierung wesentlich stärker anstieg als die wirtschaftliche Nachfrage, kam es zu einer extrem hohen Arbeitslosigkeit. In Nordamerika und Europa sowie anderen Industrieregionen hinterließ diese Zeit tiefe Spuren und blieb den Menschen unter der Bezeichnung Weltwirtschaftskrise oder große Depression in dauerhafter Erinnerung.

An den geschilderten Entwicklungen waren auch Rechenmaschinen und davon abgeleitete spezielle Maschinen beteiligt. Sie hatten ihren Anteil an den positiven und negativen Auswirkungen des Fortschritts. Dabei ist schwer zu beurteilen, ob Vorteile oder Nachteile überwogen, denn „unglücklicherweise stellte es sich heraus, dass nicht nur im wirklichen Leben Gut und Böse durcheinandergemischt waren, sondern schlimmer noch, dass das, was für *einen* Menschen gut war, für einen anderen Schlimmes bedeutete.“[158]

1962 gab der Soziologe *Pirker* seinem Bedauern Ausdruck, dass sich mit der Rechenmaschine ein zusätzlich erwarteter Vorteil nicht eingestellt hatte: „Es ist überraschend, dass diese Maschinen im Laufe ihrer Einführung nicht zu einer allgemeinen Hebung der Rechenkunst in der industriellen Gesellschaft geführt haben.“[159] Ganz so erstaunlich erscheint diese Entwicklung aus heutiger Sicht nicht mehr, denn wie oft erlebt man, dass jemand zum Taschenrechner greift, um einfachste Rechenoperationen durchzuführen, beispielsweise um die Zahlen 14 und 11 zu addieren. Ebenso wird bei Multiplikationen den Ergebnissen blind vertraut, obwohl durch eine Kommaeingabe an der falschen Stelle das Ergebnis vielleicht um den Faktor 100 zu groß ist. Auch hier gilt die allgemeine Lebenserfahrung, dass geistige Fähigkeiten – hier der unmittelbare Umgang mit Zahlen –- ebenso wie körperliche Funktionen verkümmern, wenn sie nicht trainiert werden.

Schließlich soll noch geklärt werden, in welchem Maß Rechenmaschine und moderner Computer miteinander verwandt sind. Dabei fällt zunächst auf, dass der Personal Computer (PC) auf dem Schreibtisch jenen Platz eingenommen hat, den früher die mechanische Rechenmaschine innehatte, und dass man damit, neben vielem anderem, die gleichen Berechnungen durchführen kann, die mit der Rechenmaschine möglich waren – jetzt allerdings schneller und komfortabler.

Am Ende des 19. Jahrhunderts kündigt sich ein Bedeutungswandel für den damals gebräuchlichen Begriff „Computer“ an, der bislang nur für Menschen verwendet wurde, die besonders anspruchsvolle Berechnungen durchführten. 1897 wird in einer englischen Ingenieurszeitschrift ein neu entwickeltes Rechengerät mit dem Namen Computer belegt,[160] nachdem schon einige Jahre zuvor in der Presse die Bezeichnung „statistischer Computer“ für die Lochkartenmaschine von Hollerith aufgetaucht war.

Was die Funktion des Rechnens betrifft, so kann der Computer also ohne weiteres als Nachfolger der mechanischen Rechenmaschine gelten. Unter technischem Aspekt scheint es sich auf den ersten Blick anders zu verhalten. Bei den zentralen Komponenten des Computers wie Rechenwerk und Steuerwerk sind keine Zahnräder, Hebel und Federn mehr zu finden. Und an die Stelle des bei mechanischen Rechenmaschinen vorherrschenden Analogprinzips ist das Digitalprinzip getreten. Anstatt mit dem Dezimalsystem rechnen die Computer mit dem Binär- oder Dualsystem. Wenn man aber bedenkt, dass ein Computer tatsächlich aus einer Mehrzahl von Geräten besteht – mindestens aus Zentraleinheit, Bildschirm, Tastatur und Maus, oft zusätzlich aus Drucker, Scanner, Modem usw. – dann lassen sich für die meisten dieser Einzelgeräte Gemeinsamkeiten mit Vorgängern feststellen. So waren Erfahrungen und Kenntnisse aus der Rechenmaschinenzeit für die Entwicklung von Druckern und Tastaturen recht hilfreich. Mit einem Begriff aus dem Familienrecht lässt sich die Verbindung zwischen Computer und Rechenmaschine als eine Verwandtschaft in der Seitenlinie bezeichnen.

Der verfrühte Computer –
Babbage und seine Rechenmaschinen

Von Wundermaschinen und Heinzelmännchen

Wie war zu Köln es doch vordem
mit Heinzelmännchen so bequem!
Denn war man faul, man legte sich
hin auf die Bank und pflegte sich:
Da kamen bei Nacht,
eh' man's gedacht,
die Männlein und schwärmten
und klappten und lärmten,
und rupften und zupften,
und hüpften und trabten,
und putzten und schabten,
und eh' ein Faulpelz noch erwacht,
war all sein Tagewerk bereits gemacht!

August Kopisch: Die Heinzelmännchen zu Köln

Der Wunsch des Menschen nach Werkzeugen, die seine Fähigkeiten und Kräfte in immer höherem Maß unterstützen und erweitern können, begleitet seit Urzeiten die Geschichte. Für die einen gipfelten diese Träume in der Vorstellung von technischen Heinzelmännchen, die im Stande sind, die menschliche Arbeit selbstständig zu übernehmen – zumindest für eine Weile. Denn wer möchte sich völlig überflüssig machen? Andere wünschten sich technische Vorrichtungen, deren Wirkung den Betrachtern so unerklärlich und rätselhaft erscheinen musste, dass sie damit überirdische Kräfte in Verbindung brachten.

Einen Mechanismus, der bestimmte Aufgaben selbstständig ausführt, bezeichnet man als Automaten. Schon die Antike verfügte über die Fähigkeit, Bewegungsabläufe automatisiert zu steuern. Es gibt Berichte, wonach bereits im 3. Jahrhundert v. Chr. im Festzug eines hellenistischen Königs ein mechanischer Mensch, ein Android, mitgeführt wurde, der selbstständig aufstand, aus einer goldenen Schale Milch in ein Gefäß schüttete und sich danach wieder setzte.[161]

Ein weiteres Beispiel sind die von *Heron von Alexandria* im 1. Jahrhundert n. Chr. konstruierten automatischen Tempeltüren, die sich nach dem Entzünden eines Opferfeuers geheimnisvoll öffneten und nach Beendigung auf rätselhafte Weise wieder schlossen. Für die Gläubigen war das ein unbegreiflicher Vorgang, denn die zur Steuerung erforderlichen mechanischen, pneumatischen und hydraulischen Komponenten wirkten als gut gehütetes Geheimnis im Tempelkeller. In Herons teilweise erhalten gebliebenen Werken finden sich auch die ausführlichen Beschreibungen von Wasseruhren und einer primitiven Dampfmaschine.[162]

Zu den im Mittelalter entstandenen Automaten sind vor allem die Räderuhren zu rechnen, unter denen die hochkomplizierten astronomischen Uhrwerke herausragen. Vor allem das 18. und das 19. Jahrhundert brachten zahlreiche Automaten hervor. Viele davon waren ausschließlich darauf angelegt, die Menschen ihrer Zeit zu beeindrucken und Staunen hervorzurufen. Im 18. Jahrhundert war der französische Mechaniker *Jacques de Vaucanson* als Automatenbauer finanziell erfolgreich und in ganz Europa bekannt. Besonderes Aufsehen erregte er mit einer mechanischen Ente, die schwimmen, essen und trinken sowie verdauen konnte und ihre Exkremente schließlich wie eine lebendige Ente ausschied. Am berühmtesten waren die menschenähnlichen Maschinen (Androiden) von Vater Pierre und Sohn Henri-Louis Jaquet-Droz. Es handelt sich um einen Schreiber, einen Zeichner und eine Klavierspielerin.[163]

Zu jenen Automaten, die einen wirklichen Nutzen brachten, gehören vor allem die Uhren und der automatische Webstuhl. Ein solcher, 1740 gebaut, wurde in Oberösterreich aufgefunden. Seine Erfindung ist vermutlich auf die letzten Jahrzehnte des 17. Jahrhunderts zu datieren. Damit ließen sich vorgegebene Muster weben, wobei die Steuerung mittels eines Leinenbandes erfolgte, auf dem in den erforderlichen Abständen Holzklötzchen aufgeklebt waren.[164] Nach einem ähnlichen Prinzip, nämlich mit einer Lochstreifensteuerung, arbeitete der 1725 von dem französischen Mechaniker Basil Bouchon entwickelte Webstuhl. Drei Jahre später ließ sein Landsmann Jean Philipp Falcon seinen Webstuhl hingegen durch gelochte Holztäfelchen steuern.

Zur Steuerung des Webstuhls, mit dem das Porträt von Joseph-Marie Jacquard erstellt wurde, waren 24 000 Lochkarten erforderlich.

Der automatische Webstuhl erfuhr noch mancherlei Verbesserungen, die nachhaltigsten durch den französischen Seidenweber *Joseph-Marie Jacquard*, von dessen durch Lochkarten gesteuerten Webstühlen 1834, im Jahre seines Todes, allein in Lyon mehr als 30 000 im Einsatz gewesen sein sollen.

Jetzt standen also Lochstreifen und Lochkarte als Träger von Steuerinformationen automatischer Maschinen zur Verfügung. In heutiger Sprache ausgedrückt könnte man von programmierbaren Maschinen sprechen und ihre Steuerungsmedien als Software bezeichnen. In diesem Zusammenhang muss man sich fragen, ob es sich bei den bisher behandelten Rechenmaschinen ebenfalls um Automaten handelte. Gewiss ließen sie sich als willige Rechenknechte einsetzen, die ohne zu murren stundenlang ihre Arbeit verrichteten. Aber sie waren keine Heinzelmännchen, die den Menschen still und heimlich mit fertigen Ergebnissen überraschten. Immer musste ein Bediener jeden einzelnen Rechenschritt in der richtigen Reihenfolge mit den richtig eingegebenen Ausgangszahlen veranlassen. Die frühen Rechenmaschinen mussten aufwändig von Experten gesteuert werden. Aber auch bei modernen Taschenrechnern hängen Rechengeschwindigkeit und Korrektheit der Ergebnisse vom jeweiligen Benutzer ab. Mit den programmgesteuerten Maschinen hingegen hatte der Mensch einen Gehilfen bekommen, der nicht mehr zu jeder Tätigkeit einzeln beauftragt werden musste, der sich in Gestalt des Computers zunehmend als lernfähig erweisen und immer öfter in die Rolle des Zauberlehrlings schlüpfen sollte. Aber zunächst verlief die Entwicklung sehr verhalten.

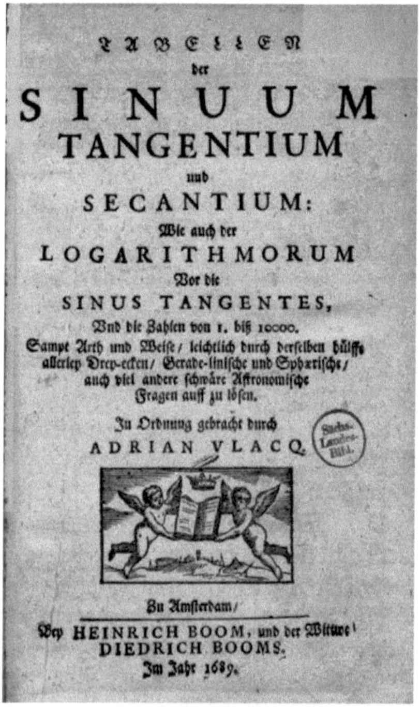

TABELLEN
der
SINUUM
TANGENTIUM
und
SECANTIUM:
Wie auch der
LOGARITHMORUM
Vor die
SINUS TANGENTES,
Und die Zahlen von 1. biß 10000.
Sampt Arth und Weise/ leichtlich durch derselben hülffe allerley Drey-ecken/ Gerade-linische und Sphærische/ auch viel andere schwäre Astronomische Fragen auff zu lösen.
Zu Ordnung gebracht durch
ADRIAN VLACQ.
Zu Amsterdam/
Bey HEINRICH BOOM, und der Wittwe DIEDRICH BOOMS.
Im Jahr 1689.

48 Grad.

Minut.	Sinus	Tang.	Secant.	Log. Sin.	Log. Tang.
60	75470.96	115036.84	152425.31	9.8777799	10.0608369
59	75451.87	114969.28	152374.33	9.8776700	10.0605818
58	75432.78	114901.76	152323.39	9.8775601	10.0603267
57	75413.68	114834.29	152272.50	9.8774501	10.0600716
56	75394.57	114766.87	152221.66	9.8773401	10.0598165
55	75375.46	114699.49	152170.87	9.8772300	10.0595615
54	75356.34	114632.15	152120.12	9.8771198	10.0593064
53	75337.21	114564.86	152069.42	9.8770096	10.0590514
52	75318.08	114497.62	152018.76	9.8768993	10.0587964
51	75298.94	114430.41	151968.15	9.8767889	10.0585415
50	75279.80	114363.26	151917.59	9.8766785	10.0582865
49	75260.65	114296.15	151867.08	9.8765680	10.0580316
48	75241.49	114229.08	151816.61	9.8764574	10.0577767
47	75222.33	114162.06	151766.19	9.8763468	10.0575218
46	75203.16	114095.08	151715.81	9.8762361	10.0572669
45	75183.98	114028.15	151665.48	9.8761253	10.0570121
44	75164.80	113961.26	151615.20	9.8760145	10.0567572
43	75145.61	113894.41	151564.96	9.8759036	10.0565024
42	75126.41	113827.61	151514.77	9.8757927	10.0562476
41	75107.21	113760.85	151464.62	9.8756816	10.0559928
40	75088.00	113694.14	151414.52	9.8755706	10.0557381
39	75068.79	113627.47	151364.47	9.8754594	10.0554834
38	75049.57	113560.85	151314.46	9.8753482	10.0552286
37	75030.34	113494.27	151264.50	9.8752369	10.0549739
36	75011.11	113427.73	151214.59	9.8751256	10.0547153
35	74991.87	113361.24	151164.72	9.8750142	10.0544646
34	74972.62	113294.79	151114.89	9.8749027	10.0542100
33	74953.37	113228.39	151065.11	9.8747912	10.0539553
32	74934.11	113162.03	151015.38	9.8746795	10.0537007
31	74914.84	113095.71	150965.69	9.8745679	10.0534461
30	74895.57	113029.44	150916.05	9.8744561	10.0531916

L 4

Die berühmten mathematischen Tafeln von Adrian Vlacq in einer Ausgabe von 1689

Seit dem 18. Jahrhundert findet sich bei Mechanikern und Erfindern vermehrt die Vorstellung, für ein neues, spezielles Anwendungsgebiet – nämlich die Erstellung von Tabellen oder Tafeln – Rechenmaschinen zu bauen, die in der Lage waren, selbstständig (automatisch) zu arbeiten. Bislang benutzte man zur Erleichterung der Rechenarbeit Zahlentafeln, meist in Buchform veröffentlicht. Sie waren für die unterschiedlichsten Zwecke im Einsatz, beispielsweise für Potenzen, Wurzeln, Logarithmen, trigonometrische Funktionen und zur Größenberechnung von Strecken, Flächen und Körpern. Daneben waren astronomische Tafeln für die Bestimmung der Sonnen- und Planetenpositionen sowie Tafeln für Banken, Handel und Gewerbe im Gebrauch. Wie verbreitet sie im 18. und 19. Jahrhundert waren, kann am Beispiel einer englischen Privatbibliothek verdeutlicht werden, die es trotz der Spezialisierung auf arithmetische und trigonometrische Tafeln auf 140 Bände brachte.[165] Recht häufig bogen sich die Bücherborde von Büros, Studierzimmern, Kommandobrücken der Schiffe, Amtsstuben und Werkstätten unter der Last der Tabellenbücher. Während der ersten Hälfte des 19. Jahrhunderts kam ein stark wachsender Bedarf der Ingenieure an vorgefertigter Rechenleistung für die Konstruktion von Brücken, Gebäuden, Eisenbahnen und Schiffen hinzu.

Aber Tafeln jener Zeit hatten eine gemeinsame und recht verdrießliche Eigenschaft: Trotz eines immensen Aufwands an Arbeit und Geld enthielten fast alle von ihnen Fehler, teilweise in erschreckender Häufigkeit. Für entdeckte Fehler wurden den Tafeln Berichtigungen – sogenannte Errataliste – angefügt. Aber auch die Berichtigungen waren teilweise falsch, so dass eine Errataliste für die Errataliste erforderlich wurde. Zuweilen waren die Erratalisten länger als die ursprünglichen Tabellen.[166] Überall lauerten Risiken durch falsche Berechnungen, die auf den in den Tabellen versteckten Fehlern beruhten. Mängelbehaftete Navigationstafeln führten gar zu Schiffshavarien, zu Verletzten und Todesopfern, so dass es mehr als wünschenswert erschien, die Fehler zu beheben.

Maschinen, die selbstständig rechnen

In den frühen 20er Jahren des 19. Jahrhunderts sitzen in London zwei Männer zusammen, konzentriert gebeugt über mit Zahlen beschriebene Blätter. Es sind der Mathematiker Babbage und der Astronom Herschel, und sie überprüfen mühsam eine komplizierte astronomische Zahlentabelle. Der Missmut ist ihnen ins Gesicht geschrieben, denn immer wieder stoßen sie auf Fehler. Schließlich ruft Babbage aus: „Bei Gott, wären diese Berechnungen doch nur mit Dampfkraft erstellt worden“, worauf Herschel erwidert: „Das ist durchaus möglich.“[167]

Eine Berechnung „mit Dampfkraft“ klingt heutzutage mehr als befremdlich, aber zu jener Zeit war die Dampfmaschine von James Watt und bald auch die Lokomotive von George Stephenson der Inbegriff einer fortschrittlichen, einer automatisch und zuverlässig wirkenden Technologie. Da es bereits Tageszeitungen gab, die mit dampfgetriebenen Pressen gedruckt wurden,[168] erscheint Herschels Aussage nicht mehr so unwahrscheinlich. Und was den verbalen Seufzer von Babbage betrifft: Menschliches Tun ist fehlerhaft und besonders gilt dies für Berechnungen. Warum unter diesen Umständen nicht über Alternativen nachdenken? Für Babbage soll die geschilderte Begebenheit der Auslöser gewesen sein, sich zu überlegen, wie man fehlerhaft rechnende Menschen durch eine unfehlbare Maschine ersetzen und damit den Zustand der Unsicherheit beheben könnte, den die Verwendung unzuverlässiger Tabellen mit sich brachte.

So wie *Leibniz* zwei Jahrhunderte zuvor, bemühte sich *Charles Babbage* (1791–1871) fast sein ganzes Leben lang um neuartige Rechenmaschinen. Beide teilen das Schicksal zu sterben, ohne das selbst gesteckte Ziel erreicht zu haben. Babbage war von seiner Arbeit überzeugt und sah die Ursachen für das Misslingen nicht in eigenen, mangelnden Fähigkeiten. Er starb enttäuscht, verbittert und als Sonderling und Menschenfeind.

Im Jahr 1822 stellte Babbage ein kleines Modell seiner Differenzmaschine fertig und veröffentlichte im Jahr darauf einen Aufsatz über deren theoretische Grundlagen.[169] Es handelte sich dabei um eine Rechenmaschine, die Tabellenwerte selbstständig durch fortgesetzte Addition berechnete. Da-für benutzte er die sogenannte Differenzmethode, die auch vor ihm schon zum schriftlichen Berechnen von Tabellen eingesetzt wurde. So beabsichtigte Johann Helfrich Müller bereits 1784, nach diesem Prinzip eine Rechenmaschine zu bauen. Allerdings kam es nie zu einer Realisierung.[170] Babbage gelang es zunächst einmal, die britische Regierung, die sich vor allem Vorteile beim Erstellen nautischer Tabellen erhoffte, von seinem Projekt zu überzeugen und den mit

Fotografie (Daguerreotypie) von Charles Babbage im Alter zwischen 56 und 60 Jahren

staatlicher Förderung verbundenen Auftrag für eine großdimensionierte Maschine zu erhalten.

In ihrer Basisversion sollte die Maschine zunächst lediglich die Tabellenwerte berechnen. Für eine fortgeschrittene Entwicklungsstufe war beabsichtigt, gleichzeitig Druckklischees zu erstellen, so dass durch das Abschreiben der Zahlen bedingte Fehler vermieden werden konnten. Obwohl die geplante Druckeinheit niemals gebaut wurde, handelte es sich um mehr als eine technische Neuerung. Damit deutete sich eine Rollenverschiebung an, denn bisher waren nur Menschen in der Lage gewesen, Bücher zu schreiben; jetzt war vorstellbar, dass auf dem Spezialgebiet des mathematischen Buches Maschinen zu Autoren wurden.

STELLUNGNAHME DER ROYAL SOCIETY ZUR NEUEN RECHENMASCHINE (1823)

Mr. Babbage hat großes Talent und großen Einfallsreichtum bei der Konstruktion seiner Rechenmaschine gezeigt, die nach Meinung des Ausschusses zur Erreichung der vom Erfinder aufgestellten Ziele durchaus in der Lage ist. Das Komitee vertritt die Ansicht, Mr. Babbage habe in höchstem Maße öffentliche Unterstützung bei der Verfolgung seines mühseligen Vorhabens verdient.

Charles Babbage: Passagen aus einem Philosophenleben (1864), aus dem Englischen von Holger Sweers, Berlin 1997, S. 51

Bei dem von Babbage verfolgten Konzept der Differenzmaschine war es nicht erforderlich, für jede spezielle Formel eine eigene Maschine zu bauen, stattdessen genügte die Eingabe einiger weniger Zahlen vor Beginn der Verarbeitung. Berechnungen für die verschiedenartigsten Formeln bis hin zu Polynomen (vielgliedrige Größe) des 6. Grades sollten möglich sein. Welche technischen Schwierigkeiten damit verbunden sein mochten, lässt sich erahnen, wenn man den mathematischen Ausdruck in seiner allgemeinen Formulierung betrachtet:

$$a + bx + cx^2 + dx^3 + ex^4 + fx^5 + gx^6$$

Babbage wies immer wieder auf die Vorteile der mittels der Differenzmethode berechneten Tabellen gegenüber solchen Tabellen hin, bei denen jeder Wert einzeln berechnet wurde. Bei der Einzelberechnung musste jeder Wert noch einmal nachgerechnet werden, um Fehler zu erkennen. Bei der Differenzmethode genügte es, den letzten Tabellenwert zusätzlich manuell mit der Ausgangsformel zu berechnen. War er richtig, konnten grundsätzlich alle Tabellenwerte als korrekt gelten, es sei denn, dass sich beim Übertragen und Drucken der Zahlen noch Fehler eingeschlichen hatten.

In den ersten Jahren der Arbeit an der Maschine stieß Babbage auf großes Interesse der Mathematiker und Astronomen. Ihre Zustimmung bestärkte ihn in dem Glauben, die ganze Nation werde die neue Rechenmaschine mit großer Begeisterung aufnehmen. Dem Projekt war es auch zu verdanken, dass Babbage der erste Preisträger war, dem 1824 die Goldmedaille der Astronomical Society of London verliehen wurde. Aber er hatte den Umfang der selbst gestellten Aufgabe unterschätzt und nicht mit den zahlreichen Krisen und Unterbrechungen gerechnet. Wie die erhaltenen Konstruktionsunterlagen belegen, handelte es sich um ein gigantisches Projekt: Für die vollständige Maschine waren etwa 25 000 Einzelteile erforderlich und sie hätte mehrere Tonnen gewogen.[171] Immer wieder traten neue technische Probleme auf, für die es keine fertigen Lösungen gab. Um sich einen Überblick über die zu seiner Zeit üblichen und möglichen Fertigungstechniken zu verschaffen, hatte Babbage bereits 1823 Industriezentren in England und Schottland besucht. Auch in der Folgezeit beobachtete er den technischen Fortschritt in seinem Heimatland und auf dem Kontinent mit großem Interesse und veröffentlichte darüber ein erfolgreiches Buch,[172] das allein im Jahr seines Erscheinens drei Auflagen erlebte. Nicht nur technische Fragen mussten gelöst und die damit zusammenhängenden Belastungen ausgehalten werden. Wegen Meinungsverschiedenheiten in finanziellen Fragen kam es zu heftigen Auseinandersetzungen mit dem Mechaniker Joseph Clement, der den Bau der Rechenmaschine leitete, aber auch mit der Regierung. Es rächte sich jetzt, dass zwischen dem staatlichen Auftraggeber und Babbage keine klaren Vereinbarungen über die gegenseitigen Ansprüche und Pflichten existierten. Auch in der Folge fanden die Partner nicht zu einvernehmlichen Lösungen.

Der bis 1832 fertiggestellte Teil der Differenzmaschine von Charles Babbage mit den Abmessungen 72 · 59 · 61 cm

Anfang 1832 wurde das erste und einzige Teilstück der Maschine aus 2 000 Einzelteilen zusammengesetzt und erfolgreichen Probeläufen unterzogen. Allerdings stand damit erst ein Siebtel des geplanten Rechenmechanismus zur Verfügung und vom Druckmechanismus war noch nichts montiert. Aufgrund der vielfältigen Querelen stellte Babbage im Jahr 1833 die Arbeiten ein und es kam trotz langwieriger Verhandlungen zu keiner Wiederaufnahme. Das fertige Teilstück stellt die größte bis dahin gebaute Rechenmaschine dar. Es kann heute im Science Museum in London als ein Glanzstück der Ingenieurkunst des 19. Jahrhunderts bewundert werden.

1842 erklärte die Regierung das Projekt endgültig für gescheitert, nachdem sie bereits die enorme Summe von über 17 000 englischen Pfund dafür ausgegeben hatte, was wertmäßig 22 nagelneuen Dampflokomotiven jener Zeit entsprach.[173] Darüber hinaus hatte Babbage aus seinem Privatvermögen noch beträchtliche Mittel beigesteuert.

BRIEF DES VOM ENGLISCHEN STAAT ENTTÄUSCHTEN BABBAGE AN DEN HERZOG VON SOMERSET (WAHRSCHEINLICH 1833)

Ich habe ... einsehen müssen ... dass von allen Ländern England die meisten praktischen Ingenieure hat, die die technische Seite [der Differenzmaschine] würdigen können, und dass es gleichzeitig unter allen Ländern dasjenige ist, dessen regierende Kreise am allerunfähigsten sind, den Wert der technischen bzw. mathematischen Dinge zu begreifen.

Zitiert nach Anthony Hyman: Charles Babbage 1791–1871, Philosoph, Mathematiker, Computerpionier, aus dem Englischen von Ulrich Enderwitz, Stuttgart 1987, S. 207

Das für jene Zeit mit Abstand größte Forschungsprojekt, das von privater Seite ausgeführt und staatlich gefördert wurde, hatte damit ein ungutes Ende gefunden. Die Entscheidung war nicht nur für Babbage von größter Tragweite, auch für die englische Nation war damit die Chance vertan, auf dem Gebiet der Rechenmaschinen und der Informationsverarbeitung weiter voranzuschreiten und im internationalen Wettbewerb die führende Position zu erringen. Stattdessen machten Deutschland und vor allem die USA das Rennen.

Die unvollendete Maschine wurde in ein Museum gebracht und an einem Ehrenplatz hinter Glas sicher verwahrt. Die Regierung lehnte es auch ab, dieses außergewöhnliche Produkt englischer Feinwerktechnik auf der Londoner Weltausstellung von 1851 vorzuführen. Als man die Maschine 1862, also drei Jahrzehnte nach ihrer Montage, auf einer internationalen Industrieausstellung in Paris zeigte, hätte dies eine späte Ehrung für den siebzigjährigen Babbage sein können. Aber man platzierte sie an einen ungünstigen Ort, wo sie nur von wenigen Personen gleichzeitig betrachtet werden konnte und wo schlechte Beleuchtungsverhältnisse herrschten. Außerdem fehlte es an ausreichender Wandfläche, die vorbereiteten Illustrationen und Erläuterungen anzubringen. Auf diese Weise wurde die Veranstaltung für Babbage zu einem neuerlichen Ärgernis. Die Maschine – „diese unglückliche Erfindung“,[174] wie er sie einmal nannte – wurde anschließend nach England zurückgebracht.

Das Scheitern des von ihm so viele Jahre mit Elan und Ausdauer verfolgten Projekts wurde zum Trauma in Babbages Leben als Wissenschaftler. Immer wieder verlieh er dieser tiefen Enttäuschung in seinen Schriften Ausdruck. In den Jahren 1846 bis 1849 konzipierte Babbage zwar eine zweite Differenzmaschine, für die dank einer vereinfacht-eleganten Konstruktion trotz verbesserter Rechenleistung nur ein Drittel der Bauteile ausgereicht hätten; sie kam jedoch nicht über das Planungsstadium hinaus.

Für nahezu anderthalb Jahrhunderte blieben die Konstruktionsunterlagen in der Schublade liegen. Dann sorgten sie noch einmal für produktive Unruhe, denn sie dienten als Grundlage für einen Nachbau, der im Auftrag des Londoner Science Museums zwischen 1989 und 1991 verwirklicht wurde. Dabei durften nur Techniken und Gerätschaften verwendet werden, die auch in der Zeit von Babbage verfügbar gewesen wären. So konnte man beweisen, dass die Maschine bereits in ihrer Entstehungszeit hätte einwandfrei funktionieren können. Für Babbage selbst war das gar keine Frage, denn in einem Brief schrieb er, das Fertigstellen der Pläne sei bereits so gut wie die Fertigstellung der Erfindung selbst. Babbage hatte nämlich ein ausgeklügeltes System entwickelt, mit dem sich mechanische Bewegungsabläufe unter Berücksichtigung der Zeitkomponente grafisch darstellen ließen, d. h. bei dem sowohl die Gleichzeitigkeit von Vorgängen als auch ihre Abfolge dokumentiert wurden. Mit dieser „Mechanical Notation“ war es ihm möglich, die Funktionsweise auch komplizierter Mechanismen exakt vorherzusagen, ohne dass dafür zwingend ein Versuchsmodell gebaut werden musste. Unverträglichkeiten im mechanischen System konnte er deshalb frühzeitig erkennen und beseitigen. [175]

Zu Lebzeiten von Babbage und kurz danach befassten sich weitere Erfinder mit dem Bau von Differenzmaschinen. Der schwedische Verleger, Autor und Erfinder *Pehr Georg Scheutz*[176] (1785–1873) und sein Sohn *Edvard* (1821–1881) wurden durch einen in einer Fachzeitschrift veröffentlichten ausführlichen Aufsatz zur Differenzmaschine Babbages dazu angeregt, sich mit der Konstruktion einer derartigen Maschine zu beschäftigen. Nach dem Bau eines Modells entstand eine Maschine, die zwar auf weniger Stellen genau rechnete als das Vorbild und nur weniger komplizierte Polynome erlaubte, aber sie funktionierte grundsätzlich, wenngleich ihre Störanfälligkeit immer wieder erhebliche Schwierigkeiten bereitete. Zwar stimmte das Grundkonzept mit dem von Babbage überein, aber zugleich gab es zahlreiche eigenständige konstruktive Lösungen.

Babbage unterstützte Vater und Sohn Scheutz recht uneigennützig dabei, die Maschine in ganz Europa bekannt zu machen. Sie wurde in England patentiert und auf der Pariser Weltausstellung von 1855 mit einer Goldmedaille prämiert. Anschließend wurde sie an ein amerikanisches Observatorium verkauft. Eine weitere Differenzmaschine erwarb die englische Regierung. Das größte Projekt, für das diese Maschine eingesetzt wurde, war die Berechnung und das maschinelle Ausdrucken eines Teils der englischen Sterbetafel von 1864, die insgesamt mehr als 600 Seiten umfasste. Auch bei dieser Maschine kam es immer wieder zu Störungen. Gleichwohl kann man die scheutzsche Differenzmaschine in technischer Hinsicht als einen Erfolg betrachten. Nachdem trotz großer Bemühungen nur zwei Maschinen verkauft werden konnten, war das Projekt jedoch kommerziell ein Fehlschlag. Georg Scheutz musste beträchtliche Kredite aufnehmen, die ihm bei ausbleibenden Einnahmen große finanzielle Schwierigkeiten verursachten.

Auch in den USA, Frankreich und Deutschland wurden vereinzelt Maschinen dieses Typs gebaut. Ihr gemeinsames Merkmal war der ausbleibende kommerzielle Erfolg. Wie lässt sich erklären, dass meist nur Einzelmaschinen hergestellt wurden, die zwar nicht selten Bewunderung errangen und hier und da nützliche Arbeiten verrichteten, aber sich in keinem Fall wirtschaftlich auszahlten? Dafür gibt es mehrere Gründe. Vor allem bestand kein so großer Bedarf an neuen oder neu zu berechnenden Tabellen, wie die Erfinder angenommen hatten. Realistisch betrachtet war die Arbeitsgeschwindigkeit dieser Maschinen auch nicht groß genug, um das Rechnen zu revolutionieren. Schließlich waren sie während des 19. Jahrhunderts nicht billig genug, um die menschlichen Computer zu verdrängen und im 20. Jahrhundert mangelte es an Vielseitigkeit, um der Konkurrenz anderer Rechengeräte erfolgreich widerstehen zu können. Man könnte sagen: Die Differenzmaschinen stellten eine Lösung dar, für das ein Problem gesucht, aber zum Bedauern ihrer Erfinder nicht gefunden wurde. Oder anders formuliert: Es handelte sich um Knechte, für die sich kaum einmal ein Herr fand.

In der Rückschau lässt sich feststellen: Von der Idee der Selbsttätigkeit her brachten Differenzmaschinen zwar einen Fortschritt. Gleichzeitig grenzten sie aber das Anwendungsspektrum auf mathematische Funktionen bis zu einem bestimmten Potenzierungsgrad ein und bedeuteten einen Verzicht auf alle Rechenoperationen außer der Addition. Das war ein Rückschritt gegenüber der herkömmlichen Rechenmaschine, mit der ja alle denkbaren Rechenaufgaben gelöst werden konnten, wenngleich dafür die Steuerung durch Menschen erforderlich war. Die bislang bekannten Rechenmaschinen sind also als vielfältig einsetzbare mathematische Universalinstrumente zu klassifizieren, während es sich bei den Differenzmaschinen um Spezialmaschinen handelt.

Ein mechanischer Universalcomputer im 19. Jahrhundert

Wer kann die Folgen einer solchen Erfindung vorhersehen?
L. F. Menabrea / Ada Lovelace, 1843

Ein so unermüdlicher Geist wie Charles Babbage konnte sich mit einer Situation, die mit der Differenzmaschine zwar Neues schuf, aber die bisher erreichte Flexibilität der Rechenmaschine aufgab, nicht zufrieden geben. Er wollte Vergangenheit und Zukunft in einem großen Entwurf vereinen. Seit dem Ende des Jahres 1834 arbeitete er an dem Konzept einer automatisierten Universalrechenmaschine, die er „Analytical Engine“ (Analytische Maschine) nannte. Bis zu seinem Tod im Jahre 1871 sollte ihn dieses Projekt nicht mehr loslassen.

So wie der Jacquard-Webstuhl automatisch Stoffmuster erzeugte, sollte die Analytische Maschine Zahlenmuster weben. Damit sollte es nicht nur möglich sein, beliebige Funktionen zu berechnen und deren Resultate zu tabellieren, sondern auch ein einzelnes Resultat für jede beliebige Formel zu liefern, d. h. jede Formel, für die der Mathematiker eine Lösungsmethode angeben konnte. Die neue Maschine sollte also in der Lage sein, eine beliebige Folge von Rechenoperationen durchzuführen und nach algebraischen Regeln mit den Vorzeichen zu verfahren. Sogar eine Vorrichtung zum Ausdrucken von Tabellenwerten in grafischer Form (Kurvenzeichner) war vorgesehen.

Die Architektur der Analytischen Maschine weist bereits die wesentlichen Komponenten eines modernen Computers auf, nämlich einen von der Recheneinheit („mill“) getrennten Arbeitsspeicher („store“) und eine Steuereinheit (bei Babbage ohne besondere Benennung), welche die Aufgabe hatte, die Reihenfolge der konkreten Rechenoperationen zu bestimmen, die dafür maßgeblichen Zahlen auszuwählen und die Ausgabe der Ergebnisse zu lenken. Darüber hinaus gab es – mit modernen Begriffen ausgedrückt – Eingabe- und Ausgabeschnittstellen. Besondere Anerkennung verdient der schon bei der Differenzmaschine verwirklichte Gedanke, das Ergebnis einer Rechenoperation als Ausgangswert für die nachfolgende zu verwenden. Das meint der von Babbage verwendete Ausdruck der „Maschine, die sich selber in den Schwanz beißt“.[177] Der Speicher sollte die für jene Zeit unvorstellbare Kapazität von tausend Zahlen mit je 50 Stellen besitzen. Darüber hinaus sollte die Maschine mit beliebig großen Zahlen rechnen können. Dies erreichte Babbage, indem er wie ein Zauberkünstler die Endlichkeit des Raumes (also die Kapazität seiner Rechenmaschine) ersetzt durch die Unendlichkeit der Zeit. Konkret formuliert: Große Zahlen werden automatisch in Segmente aufgelöst und nacheinander berechnet.

Natürlich musste ein Weg gefunden werden, um der Maschine mitteilen zu können, welche Rechenoperationen in welcher Reihenfolge von ihr erwartet wurden und mit welchen Zahlen die Berechnungen durchgeführt werden sollten. Zu dieser Programmierung verwendete Babbage die vom Jacquard-Webstuhl her bekannten Lochkarten, und zwar in drei Typen: solche zur Angabe der jeweiligen Rechenoperation, solche für Variablenadressen (d. h. Bezeichnungen für die Speicherstellen, in denen sich die zu bearbeitenden Zahlen befanden oder an denen die berechneten Ergebnisse abgelegt werden sollten) und Zahlenkarten, mit denen sich der Zahlenwert einer Konstanten, z. B. der Zahl π, in die Maschine einspeichern lassen. Die Informationen der Lochkarten wurden von der Steuereinheit gelesen, interpretiert und entsprechende Aktionen bewirkt.

Bei einem Zahlenüberlauf über Null oder Unendlich, sollte eine Glocke den Bediener darauf aufmerksam machen, dass er nun von Hand eingreifen musste. Allerdings konnte aber schon bei der Programmierung der Maschine eine bestimmte Reaktion für diesen Fall vorgesehen werden. Überhaupt sollte die Maschine in der Lage sein, in Abhängigkeit von bestimmten Zwischenergebnissen oder Zahlenkonstellationen die weitere Verarbeitung in die eine oder die andere Richtung zu lenken. Dies wurde erreicht durch das gezielte Vorrücken oder Zurückfahren des Kartenstapels. (Eine Technik, die man in der Programmierung als bedingte Verzweigung bezeichnet.) Auch die Wiederholung bestimmter Befehlsfolgen (Schleifen) war möglich.

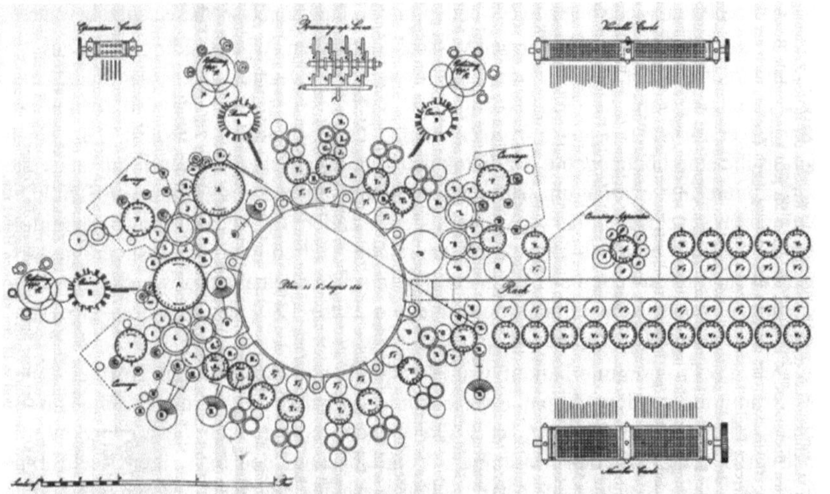

Übersichtsplan der Analytischen Maschine. Die um die große Zentralachse links angeordneten Kreise kennzeichnen die Mühle (mill), während es sich bei dem an die waagrechte Zahnstange (rack) angrenzenden Bereich um den Speicher (store) handelt.

Von Babbage selbst gibt es keinen Text, der sowohl die Arbeitsweise als auch die Anwendungsbreite der Analytischen Maschine umfassend erläutert. Dies erklärt, weshalb ein Aufsatz des italienischen Militäringenieurs *Luigi F. Menabrea*, der an einer Erläuterung durch Babbage vor einem interessierten Personenkreis in Turin teilnahm, zu einer wichtigen Informationsquelle wurde. Die mit Babbage befreundete *Ada Augusta Byron* (1815–1852), Tochter des Dichters Lord Byron und spätere *Countess of Lovelace*, übersetzte diesen Aufsatz ins Englische und fügte in enger Abstimmung mit Babbage nicht nur umfangreiche Erläuterungen und Ergänzungen sowie ein Programmierbeispiel hinzu, sondern ging auch auf Anwendungsmöglichkeiten und Leistungskraft der Maschine ein. So mutet es für uns heute geradezu hellseherisch an, wenn sie die automatische Komposition von Musikstücken für denkbar erklärt. Für die meisten Leser ihrer Zeit hingegen galten derartige Äußerungen zweifellos als Phantastereien. Ada Lovelace weist auch auf den nicht unerheblichen Aufwand hin, der erforderlich gewesen wäre, um die Lochkarten vorzubereiten[178] – also um nach heutiger Terminologie das Programm für die Maschine zu erstellen. Im Vorgriff auf das kommende Jahrhundert sah sie den Beruf des Programmierers voraus, indem sie schrieb: „Im Fall der Analytical Engine müssen wir zweifellos ein gewisses Kapital an analytischer Arbeit in einen bestimmten Bereich investieren, aber nur damit die Maschine uns einen viel größeren Gewinn in einem anderen Bereich einbringen kann."[179] Der Aufwand für die Programmerstellung erscheint in einem etwas günstigeren Licht, wenn man die Möglichkeit berücksichtigt, die Stapel sortierter Lochkarten wiederholt zu verwenden und in Programmbibliotheken aufzubewahren.

Unter den für Frauen schwierigen wissenschaftlichen Arbeitsbedingungen des 19. Jahrhunderts stellt der Aufsatz von Lady Lovelace eine ganz außerordentliche Leistung dar. Gleichwohl werden Persönlichkeit und wissenschaftliche Fähigkeiten der 36jährig verstorbenen Lady Lovelace höchst unterschiedlich beurteilt. Die einen sehen in ihr eine hochbegabte Mathematikerin und verliehen ihr das Prädikat „erste Programmiererin" – wobei umstritten ist, ob nicht Babbage das von ihr veröffentlichte Programm geschrieben hat –, während sie für andere mathematisch nur als mittelmäßig begabt gilt und sich eher durch zahlreiche Affären und eine ausgeprägte Leidenschaft für Pferdewetten auszeichnete. Diese sehr voneinander abweichenden Einschätzungen waren kein Hinderungsgrund, im Jahre 1979 ihr zu Ehren eine Programmiersprache ADA zu nennen.

Durch die Programmierbarkeit wurde erstmals eine Möglichkeit eröffnet, einer selbstständig agierenden Maschine wechselnde Aufgaben zu übertragen, ohne an ihr mechanisch etwas zu verändern. Im 20. Jahrhundert belegte man diese Fähigkeit mit dem Begriff der „virtuellen Maschine". Verglichen mit den bisherigen Rechenmaschinen stellte das Konzept der Analytischen Maschine eine Revolution dar, ein kühnes Vorwegnehmen von Lösungen, die erst im folgenden Jahrhundert wieder neu erdacht werden sollten.

Trotz vieler Parallelen zu modernen Universalrechnern gibt es erhebliche Unterschiede. So waren alle Funktionen mechanisch realisiert – ohne den einfachsten elektrischen Kontakt und natürlich ohne Röhren, ohne Relais oder Transistoren. Im Vergleich zu heutigen Standards musste man mit großen Bearbeitungszeiten rechnen: für eine Addition oder Subtraktion mit einigen Sekunden und für eine Multiplikation oder Division mit einer Minute.

Für Babbage war es nach den Erfahrungen mit der Differenzmaschine klar, dass er das neue Projekt kaum auf eigene Rechnung würde verwirklichen können. Da sich aber weder die Regierung noch sonst jemand die Aufgabe zumuten wollte, blieb die Maschine bis auf kleine, vereinfachte Teile, mit denen er experimentierte, zu seinen Lebzeiten ungebaut. Erst nach seinem Tod ließ sein Sohn Henry P. Babbage einen Teil des Rechenwerks (mill) und eine Druckvorrichtung nach den vorhandenen Konstruktionsunterlagen bauen. Diese funktionsfähigen Maschinenteile befinden sich heute wie alle früheren Babbage-Maschinen im Science Museum in London.

Sieben Jahre nach dem Tod von Charles Babbage lieferte ein britisches wissenschaftliches Komitee, das berufen war, „über die Ratsamkeit und die Kosten des Baus der Analytischen Maschine“ zu urteilen, seinen Abschlussbericht. Neben der Empfehlung, den Bau der Maschine zu unterlassen, findet sich dort auch der folgende Satz, der in seiner Gestelztheit kaum zu übertreffen ist: „Abgesehen von der durch sie ermöglichten Arbeitsersparnis bei heute möglichen Operationen, glauben wir, dass das Vorhandensein eines derartigen Instruments vieles von dem in greifbare Nähe rücken würde, was, wenn nicht geradezu unmöglich, bislang doch zu nahe an den Grenzen menschlicher Geschicklichkeit und Ausdauer lag, um praktisch möglich zu sein.“[180]

Charles Babbage – ein Leben zwischen Ruhm und Verbitterung

Was können wir tun, um Herrn Babbage und seine Rechenmaschine loszuwerden?
Premierminister Sir Robert Peel (1842 in einem Brief)

Das Werk von Charles Babbage stand bisher im Mittelpunkt der Betrachtung, während der Erfinder als Mensch im Hintergrund blieb. Nun gilt aber Babbage als eine der außergewöhnlichsten und umstrittensten Gestalten der Wissenschaftsgeschichte, und er verdient als eine Persönlichkeit, die sich einfachen Festlegungen widersetzt, besondere Aufmerksamkeit. Aus heutiger Sicht wurde er aus zwei Gründen berühmt: Einmal, weil er den mechanischen Universalcomputer erfand und zum anderen, weil es ihm nicht gelang, ihn tatsächlich zu bauen. Erfolg und Scheitern sind in seinem Leben auf seltsame und innige Weise miteinander verknüpft. Unter diesen Umständen fragt man sich unwillkürlich: Was war das für ein Mann, dem es gelang, ohne fremde Hilfe und meist ohne Vorlagen, auf die er hätte zurückgreifen können, eine große Zahl der in modernen elektronischen Computern verwendeten logischen Elemente zu entwickeln und präzise zu dokumentieren? Und zugleich: Was war das für ein Mensch, der an mangelnder Anerkennung litt, obwohl er viele Freunde besaß, Kontakt zu den führenden Köpfen seiner Zeit hatte, finanziell abgesichert leben konnte und schon zu Lebzeiten als einer der bedeutendsten englischen Wissenschaftler galt?

Sein Leben fiel in eine Phase der Auseinandersetzung mit den Umwälzungen, welche die industrielle Revolution mit sich brachte. Als er geboren wurde, hatte sich an Englands ländlichem Charakter noch kaum etwas geändert. Der größte Teil der Bevölkerung lebte in kleinen Dörfern. Als Babbage 1871 starb, hatte sich Englands Gesamtbevölkerung nicht nur vervielfacht; zwei Drittel der Menschen lebten jetzt in Städten und Großstädten. Aus der Agrargesellschaft war eine Industriegesellschaft geworden, die neue Formen des Zusammenlebens entwickeln musste. Eine lange Reihe von technischen Erfindungen mit großer Tragweite fällt in Babbages Lebenszeit. Dazu gehören die Lokomotive, das Dampfschiff, das erste Unterseekabel von Dover nach Calais, der Konverter zur Erzeugung von Stahl. Die Folge war der rasche Aufbau eines Eisenbahnnetzes und einer florierenden Metall- und Maschinenbauindustrie.

Für Babbage war das starke Empfinden fehlender Anerkennung für seine Leistungen als Rechenmaschinenkonstrukteur ein ausgeprägtes Lebensgefühl. Stellvertretend für viele andere Belegstellen kann der Auszug (s. nächste Seite) aus einem Brief an den damaligen Regierungschef stehen, den Herzog von Wellington. Wer aus diesem Schreiben schließt, Babbage seien für sein vielfältiges Wirken Ehrungen und Orden niemals angetragen worden, irrt allerdings. Ihm angebotene Ehrungen, die sich nicht auf seine Arbeit an den Rechenmaschinen bezogen, lehnte er rundweg ab. Auf die ersehnten Anerkennungen hingegen wartete er vergeblich.

AUS EINEM BRIEF AN DEN HERZOG VON WELLINGTON (1852)

Ich habe Zeit, Gesundheit und Vermögen geopfert, um diese Rechenmaschine zu vollenden. Auch habe ich mehrere Angebote abgelehnt, die mir große persönliche Vorteile gebracht hätten. Doch ungeachtet der Opferung dieser Vorteile zu Gunsten der Weiterentwicklung einer Maschine mit beinahe intellektuellen Fähigkeiten, und obwohl ich für diese Maschine aus meinem privaten Vermögen eine größere Summe ausgegeben habe als die Regierung von England, die deren Ausführung lediglich begann, habe ich für meine Arbeit weder Anerkennung erhalten noch auch nur jene Ehren und jenen Lohn angeboten bekommen, die von jenen erreicht werden können, die sich rein wissenschaftlicher Forschung verschrieben haben. Ich dürfte vielleicht einige Ansprüche auf Beachtung stellen, die sich auf meine Arbeiten und Beiträge zu Gunsten verschiedener Gebiete der industriellen und physikalischen Wissenschaft gründen - doch mögen andere diese Verdienste bewerten.

Charles Babbage: Passagen aus einem Philosophenleben (1864), aus dem Englischen von Holger Sweers, Berlin 1997, S. 75

Im Hinblick auf mathematische und technische Fragestellungen kam es Babbage auf äußerste Genauigkeit an, aber sein eigenes Leben versteckte er hinter seinem Werk, in dessen Zentrum unangefochten die Rechenmaschinen standen. Für seine fast kokettierende Ungenauigkeit bei Dingen, die seine eigene Person betreffen, kann der folgende Satz aus seiner Autobiografie „Passagen aus einem Philosophenleben" stehen: „Meine Eltern, Kinder einer bestimmten Epoche und eines bestimmten Landstrichs, hingen natürlich der Religion ihres Landes an."[181] Lange herrschten sogar Zweifel über das richtige Geburtsjahr. Er selbst gab dafür 1792 an, während sein Sohn das richtige Jahr 1791 nannte. Als sein Geburtseintrag im Taufregister aufgefunden wurde – nicht in London, das er als Geburtsstadt nannte, sondern in einem früher selbstständigen Vorort der Hauptstadt – fand das Rätselraten ein Ende.

Seine Eltern sind der oberen Mittelschicht zuzurechnen und er genoss in sozialer Hinsicht und im Bereich der Bildung die in diesen Kreisen üblichen Vorteile. 1810 nahm er sein Studium an der Universität in Cambridge auf. Dort erhoffte er sich eine Hilfe bei der Lösung mathematischer Probleme, mit denen er sich privat beschäftigte. Erstaunt und enttäuscht musste er erfahren, dass ihm die Dozenten bei schwierigen Fragen auch nicht weiterhelfen konnten. Erfolgreicher war sein Bemühen, Kontakte zu anderen Studenten zu knüpfen und Freundschaften zu begründen. Diskussionen mit seinen Freunden, Spiele, Segeln, Angeln und Jagen waren in dieser Zeit wichtiger als das penible Einhalten studentischer Pflichten. Da war es für Babbage von Vorteil, dass er sich einen Diener und ein eigenes Segelboot leisten konnte. Bald hatte er einen größeren Bekanntenkreis als die meisten jungen Männer in seinem Umkreis.

Trotz aller Vergnügungen behielt für Babbage die Mathematik ihren hohen Stellenwert. Als Antwort auf die gegenüber Kontinentaleuropa rückständige mathematische Wissenschaft gründete er zusammen mit Freunden unter der Bezeichnung „Analytical Society" eine Vereinigung zur Pflege der Mathematik. Zu ihren Gründungsmitgliedern gehörten so kluge Köpfe wie John Herschel, der einmal der bedeutendste Astronom des 19. Jahrhundert werden sollte, und George Peacock, künftig einer der führenden Reformer der Universität Cambridge. Zwar bestand die Gesellschaft nur zwei Jahre, aber die von ihr ausgehenden Impulse waren für die Modernisierung der britischen Mathematikwissenschaft sehr wirkungskräftig. Diese Erfolge machten auch Babbage bekannt. 1820 wurde er Gründungsmitglied der „Astronomical Society", deren erste Goldmedaille ihm verliehen wurde. Babbage gehörte einer Reihe weiterer wissenschaftlicher Gesellschaften seines Heimatlandes und des Auslands an und er stand bald im Zentrum des intellektuellen Lebens Englands. Zu seinen Freunden und Bekannten gehörten neben vielen anderen so herausragende Persönlichkeiten wie Prinz Albert (Gemahl der Königin Viktoria), der Herzog von Wellington, die Schriftsteller Thomas Carlyle und Charles Dickens, der Soziologe John Stuart Mill, der Naturforscher Charles R. Darwin, der französische Mathematiker J. B. J. Fourier und der deutsche Naturforscher und Geograph Alexander von Humboldt.

Babbage hätte einigen Grund gehabt, sich an seinem Ruhm zu freuen. Aber er hatte auch Eigenschaften, die ihn daran hinderten. So brachten ihm seine wiederholten Angriffe auf den englischen Wissenschaftsbetrieb und dessen Repräsentanten Gegner und Feinde ein. Die mit Abstand polemischste seiner Schriften, die 1830 unter dem Titel „Reflections on the Decline of Science in England and some of its Causes" (Betrachtungen über den Niedergang der Wissenschaften in England und über einige seiner Gründe) erschien, erregte gewaltiges Aufsehen. Die Art und Weise, wie er darin zwei Präsidenten der Royal Society (der ältesten britischen Gelehrtengesellschaft) angriff, wurde als sarkastisch und rüde empfunden. Den bereits verstorbenen Präsidenten Davy beschuldigte er, sich auf Kosten der Royal Society bereichert zu haben. Einen Toten anzuklagen, der sich nicht mehr verteidigen kann, galt aber als äußerst stil- und geschmacklos. Diese Art des Verhaltens, sich nicht an gesellschaftliche Konventionen zu halten, wird von seinen Biografen in manchen Phasen als charakteristisch bezeichnet. Maboth Moseley benennt ihn schon im Titel ihres Buches als „irascible genius", also als ein aufbrausendes oder jähzorniges Genie. Streitsucht, der Hang zum Widerspruch, Sarkasmus und Zynismus rechnet sie ihm als ausgeprägte Charaktereigenschaften zu.[182]

Sich auszuruhen und über Erreichtes zu freuen, war nicht Babbages Sache. Er war ein unruhiger Geist und seine Interessen galten den unterschiedlichsten Wissensgebieten und Betätigungsfeldern. Dabei erreichte er allerdings nicht jene Universalgelehrsamkeit, wie sie uns in früheren Jahrhunderten begegnete, beispielsweise bei Leibniz. Babbage arbeitete vor allem auf den Gebieten Mathematik, Technik, Statistik, Wirtschaft (politische Ökonomie), Informationsverschlüsselung (Kryptografie), Paläontologie und Geologie. Daneben gab es ein zeitweiliges Wirken in so gegensätzlichen Bereichen wie der Politik und der Philosophie.

Wie weit gestreut seine praktischen Interessen waren, zeigen einige seiner weiteren Erfindungen, auch wenn sie nicht immer völlig neu waren. Dazu gehören eine Art Fahrtenschreiber für die Eisenbahn, eine Taucherglocke, ein Mikroskop für die Augenheilkunde, Farbscheinwerfer für das Theater und eine Stechuhr zur Arbeitszeiterfassung. Auch daran wird deutlich, dass er sich nicht ausschließlich mit Rechenmaschinen befasste, auch wenn sie sein Leben dominierten.

Babbage unterschied sich in einem wichtigen Punkt von vielen Erfindern seiner Zeit: Durch sein Erbe war er seit dem Tod des Vaters finanziell so gut gestellt, dass er es sich leisten konnte, seinen wissenschaftlichen und technischen Interessen nachzugehen, ohne Not zu leiden und ohne den Lebensunterhalt in einem Beruf verdienen zu müssen. Außer der sehr niedrig honorierten Lucas-Professur in Cambridge – wo Newton einer seiner Vorgänger war –, hatte er lebenslänglich kein Amt und keine bezahlte Funktion inne, obwohl er sich mehrfach um eine angemessene Position bemühte. Natürlich stellte diese Professur, für die er tatsächlich keine einzige Vorlesung hielt, eine Anerkennung und Ehrung dar, ebenso wie die Verleihung der Goldmedaille durch die Astronomical Society. Doch Babbages seelisches Koordinatensystem verlief anders und das Scheitern seines Rechenmaschinenprojektes beherrschte sein Denken und Fühlen. Aber auch das Schicksalsjahr 1827, in dem nach dem Tod des Vaters auch seine geliebte Frau und zwei Kinder starben, veränderte sein Leben und brachte eine innere Leere mit sich. So wurde schließlich aus dem geselligen jungen Mann, dem Gastgeber hochgeschätzter Samstagabendgesellschaften, dem Anekdotenerzähler und in den besten Londoner Kreisen gerne gesehenen Gast, dem bekannten Wissenschaftler und erfolgreichen Schriftsteller ein alter verbitterter Mann, ein Griesgram und Menschenfeind. Bekannt wurde er für seine Abneigung gegen Straßenmusikanten, deren Verbot er in einer öffentlich geführten Kampagne zu erreichen suchte. Zunächst hatte der damit keinen Erfolg; ganz im Gegenteil rächten sich die Musikanten, indem sie sich auf der Straße vor seinem Haus versammelten und stundenlang in voller Lautstärke aufspielten.[183] Erst 1864 gelang es ihm die

„Verordnung zur Regulierung der Straßenmusik im innerstädtischen Polizeibereich" (das sogenannte „Babbage-Gesetz") durchzusetzen, das eine Handhabe gegen musikalische Ruhestörer bot.[184]

Als Babbage 1871 starb, wurde sein Gehirn dem Schädel entnommen, konserviert und viele Jahre später auf seine Beschaffenheit hin untersucht. Wahrscheinlich hatte Babbage selbst die Anweisung für diesen zu jener Zeit nicht ganz ungewöhnlichen Vorgang gegeben. Berühmte Leute glaubten, dass es der Wissenschaft möglich sein müsste, irgendwelche Verbindungen zwischen ihrer Lebensleistung und der grundlegenden Struktur ihres Gehirns festzustellen. Fast 38 Jahre nach seinem Tod erschien ein Aufsatz, in dem Babbages Gehirn penibel beschrieben und analysiert wird. Schon in der Einleitung betont der Autor, ein führender Neurologe seiner Zeit, dass es für derartige Zusammenhänge keine wissenschaftliche Begründung gäbe.[185] Wenn Babbage also mittels seines Gehirns eine Art später Anerkennung erhofft haben sollte, so hatte er sich getäuscht. Inzwischen ist sie in dieser Form aber auch nicht mehr nötig, denn sein Nachruhm könnte ohnehin kaum größer sein. Die Anerkennung, die er und sein Werk gefunden haben, geht sicherlich über die nicht gerade geringen Erwartungen hinaus, die er zu Lebzeiten hegte und vergeblich einforderte.

Babbages Analytische Maschine – Vorbild oder Sackgasse?

Mit der Erfindung der Analytischen Maschine bin ich meinem Land und sogar, wie ich fürchte, meinem Zeitalter (...) weit voraus.
Ch. Babbage (vermutlich 1840)

Hinterließen die Neuerungen, mit denen Babbage Konzeption und Bau von Rechenmaschinen voranbrachte, auch bleibende Spuren? Wirkten sie ein auf das Leben der Menschen? Gab es eine Veränderung im Verhältnis von Mensch und Maschine? Die zu der Zeit von Babbage und zuvor verwendeten Rechenmaschinen waren als Rechenknechte in jeder Hinsicht von ihrem Benutzer abhängig. Der Mensch bestimmte die jeweils nächste Rechenoperation und übertrug die dafür erforderlichen Zahlen in entsprechende mechanische Vorrichtungen. Alles hatte nach vorgegebenen Regeln zu erfolgen, die oft mehr den technischen Gegebenheiten als der Logik der Problemlösung angepasst waren. Vom Benutzer hing es ab, ob die Ergebnisse richtig oder falsch waren und er hatte maßgeblichen Einfluss auf die Dauer eines Rechenvorgangs. Man kann die Sichtweise auch umkehren und im Menschen, der die Maschine „bedient", der ihre Eigenarten kennen und oft mit Geschick und Erfahrung ihre Unzulänglichkeiten überwinden muss, den mit Mühsal Beladenen, den Geknechteten sehen. Aber auch bei dieser Betrachtungsweise bleibt es dabei: Der Mensch handelt und entscheidet, während die Maschine ausführt.

Babbage führte Neuerungen ein, welche das zwischen Mensch und Maschine bestehende Verhältnis von Agieren und Reagieren entscheidend veränderten. Neben der Automatisierung, durch die der Mensch Vorgänge nur noch auslösen, aber nicht mehr durchgängig steuern muss, ist es vor allem die sogenannte „bedingte Verzweigung", die der Maschine eine bisher nicht gekannte Flexibilität und Eigenständigkeit einräumt. Sie ist jetzt in der Lage, sich situationsabhängig zu verhalten und Entscheidungen zu treffen, zu denen der Mensch möglicherweise gar nicht imstande wäre, weil ihm im Augenblick die nötigen Informationen fehlen oder auch die Fähigkeit, sie rasch genug auszuwerten. Um dies leisten zu können, muss die Maschine entsprechend programmiert sein. Das Programm muss dafür an den entsprechenden Stellen Verzweigungsbefehle enthalten. Beispielsweise könnte beim Erstellen von Rechnungen ab einer Gesamtsumme von 2000 € ein Rabatt von 20 % abgezogen werden, ansonsten nur ein Rabatt von 10 %. Eine besondere Form der Verzweigung liegt darin, einen Programmteil so oft zu wiederholen, bis eine bestimmte Bedingung erfüllt ist, also beispielsweise ein vorgegebener Wert überschritten ist. Die beschriebenen Vorgänge sollten bei der Analytischen Maschine durch das Vor- oder Zurückschieben der Lochkartenstapel bewirkt werden.

Ohne die Verzweigungstechnik wäre es heutzutage nicht möglich, beispielsweise eine Spielzeugmaus zu bauen, die aus einem beliebigen Labyrinth wieder herausfindet, oder das Ampelsystem einer Großstadt automatisch und verkehrsabhängig zu steuern. Erst die bedingte Verzweigung setzte den Computer in die Lage, Entscheidungen zu treffen, gab ihm die Fähigkeit, unter Beachtung einer Vielzahl von Kriterien konsequent und sicher die im Programm als optimal definierte Alternative zu wählen. Babbage schuf damit die Voraussetzungen für eine zunehmende Überlegenheit der Maschine gegenüber dem Menschen auf einzelnen Gebieten. Der Knecht Computer wird bald Aufgaben übernehmen, die sein Herr im Vertrauen auf die Fähigkeiten seines Helfers zunehmend verlernt. Der Mensch macht sich damit abhängig und eine Karriere der Maschine als Zauberlehrling wird möglich. Zwar war es im 19. Jahrhundert noch nicht so weit, aber der Samen war gelegt.

Wie bei vielen Vorgängen im Leben von Babbage, so ist auch seine Wirkung auf die Erfinder und Konstrukteure programmgesteuerter elektronischer Universalrechner, die nach ihm kamen, umstritten. Die Frage, ob die Forscher des 20. Jahrhunderts an Babbage anknüpften oder ob sie wesentliche Komponenten des modernen Computers neu erfanden, wird unterschiedlich und zuweilen recht vage beantwortet. So begnügt sich der Babbage-Forscher und Medienwissenschaftler *Dotzler* damit, eine ungebrochene Traditionslinie von Babbage zu Alan Turing, der als Mathematiker im 20. Jahrhundert wichtige Beiträge zur Entwicklung des Computers leistete, nicht auszuschließen.[186]

Doron Swade, wissenschaftlicher Leiter der Computersammlung im Science Museum in London, sieht bestenfalls im Ansatz einen Einfluss von Babbages Rechenmaschinen auf die Entstehung moderner elektronischer Computer. Er vertritt die Auffassung, dass die Computerpioniere der 1940er Jahre mehr von dem Geist und der Tradition von Babbages Werk unterrichtet waren, als dass sie eine weiterreichende Kenntnis seiner Entwürfe besaßen.[187] Es waren kleine wissenschaftliche Zirkel, in denen die Erinnerungen an Babbages außerordentliche Ausdauer beim Verfolgen seiner Ziele die Überzeugung am Leben hielt, dass es möglich sein müsse, eine automatische Universalmaschine zu bauen.

Für den französischen Mathematiker und Computerhistoriker *Georges Ifrah* steht fest, dass alle jene Wissenschaftler und Ingenieure, die in Deutschland, Großbritannien, den USA und in anderen Ländern im 20. Jahrhundert an der Entwicklung eines programmgesteuerten Digitalcomputers arbeiteten, sich des Werks von Babbage direkt oder indirekt bewusst waren.[188] Er sieht deutliche Spuren für den Transfer von Einstellungen und Wissen aus dem 19. in das 20. Jahrhundert und bemüht sich darzulegen, dass der Arbeit von Babbage nicht nur Respekt und Bewunderung gebührt, sondern dass sie beim langen Weg in das neue Jahrhundert hinein auch wirkungsmächtig geblieben ist.

Die erste Station dieser Tradierung ist Sohn *Henry P. Babbage*, der von 1880 bis 1910 an dem Zusammenbau von Teilen der Analytischen Maschine arbeitete und in Publikationen darüber berichtete. Aus finanziellen Gründen und weil sich die technischen Schwierigkeiten häuften, kam es allerdings zum Aus. Im Jahre 1903 begann der zwanzigjährige irische Buchhalter *Percy E. Ludgate* (1883–1922) damit, sich mit der Konstruktion einer programmierbaren Universalrechenmaschine zu befassen. Anfänglich war ihm sein Vorgänger Babbage unbekannt. Als er von dessen Arbeit Kenntnis bekam, studierte er voller Bewunderung alle dazu erreichbaren Texte und veröffentlichte einen Aufsatz zum Thema „automatische Rechenmaschinen".[189] Zwar gleichen sich die von Ludgate entworfene Maschine und die von Babbage im Grundkonzept; das ludgatesche Projekt weist jedoch eine Vielzahl von bemerkenswerten Verbesserungen auf. Für Steuerung und Dateneingabe war eine automatische Lösung mittels einer perforierten Papierrolle oder eine manuelle mit Hilfe einer Tastatur vorgesehen. Ein Elektromotor sollte für einen gleichmäßigen Antrieb und eine höhere Rechengeschwindigkeit sorgen.[190] In den sechs Jahren, in denen Ludgate an dem Projekt arbeitete, erstellte er detaillierte Zeichnungen, jedoch kam es nicht einmal zu einem Baubeginn.

Der spanische Ingenieur, Mathematiker und Erfinder *Leonardo Torres y Quevedo* (1852–1936) beschäftigte sich ebenfalls mit dem Werk von Babbage und fand für eine Reihe von Problemen neue Lösungen. Unter Verwendung elektromechanischer Komponenten baute er 1914 das Demonstrationsmodell einer programmgesteuerten Rechenmaschine, dem weitere Prototypen folgten. Im Gegensatz zu Ludgate war er eine bekannte Persönlichkeit und als Erfinder erfolgreich. Neben anderem entwickelte er ein ferngesteuertes Modellboot, zwei vollautomatische Schachautomaten und ein Luftschiff, das in mehreren Exemplaren gefertigt wurde und im 1. Weltkrieg zum Einsatz kam. Über seine Arbeit veröffentlichte er zwar in Spanien und Frankreich, jedoch nicht im englischsprachigen Bereich. Dies war für Verbreitung seiner Gedanken und die Weiterentwicklung seiner Rechenmaschine sicherlich von Nachteil. Seine Abhandlung zum Thema Automatik aus dem Jahre 1915 zeigt deutlich die zahlreichen Anknüpfungspunkte zwischen seinem Denken und Wirken und dem Werk von Charles Babbage.[191] Die hinterlassenen Entwürfe und Versuchsmodelle belegen, dass Torres y Quevedo durchaus in der Lage gewesen wäre, in den 1920er Jahren – und damit etwa 20 Jahre vor dessen tatsächlichem Entstehen – einen elektromagnetischen Universalcomputer zu bauen.[192] Dazu hätte es jedoch entsprechende Ermunterung und Nachfrage sowie günstigere finanzielle Voraussetzungen geben müssen. Doch hielten offenbar noch zu viele Menschen eine solche Maschine eher für die Spielerei eines Egozentrikers als für eine ernsthafte neue technische Möglichkeit. So war auch die Rechenmaschine dieses herausragenden Babbage-Nachfolgers niemals wirklich fertig. Trotz der zeitlichen Nähe zu den Computerpionieren der 1930er und 1940er Jahre hatte Torres' Rechenautomat keine erkennbaren Auswirkungen auf die Arbeit dieser Erfinder.

Nicht nur die Konstrukteure beschäftigten sich mit der Idee einer programmierbaren Rechenmaschine, auch für manche Wissenschaftler stellte sie ein interessantes Thema dar. Der Artikel „Numerisches Rechnen" von *R. Mehmke*, zu Beginn des 20. Jahrhunderts in der „Encyklopädie der mathematischen Wissenschaften" erschienen, trug in Deutschland dazu bei, Babbage nicht in Vergessenheit geraten zu lassen. In Frankreich erfüllte diese Funktion der bekannte und vielgelesene Mathematiker *Maurice d'Ocagne*[193]. Überhaupt gab es Bücher mit Beschreibungen aller Arten von Rechenmaschinen aus Vergangenheit und Gegenwart, deren Autoren zumindest im Grundsätzlichen auf die Analytische Maschine von Babbage eingingen. Zu ihnen gehört der Franzose *Louis Jacob* mit einem 1911 erschienen Buch.[194] Auch in den Tagungsberichten der französischen Akademie der Wissenschaften (Comptes rendus de l'Academie des sciences) sowie in „R. Taylor's Scientific Memoirs" finden sich entsprechende Artikel und Hinweise.

1933 erschien ein Buch des Franzosen *Louis Couffignal* (1902–1966), einem Schüler von Maurice d'Ocagne, in dem er eine Rückschau auf die bisher gebauten Rechenmaschinen gibt.[195] Im Laufe der Arbeit an diesem Projekt faszinierten ihn immer stärker jene Probleme, die bereits Babbage umgetrieben hatten, und er fand dafür eine Reihe einfacherer und überzeugenderer Lösungen. In seiner Doktorarbeit von 1938 stellte er die wesentlichen Funktionen einer mit Binärzahlen anstelle von Dezimalzahlen arbeitenden elektromechanischen Universalrechenmaschine vor. Im selben Jahr erstellte er Konstruktionspläne für einen elektromechanischen Rechner und begann mit Unterstützung der französischen Regierung mit dem Bau. Aber der zweite Weltkrieg und die Besetzung Frankreichs brachten das Projekt zum Erliegen. Nach dem Krieg gelang es ihm, 1950 eine Rechenmaschine zu bauen, die grundsätzlich so arbeitete, wie er es bisher geplant hatte, sich jetzt jedoch der elektronischen Technologie anstelle der elektromechanischen bediente. Aber sie erregte kaum mehr

Aufmerksamkeit, weil sich bereits Computer im modernen Sinne einige Jahre zuvor etabliert hatten.

Im selben Jahr als Torres y Quevedo starb, 1936, veröffentlichte der amerikanische Ingenieur und Naturwissenschaftler *Vannevar Bush* (1890–1974) einen Aufsatz, in dem er anregte, die Konzeption von Babbage in der Form zu verwirklichen, dass eine bestimmte Anzahl der seinerzeit bereits existierenden Lochkartenmaschinen mittels einer programmierbaren Mastersteuerung kombiniert würden. Eine solche Maschine hätte es erlaubt, die Abfolge der einzelnen Operationen nach Belieben zu variieren.[196] Weil Bush sehr erfolgreich an der Entwicklung von Analogrechnern arbeitete, wurde das obengenannte Projekt nicht ausgeführt. Bush war in den 1930er Jahren bereits ein bedeutender Mann in der US-Army. Er hatte die zentralen Positionen an den Schaltstellen zwischen wissenschaftlicher Forschung und praktischem Einsatz inne. Während des 2. Weltkriegs koordinierte er neben anderen wichtigen Projekten auch die Entwicklung der Atombombe. Die Überlegungen eines für Wissenschaft und Politik so einflussreichen Mannes fanden Resonanz und sorgten dafür, dass auch die Grundzüge der Ideen von Babbage lebendig blieben, selbst bis in die Jahre kurz vor der Entstehung der ersten modernen Computer.

Nachdem 1944 der von *Howard H. Aiken* entwickelte programmgesteuerte Relaisrechner in Betrieb genommen worden war, erschien zwei Jahre später in einer amerikanischen Wissenschaftszeitschrift ein Artikel, in dem die Maschine als die grundsätzliche Verwirklichung von Babbages Projekt bezeichnet wurde. Die Überschrift lautete: „Babbages Traum wird wahr“.[197] Aiken war ein großer Bewunderer von Babbage und betonte immer wieder, wie stark er von seinem Vorbild beeinflusst war. Überhaupt waren in den Jahren nach dem 2. Weltkrieg Babbage und sein Werk vor allem in den USA und in England das Thema von Veröffentlichungen, Vorlesungen und öffentlichen Diskussionen, so dass die Väter der neuen elektronischen Computer durchaus davon Kenntnis haben konnten.[198]

Babbages Werk war also nicht vergeblich. Es trug Früchte noch lange nach seiner Entstehung, es faszinierte immer wieder kluge Köpfe und regte sie an zum Weiterentwickeln. Ob man ihn nun wie Alexander von Humboldt als „Vater der Maschine der Maschinen“[199] oder als Großvater oder Großonkel der modernen Computer bezeichnet – auf jeden Fall war er eine beeindruckende Urgestalt für das erst viel später aufziehende Zeitalter des elektronischen Rechnens und der automatisierten Datenverarbeitung.

Ein Stück Karton
beschleunigt Betriebsabläufe

Die amerikanische Regierung hat ein Problem

Nicht nur die von Babbage inspirierten Wissenschaftler und Techniker standen an der Schwelle zum Zeitalter des modernen Computers, auch für ein anderes am Ende des 19. Jahrhunderts erfundenes Verfahren, das Lochkartensystem, trifft dies zu. Seine Entstehung und seine Erfolge sind ohne die großen amerikanischen Volkszählungen (Zensus) des ausgehenden 19. Jahrhunderts nicht denkbar, und deshalb soll zunächst deren Geschichte kurz dargestellt werden.

Die Verfassung der Vereinigten Staaten von Amerika (1787) schreibt vor, dass alle zehn Jahre eine Volkszählung durchgeführt werden muss. Da es bis heute kein Melderegister gibt, soll damit sichergestellt werden, dass die einzelnen Bundesstaaten jeweils mit jener Abgeordnetenzahl im Repräsentantenhaus vertreten sind, die dem Verhältnis ihrer Bevölkerungszahlen entspricht. Die erste Volkszählung nach dieser Bestimmung fand 1790 statt und der Zehnjahresrhythmus wurde konsequent eingehalten. Für die Dauer der jeweiligen Volkszählung richtete die Regierung eine besondere Behörde ein, das Zensusbüro.

Der amerikanische Zensus von 1880 sollte anders werden; deutlich sollte er sich von den vorangegangenen neun Volkszählungen unterscheiden. Dies versicherte Francis A. Walker, der Chef des US-Zensusbüros, dem amerikanischen Kongress. Zunächst einmal sollten die erhobenen Daten und die anschließenden statistischen Auswertungen zuverlässiger sein als bisher. Denn solange die Erhebung den Polizeichefs (marshals) der einzelnen Gerichtsbezirke und ihren Helfern übertragen war und auf fachliche Kontrollen verzichtet wurde, hatten politische und regionale Interessen immer wieder zu unzuverlässigen und gar skandalösen Ergebnissen geführt. Um die schwerwiegenden Mängel zu beheben, musste das Verfahren grundlegend geändert werden. Zur Datenerhebung wurden jetzt vom Zensusbüro speziell dafür eingestellte und geschulte Mitarbeiter in die Haushalte und Unternehmen geschickt. Besondere Supervisoren für die einzelnen Bezirke organisierten die Arbeit ihrer Zähler und einheitliche Erhebungslisten sorgten für standardisierte Bedingungen. Während die Zahl der abgefragten Themenbereiche nur geringfügig über jener der vorangegangenen Volkszählung aus dem Jahre 1870 lag, wurden jetzt weitaus mehr Einzelangaben erhoben. Alles in allem sollte der zehnte amerikanische Zensus gemäß dem hohen Anspruch von Walker den „lebendigen Pulsschlag einer Nation" wiedergeben.[200]

In der Tat konnte man den Ergebnissen der Volkszählung von 1880 zunächst mehr Vertrauen schenken. Sie erfüllten in großem Umfang die Anforderungen der wissenschaftlichen Statistik, die damals einen erstaunlichen Aufschwung erlebte. Doch einige Hindernisse wurden dem neunten amerikanischen Zensus zum Verhängnis, nämlich das neue Zählverfahren, die anspruchsvollen erweiterten Ziele und vor allem das Anwachsen der Bevölkerung durch die vielen Einwanderer. Die Bevölkerung war von 23 Millionen im Jahre 1850 auf über 50 Millionen im Jahre 1880 angestiegen. Während 1790 für Erhebung und Auswertung der wenigen erhobenen Personenmerkmale der insgesamt 3,9 Millionen Einwohner knapp neun Monate ausreichten, benötigte man 1850 für die Bearbeitung bereits vier Jahre. Obwohl nahezu 1500 Menschen dafür eingesetzt waren, dauerte es jetzt fast sieben Jahre, bis alle Daten ausgewertet waren. Man war also nahe an die Volkszählung des Jahres 1890 herangerückt, bis alle Ergebnisse veröffentlicht werden konnten. Zu diesem Zeitpunkt hätte sich das Zensusbüro jedoch bereits intensiv mit der Vorbereitung der nächsten Volksbefragung beschäftigen müssen. Die großen zeitlichen Verzögerungen waren für alle unerträglich, die für ihre Arbeit aktuelle Zahlen benötigten – besonders für die Regierung und für die Wissenschaft. Noch schwerer wog jedoch die Tatsache, dass ein Verstoß gegen ein Verfassungsgebot drohte. Mit dem bisherigen Verfahren der Datenerfassung und Auswertung ließ sich offensichtlich der Verfassungsauftrag nicht mehr fristgerecht erfüllen und der „Pulsschlag der Nation", der 1880 gemessen wurde, war bei seiner Veröffentlichung nur noch ein schwacher Widerhall bereits vergangener Zeiten. Die amerikanische Regierung, die letztlich für den Zensus verantwortlich war, hatte also ein Problem, das schleunigst gelöst werden musste.

Bereits 1870 hatte *Charles W. Seaton*, ein Mitarbeiter des Zensusbüros, eine Vorrichtung entwickelt, mit deren Hilfe die Zählvorgänge sicherer und rascher durchgeführt werden sollten. Dieses Gerät wurde in einigen Zählbereichen verwendet und führte zu Zeiteinsparungen. Es war aber nicht geeignet, die künftig zu erwartenden weiter steigenden Anforderungen zu bewältigen. Ein völliger Systemwechsel musste gefunden und vollzogen werden. Er sollte sich einstellen – noch rechtzeitig für den elften Zensus von 1890.

Mr. Hollerith arbeitet an der Lösung

> *Die Kunst der Erfindung liegt zur Hälfte darin zu wissen, welche Erfindung benötigt wird.*
> *Dr. Raymond, Erfinder*

Wenn er gefragt wurde, wie er überhaupt auf die Idee gekommen sei, sein Lochkartensystem zu entwickeln, pflegte er lächelnd zu antworten: „Geflügelsalat". Natürlich reagierte der Fragesteller auf diese mehr als knappe Antwort mit Unverständnis. Dann erzählte *Herman Hollerith* (1860 – 1929), wie er an einem schwülen Sommerabend – es war im August des Jahres 1881 – an einer Tanzveranstaltung teilnahm. Am Ende eines Tanzes begleitete er seine Partnerin zu einem Losstand, wo ein Bierkrug zu gewinnen war. Aus einer Laune heraus, vielleicht auch um der jungen Dame zu imponieren, kaufte er alle noch verfügbaren Lose – nur ein Los ließ er liegen. Gerade diese verschmähte Glückschance war aber der Treffer. Um von seinem Missgeschick abzulenken, schlug Hollerith vor, das verbliebene Geld in einem vergnüglicheren Unterfangen anzulegen und steuerte das reichhaltige Büffet an. Dort machte er sich mit einer solchen Begeisterung über den Geflügelsalat her, dass er seine Begleiterin damit tief beeindruckte. Die junge Kate Sherman Billings erzählt die Geschichte ihrer Mutter und die beiden Frauen beschlossen, den tüchtigen Esser an einem Sonntag zum Abendessen einzuladen. Der Vater von Kate, der am Zensusbüro eine Abteilung leitete, kannte Hollerith bereits – war der junge Mann doch ebenfalls seit knapp zwei Jahren dort beschäftigt und hatte neben seiner eigentlichen Arbeit für Dr. John S. Billings Sterbetafeln berechnet. An diesem Abend kam es zwischen den beiden Männern zu einer Fachsimpelei, die für Hollerith sehr bedeutsam werden sollte. Dr. Billings hatte die Idee, das große Problem der amerikanischen Volkszählung mit Hilfe einer Maschine zu lösen. Das müsste möglich sein, meinte er, wenn es gelänge, die Daten der Individuen irgendwie als Löcher entlang den Rändern besonderer Karten darzustellen.

Soweit die von Hollerith erzählte Geschichte. Übrigens spielte die junge Dame weder an diesem Abend noch danach für Hollerith eine entscheidende Rolle; sie heiratete zudem bald danach einen anderen Mann. Das Thema Lochkartenmaschine hingegen sollte ihn sein ganzes Leben lang beschäftigen.

Holleriths besondere Aufgabe beim Zensusbüro in Washington waren ursprünglich Statistiken zum Einsatz von Dampf- und Wasserkraft in der Eisen- und Stahlindustrie. Nach der Plauderei mit Dr. Billings ließ er sich in die Bevölkerungsabteilung versetzen, wo die Abläufe bei der Auswertung von Massendaten und die damit zusammenhängenden Probleme unmittelbar zu erleben waren. Sehr rasch wurde ihm klar: Nicht nur eine maschinelle Auswertung der Daten schien möglich, auch eine erfolgreiche unternehmerische Verwertung war vorstellbar. Zunächst aber kam zu den vom Zensus von 1880 bekannten Schwierigkeiten ein weiteres Problem hinzu. Die verfügbaren finanziellen Mittel reichten nämlich nicht aus, um die anspruchsvollen Ziele zu verwirklichen. Unter diesen unsicheren Umständen suchte Hollerith einen neuen Job und fand ihn als Dozent für Maschinenbau beim Massachusetts Institute of Technology (MIT) in Boston, jenem Institut, das im 20. Jahrhundert zu einer der ersten Adressen für die Computerentwicklung werden sollte.

Neben seiner anstrengenden beruflichen Tätigkeit begann Hollerith, intensiv an der Lösung des Zensusproblems zu arbeiten. Dabei war zunächst die Frage zu klären, wie sich die Volkszählungsdaten maschinell lesbar aufzeichnen ließen, nachdem die gebräuchlichen Schriftzeichen dafür nicht in Frage kamen. Als Nächstes war eine Maschine zu konstruieren, die nach dem Lesen dieser Daten das Zählen bestimmter Merkmale übernehmen konnte. Zunächst hatte er die Idee, eine Papierrolle zu verwenden, bei der die individuellen Daten als Lochungen dargestellt wurden. Anschließend sollte das Papier über eine Trommel laufen und bei einer Lochung an einer bestimmten Stelle ein elektrischer Kontakt hergestellt werden, der die entsprechende Zählvorrichtung weiterschaltete. Völlig neu war dieses Leseprinzip nicht gerade, wurde es doch schon bei dem im vorangegangenen Jahrzehnt entwickelten automatischen Telegrafen verwendet. Aber die Anwendung war neu. Denn während es bei der Telegrafie um die unveränderte Übermittlung von Informationen ging, war jetzt ein Zählvorgang das Ziel. Hollerith experimentierte mit Lochstreifen, bei denen die Daten für jeweils eine Person in zwei Reihen in Querrichtung des Streifens gelocht wurden. Je nachdem, an welcher Stelle sich eine Lochung befand, bedeutete dies z. B. die Personenmerkmale männlich oder weiblich, weiß oder farbig. Die Lochstellen konnten durch Auflegen einer Schablone für das menschliche Auge wieder lesbar gemacht werden.

Die Idee, in Papier gestanzte Lochungen zu zählen, war eigentlich recht simpel. Aber sie bot viel mehr Möglichkeiten, als es auf den ersten Blick scheinen mag. Schließlich ließen sich an einer bestimmten Stelle des Papiers den Zuständen „gelocht“ oder „nicht gelocht“ beliebige Bedeutungen zuordnen, auch Zahlenwerte. Damit war eine Form der Aufzeichnung geschaffen, die zu der viele Jahrtausende alten Erfindung der Schrift in Konkurrenz trat. Jetzt war die mit der Lochung an einer bestimmten Stelle verbundene Aussage beispielsweise gleichbedeutend mit dem Satz „Der Bürger ist über 80 Jahre alt“. Ein Füllhorn von Gestaltungsmöglichkeiten, die auch für die Entwicklung künftiger Computer wegweisend sein sollten, eröffnete sich. Aber bald stieß Hollerith auf Mängel des Lochstreifensystems. Es war nämlich nur dann vorteilhaft einzusetzen, wenn die Angaben zu allen Personen – wir würden heute sagen: alle Datensätze – auszuwerten waren. Umständlich und zeitraubend wurde es dann, wenn nur einzelne Datensätze interessierten. In der Rückschau sagte Hollerith einmal: „Das Ärgernis war, dass dann, wenn beispielsweise eine Statistik der Chinesen zu erstellen war, Meilen von Papier durchlaufen mussten, um ein Paar Chinesen zu zählen.“[201]

Hollerith suchte also nach einem Weg, Auswertungen, die nur einen Teil des Datenbestandes betrafen, zeitsparender durchzuführen. Dazu musste es möglich sein, einzelne Datensätze vor einem erneuten Zählvorgang auszuwählen und möglicherweise neu zu ordnen. Vielleicht erinnerte er sich an das Gespräch im Hause Billings und an die Lochkarten. Er selbst allerdings erzählte Jahre später folgende Geschichte: „Ich reiste im Westen [der USA] und hatte eine Fahrkarte mit etwas, was man, wie ich glaube, gelochte Fotografie nannte. Der Schaffner stanzte eine Beschreibung des Individuums aus, wie blondes Haar, dunkle Augen, große Nase usw. Sie sehen also, dass ich nur eine gelochte Fotografie von jeder Person machte.“[202] Mit der „gelochten Fotografie“ meinte er die Datenerfassung zu Zensuszwecken.

Um den Wahrheitsgehalt dieser Geschichte zu überprüfen, eignet sich ein Maßband. Damit lässt sich feststellen, dass die erste von Hollerith verwendete Lochkarte genau die Abmessungen der seinerzeit üblichen Eisenbahnfahrkarten hatte. Außerdem benutzte er zur Lochung zunächst gewöhnliche Schaffnerzangen. Die schon hundert Jahre zuvor für die halbautomatische Steuerung von Webstühlen und später auch von Babbage für seine Analytische Maschine verwendete Lochkarte kam somit zu neuer Wertschätzung.

Hollerith-Kartenleser von 1890

Als Herman Hollerith 1883 nach nur einem Jahr Lehrtätigkeit das Institut in Boston verließ, hatte er die grundsätzliche Lösung des Zensusproblems gefunden. Für das „Lesen“ von Lochkarten gab es zwar seit Jacquard bereits gebräuchliche mechanische Abtastvorrichtungen, für einen nachfolgenden Zählvorgang existierte bislang jedoch kein Vorbild. Hollerith entwickelte eine dafür völlig neue Lösung, die Mechanik und die junge Elektrotechnik miteinander verband. Bei seinem Lesegerät wurde jeweils eine Lochkarte zwischen die beiden Hälften einer Presse gelegt. In den oberen Teil waren auf Federn gelagerte Nadeln eingelassen, die beim Niederdrücken des Hebels an jenen Stellen einen elektrischen Kontakt mit dem unteren Teil herstellten, wo sich eine Lochung auf der Karte befand. Durch die geschlossenen Stromkreise wurden die Zeiger von angeschlossenen Zähluhren jeweils um eine Einheit weiterbewegt. Die Ergebnisse mussten dann von den Uhren abgeschrieben werden. Bei entsprechend miteinander verlöteten Kontakten konnten in einem Arbeitsgang sogar Kombinationen von Merkmalen gezählt werden, beispielsweise Männer irischer Abstammung über 16 Jahren. Nahe bei dieser als Tabelliermaschine (tabulating machine) bezeichneten Apparatur stand ein Regal mit zahlreichen Fächern, die jeweils durch eine Klappe verschlossen waren. Wenn eine Karte mit bestimmten Merkmalen gelesen wurde, z. B. eine Frau weißer Hautfarbe, sprang durch einen elektrischen Kon-

Beim Zensus von 1890 eingesetzte Tabelliermaschine mit Kartenleser und Sortiervorrichunq

takt die dafür vorgesehene Klappe auf und der „Operator" konnte die Karte an den richtigen Ort für den nachfolgenden Verarbeitungsgang legen. Im Vergleich zu den mechanischen Rechenmaschinen jener Zeit, komplizierten technischen Wunderwerken aus zahlreichen Zahnrädern, Hebeln, Federn, Schrauben und Splinten, war das Lochkartensystem von Hollerith geradezu primitiv.

Grundsätzlich funktionierte das System. Jetzt musste es noch zur technischen Perfektion weiterentwickelt und – das war Hollerith nicht weniger wichtig – kommerziell erfolgreich verwertet werden. Er fand 1883 eine gutbezahlte Stelle beim US-Patentamt in Washington, wo er sich vielfältige Kenntnisse über rechtliche Grundlagen und über die Praxis des Patentwesens aneignen konnte, die ihm später im Hinblick auf seine zahlreichen eigenen Patente noch sehr nützlich sein sollten. Schon nach knapp einem Jahr machte er sich als Patentingenieur selbstständig, weil er glaubte, seine Ziele so besser verfolgen zu können.

Hollerith war davon überzeugt, dass sich der kommende elfte Zensus mit seiner Maschine in wesentlich kürzerer Zeit und zu deutlich niedrigeren Kosten bewältigen ließ, als dies bei der vorausgegangenen Zählung der Fall war. Aber der Glaube von Erfindern an ihr Werk ist eine Sache und dessen Einschätzung durch mögliche Abnehmer oder Anwender eine andere! Funktionstüchtigkeit und Leistungsfähigkeit der neuen Maschine mussten erst einmal erfolgreich demonstriert und im praktischen Einsatz bewiesen werden. Hollerith suchte deshalb eine Möglichkeit, einen Test der Zensusmaschine mit einem mittleren Datenvolumen durchzuführen. Der amerikanische Zensus mit seinen riesigen Datenbeständen kam dafür keinesfalls in Frage. Schließlich fand sich ein geeigneter Partner in Gestalt des Gesundheitsamtes der Stadt Baltimore. Mit einer Schaffnerzange lochte Hollerith eigenhändig die Daten von Todesfällen in jeweils eine Lochkarte. Bei wenigstens einem Dutzend Löcher je Karte schaffte er etwa 1000 Karten am Tag – ein anstrengendes und für die Hand schmerzvolles Unterfangen. Mit Hilfe der Karten wurden Sterblichkeitsstatistiken erstellt, die das Interesse anderer Städte an dem so erfolgreichen neuen Verfahren weckten.

Für Hollerith ging es jetzt deutlich aufwärts. Das amerikanische Kriegsministerium pachtete für ein halbes Jahr eine weiterentwickelte Maschine, um den Krankheitsstand der Soldaten zu erfassen. Diese Zeit reichte aus, das Ministerium in eine deutliche Abhängigkeit von dem neuen Verfahren zu bringen. Als nämlich über eine Vertragsverlängerung zu entscheiden war, stellte es sich heraus, dass in Anbetracht von über 50 000 bereits vorbereiteten Karten auf die Maschine nicht mehr verzichtet werden konnte. Im selben Jahr (1889) zeigte Hollerith seine Maschine in Berlin und Paris und errang erhebliche Aufmerksamkeit. Bei seiner Rückkehr überraschten ihn unerwartet günstige Neuigkeiten. Robert P. Porter, sein persönlicher Freund und begeisterter Anhänger der Lochkartenmaschine, war zum Superintendenten für den bevorstehenden US-Zensus von 1890 ernannt worden. Schon während seiner bisherigen Tätigkeit als Herausgeber der „New York Press" hatte er vorhergesagt, in dieser

Zeit des Fortschritts sei es „nicht unwahrscheinlich, dass der nächste Zensus elektrisch tabelliert wird.“[203] Diese Auffassung und die Freundschaft zu Hollerith hinderten ihn allerdings nicht daran, als Zensurchef ganz entschieden die Interessen seiner Behörde zu verfechten und bei den Vertragsverhandlungen geschäftsmäßig-neutral aufzutreten. Er schlug vor, gründliche vergleichende Tests durchzuführen, und so wurden neben dem Lochkartensystem noch zwei manuelle Verfahren in den Vergleich einbezogen. Als Ausgangsmaterial für diesen Wettstreit dienten Bevölkerungsdaten des 1880er Zensus aus vier Zählbezirken der Stadt St. Louis. Für die Bewertung waren zwei Faktoren maßgeblich: die benötigte Zeit, um die Daten von 10 491 Einwohner in eine für das jeweilige System erforderliche Form zu übertragen und der Zeitbedarf, um die Daten auszuwerten.

Hollerith hatte rechtzeitig bemerkt, dass ein Lochen mit der gewöhnlichen Fahrkartenzange zu zeitraubend werden könnte. Er stellte darum einen als „Pantograph“ bezeichneten Locher zur Verfügung, den er zusammen mit einem anderen Ingenieur entwickelt hatte. Bei diesem Gerät werden die Lochkarten nacheinander auf eine durchbohrte Metallplatte mit gekennzeichneten Löchern gelegt. Darüber wird ein schwenkbarer Handgriff geführt und durch Niederdrücken an der entsprechenden Stelle ein Loch erzeugt.

Pantograph-Locher. Die Lochkarte wurde in den Rahmen in der Mitte eingelegt. Die Zelluloidplatte (vom Betrachter aus vorne) konnte durch eine der jeweiligen Aufgabe entsprechende Schablone ersetzt werden.

Das neue Gerät machte sich beim Wettstreit mehr als bezahlt. Das Übertragen der Daten dauerte damit 72 Stunden und 27 Minuten. Die beiden Konkurrenten brauchten dafür deutlich länger; einer benötigte mehr als 38 Stunden zusätzlich, der andere sogar weitere 72 Stunden. Bei den Auswertungen hatte Hollerith noch deutlicher die Nase vorn, brauchte er doch nur 5 Stunden und 28 Minuten, während bei den Konkurrenten die Mitglieder der Jury 39 bzw. 50 Stunden länger ausharren mussten.

Hollerith bewies jedoch nicht nur seine technischen und organisatorischen Fähigkeiten, sondern zeigte auch geschäftlichen Überblick: Schon vor dem Wettstreit hatte er bei seinen Briefköpfen die Bezeichnung „Patentingenieur“ ersetzt durch „The Hollerith Electric Tabulating System“.

Der erfolgreiche Abschluss des elften amerikanischen Zensus

Das Zensusbüro war nun bereit, mit Hollerith Verträge über zunächst sechs und dann noch einmal 50 Tabelliermaschinen abzuschließen, jenen Maschinen, mit denen Lochkarten gelesen und durch entsprechende Kabelverbindungen die elektrischen Zählvorrichtungen weitergeschaltet werden konnten. Rechtlich gesehen handelte es sich um spezielle Mietverträge (heute würde man von Leasingverträgen sprechen). Für die damaligen Verhältnisse war das Vermieten von Maschinen äußerst ungewöhnlich, aber Hollerith hatte dafür gute Gründe. Er wollte sich für die Zeit bis zur Rücknahme, die nach mehreren Jahren erfolgen sollte, regelmäßige Einnahmen sichern. Die sperrigen Apparaturen, die eher an ein unförmiges Möbelstück erinnerten als an eine vergleichsweise handliche Rechenmaschine, wurden von der Western Electric Company gebaut, einem Hersteller von Telegrafenausrüstung. Die ebenfalls benötigten Lochgeräte (Pantograph) wurden an das Zensusbüro verkauft.

Am 1. Juni 1890 fiel der Startschuss für die umfangreichste und aufwändigste Volkszählung, die bis dahin die Welt gesehen hatte. Nahezu 50 000 Zähler schwärmten aus, um in etwa 13 Millionen Haushalten, in Betrieben und Organisationen die Daten auf speziellen Fragebögen zu erfassen. In einem ersten Schritt der Auswertung wurde die Zahl der zu jedem Haushalt gehörigen Personen in ein besonderes mechanisches Zählgerät mit Tastatur eingegeben. Die mit dieser Grobzählung ermittelte Gesamtbevölkerungszahl konnte Ende Oktober veröffentlicht werden. Für die Detailzählung wurde mit Hilfe von 650 Pantograph-Lochern für jede einzelne Person eine Lochkarte erstellt. Die Auswertung, deren Ziel das Erstellen statistischer Tabellen war, erfolgte mit 100 Tabelliermaschinen.

An dem Großereignis Volkszählung nahm die Presse lebhaften Anteil. Zu besonderen Terminen konnten Pressevertreter die eingesetzte Technik beobachten und die Atmosphäre einer industriemäßigen Verarbeitung von Daten miterleben. Ein Journalist schrieb voller Begeisterung: „Zensusarbeit ist moderne Kunst“. Es erschien wie ein Wunder, dass bereits Ende 1892 das offizielle Endergebnis mit zahlreichen detaillierten Statistiken bekannt gegeben werden konnte – zwei Jahre früher als geplant. Obwohl der Gesamtbericht sogar noch etwas umfangreicher ausfiel als beim vorangegangenen Zensus, konnten sich die amerikanischen Steuerzahler aufgrund des Maschineneinsatzes über eine Einsparung von gut fünf Millionen Dollar freuen – gerechnet hatte man mit einer Kostenreduzierung von einer halben Million. Auch in der Öffentlichkeit fand Holleriths Verfahren eine deutliche Anerkennung. So war in einer Zeitschrift zu lesen: „Dieser Apparat arbeitet unfehlbar wie die Mühlen Gottes“ und ein Experte ergänzte: „aber er schlägt sie glatt hinsichtlich der Geschwindigkeit.“ [204] Trotz des großartigen Erfolgs gab es aber auch Kritik. So bemängelten vom Ergebnis enttäuschte Menschen, die Auszählung müsse fehlerhaft sein, weil schon durch die Einwanderungswellen die Bevölkerungszahl höher sein müsse als die ermittelten 62,6 Millionen. Bei nicht wenigen Bürgern gab es die seltsame Vorstellung, die Würde der Republik verlange eine Einwohnerzahl von mindestens 75 Millionen.

Hollerith konnte in diesen Tagen aber auch die angenehme Erfahrung machen, dass sichtbarer Erfolg oft weitere Anerkennung zur Folge hat. So wurde ihm von der Bergwerksfakultät der Columbia-Universität, die er elf Jahre zuvor verlassen hatte, in einem recht ungewöhnlichen Verfahren der Doktortitel für Philosophie und nicht etwa der Ehrendoktortitel zugesprochen. Dabei erfüllte er genau genommen in keinem einzigen Punkt die Anforderungen der Promotionsordnung. Im selben Jahr erhielt er noch vom Franklin Institute die hoch angesehene Elliot-Cresson-Medaille für die herausragendste Erfindung des Jahres 1890.

Bis zur Jahrhundertwende setzten mit Österreich, Kanada, Norwegen, Italien, Frankreich und Russland auch andere Staaten das Lochkartensystem erfolgreich ein. Nur in Deutschland dauerte es bis 1910, dass sich mit Württemberg und Sachsen die ersten Länder für das neue Verfahren erwärmen konnten. War damit schon die Zukunft des neuen Systems gesichert? Hollerith hatte nach dem Zensus einen Artikel aus einer Zeitung ausgeschnitten und aufbewahrt: „Die Maschine ist patentiert“, hieß es dort, „aber da sie nie jemand anders als Regierungen nutzen wird, dürfte der Erfinder damit wahrscheinlich nicht sehr reich werden.“[205] Es gab aber auch andere Stimmen. 1893 hatte *Luigi Bodio*, Generaldirektor des italienischen königlich-statistischen Büros, eine große Verbreitung des neuen Verfahrens vorhergesagt: „Die Zeit wird kommen, wo die Eisenbahngesellschaften, die großen Fabriken, die Handelshäuser und alle Zweige des kommerziellen und industriellen Lebens darauf stolz sein werden, die Hollerithmaschinen nicht nur aus wirtschaftlichen Gründen, sondern als Notwendigkeit zu nutzen.“[206] Er sollte recht behalten.

Auf einem Bein steht man nicht gut

Im Gegensatz zu vielen anderen Erfindern war Hollerith in der beneidenswerten Lage, die Lösung für ein bereits bestehendes, offenkundiges und drängendes Problem gefunden zu haben. Er musste nicht erst andere mühsam und langwierig davon überzeugen, dass es für seine Erfindung eine sinnvolle Anwendung gab, denn allen Verantwortlichen war klar: Der Zensus von 1890 musste bewältigt werden – und nicht nur irgendwie, sondern zuverlässig, kostengünstig und vor allem auch rasch. Hollerith hatte beweisen können, dass er als Einziger eine diesen Anforderungen gemäße Lösung anzubieten hatte.

Aber einer erfolgreichen Zukunft als Unternehmer konnte er damit noch nicht sicher sein. Er versuchte deshalb, auch auf anderen Feldern Erfolg zu haben und arbeitete parallel zur Entwicklung der Zensusmaschine an der Konstruktion von elektrisch aktivierten Druckluftbremsen für Eisenbahnzüge, wofür er mehrere Patente erhielt. Zur gleichen Zeit kümmerte er sich intensiv um neue Kunden für die Tabelliermaschine. So kam es für Hollerith und seine wenigen Mitarbeiter vor allem zur Zeit des Zensus von 1890 zu erheblichen Arbeitsbelastungen, die oft kaum noch zu bewältigen waren. Zusätzlich gab es finanzielle Schwierigkeiten, denn die Herstellung einer wachsenden Zahl von Tabelliermaschinen hatte sofortige Ausgaben zur Folge. Die Mieteinnahmen hingegen flossen erst nach und nach zurück – und auch dies nur für die begrenzte Zeit der Zensusauswertung. Verschärft wurde die Finanzlage durch die 1895 einsetzende einschneidende amerikanische Wirtschaftskrise. Im selben Jahr war Holleriths Lagerhaus mit Maschinen gefüllt, die nach dem elften Zensus niemand mehr brauchte, die Kasse aber war leer. Es lag auf der Hand, dass der Erfinder einen neuen und stärkeren finanziellen Rückhalt benötigte. Vor diesem Hintergrund gelang es ihm, eine Aktiengesellschaft zu gründen, die Tabulating Machine Company (TMC). Er besaß eine knappe Aktienmehrheit und beeinflusste das Geschick des Unternehmens ganz entscheidend als Generaldirektor.

Doch auch für die neue, kleine Gesellschaft barg die starke Abhängigkeit vom Zensusgeschäft ein Risiko. Da die Volkszählungen in fast allen Staaten im Zehnjahresrhythmus zu Beginn eines Dezenniums durchgeführt wurden, stellte sich sehr eindringlich die Frage: Wie lässt sich in der Zwischenzeit Geld verdienen? Für Hollerith war es klar, dass seine Maschine für weitere Anwendungen nützlich eingesetzt werden konnte. Aber er musste künftige Anwender erst davon überzeugen. Und damit fand auch er sich jetzt genau in jener für Erfinder so normalen und typischen Situation wieder, dass es galt, Kunden zu gewinnen, die bereit waren, für ein neues und noch wenig erprobtes Verfahren Geld auszugeben und sich der Gefahr des Misslingens auszusetzen. Die Vorstellungen zielten auf Kunden aus dem Bereich der Wirtschaft, die der TMC zu einem zweiten, einem kommerziellen Standbein verhelfen sollten. Jedoch unterschieden sich die Anforderungen von Wirtschaftsunternehmen ganz erheblich von denjenigen bei Volkszählungen. Während es beim Zensus lediglich darum ging, qualitative Merkmale (Geschlecht, Abstammung usw.) zu zählen, verlangten betriebliche Vorgänge die Addition von Mengen, Flächen, Gewichten und Werten (quantitative Merkmale). Eine wichtige Rolle für Betriebsstatistiken spielten Durchschnittszahlen, die sich durch Zählen und Addieren und letztlich Dividieren ermitteln ließen.

Der TMC kam zugute, dass die Aufgabenstellung für Hollerith nicht grundsätzlich neu war und eine technische Lösung in Ansätzen bereits existierte. Denn schon im Rahmen der Landwirtschaftsstatistik von 1890 mussten große Zahlen addiert werden, z. B. Tausende von Hektar Land und unzählige Hühner, Enten und andere Viehbestände. Er hatte damals einen besonderen Additionsmechanismus mit der Tabelliermaschine kombiniert. Wo aber war ein Unternehmen, das bereit war, sich auf eine Pilotfunktion einzulassen? Für einen Einstieg erschienen die erfolgreichen und innovationsfreudigen großen Eisenbahngesellschaften mit ihrem rasch wachsenden Streckennetz besonders gut geeignet. Die New York Central and Hudson River Railroad beispielsweise bearbeitete jährlich etwa vier Millionen Frachtbriefe per Hand. Eine Auswertung der Frachtbewegungen und eine Übersicht über die Erträge aus den Gebühren war in dem riesigen Unternehmen nur einmal im Monat möglich. Nach Übernahme der Daten auf Lochkarten hielt Hollerith eine wöchentliche Auswertung und entsprechend raschere unternehmerische Reaktionen für durchführbar. Schon vor der Gründung der TMC hatte er Kontakte zu der Eisenbahngesellschaft geknüpft und Maschinen zur Erprobung installieren können.

Für die neuen Anforderungen mussten die Lochkarten ganz entscheidend geändert werden. Sie wurden zum ersten Mal durchgängig in vertikale Spalten eingeteilt und jede Spalte von oben nach unten mit den Ziffern 0 bis 9 bedruckt. Je nach Bedarf konnten mehrere Spalten zu einem Datenfeld zusammengefasst Während bisher eine Lochung ein qualitatives Merkmal kennzeichnete (z. B. „ledig" als Familienstand), waren jetzt nur noch Zahlen darstellbar. Auch qualitative Merkmale mussten nun numerisch ausgedrückt werden, z. B. in einer Spalte 0 für „ledig", 1 für „verheiratet" und 2 für „geschieden". Dieses neue Prinzip für die Lochkarteneinteilung sollte sich als dauerhaft erweisen und mit wenigen Änderungen bis über die Mitte des 20. Jahrhunderts hinaus Bestand haben.

Das neue System erfüllte allerdings zunächst ganz und gar nicht die Erwartungen der Eisenbahngesellschaft und musste nach nur kurzer Einsatzdauer wieder zurückgenommen werden. Das war ein schwerer Rückschlag in einer schwierigen Zeit. Aber Hollerith gab das Ziel nicht auf, das große und wichtige Unternehmen als Kunde zu gewinnen, und arbeitete an einer verbesserten Maschine. Nachdem ursprünglich Zeiger auf Ziffernblättern die Ergebnisse angezeigt hatten, verwendete er jetzt vier nebeneinander angeordnete elektrische Additionsmaschinen. Sie waren jeweils einem Datenfeld der Lochkarte zugeordnet (darunter die Datenfelder Gewicht und Frachtgebühr) und addierten gleichzeitig die Zahlenwerte der Datenfelder.

Nach anfänglichen Schwierigkeiten brachte das System die erhofften Vorteile. Es dauerte aber Jahre, bis sich auch die Verantwortlichen anderer Eisenbahngesellschaften der maschinellen Frachtanalyse öffneten. Auslöser für die plötzliche Sinneswandlung war eine Vorschrift im Jahre 1902, der zufolge die Unternehmen zusätzliche statistische Daten bereitstellen mussten. Eine Anforderung, die sich mit den bisherigen Verfahren kaum erfüllen ließ! Hollerith erhielt jetzt so viele Aufträge, dass er mit den Lieferungen nicht mehr nachkam.

An den Lochkartenmaschinen wurden ständig Verbesserungen vorgenommen. So konnte bei den Kartenlochern durch Verwendung einer Tastatur die Geschwindigkeit der Datenerfassung deutlich beschleunigt werden. Die Lesestation der Tabelliermaschine erhielt eine Vorrichtung zur automatischen Kartenzuführung, so dass 1904 bereits 415 Karten in der Minute gelesen werden konnten. Trotz aller Leistungsverbesserungen ließ Hollerith eine für Volkszählungen und kaufmännische Anwendungen gleichermaßen wichtige und zeitraubende Funktion recht lange unberücksichtigt;

für das schnelle Sortieren und Umsortieren von Lochkarten brachte er erst 1901 eine spezielle Maschine heraus.

Zunehmend konnten jetzt auch große Industriebetriebe dazu bewegt werden, wichtige kaufmännische Funktionen wie Abrechnungen, Statistiken und Analysen mit dem Lochkartensystem zu realisieren. Nicht nur an der Vermarktung der Ma-

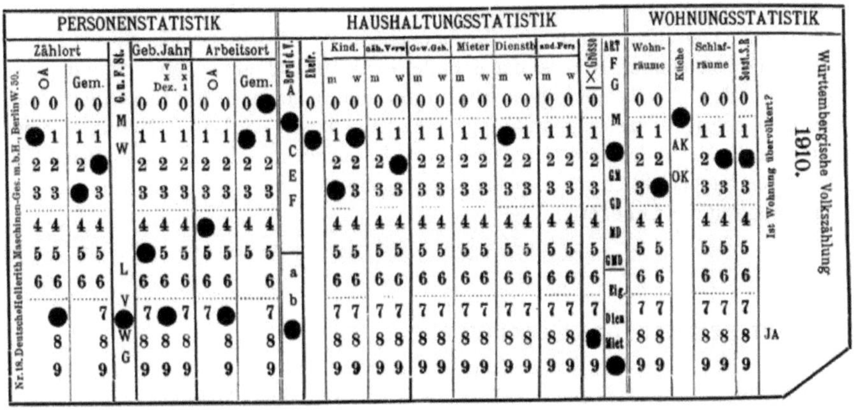

Mit den Lochkarten der württembergischen Volkszählung von 1910 konnten 19 Kriterien erfasst werden. Die Lochungen der Hollerithkarten waren damals noch rund. Der Aufdruck diente dazu, die Daten auch ohne maschinelle Hilfe lesbar zu machen. Der Eckenabschnitt rechts unten erlaubte es, eine in einem Lochkartenstapel in verkehrter Richtung eingelegte Karte rasch zu entdecken.

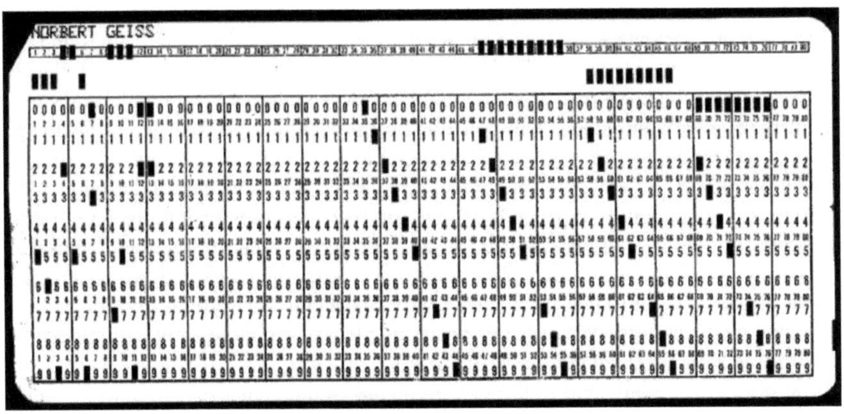

Ab 1928 verwendete die IBM Lochkarten mit 80 Spalten. Der Eckenabschnitt war jetzt an der linken oberen Ecke und die Lochungen hatten eine rechteckige Form. Nach dem Zweiten Weltkrieg wurde diese Lochkarte der IBM-Standard.

schinen verdiente die TMC, sondern in erheblichem Umfang auch an den Lochkarten, die – wie vertraglich vereinbart – von der Gesellschaft gekauft werden mussten. Da sie nicht wiederverwendet werden konnten, war das ein sehr gutes Geschäft. Es gab sogar Zeiten, in denen die Kunden nur die Lochkarten bezahlen mussten und deren Preis eine kostenlose Lizenz zur Nutzung der Maschinen in dem vereinbarten Anwendungsbereich einschloss. Das Vertriebskonzept, nicht am eigentlichen Produkt zu verdienen, sondern an seinen dem Verbrauch unterworfenen und damit immer wieder neu zu beschaffenden Komponenten, fand bis in die Gegenwart hinein zahlreiche Nachahmer. Hier ist der Erfinder King Gillette zu nennen, der in der ersten Hälfte des 20. Jahrhunderts sein Geld mit den Ersatzrasierklingen verdiente und die dazugehörigen Rasierapparate unter den Selbstkosten verkaufte. Heutzutage benutzen z. B. Hersteller von Tintenstrahl- und Laserdruckern dieses Geschäftsmodell, indem sie hauptsächlich mit den Kartuschen und Tintenpatronen Gewinne erzielen und kaum mit den Druckern.

Konkurrenz belebt das Geschäft

Wie wichtig ein zweites Standbein für die TMC war, zeigte sich, als es zu erbittert geführten Auseinandersetzungen zwischen Hollerith und dem neuen Zensuschef kam. *Simon N. D. North* war 1903 zum Direktor des US-Zensus berufen worden, im Jahr nachdem das Zensusbüro in eine ständige Behörde umgewandelt worden war. Seiner Auffassung nach waren die Aufwendungen für die Lochkartenmaschinen entschieden zu hoch und er sah das Zensusbüro im Würgegriff eines Monopolisten. Als sich Hollerith auf Kompromissvorschläge nicht einließ, beschloss North im Zensusbüro selbst ein „unabhängiges" Tabelliersystem zu entwickeln und den Tatbestand zu nutzen, dass einige der von Hollerith bisher gehaltenen Patente ausliefen. Hollerith musste jetzt mit einem Konkurrenten rechnen – in Gestalt des Staates allerdings mit einem recht ungewöhnlichen. Um den für die Entwicklung erforderlichen Sachverstand zu gewinnen, stellte North zu dessen großer Verärgerung bisherige Mitarbeiter von Hollerith ein. Es entsprach den Gepflogenheiten der Zeit, dass angestellte Mechaniker und Ingenieure verpflichtet waren, die Nutzung ihrer Erfindungen dem Arbeitgeber, in diesem Fall also dem Staat, zu überlassen. Gleichzeitig aber – und das war völlig unüblich – wurde den Mitarbeitern des Zensusbüros ein exklusiver Patentschutz zugesichert, der auch eine eigene wirtschaftliche Verwertung gestattete. Das bedeutete nichts anderes, als dass der Staat aus Steuermitteln die Entwicklungsarbeit für künftige Konkurrenten der TCM finanzierte.

Ein besonderer Markstein in dieser Geschichte ist das Jahr 1907, in dem die Zensus-Entwicklungsabteilung den in Russland geborenen begabten Ingenieur *James L. Powers* (1871–?) einstellte. Über diesen Mann ist sehr wenig bekannt. Er betrat die

Bühne des technisch-wirtschaftlichen Geschehens, um dort einige Jahre sehr eindrucksvoll zu agieren und dann ganz unauffällig durch die Seitenkulissen zu verschwinden. Zu den Rätseln um die spätere Lebensphase dieses bedeutenden Erfinders gehört auch, dass sein Todesjahr nicht bekannt ist.

Die von Powers konstruierten Maschinen basierten, mit Ausnahme elektrischer Antriebsmotoren, ganz und gar auf mechanischer Technologie. Hollerith hingegen nutzte elektro-mechanische Komponenten. Damit war durchaus nichts gesagt über Qualität und Leistungsfähigkeit. In der Zukunft sollte sich zeigen, dass die von Powers konstruierten Maschinen jenen von Hollerith teilweise unterlegen waren, dass sie aber nicht selten auch überlegene Eigenschaften besaßen. Beim 13. Zensus von 1910 wurden jedenfalls Maschinen der beiden konkurrierenden Erfinder eingesetzt.

Der Kampf zwischen Hollerith und North ging unentschieden aus, man kann auch sagen: Es gab zwei Verlierer. Hollerith verlor seinen Status als alleiniger Ausstatter der Zensusbehörde mit Lochkartenmaschinen – und damit seine Monopolstellung – und North musste noch vor dem Start des 13. Zensus seinen Posten räumen. Der Zensuschef hatte sich zu extrem in einer schon lange öffentlich gewordenen Auseinandersetzung positioniert; gleichzeitig ließ er sich auf Kompetenzstreitigkeiten mit dem ihm vorgesetzten Ministerium für Handel und Arbeit ein. Der eigentliche Gewinner der Fehde waren die Betriebe in Wirtschaft und Verwaltung. Denn nachdem auch Powers 1911 das Zensusbüro verlassen und mit der Powers Accounting Machine Company ein eigenes Unternehmen gegründet hatte, gab es fortan eine Konkurrenzsituation, die beide Kontrahenten anspornte und eine rasche Weiterentwicklung der Lochkartenmaschinen bewirkte.

Bei Herman Hollerith hatten die Belastungen der vergangenen Jahre deutliche gesundheitliche Spuren hinterlassen. Außerdem musste er sich eingestehen, dass sein Führungsstil, gekennzeichnet durch die Unfähigkeit zu delegieren, kaum geeignet war, ein wachsendes Unternehmen zu leiten, das inzwischen etwa hundert Kunden hatte. So wurde 1911 die CMT verkauft und mit drei anderen Unternehmen, die unterschiedliche Produkte herstellten, zur Computing-Tabulating-Recording Company (C-T-R) zusammengeschlossen. Hollerith blieb der Gesellschaft noch einige Jahre als Direktor und beratender Ingenieur erhalten und zog sich dann ganz ins Privatleben zurück. 1927 starb er an einem Herzversagen.

Schon 1914 war mit *Thomas J. Watson* (1874–1956) ein neuer Manager an die Spitze des Unternehmens getreten, der für Jahrzehnte dessen Geschicke äußerst erfolgreich leiten sollte. Bereits am Ende des 1. Weltkriegs waren Lochkartenmaschinen bei nahezu allen großen Versicherungs- und Eisenbahngesellschaften im Einsatz; die meisten stammten von C-T-R und eine geringere Zahl von Powers. Mit C-T-R-Maschinen wurden monatlich 110 Millionen Lochkarten verarbeitet. 1924 wurde die Gesellschaft umbenannt und firmierte jetzt als International Business Machines Corp. (IBM). In den 1930er Jahren verkaufte das Unternehmen drei Billionen Karten jährlich und erzielte damit zwar nur 10 % des Umsatzes, aber 30 bis 40 % des Gewinns.

Das kleine Unternehmen von Powers hingegen hatte das Handicap, an C-T-R (und später an IBM) Lizenzgebühren für die Nutzung grundlegender Hollerith-Patente zahlen zu müssen. Um gegenüber dem so erfolgreichen, größeren Konkurrenten bestehen zu können, kam es 1927 zum Zusammenschluss der Powers-Gesellschaft mit zwei weiteren Unternehmen und es entstand die Remington Rand Corporation.

Bei den Lochkartenmaschinen gab es ständig technische Neuerungen. Zu den herausragenden gehört ein Drucker, der sowohl die auf Lochkarten enthaltenen Zahlen als auch die Ergebnisse von Tabelliervorgängen ausdrucken konnte. Powers gelang es, diese attraktive Maschine schon 1913 anzubieten, C-T-R hingegen brauchte dafür sechs Jahre länger. 1924 hatte Powers wiederum die Nase vorne, als das Unternehmen neben seiner Produktlinie numerischer Maschinen eine Reihe von alphanumerischen Maschinen auf den Markt brachte, die sowohl Ziffern als auch Buchstaben lesen und drucken konnten. Sie eröffneten ein weites Feld neuer kaufmännischer Anwendungen. IBM konnte erst sieben Jahre später nachziehen, allerdings mit einem jetzt wiederum überlegenen Maschinensystem. Anwender mit weitergehenden Ansprüchen konnten bei beiden Herstellern neben der Grundausstattung mit Locher, Tabelliermaschine und Sortiermaschine auch weitere Geräte beziehen: Lochkartenprüfer, Lochschriftübersetzer und Kartendoppler.

Von erheblicher praktischer Bedeutung war auch die Art und Weise, in der die Tabelliermaschinen gesteuert wurden. Die Zensusmaschinen von 1890, in ihrem damaligen Zustand durch Drahtverbindungen zwischen Lesepresse und Zähluhren für die Auswertung eines bestimmten Zählmerkmals der Lochkarten eingerichtet, waren recht unflexibel. Zwar musste für die Auswertung weiterer Merkmale keine andere Maschine eingesetzt werden, aber es war notwendig, die Verdrahtungen durch Elektrotechniker ändern zu lassen. Wenn allerdings mehrere Zählmerkmale zu verknüpfen waren (um beispielsweise die Zahl der verheirateten Landarbeiter mit einem Einkommen bis 100 $ zu ermitteln), dann mussten die entsprechenden Stromkreise mit Relais verschaltet werden. Bei komplizierteren Verknüpfungen konnte diese Arbeit mehrere Tage dauern. Die Idee, den Vorgang stattdessen durch Steckverbindungen zu beschleunigen, die ähnlich der manuellen Telefonvermittlung jener Zeit funktionierten, hatte nicht Hollerith, sondern der für die österreichische Volkszählung von 1890 zuständige *Otto Schäffler,* der sich im Jahre 1895 einen sogenannten „Generalumschalter" patentieren ließ. Das war das erste für die Programmierung von Datenverarbeitungsanlagen erteilte Patent.

Auch Hollerith hatte sich bereits 1906 die Vorteile der Stecktafeltechnik zunutze gemacht. Das hatte für die Anwender den Vorteil, dass sie die Aktivitäten der Maschinen bis zu einem bestimmten Umfang selbst steuern konnten und für den Hersteller, dass sich derselbe Maschinentyp in unterschiedlichen Anwendungsbereichen einsetzen ließ, z. B. für die Volkszählungen ebenso wie für Frachtabrechnungen. Ab 1928 lieferte die IBM ihre Tabelliermaschinen mit austauschbaren Schalttafeln. Jetzt konnte die Maschine zeitsparend neu programmiert werden, während sie gleichzeitig noch andere Aufgaben bearbeitete. Fertig programmierte Tafeln konnte man aufbewahren und bei Wiederholung der Anwendung einfach wieder in die Maschine einsetzen. Ab 1936 gab es eine schalttafelgesteuerte Tabelliermaschine, die jetzt alle vier Grundrechenarten beherrschte. Es bleibt festzuhalten: Aus der manuell betriebenen Zensuszählmaschine war eine weitgehend automatisierte Multifunktionsmaschine geworden. Das veranlasste den New Yorker Bürgermeister LaGuardia, der 1939/40 eine Rede bei einer IBM-Feier hielt, zu der recht saloppen Bemerkung „Dr. Watsons Maschinen können alles, außer Ihre Frau küssen, und ich würde mich nicht wundern, wenn sie sogar das fertigbrächten."[207]

Die IBM hatte in den Jahrzehnten der Rivalität mit der Powers-Gesellschaft nicht immer die technisch besseren Lösungen, war aber wirtschaftlich deutlich erfolgreicher. Während Remington Rand aus der Weltwirtschaftskrise von 1929 bis 1932 schwer angeschlagen hervorging, hatte IBM nur geringe Ertragseinbußen und besaß die Finanzkraft, um anschließend massiv in die Entwicklung neuer Produkte zu investieren. Anfang der 1930er Jahre gelang dem Unternehmen mit der Serie 400 ein großer Wurf. Diese Maschinen waren ausgereift, leistungsfähig und zuverlässig und blieben bis zum Ende der 1960er Jahre im Fertigungsprogramm. Für 1940 wird der Marktanteil der IBM auf 90 % geschätzt und während des 2. Weltkriegs kamen fast alle der vom amerikanischen Militär eingesetzten Lochkartenmaschinen vom Marktführer.

Thomas J. Watson sen. ca. im Jahr 1932

Eine Erklärung für den überwältigenden Erfolg des Unternehmens liegt nicht zuletzt in der Person an der Unternehmensspitze, in Thomas J. Watson sen. Bereits bei seinem Eintritt bei C-R-T im Jahre 1914 begann er damit, innerhalb weniger Jahre eine radikal verkaufsorientierte Unternehmensstrategie durchzusetzen, ohne dabei die Produktentwicklung zu vernachlässigen. Einer seiner Biografen charakterisierte ihn als „einen patriarchalischen, abwechselnd wohlwollenden und tyrannischen Herrscher, einen Mann von großer Güte mit einem angeborenen Geschäftsgenie."[208] Seine Mitarbeiter motivierte er mit Slogans, kernigen Sprüchen und der systematischen Förderung erfolgreicher Verkäufer. Bekannt geworden ist vor allem sein Motto „THINK“, das jahrelang in den Büros des rasch wachsenden internationalen IBM-Imperiums an der Wand hing. 1934 war er mit einem Jahresgehalt von 365 000 Dollar der höchstbezahlte Amerikaner.

Eine für die Zeit erstaunliche Weitsicht zeigte Watson in den 1930er Jahren, als er im Unternehmen Frauen für die Bedienung von IBM-Maschinen ausbilden ließ und ihnen auch qualifizierte Positionen zugänglich machte. Die Vorteile zeigten sich im 2. Weltkrieg, als immer mehr Männer zum Militär eingezogen wurden und durch Frauen ersetzt werden mussten. Eine jener Frauen wurde später die erste Vizepräsidentin des Unternehmens. Als Watson 1952 die Unternehmensleitung zu einem erheblichen Teil an seinen Sohn Thomas Watson jun. übergab, war der Gewinn von C-R-T/IBM von einer Million Dollar im Jahre 1915 auf 34 Millionen angestiegen und die Zahl der Beschäftigten von 1672 auf über 41 000. Der Patriarch starb 1956, wenige Wochen, nachdem er sich zugunsten seines Sohnes ganz aus der Unternehmensleitung zurückgezogen hatte. Es war ein widerwilliger Abgang gewesen, aber sein Gesundheitszustand und die krass gegensätzlichen Auffassungen zwischen Vater und Sohn über die künftige Unternehmensstrategie ließen keine andere Lösung zu. Denn während Watson sen. weiterhin in den Lochkartenmaschinen den Hauptumsatzträger sah, setzte der Jüngere auf die neuen elektronischen Computer.

IBM erobert den europäischen Markt

Der Wettbewerb zwischen Hollerith und Powers (später zwischen IBM und Remington Rand) wurde nicht nur in den USA, sondern auch in vielen anderen Staaten ausgetragen, wo beide Unternehmen Tochtergesellschaften hatten oder wo es selbstständige Vertriebsgesellschaften gab. Zunächst waren deren Geschäftserfolge recht bescheiden, denn nur wenige Kunden wagten sich an die neue Technik heran.

1910 trat in Berlin mit der DEHOMAG (Deutsche Hollerith-Maschinen Gesellschaft mbH) ein Unternehmen an, das sich vorgenommen hatte, als Lizenznehmerin der amerikanischen Hollerith-Gesellschaft in Europa Fuß zu fassen. Das neue Unternehmen besaß sowohl die Produktions- als auch die Vertriebsrechte für Deutschland und Südeuropa. Tatsächlich wurden jedoch viele Jahre lang ausschließlich aus den USA importierte Maschinen vertrieben. Als 1917, nach dem Eintritt Amerikas in den Ersten Weltkrieg, die amerikanischen Lieferungen nach Deutschland ausblieben, richtete die DEHOMAG in Villingen eine Fabrik ein, um die Ersatzteilversorgung für die vorhandenen Maschinen zu sichern. Dort wurden auch Lochkarten hergestellt sowie Kartenlocher und -prüfer gebaut. Der Versuch, neue Tabelliermaschinen zu entwickeln, scheiterte jedoch nach großen finanziellen Verlusten.

Die Kriegsjahre und die anschließende Inflationszeit machten dem Unternehmen enorm zu schaffen. Wegen des rapiden Verfalls der deutschen Währung konnten die aufgelaufenen Lizenzverbindlichkeiten nicht beglichen werden. In dieser kritischen Situation übernahm 1922 die TMC unter Thomas J. Watson zum Ausgleich der Schuldenlast 90 % der DEHOMAG-Anteile. Da die Vorstands- und Aufsichtsratsmitglieder des Unternehmens weiterhin Deutsche waren – an der Spitze Generaldirektor Willy Heidinger, der noch 10 % der Gesellschaftsanteile hielt –, entstand der Anschein eines deutschen Unternehmens. Tatsächlich kamen aber in den ersten zehn Jahren nach der Übernahme die Richtlinien der Geschäftspolitik und die wichtigsten Einzelentscheidungen aus Amerika. 1922 wurde auch der Import amerikanischer Maschinen wieder aufgenommen. Um den Bedürfnissen der deutschen Kunden besser entsprechen zu können, entwickelten die Ingenieure der DEHOMAG jedoch eine ganze Reihe technischer Verbesserungen und Erweiterungen, die in das Grundmodell eingebaut wurden.

Eine völlig neue Situation ergab sich als Folge der Weltwirtschaftskrise. Die von der Regierung 1931 verordneten Maßnahmen zur Devisenzwangsbewirtschaftung wurden 1933 noch einmal verschärft. Sie schränkten die Möglichkeit der Beschaffung ausländischer Güter stark ein. Vor diesem Hintergrund ist 1933 der Erwerb und die technische Neuausstattung einer Fabrik in Berlin-Lichterfelde durch die DEHOMAG zu sehen. Damit wurde die Produktion von weitgehend in Deutschland entwickelten Tabelliermaschinen möglich. Drei Jahre später brachte die Gesellschaft die völlig neu konzipierte druckende D11 auf den Markt. Zu deren herausragenden Leistungsmerkmalen gehörte auch die gegenüber den Vorgängermodellen erheblich verbesserte Programmierbarkeit. Der Technikhistoriker *Friedrich Kistermann*, der sich mit dieser Maschine intensiv beschäftigt hat, bezeichnet sie als die bislang fehlende Verbindung zwischen den Tabelliermaschinen der Lochkartenära und den nachfolgenden elektronischen Computern. Bis Ende 1943 wurde die beeindruckende Zahl von 1.120 Maschinen dieses Typs ausgeliefert. Sie arbeiteten so zuverlässig, dass sogar im Jahre 1960 noch etwa 200 davon bei Kunden im Einsatz waren.[209] Wie stark im Nazi-Deutschland die Nachfrage nach Lochkartentechnik anstieg, lässt sich auch an der Mitarbeiterzahl der DEHOMAG ablesen; sie stieg von 462 im Jahr 1933 auf 2561 im Jahr 1940.

Ab 1914 wurden die Produkte von Powers in Deutschland durch die Deutsche Gesellschaft für Addier- und Sortiermaschinen GmbH in Berlin vertrieben – einem Unternehmen, das der amerikanische Ingenieur R. Neil Williams gegründet hatte. Kurz zuvor hatte er seinen Posten als einer der beiden DEHOMAG-Geschäftsführer wegen Meinungsverschiedenheiten über die Unternehmensstrategie aufgegeben. Die Konkurrenzsituation der beiden Gesellschaften bezog sich nicht nur auf die Kunden, sondern auch auf die Mitarbeiter. So warb das Powers-Unternehmen fünf der damals dreizehn DEHOMAG-Mitarbeiter ab.

Auch in den 1930er Jahren war es für einen Büromaschinenhersteller wichtig, ein Image der Zuverlässigkeit aufzubauen. Dieses Ziel verfolgte die deutsche Powers GmbH mit dem Bild ihrer Berliner Kundendienstmannschaft.

Im Vertriebsbereich war die Gesellschaft nicht ganz so erfolgreich. Zwar installierte sie im Jahre 1917 noch Maschinen im deutschen Kriegsministerium. Als aber im April dieses Jahres die USA in den Krieg gegen Deutschland eintraten, wurde die Niederlassung offenbar geschlossen und erst sechs Jahre später als Powers G.m.b.H. in Berlin wieder eröffnet. Die ersten neuen Kunden waren dann zwei bedeutende Unternehmen: die Deutsche Bank und Disconto Gesellschaft und die Dresdner Bank. Einige Jahre länger dauerte es, um bei Einzelhandelsunternehmen Fuß zu fassen. Dort setzte die Kaufhalle GmbH in Köln 1928 als erstes deutsches Warenhaus die Lochkartentechnik ein – sie kam von Powers. In den 1930er Jahren kam es auf einigen Gebieten zu einer Zusammenarbeit zwischen Powers und der Siemens & Halske AG. So wurden Patente gemeinsam genutzt und die Powers-Lochkartenmaschinen in den Siemens-Werkstätten gefertigt, wodurch kein Import aus den USA mehr notwendig war.

Ende der 1920er Jahre existierten auf dem weitgehend von IBM kontrollierten europäischen Markt für Lochkartenmaschinen nur zwei nennenswerte Konkurrenten, die vom Marktführer unabhängig waren. Neben Remington Rand war dies ein in Norwegen von dem Erfinder *Frederik Rosing Bull* (1882–1925) gegründetes Unternehmen, das 1931 seinen Sitz nach Frankreich verlegte. In erstaunlich kurzer Zeit entwickelte sich daraus eine durch und durch französische Gesellschaft mit französischen Kapitaleignern und französischer Leitung. In einem Land, das auf seine Leistungen stolz war und starke nationale Präferenzen entwickelte, waren das wichtige Aspekte, um wirtschaftlich erfolgreich zu sein. So konnte das junge Unternehmen den Konkurrenten IBM als Lieferant von Lochkartenmaschinen für die französische Armee und die Staatsverwaltung ablösen. Der französische Markt war nun – sehr zum Leidwesen der Amerikaner – der einzige, der nicht von IBM beherrscht wurde.

Eine Sonderrolle nahm die British Tabulating Machine Company (BTM) ein. Die Gesellschaft hatte für Großbritannien und das ganze Empire (mit Ausnahme von Kanada) die Vertriebsrechte für Hollerithmaschinen, daneben entwickelte sie aber auch eigene Geräte. Das war ihr möglich, weil sie bezüglich Leitung und Kapital von Amerika unabhängig war.

Bei der Beurteilung der Erfolge der Lochkartenmaschinenindustrie muss auf den richtigen Maßstab geachtet werden. Denn das Lochkartensystem war die Technik der Großunternehmen, die sich diese teure Ausrüstung leisten konnten. In kleineren Betrieben jedoch wurden bis über den 2. Weltkrieg hinaus bevorzugt Addier- und Rechenmaschinen, Registrierkassen und vielfältig spezialisierte Fakturier- und Buchungsmaschinen eingesetzt. Diese Maschinen vermochten Abläufe zwar nur in begrenztem Maß zu automatisieren, dafür kosteten sie aber auch deutlich weniger.

Während des Zweiten Weltkriegs gab es zwar ein Einfuhrverbot für Maschinen aus den USA, aber sowohl die amerikanischen Eigentümer von DEHOMAG und Powers (IBM und Remington) als auch die deutsche Regierung, die Wirtschaft und die nationalsozialistische Partei waren daran interessiert, dass die Fertigung von Lochkartenmaschinen in Europa möglichst ungestört weiterlief. Dies sicherte der deutschen Kriegswirtschaft den Zugriff auf die dringend benötigten Maschinen. Auf der anderen Seite konnten die Muttergesellschaften in den USA wie bisher mit bedeutenden Gewinnen rechnen und, indem sie auf wirtschaftliche Konfrontation verzichteten, ihre monopolähnliche Position in Europa erhalten.

Auch nach dem Eintritt der USA in den Krieg änderte sich grundsätzlich nichts an dieser Situation. Zwar wurden die amerikanischen Unternehmen in Deutschland der sogenannten Feindvermögensverwaltung unterstellt, sie wurden jedoch nicht enteignet. Die erwirtschafteten Gewinne landeten bis zu einer endgültigen Klärung auf einem Treuhänderkonto. Die IBM, „vertreten durch den Deutschen Verwalter in Amsterdam“, ließ sich durch den Krieg nicht daran hindern, mit dem Rüstungsministerium Speers eine ganze Reihe regulärer Verträge abzuschließen.[210] Nach dem Krieg erhielten die amerikanischen Eigentümer die eingefrorenen Gelder (einschließlich der Gewinne) zurück.

Im Jahre 1949, und damit fast am Ende der Ära der Lochkartenmaschinen bekannte sich die IBM auch in der Firmenbezeichnung zu ihrer deutschen Tochter, indem aus der DEHOMAG die „Internationale Büro-Maschinen Gesellschaft (IBM) Deutschland“ wurde. Während in den USA Hollerith schon lange vergessen war, hatte die deutsche Gesellschaft immerhin noch 20 Jahre nach seinem Tod mit ihrem

Namen (Deutsche Hollerith-Maschinen-Gesellschaft) die Erinnerung an den genialen Erfinder wach gehalten. Ein Jahr später änderte die Deutsche Powers GmbH ebenfalls ihren Namen und firmierte jetzt als Remington Rand GmbH.

Das Lochkartensystem setzt sich durch

Die Rechenmaschinen haben etwas von den Zauberern im Märchen. Sie geben einem wohl, was man sich wünscht, doch sagen sie einem nicht, was man sich wünschen soll.
Norbert Wiener

Die Wende zum 20. Jahrhundert brachte in den USA bei Unternehmen und Behörden eine veränderte Einstellung zur Art und Weise, wie man mit Verwaltungsaufgaben umging. Grundlegende Änderungen der wirtschaftlichen und politischen Rahmenbedingungen waren jedoch schon in den letzten Jahrzehnten des 19. Jahrhunderts vorausgegangen.

Die Zeit, in der Hollerith die Impulse zur Entwicklung seiner Maschinen aufnahm und in Produkte umsetzte (also das letzte Viertel des 19. Jahrhunderts), war geprägt durch sich ausdehnende Märkte, durch immer mehr Großunternehmen mit Massenproduktion und durch Unternehmen, die ein wachsendes Eisenbahnnetz oder Dampfschifflinien miteinander verband. Vor diesem Hintergrund tobte ein heftiger Konkurrenzkampf. Er war von einem Mangel an qualifizierten Arbeitskräften und veränderten Arbeitsanforderungen begleitet. Was bisher Wochen dauern durfte, musste jetzt in Tagen oder Stunden erledigt werden. Dies erschwerte die Steuerung und Kontrolle der vielschichtigen Güterströme. Gleichzeitig war es für die Unternehmen immer wichtiger, den Konsum zu stimulieren und durch modifizierte Warengestaltung (Produktdifferenzierung) dem uneinheitlichen und sich wandelnden Geschmack der Kunden entgegenzukommen. Um zumindest die bisherige Nachfrage zu sichern, galt es, die Kunden zu einem Verhalten zu bewegen, das man heute als Markentreue bezeichnet. Die herkömmlichen Verfahren waren nicht mehr geeignet, das zunehmend komplexer werdende System aus Herstellern und Händlern, Zentralen und Zweigstellen, Transportunternehmen und Ladestationen, Banken und Versicherungen zu steuern und zu überwachen. Überall knirschte es im Getriebe und es wurde allerorten deutlich, dass mit den bisherigen Methoden die Situation nicht mehr beherrschbar war. Das war die große Stunde der Erfinder. Und sie sorgten für Verbesserungen auf zahlreichen Gebieten: automatische Rotationsdruckmaschinen erleichterten es den Unternehmen, sich an ihre Kunden zu wenden, der Telegraf und später das Telefon beschleunigten die Kommunikation auf allen Ebenen, Eisenbahn und Dampfschiff gaben der Beförderung von Personen und Gütern eine neue Dimension.

In drei Jahrzehnten (1880 bis 1910) stieg in den USA die Zahl der Büroangestellten nahezu auf das Zehnfache. Aber sie reichte nicht aus, so dass der Zwang zur Rationalisierung auch im Büro nicht nachließ. Zusätzlich zur Einsicht der Verantwortlichen, dass eine verbesserte Steuerung und Kontrolle der innerbetrieblichen Abläufe notwendig war, gab es auch Einflüsse von außen. So sahen sich ab 1900 die großen Aktiengesellschaften in den USA gezwungen, regelmäßige Geschäftsberichte und Finanzreports zu veröffentlichen. Die Ursache lag in ihrem enormen Kapitalbedarf, durch den sie auf Investoren aus dem In- und Ausland angewiesen waren. Vor allem ausländische Interessenten ließen sich aber nur dann gewinnen, wenn zuverlässige und aktuelle Unternehmensdaten zur Verfügung standen.

Um diesen Anforderungen gerecht zu werden, wurden jetzt neben Rechenmaschinen auch Lochkartenmaschinen eingesetzt. Ob Hollerith oder Powers oder ihre Mitarbeiter und Nachfolger: Die Erfinder bemühten sich darum, bei Neuentwicklungen von vornherein die Bedürfnisse der Anwender in Wirtschaft, Verwaltung und Wissenschaft zu berücksichtigen und ihnen praxisgerechte und oft sogar maßgeschneiderte Lösungen anzubieten. Diese Vorgehensweise unterschied sich erheblich von jener der meisten ihrer Vorgänger auf dem Felde der Entwicklung von Rechenmaschinen. Bei Pascal, Hahn, Thomas, Burroughs und ihren Erfinderkollegen stand zwar auch zunächst ein Rechenproblem im Vordergrund, das es zu lösen galt. Meist kam es aber erst danach zur Suche nach zukunftsträchtigen weiteren Einsatzmöglichkeiten, um die Erfindung wirtschaftlich erfolgreich verwerten zu können.

Das ursprüngliche Einsatzgebiet der Lochkartenmaschinen war die amtliche Statistik; es folgten die Fracht- und Verkaufsanalyse bei großen Unternehmen sowie Anwendungen bei Lebens- und Sachversicherungen. Recht früh gab es auch schon Einsatzgebiete, die man nicht so leicht erwartet hätte. So benutzte die Föderation der Kirchen der Stadt New York ab 1896 das Hollerithverfahren, um die Lebensbedingungen der Bewohner eines bestimmten Stadtteils unter sozialen, moralischen und religiösen Aspekten zu untersuchen. Um das Jahr 1910 begannen Lochkartenmaschinen bei der Buchführung eine Rolle zu spielen. Lohnberechnung, Rechnungs- und Lagerkontrolle kamen als Anwendungsgebiete hinzu.

Der Bericht eines amerikanischen Journalisten aus dem Jahre 1913 (siehe nächste Seite) könnte den Eindruck erwecken, das Lochkartensystem sei überall im Lande gebräuchlich und weit verbreitet gewesen. Tatsächlich aber hatte TMC noch zwei Jahre zuvor lediglich hundert Kunden. Dem Journalisten ging es wohl vor allem darum, die vielfältigen Einsatzmöglichkeiten des neuen Verfahrens zu verdeutlichen.

EINSATZGEBIETE DES LOCHKARTENSYSTEMS LAUT EINEM AUFSATZ DES JAHRES 1913

Das System wird in den unterschiedlichsten Fabriken verwendet, in Stahlwalzwerken, von Versicherungsgesellschaften, von Elektrizitäts-, Transport- und Telefongesellschaften, von Großhandelsunternehmen und Kaufhäusern, von Textilfabriken, Automobilgesellschaften, zahlreichen Eisenbahngesellschaften, Städten und staatlichen Behörden. Es wird eingesetzt, um Arbeitskosten zusammenzutragen, um Produktivitätsübersichten zu erstellen, Vertriebsstatistiken, interne Anforderungen für Beschaffung und Material, Produktionsstatistiken, Zeit- und Akkordarbeit. Es wird verwendet für die Analyse des Risikos von Lebens-, Feuer- und Unfallversicherungen, von Aufwendungen der Fabrikbetriebe und von Verkäufen der Dienstleistungen durch öffentliche Anbieter, für die Aufteilung der Umsätze und Kosten auf Verkäufer, Abteilungen, Kunden, Niederlassungen, Erzeugnisse, Vertriebsmethode und auf zahlreiche andere Art und Weise. Die Lochkarten liefern nicht nur die Basis für gewöhnliche laufende Übersichten, sondern ermöglichen es auch, damit spezielle Auswertungen in einem Bruchteil der sonst erforderlichen Zeit zu erstellen.

S. G. Koon: Hollerith Tabulating Machinery in the Business Office (1913), zitiert nach: Martin Campbell-Kelly, Punched-Card Machinery, in: William Aspray, Computing Before Computers, Ames 1990, S. 122–155, hier S. 145

Ein Aufsatz aus dem Jahre 1912 (siehe nächste Seite) kann eine Vorstellung von einem frühen Einsatzfeld geben. Der Autor Neil R. Williams, einer der beiden DEHOMAG-Geschäftsführer, verwendet die Begriffe „Ablöhnung" und „Spesen", was in der heutigen Terminologie „Entlohnung" bzw. „Kosten" entspricht.

1915 hatte TMC bereits 550 Kunden und der 1. Weltkrieg brachte in den USA das Unternehmen auf einer Welle des Erfolgs voran. Holleriths Biograph Austrian schrieb dazu: „Dem Krieg war gelungen, was die Verkäufer der Gesellschaft in vielen Jahren nicht gehofft hatten zu erreichen. Er machte die Lochkarte für Tausende von Angestellten, welche die nationale Nahrungsmittelversorgung und andere Ressourcen zu verwalten hatten, zu einer alltäglichen Sache. Und, was Hollerith nicht wusste, im entfernten Deutschland wurden einige seiner Maschinen dazu verwendet, die Fahrten der U-Boote zur Vernichtung alliierter Schiffe aufzuzeichnen."[211] Aber erst mit der Verfügbarkeit druckender Tabelliermaschinen, also während der 1920er Jahre, und Alphabet verarbeitender Systeme im darauffolgenden Jahrzehnt kam der allgemeine Durchbruch. Mit den Anwendungsbereichen Abrechnung und Buchhaltung war das Stadium der reinen „Statistikmaschinen" endgültig überwunden.

AUFSATZ IN EINER TECHNISCH-WISSENSCHAFTLICHEN ZEITSCHRIFT VON 1912 ZUR SELBSTKOSTENRECHNUNG MIT HILFE DES LOCHKARTENSYTEMS

Was nun die Ablöhnung, Nachkalkulation und Lohnstatistik betrifft, so handelt es sich ... um Sortierung und Addierung bestimmter Zahlen nach verschiedenen Gesichtspunkten, d. h. nach Arbeiternummer, Bestellnummer, Stücknummer und Arbeiterkategorie. Die meisten wohlorganisierten Fabriken haben bisher diese Arbeiten durch Menschen erledigen lassen unter Zuhilfenahme der bekannten Addiermaschinen. Durch die Hollerithmaschinen werden hier keine neuen, sondern nur die alten Probleme schneller und billiger gelöst. Wenn man an dem Ablöhnungstag eine Viertelstunde in der Ablöhnung pro Arbeiter sparen kann, so bedeutet das in einer Fabrik mit 10 000 Arbeitern 10 000 Viertelstunden oder 2500 ganze Stunden, also bei einem Lohn von 50 Pf. pro Stunde 1250 M. Ersparnis an jedem Zahltage. Selbst wenn das System wirklich teurer wäre, als das bisherige (es ist in Wirklichkeit viel billiger), so würde schon die Zeitersparnis die Einführung befürworten. ...

Wenn nun der Arbeiter seinen Lohnzettel ausfüllt, auf welchem seine Kontrollnummer, die Bestellnummer, Stücknummer, Arbeitsplatz- bzw. Maschinennummer, die gearbeiteten Stunden stehen, so ist es mit Hilfe dieser Zettel möglich, nicht nur die vorerwähnte Ablöhnung, Lohnnachkalkulation und Lohnstatistik zu ermitteln, sondern ebenfalls die Verteilung der indirekten Spesen auf die Bestellnummern mit annähernder Richtigkeit durchzuführen. Man braucht die Karten nur noch in der Buchführung mit dem Maschinen- bzw. Arbeitsplatzstundensatz zu versehen und kann alsdann, indem man die Löhne aufaddiert, gleichzeitig die allgemeinen Spesen hinzuaddieren. ...

Natürlich könnte man dieselben Arbeiten auch ohne automatische Maschinen machen, aber man braucht sich nur zu vergegenwärtigen, wie groß die Arbeit der Sortierung der Karten von etwa 10 000 Arbeitern und Aufaddierung der einzelnen Beträge sein würde, wenn man in einer Lohnperiode von jedem Arbeiter 10 bis 20 Karten hat, da er während dieser Zeit an verschiedenen Bestellungen arbeitet. Die Verrechnung wäre eben so teuer, umständlich und zeitraubend, dass sie nicht ausgeführt wird.

Neil R. Williams: Automatische Selbstkostenberechnung, in: Prometheus. Illustrierte Wochenschrift über die Fortschritte in Gewerbe, Industrie und Wissenschaft, Jg. 24/1912/13, Nr. 1197, S. 8–12

In Europa verhielten sich zu Beginn des 20. Jahrhunderts die potentiellen Kunden gegenüber der neuen Technik entweder vorsichtig abwartend oder sie lehnten sie rundweg ab. Die ablehnende Haltung des Chefs der preußischen Landesstatistik findet bis heute deshalb besondere Aufmerksamkeit, weil er dafür soziale Gründe ins Feld führte. Im Vergleich zur Gegenwart, wo man fast täglich aus den Medien erfährt, dass Großunternehmen trotz Rekordgewinnen Tausende von Mitarbeitern entlassen, um dadurch die Gewinnsituation weiter zu verbessern, klingt dies geradezu wie ein Märchen. Allerdings darf man dabei nicht außer Acht lassen, dass das Gehaltsniveau in Deutschland im Vergleich zu den USA deutlich niedriger war und man sich in Preußen manuelle Arbeit eher leisten konnte. Am 2. Januar 1896 fand in Berlin eine Versammlung der Polytechnischen Gesellschaft statt, die sich mit dem Einsatz der Hollerithmaschinen bei Volkszählungen auseinandersetzte. Dort erläuterte der Geheime Ober-Regierungsrat Blenck, Chef des in Preußen für Volkszählungen zuständigen Preußischen Statistischen Bureaus, weshalb er die maschinelle Auswertung ablehnt.

ERKLÄRUNG DES IN PREUSSEN FÜR DIE VOLKSZÄHLUNGEN ZUSTÄNDIGEN BEAMTEN (1896)

Der wichtigste und letzte Grund aber, weshalb ich bisher die Zählmaschine in Preußen nicht eingeführt habe, ist ein sozialpolitischer. Bei den jetzigen beiden großen außerordentlichen Zählungen, die wir im Reiche und in Preußen haben, der Berufs- und Gewerbezählung sowie Volkszählung, beschäftige ich für Preußen zum Teil 1 bis 2, zum Teil 3 Jahre lang insgesamt 1000 Personen, in verschiedenen Stellungen, als Revisoren, Auszähler und Arbeiter, neben den etatmäßigen Beamten und den sonstigen Hilfskräften für außerordentliche und laufende, d. h. stets wiederkehrende Arbeiten. Jenes Hilfspersonal setzt sich meist aus Leuten zusammen, die oft durch besondere Umstände, durch Unglücksfälle usw. dahin gekommen sind, sich nicht erhalten zu können. Wenn unsere Reichsregierung heutzutage mit allen Kräften darauf denkt und dahin zu wirken sucht, dass man nach Möglichkeit derartigen Opfern der Arbeitslosigkeit hilft – wir haben Arbeiterversicherung, wir haben alles mögliche – dann scheint es mir auch ***unserer Pflicht entgegen zu sein, eine mechanische Maschine Menschen vorzuziehen****. [Hervorhebung vom Autor]*

von Klepacki: Die Hollerith'sche elektrische Zählmaschine für Volkszählungen, in: Polytechnisches Centralblatt, Jg. 57/1896, Nr.11, S. 121–125, hier S. 124

Für die Unternehmen gab es meist andere gewichtige Gründe, sich nicht auf das neue Verfahren einzulassen. Das konnte eine zu geringe Betriebsgröße, der Mangel an geeigneten Mitarbeitern oder auch fehlender Wagemut bei der Unternehmensleitung sein. Um Lochkartenmaschinen erfolgreich einsetzen zu können, war es aber erforderlich, den Betrieb zumindest teilweise umzuorganisieren und die Tätigkeiten der einzelnen Arbeitsplätze neu zu definieren.

Aber auch in Deutschland konnte man schließlich nicht unbeeindruckt bleiben von der Leistungsfähigkeit und den Erfolgen des Lochkartensystems. 1910 war das Elektrizitätswerk am Berliner Schiffbauerdamm der erste deutsche Anwender und im selben Jahr richteten die Farbenfabriken Bayer in Elberfeld eine eigene Lochkartenabteilung ein. Ebenfalls 1910 kam es zur maschinellen Auswertung der Volkszählungen in den Ländern Baden, Elsass-Lothringen, Sachsen und in der Reichshauptstadt Berlin. In einem Brief an R. Neil Williams, der damals in Europa die Interessen der Tabulating Machine Co. vertrat, warnte der Bayer-Direktor Carl Duisberg jedoch davor, an einen deutschen Markt für Lochkartenmaschinen zu hohe Erwartungen zu knüpfen: „Es ist aber nur etwas für ganz große Fabriken, und auch diese sind in Deutschland nur ganz selten von dem erforderlichen amerikanischen Geist erfüllt, um solche Neuerungen schnell ein- und durchzuführen.“[212] So folgten in der Tat zunächst nur die ganz Großen der deutschen Industrie, nämlich die Farbwerke Höchst, BASF, AEG, Osram sowie Siemens & Halske. Bald übernahmen auch die Kaiserliche Werft in Kiel, die Reichsversicherungsanstalt für Angestellte in Berlin, die Ruhrknappschaft sowie die statistischen Ämter der Städte Berlin und Wien das neue Verfahren. 1924 konnte die Deutsche Gesellschaft für Addier- und Sortiermaschinen mit den Mannesmann-Werken den ersten Kunden in Europa für Powers-Maschinen gewinnen.

Der erste Industriebetrieb, der in Deutschland eine Hollerith-Abteilung einrichtete, waren die Farbenwerke Bayer (damals noch in Barmen). Rechts vorn ist die zu jener Zeit noch vertikal angeordnete Sortiermaschine zu sehen. Die Anlage war 14 Jahre lang im Einsatz.

Zu Beginn des Ersten Weltkriegs hatte die DEHOMAG in Deutschland, Österreich-Ungarn, der Schweiz, Norwegen und Schweden insgesamt gerade einmal 44 Kunden. Die Zahl der in deutschen Lochkartenabteilungen vorhandenen Maschinen reichte bei weitem nicht aus, um den Bedarf der Kriegs- und Vorratswirtschaft zu decken. Da nach dem Kriegseintritt Amerikas von dort keine Maschinen mehr nach Deutschland geliefert wurden, sah man hier keine andere Lösung, als die maschinelle Ausrüstung einiger Lochkartenabteilungen zu beschlagnahmen und sie jenen Betrieben zur Verfügung zu stellen, die für die Kriegswirtschaft wichtiger waren.

1921 hatten die ersten deutschen und holländischen Großbanken Lochkartenmaschinen angeschafft und tasteten sich vorsichtig an die künftigen Einsatzfelder heran.[213] In den Jahren nach 1920 war Rationalisierung sowohl in den USA als auch in Deutschland vorrangiges Thema für die Verwaltungsarbeit in Großunternehmen und Behörden. Industriebetriebe suchten nach neuen Wegen, um die Kontrolle über Fertigungsprozesse und erbrachte Dienstleistungen zu behalten und Ineffizienz zu vermeiden. Diesem Ziel dienten neu entwickelte Methoden wie die sogenannte „wissenschaftliche Betriebsführung" (Taylorismus) und Verfahren der Fertigungskostenrechnung. Sie waren ebenso wie die verbesserte Geschäfts- und Lagerbuchführung sowie die Absatzstatistik nur zu verwirklichen, wenn für die anfallenden Datenmengen die Möglichkeit einer raschen maschinellen Auswertung bestand. Waren die Daten für eine Anwendung erst einmal auf Lochkarten erfasst, konnte man sie meist auch für weitere Auswertungen nutzen. So ließ sich zum Beispiel eine exakte Auslastungsanalyse für die einzelnen Fertigungsmaschinen erstellen, wenn man dafür die für Zwecke der Kostenrechnung erstellten Karten benutzte.

Ab dem Ende der 1920er Jahre galt Russland nach den USA und Deutschland als der Staat mit der drittgrößten Zahl eingesetzter Lochkartenmaschinen der Welt. Das riesige Land mit seiner Zentralverwaltungswirtschaft konnte den seit 1927 laufenden Fünfjahresplan nur mit Hilfe von modernen Maschinen erstellen und überwachen.

Während der 1920er Jahre war man bei der *Deutschen Reichsbahn* bemüht, das gesamte Rechnungswesen mit Hilfe des Lochkartenverfahrens aktueller und aussagefähiger zu gestalten. Dafür wurden zunächst Powers-Maschinen eingesetzt, an deren Stelle aber später Hollerith-Maschinen traten. Statistische Analysen ermöglichten es, die Lagerhaltung (vor allem von Kohle) zu optimieren und den Verbrauch zu überwachen. Auch die Streckenauslastung, der Güterwagenumlauf und die Selbstkosten der erbrachten Leistungen konnten mit Hilfe der maschinellen Auswertung transparent gemacht werden. Die Lok- bzw. die Zugführer trugen die Angaben über die Zusammensetzung des Zuges, die gefahrenen Kilometer und das beförderte Gewicht in Vordrucke (sogenannte Zugdienstzettel) ein und gaben diese am Zielbahnhof ab. Im Lochkartenbüro der zuständigen Reichsbahndirektion wurden damit Lochkarten erstellt und die gewünschten Auswertungen durchgeführt.[214] Ende 1929 verfügte die Reichsbahn über 79 Tabelliermaschinen, 87 Sortiermaschinen, 1.271 Lochgeräte und 49 Lochkartenprüfgeräte, und war damit der größte Kunde der DEHOMAG. Als monatliche Leasingrate waren stattliche 60.000 Reichsmark fällig.[215] Bis 1930 gelang es, wichtige Bereiche zentral zu organisieren und erhebliche Einsparungen zu erzielen. Für die Eisenbahnkostenrechnung und das Finanzberichtswesen verfügte die Reichsbahn jetzt über eines der weltweit am weitesten entwickelten Systeme.[216] Bis 1935 konnte die Zahl der Tabelliermaschinen in den 28 Lochkartenstellen noch einmal mehr als verdoppelt werden.[217]

Auch die Eisenbahnverwaltungen anderer Länder erkannten die Vorteile der neuen Technik. Ende der 1930er Jahre wendeten die Italienischen Staatsbahnen das Lochkartenverfahren auf verschiedenen Gebieten des Rechnungswesens und der Statistik an, vor allem für die Statistik der Lokomotivleistungen, die Berechnung von Leistungsprämien für das Lokomotivpersonal, die Gesamtabrechnung für die Materialbestände und für die Güterfrachtkontrolle. Mit der letztgenannten Anwendung konnten die auf den Frachtbriefen ausgewiesenen Beförderungskosten kontrolliert, fehlerhafte Beträge korrigiert, die monatlichen Abrechnungen der einzelnen Bahnhöfe überprüft und verschiedene statistische Arbeiten durchgeführt werden. Die Folge war eine Personaleinsparung und eine bessere Überwachung.[218]

In den USA wurde in den 1930er Jahren neben den kommerziellen Anwendern auch der Staat wieder in einem geradezu gigantischen Maßstab zum Nachfrager nach Datenverarbeitungskapazitäten. Auslöser war die Weltwirtschaftskrise, die 1929 eine lange Periode der Hochkonjunktur mit dem Börsenkrach beendete. Die Folge war ein Zusammenbruch der Weltwirtschaft und eine Arbeitslosigkeit ungeheuren Ausmaßes (1933 in den USA 15 Millionen Menschen, in Deutschland 5,6 Millionen). Der 1933 neugewählte Präsident Franklin D. Roosevelt setzte zur Bekämpfung der allgemeinen Notlage auf ein Bündel staatsinterventionistischer Maßnahmen, für die sich die Bezeichnung „New Deal“ durchsetzte. Der Kern dieser Reformpolitik war der „Social Security Act“ von 1935, der Rentnern und Arbeitslosen eine Unterstützung gewährte. Die dafür erforderlichen Mittel wurden zur Hälfte durch die Arbeitgeber aufgebracht, die andere Hälfte durch die Arbeitnehmer in Form einer auf die Löhne erhobenen Sozialversicherungssteuer. Der Einzug, die Verwaltung und die Auszahlung dieser Mittel sowie das Bemühen um eine verbesserte Gesundheitsfürsorge erforderten eine Vielzahl von Daten, deren Ursprung sowohl im Bereich der Unternehmen als auch im staatlichen Sektor lag.

Im Januar 1937 begann die Registrierung der US-Bürger auf jeweils einer Lochkarte. IBM bekam, mit den Worten der „New York Sunday News“, den Auftrag für den „größten Buchhaltungsjob der Welt“, [219] – einen äußerst lukrativen Job. Die Unternehmen konnten nun wählen, ob sie die von den Behörden regelmäßig verlangten Daten in Gestalt von Listen oder bereits in Lochkartenform einreichen wollten. Da maschinenlesbare Daten auch für das innerbetriebliche Informationsbedürfnis von Nutzen waren, bestand ein Anreiz für die Arbeitgeber, ein eigenes Lochkartensystem einzusetzen oder stattdessen die Dienste eines IBM-Service-Büros in Anspruch zu nehmen.

Währenddessen prägte in Deutschland der Nationalsozialismus mit seinen militärischen und auf eine zentrale Lenkung gerichteten Ambitionen das Wirtschafts-, Verwaltungs- und Sozialgefüge. Zur Kontrolle und zur Machtsicherung setzte die nationalsozialistische Führung in einem bisher nicht gekannten Umfang auf die Erfassung von Daten und deren möglichst zentrale Auswertung. IBM-Chef Watson setzte große unternehmerische Erwartungen in die zentralistische deutsche Wirtschafts- und Gesellschaftspolitik des Dritten Reiches, denn hier taten sich für die Hollerith-Maschinen Einsatzmöglichkeiten auf, die man sich zuvor nicht hätte vorstellen können. Hitlers Pläne ließen einen rapide steigenden Bedarf an Lochkartenmaschinen erwarten. Das war für die IBM-Führung ein Grund, die Machtübernahme der Nationalsozialisten zu begrüßen und mit einer Investition von sieben Millionen Reichsmark die Produktionskapazität der DEHOMAG drastisch zu erhöhen.

Bereits im Jahr der „Machtergreifung" durch die Nationalsozialisten (1933) wurde eine umfassende Volkszählung durchgeführt, die als „Inventuraufnahme eines Volkes" charakterisiert wurde. Für das größte deutsche Land Preußen erhielt die DEHOMAG den Auftrag, das Lochen und Prüfen der 41 Millionen anfallenden Lochkarten durchzuführen, während das Preußische Statistische Landesamt mit eigenem Personal die Auswertung mittels Sortier- und Tabelliermaschinen übernahm. In den anderen Ländern des Reiches hingegen (insgesamt 24 Millionen Einwohner) erfolgte die Zählung manuell mit Hilfe von Zählkärtchen, die für jede Person ausgeschrieben wurden.

1939, wenige Monate vor dem deutschen Überfall auf Polen und dem damit beginnenden Zweiten Weltkrieg, kam es zu einer weiteren Volkszählung, die mit einer Berufs- und Betriebsstättenzählung gekoppelt war. Die auf 90 Millionen Lochkarten erfassten Daten wurden vom Statistischen Reichsamt verarbeitet. Diese Behörde verfügte über einen sehr großen Bestand an speziell von der DEHOMAG entwickelten „Volkszähltabelliermaschinen". Aber auch die Staatspartei NSDAP sah im Lochkartenverfahren das geeignete Instrument, um einen umfassenden Überblick über die Partei, ihre vielfältigen Gliederungen (z. B. SA, Hitlerjugend, Frauenschaft, Studentenschaft) und die einzelnen Mitglieder zu erhalten. Nicht weniger interessiert war die Wehrmacht, die ebenfalls dringenden Bedarf anmeldete und verschiedene Lochkartenstellen einrichtete, oft mit verwirrenden Zuständigkeiten.

Zu Beginn des Zweiten Weltkriegs fanden sich Behörden, Militär und Wirtschaft in einer dem Jahr 1914 vergleichbaren Situation wieder: Die vorhandenen Datenverarbeitungsmaschinen reichten bei weitem nicht aus, um den Bedarf zu decken. Wieder musste die verfügbare Ausstattung – und hier jetzt bevorzugt die Alphabet verarbeitenden Maschinen – dem Militär und den kriegswichtigen Betrieben zwangsweise zugeteilt werden. Die in den besetzten europäischen Ländern installierten Anlagen kamen den Deutschen sehr gelegen; sie wurden beschlagnahmt und neu verteilt. In den USA ging von der gegenüber der Vorkriegszeit verdoppelten Anzahl produzierter Lochkartenmaschinen etwa die Hälfte an das Militär.

Bei Kriegsende war ein Großteil der in Europa eingesetzten Datenverarbeitungsanlagen zerstört oder beschädigt. Die in der sowjetischen Besatzungszone noch vorhandenen Lochkartenmaschinen wurden weitgehend nach Russland gebracht. Westdeutschland hingegen hatte auch auf diesem Gebiet das bessere Los gezogen. Nicht nur Nahrungsmittel aus Amerika erreichten die notleidende Bevölkerung, im Rahmen der Marshallplanhilfe kam es auch zur Lieferung von gebrauchten Lochkartenmaschinen, die aufgearbeitet und in Behörden und Unternehmen eingesetzt wurden. Der gewaltige Bedarf an derartiger Technik konnte allerdings fast überall in Europa jahrelang nicht ausreichend gedeckt werden, weil finanzielle Engpässe (vor allem der Mangel an Dollardevisen) dem entgegenstanden. So gab es beispielsweise in Italien im Jahre 1948 erst 63 Anwender von Lochkartensystemen.[220]

Die USA blieben bei der Entwicklung der Lochkartentechnik weiterhin die treibende Kraft. Zunehmend wurden elektronische Komponenten in die Maschinen integriert, so zum Beispiel der elektronische Multiplizierer. Durch technische Verbesserungen konnten Verarbeitungsgeschwindigkeit und Zuverlässigkeit des Lochkartensystems noch einmal deutlich gesteigert werden. Gleichwohl blieben die grundsätzlichen funktionalen Merkmale unangetastet. Den Herstellern gelang es jetzt auch immer häufiger, Lochkartenanlagen an Unternehmen mittlerer Größe zu verkaufen.

Aber je länger das Lochkartensystem im Einsatz war und je mehr es technisch reifte, desto offensichtlicher wurden auch seine Unzulänglichkeiten. Jetzt fiel immer häufiger ins Auge, wie umständlich es doch war, das Lochen, Prüfen, Sortieren, Mischen und Tabellieren mit jeweils verschiedenen Maschinen durchzuführen und zwischen ihnen große Mengen von Lochkarten hin und her zu transportieren. Die Stärke des Systems, nämlich die Fähigkeit, große Datenvolumen nach vorgegebenen einheitlichen Regeln zu bearbeiten, wurde dort zu einer Schwäche, wo Varianten in der Bearbeitung nötig waren. Hier halfen nur manuelle Eingriffe, die aber wiederum zu Zeitverlusten und mehr Fehlern führten.

Wie immer in solchen Situationen sucht der Mensch nach neuen, besseren Lösungen. Ab den 1950er Jahren kamen die neuen elektronischen Computer auf den Markt. Aber sie stellten für das Lochkartensystem, das immer noch weiterentwickelt wurde, lange Zeit keine ernsthafte Konkurrenz dar. Die neuen Maschinen waren zu teuer und unzuverlässig, um die bewährten Lochkartenmaschinen verdrängen zu können. Noch 1959 standen in den USA den knapp viertausend elektronischen Computern ein Vielfaches an Lochkartenanlagen gegenüber. Aber am Anfang der 1960er Jahre war es schließlich soweit: Die elektronischen Computer waren jetzt in fast allen Anwendungsbereichen ihren Vorgängern überlegen und am Ende des Jahrzehnts lief die Produktion der traditionellen Lochkartenmaschinen aus. Allerdings stellten die Fachleute mit Erstaunen fest, dass bei der Volkszählung von 1987 in Deutschland immer noch Lochkartenberufe angegeben wurden und demnach an einigen Orten die alten Maschinen und Verfahren offenbar weiterhin im Einsatz waren.

In den 70 Jahren seiner Geschichte hat das Lochkartensystem in den Betrieben und Behörden also zu gewaltigen Veränderungen geführt und zur Umgestaltung von Organisationsstrukturen und Arbeitsabläufen. In dieser Zeit war es aber auch gelungen, die kaufmännischen Mitarbeiter grundsätzlich zur Akzeptanz von Maschinen zu bewegen, die nicht nur für den Arbeitsprozess genutzt werden konnten, sondern ihn weitgehend bestimmten.

Die Revolution im Büro

Jeder Wandel hat etwas Dämonisches. Er schafft Neues, vernichtet aber auch Bestehendes.
David S. Landes: Der entfesselte Prometheus

Zuletzt standen die Erfinder, Entwickler und Hersteller von Lochkartenmaschinen sowie die Einsatzgebiete im Mittelpunkt der Betrachtung. Jetzt geht es um die Auswirkungen der neuen Technik auf ihre Benutzer. Allerdings sind die gewaltigen gesellschaftlichen und wirtschaftlichen Veränderungen, die sich in den Jahren von 1890 bis 1960 (der „Lochkartenzeit") beobachten lassen, nicht ausschließlich dem Lochkartenverfahren zuzuschreiben. Schließlich hatten auch zahlreiche andere neue Technologien mehr oder weniger deutliche Auswirkungen. Zu jenen Erfindungen, die tiefe Spuren hinterließen, gehören Telefon und Film, Auto und Flugzeug, Elektroenergie und Raumfahrt.

In Büros und Amtsstuben begann die technische Revolution der Verwaltungsarbeit mit der Einführung von Schreib- und Rechenmaschinen und sie verstärkte sich mit der Verbreitung der Lochkartentechnik. Dass die Industrialisierung des Büros nicht nur die einzelnen Arbeitsplätze betraf, sondern die gesamte Betriebsorganisation, hatte einen einfachen Grund. Die Maschinenausstattung verursachte nämlich erhebliche Kosten und entsprechend groß sollte ihr Nutzen sein. Die teuren Büromaschinen mussten also ebenso wie jene in der Fertigung optimal ausgelastet werden. Das bedeutete, dass bestimmte Funktionen, bisher dezentral an verschiedenen Arbeitsplätzen manuell (und eventuell mit Hilfe von Additions- oder Rechenmaschinen) durchgeführt, jetzt an *einer* Stelle, nämlich der Lochkartenabteilung, konzentriert wurden. An die Stelle der dezentralen Verarbeitung von Daten trat jetzt eine zentrale Organisationsform. Das Erfassen der Daten auf Lochkarten allerdings ließ sich sowohl zentral in der Lochkartenabteilung als auch auf mehrere Orte innerhalb eines Unternehmens verteilt, z. B. in mehreren Abteilungen oder Zweigstellen, durchführen. Die organisatorische Umstellung auf das neue Verfahren – so sie denn konsequent durchgeführt wurde – veränderte im Büro nahezu alle Arbeitsabläufe und brachte nicht nur Vorteile wie Zeit- und Kostenersparnis sowie wachsende Zuverlässigkeit mit sich, sondern auch nennenswerte Nachteile. Dazu gehörte eine starke Inflexibilität gegenüber den bisherigen manuellen Verfahren. Jetzt regierten starre Vorgaben, die keine Abweichungen duldeten. Das begann mit den Vordrucken für die Ersterfassung der Daten und setzte sich fort mit der Einteilung der Lochkarten in Datenfelder, den Schaltplänen für die Maschinen und den festen Formaten der ausgedruckten Listen.

In den Betrieben wurden Tätigkeiten, die früher in der Hand *eines* Angestellten vereint waren, jetzt vielfach in Teilfunktionen zerlegt und zwischen Mensch und Maschine aufgeteilt. Am Beispiel der Buchhaltung lässt sich dies verdeutlichen. Die frühere Aufgabenvielfalt eines Buchhalters bestand darin, die eingehenden Belege auf ihre rechnerische und zuweilen auch sachliche Richtigkeit zu überprüfen und die von der Buchung betroffenen Konten auszuwählen (Vorkontierung). Dann musste der Vorgang in die entsprechenden Bücher eingetragen und schließlich mittels Kontrollsummen die Richtigkeit der Buchungen überprüft werden. Anschließend wurden zuweilen weitere Auswertungen des Zahlenmaterials vorgenommen und gar nicht selten nach Fehlern gesucht. Bei dem neuen Verfahren wurden die ein- und ausgehenden Rechnungen, die Zahlungsvorgänge, die Lohn- und Gehaltsabrechnungen, der Materialverbrauch – mit anderen Worten: die häufig vorkommenden Vorgänge in einem Betrieb – auf Lochkarten übertragen. Das Sortieren erfolgte dann maschinell, ebenso das Buchen und das Berechnen der neuen Salden. Die aktuellen Kontostände wurden in Lochkarten gestanzt und standen somit für den nächsten Verarbeitungsgang zur Verfügung. Dem Buchhalter blieben oft nur jene Buchungen, die selten vorkamen und für die sich der Umweg über Lochkarten nicht lohnte. Dafür konnte er entweder die manuelle Durchschreibebuchführung oder eine Buchungsmaschine benutzen. Der Buchhalter alten Stils jedenfalls musste seine Ärmelschoner abstreifen, er hatte ausgedient!

Für die Unternehmer stellte sich die Frage, ob sich für sie das Lochkartenverfahren lohnte. In einer deutschen Fachzeitschrift des Jahres 1927 veröffentlichte ein Organisator das nach seiner Meinung maßgebliche Kriterium. Danach war das Verfahren dann vorteilhaft, wenn mehr als sechs bis sieben Buchhalter eingespart werden konnten.[221] Ein anderer Autor bezog sich auf den Auslastungsgrad und kam zu dem Ergebnis, „dass die schreibende Rechenmaschine (...) bereits bei 20 – 25 % Ausnutzung billiger ist als Handarbeit". Hingegen – so seine Einschätzung – „lohnt sich das Lochkartenverfahren erst bei 60 %."[222]

Auswirkungen des Lochkartenverfahrens waren in zahlreichen kaufmännischen Bereichen zu beobachten. Es kam zu einer weitreichenden Arbeitsteilung in die Funktionen Vorbereitung und Sammeln der Belege, Erstellen der Lochkarten, Sortieren und Tabellieren. Ohne eine straffe Organisation und ohne eine zentrale Steuerung war dies nicht möglich. Auswirkungen für die Mitarbeiter blieben nicht aus. Während bislang planende, kontrollierende und ausführende Arbeiten meist in einer Hand vereint waren, kam es nun zu einer klaren Trennung.

Das Lochkartensystem führte zu einem Bedarf an Arbeitskräften mit bisher nicht bekannten Tätigkeitsinhalten. Dazu gehörte das Übertragen der Ausgangsdaten auf die maschinenlesbaren Lochkarten und deren Kontrolle. Hierfür war die relativ größte Zahl von Beschäftigten erforderlich. Im Lochsaal der großen Betriebe saßen oft bis zu 50 junge Frauen, die oft im Akkordsystem entlohnt wurden.

Rasch hatte es sich gezeigt, dass Frauen für diese Tätigkeit geeigneter waren als Männer, gelang es ihnen doch viel besser, die geforderte hohe Konzentration über einen nur durch kleine Pausen unterbrochenen achtstündigen Arbeitstag aufrecht zu halten.

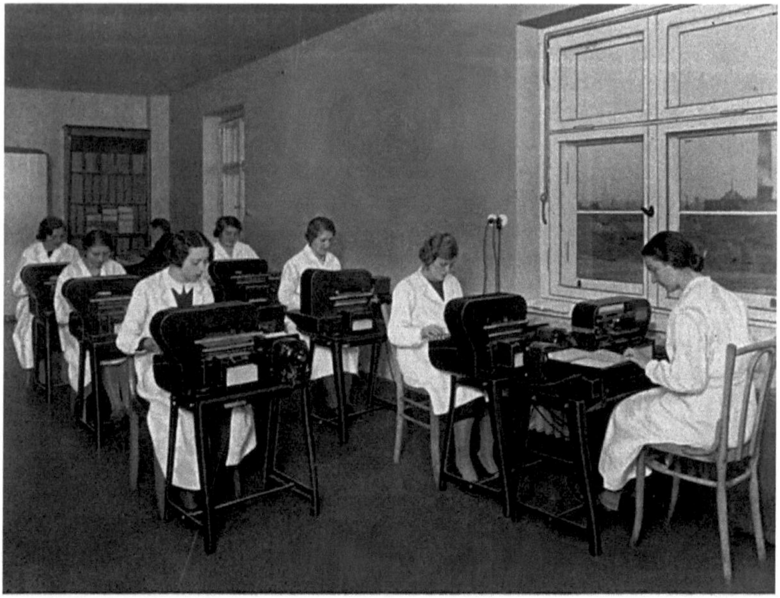

Locherinnen der Allgemeinen Ortskrankenkasse Berlin bei der Arbeit mit Powers-Tastenlochern (1934)

Für diese Arbeit mussten keine besonderen Qualifikationen nachgewiesen werden und es bedurfte nur einer Anlernphase von vier Wochen bis zu vier Monaten. Aber der durch die eintönige Arbeit und die Arbeitsbedingungen erzeugte psychische Druck war erheblich, wurde doch bei niedrigem Lohnniveau oft im Schichtbetrieb gearbeitet. Fehlleistungen beim Lochen führten meist zu Lohnabzügen, zuweilen auch zu Entlassungen. Für die Arbeitgeber hatten die Locherinnen den Vorteil, nur selten gewerkschaftlich organisiert zu sein und kaum Ansprüche zu stellen, die über ihre Entlohnung hinausgingen. Aber auch für junge Frauen war die Tätigkeit interessant, konnte man doch Geld verdienen, ohne sich auf eine langwierige Ausbildung einzulassen und ohne sich – wie bei mancher Fabrikarbeit – die Hände schmutzig zu machen.

Ein 1930 veröffentlichtes Buch über die Situation der Angestellten, das vorab in der renommierten „Frankfurter Zeitung" gedruckt wurde, erörtert auch die Arbeitssituation der Locherinnen. Der zu den Rahmenbedingungen befragte Bürovorsteher eines Lochsaals machte sich nicht die Mühe, seine Geringschätzung der jungen Frauen zu verbergen.

ARBEITSSITUATION DER LOCHERINNEN

Die Mädchen ... lochen nur sechs Stunden und sind während der übrigen zwei Stunden als Kontoristinnen beschäftigt. So wird ihre Überanstrengung vermieden. Das vollzieht sich in einem bestimmten Turnus, so dass jede Angestellte an alle Arbeiten kommt. Aus hygienischen Gründen schalten wir überdies von Zeit zu Zeit kurze Lüftungspausen ein. ...
Dank der in dem Instrumentarium [den Lochgeräten, der Verf.] investierten Geistesarbeit bleibt seinen Handlangern der Besitz von Kenntnissen erspart, und wäre nicht der Besuch der Handelsschule obligatorisch, so brauchten sie überhaupt nichts zu wissen. Auch die Mysterien des Betriebs sind ihnen verschlossen, da sie nur mit Ziffern verkehren. Verlangt wird von ihnen eines: Aufmerksamkeit. Sie kann nicht frei schalten, sondern untersteht der Kontrolle des Apparats, den sie kontrolliert, und muß, im Verein mit dem Geräusch in den Maschinensälen, die Nerven um so mehr beanspruchen, je weniger der Gegenstand lockt, dem sie zu gelten hat. ...
Wie strapaziös die mechanische Dauertätigkeit in Wirklichkeit ist, geht mittelbar daraus hervor, dass etliche mir bekannte Betriebe sie gleich dem oben geschilderten auf einen Bruchteil der Arbeitszeit beschränken und dem Maschinenpersonal fast durchweg Sonderzulagen zahlen. Dass den Maschinen so gern Mädchen vorgesetzt werden, rührt unter anderem von der angeborenen Fingergeschicklichkeit der jungen Dinger her, die freilich eine zu weit verbreitete Naturgabe ist, um ein hohes Tarifgehalt zu rechtfertigen.

S. Kracauer: Die Angestellten. Aus dem neuesten Deutschland, Frankfurt a. M. 1930, S. 35–45, hier S. 37–39

Der Beruf der Locherin/Prüferin überlebte sogar das Lochkartensystem; so lange nämlich, als die Lochkarte bei elektronischen Computern noch als Eingabedatenträger diente, also etwa bis 1980. Als dann die Eingabedaten bis zur Weiterverarbeitung auf elektronischen oder magnetischen Datenträgern gespeichert wurden, war die neue Berufsbezeichnung „Datentypistin“; die Tätigkeitsmerkmale blieben jedoch weitgehend identisch.

In der Anfangszeit des Hollerithverfahrens wurden die auf Lochkarten erfassten Daten mit Hilfe der Kontaktpresse manuell und einzeln in das System zur Verarbeitung eingegeben. Auch dafür genügten Arbeitskräfte mit geringer Qualifikation. Beim späteren Übergang zur automatischen Kartenzuführung wurde diese Tätigkeit überflüssig.

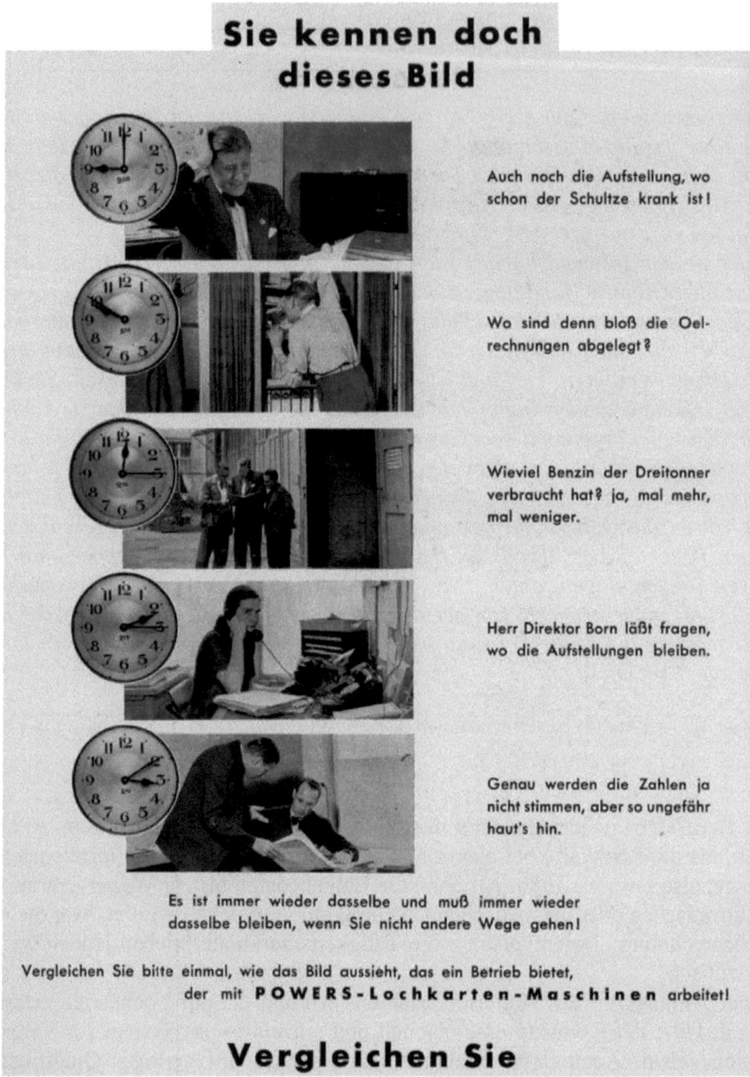

Durch die Gegenüberstellung der Arbeitsweise in einem (offenbar nicht sehr gut geführten) konventionellen Büro mit jener in einem mit Lochkartenmaschinen ausgestatteten modernen Unternehmen (s. nächste Seite) versuchte die Powers GmbH im Jahr 1934, neue Kunden anzusprechen. Die Ausgangssituation: Ein Direktor benötigt für eine Konferenz um 15 Uhr Unterlagen über den Materialverbrauch und die sonstigen Kosten des Fuhrparks.

Veröffentlicht wurde die werbewirksame Gegenüberstellung in der Kundenzeitschrift „Die Lochkarte und das Powers-System“ 6. Jg./1934; Heft 62/63, S. 646 f.

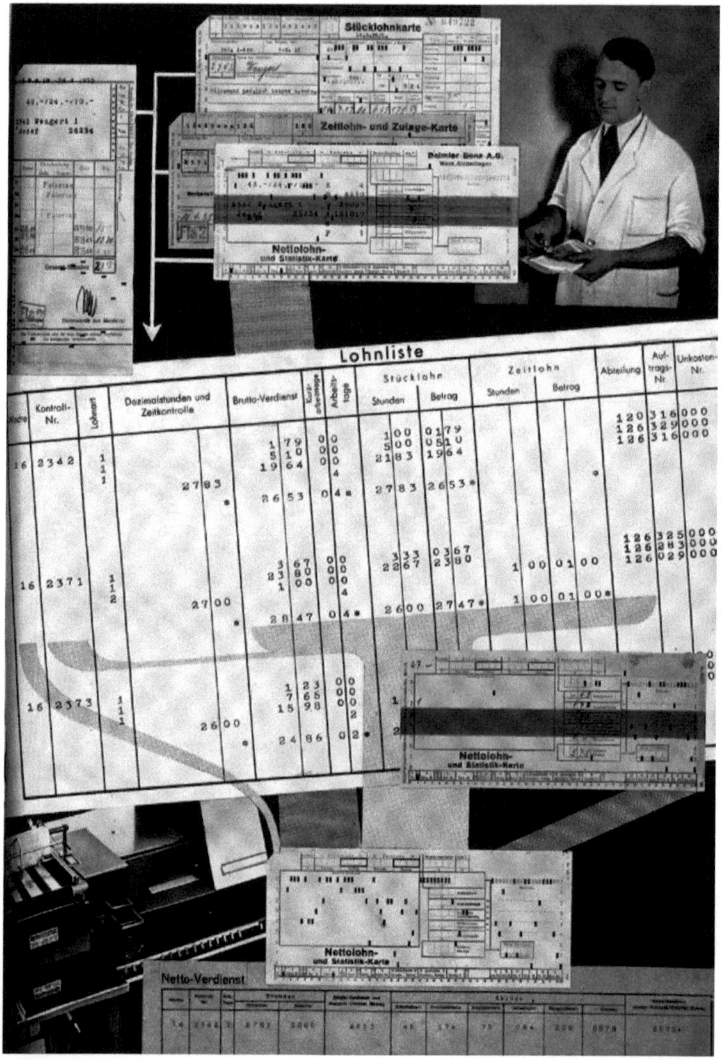

Die Festschrift der DEHOMAG zur 25-Jahrfeier im Jahre 1935 gibt auch einen Einblick in die unterschiedlichen Anwendungsgebiete des Lochkartenverfahrens. Hier sind Lochkarten und Listen abgebildet, wie sie bei der Daimler Benz A.G. für die Lohnabrechnung verwendet wurden.

Das Beschicken der Leseschächte mit ganzen Lochkartenstapeln gehörte zu den Aufgaben von Maschinenoperatoren (auch als Tabellierer bezeichnet), welche die Tabellier- und Sortiermaschinen, die Lochstanzer und später auch die Drucker zu bedienen hatten. An ihre Fähigkeiten wurden deutlich höhere Anforderungen gestellt als an die Locherinnen und die Ausbildung dauerte bis zu zwei Jahren. Noch anspruchsvoller war aber der Beruf des Lochkartenprogrammierers, der neben der exakten Kenntnis der Besonderheiten der Lochkartenmaschinen auch einen vertieften Einblick in die zu bewältigende Aufgabe und organisatorisches Geschick verlangte. In der späten Phase der Lochkartensysteme benötigten diese Mitarbeiter einen Universitätsabschluss in Mathematik oder in einer technischen Disziplin und eine anschließende drei- bis vierjährige Schulung. Schließlich brauchte man auch für die Wartung der Maschinen qualifiziertes Personal und so führte die DEHOMAG bereits seit 1925 besondere Kurse durch.

In kaufmännischen Abteilungen, welche in erheblichem Umfang die Leistungen der Lochkartenabteilung nutzten, gab es zuweilen den Beruf des Lochkarten-Sachbearbeiters, der eine vermittelnde Funktion zur Lochkartenabteilung innehatte.

Für die allgemeine Vorbereitung und Einführung der neuen Techniken entstand ein wachsender Bedarf an Fachliteratur. Beginnend nach dem ersten Weltkrieg erschienen zunächst nur einzelne Aufsätze und Artikel zu Einzelthemen. 1929 veröffentlichte der DEHOMAG-Prokurist Hermann Rottke eine erste Anwenderbroschüre mit dem nicht sehr einprägsamen Titel „Die Buchhaltung von Industriebetrieben und Handelsgeschäften, lückenlos durchgeführt mit Hollerith-Lochkarten-Maschinen“, und im selben Jahr erschien die mit 400 Seiten äußerst umfassende Darstellung „Das Hollerith-Lochkarten-Verfahren für maschinelle Buchhaltung und Statistik“ von *Robert Feindler*. Um neue Kunden und deren Mitarbeiter gezielt auf den Maschineneinsatz vorzubereiten, veranstaltete die DEHOMAG ab 1936 Lehrgänge in Berlin. Schon vier Jahre zuvor hatte die IBM in den USA eine Ausbildungsabteilung zur Bündelung der zahlreichen Aus- und Weiterbildungsaktivitäten für Mitarbeiter und Kunden eingerichtet. Fach- und Hochschulen hingegen sahen es nur in Ausnahmefällen als ihre Aufgabe an, entsprechende Kenntnisse zu vermitteln.

Im Rückblick lässt sich feststellen, dass durch die Lochkartentechnik neue Berufe entstanden. Einige davon verlangten gegenüber den bisherigen Buchhalter- und Büroberufen eine niedrigere, andere eine höhere Qualifikation. Insgesamt kann jedoch bezweifelt werden, dass – wie damals vermutet wurde – aufs Ganze gesehen die Neuerungen zu höheren Qualifikationsanforderungen an die Arbeitskräfte führten.

Der Verlust der bisherigen Tätigkeitsvielfalt bedeutete für zahlreiche Angestellte, die im Rechnungswesen, in Einkauf, Vertrieb und Lagerwesen der industriellen Großbetriebe beschäftigt waren, eine deutliche Arbeitsentfremdung, weil sich die eigene Tätigkeit oft nicht mehr in einen Gesamtzusammenhang einordnen ließ. Gleiche Feststellungen lassen sich für zahlreiche Arbeitsplätze in den großen Betrieben des Handels sowie im Bank- und Versicherungswesen treffen. Ein Trend zu fremd bestimmten, wenig qualifizierten und eintönigen Hilfstätigkeiten wurde sichtbar. Indem nun an vielen Arbeitsplätzen ebenso wie in der Fertigung neben den Arbeitsinhalten auch der Arbeitsrhythmus vorgegeben wurde, verloren auch die Büroangestellten ihre bisherigen Gestaltungsfreiräume. Was man seither nicht für möglich gehalten hatte, trat ein: Die „geistige Büroarbeit" wurde immer mehr standardisiert und in ein starres System mit den Komponenten Mensch *und* Maschine überführt. In der rationalisierten Büroarbeit eigene Vorstellungen einzubringen und einen persönlichen Arbeitsstil zu entwickeln war nahezu ausgeschlossen.

Der Mensch im Umfeld der Lochkartenmaschine war nicht mehr der uneingeschränkte Herr des Arbeitsgeschehens, denn nun erzwangen die Maschinen auch in Büro und Verwaltung genau festgelegte Verhaltensweisen. Und so forderte bereits 1927 ein Organisator in einer Fachzeitschrift den kaufmännischen Nachwuchs nachdrücklich dazu auf, den „letzten Sinn" der Arbeit zu erfassen, denn: „Er wird es dahin bringen können, dass er die Maschine beherrscht, statt von ihr beherrscht zu werden."[223] Beherzigt hat diese Forderung jene kleinere Zahl von Angestellten, die anspruchsvolle Arbeitsplätze in den Funktionsbereichen Planung und Organisation besetzten und auf die sich nun hohe Qualifikationsanforderungen, wachsende Kompetenzen und verbesserte Aufstiegsmöglichkeiten in den neuen Hierarchien konzentrierten.

Die mit Hilfe der Lochkartentechnik gewonnenen Daten – die Summen, Durchschnittswerte und sonstige Kennzahlen – erlaubten einen Überblick über den Stand des Unternehmens, der weniger als bisher der tatsächlichen Entwicklung hinterherhinkte. Man musste nicht mehr bis zum Monatsende (oft auch länger) warten, um wichtige Aufschlüsselungen des Umsatzes und der Produktion sowie Grundlagen für die Preisgestaltung zu erhalten. Für unternehmerische Entscheidungen gab es jetzt in vielen Bereichen eine zuverlässige und aktuelle Basis. Im Gegensatz zu heute, wo mit Hilfe des Computers gewonnene Daten meist unverzüglich nach Durchführung eines betrieblichen Vorgangs am Bildschirm angezeigt und bei Bedarf zusätzlich ausgedruckt werden können, war damals die ausgedruckte Liste die Arbeitsgrundlage für viele kaufmännische Vorgänge. Diese kam jedoch nicht mit elektronischer Geschwindigkeit bei dem betreffenden Mitarbeiter an, sondern musste von der Lochkartenabteilung zu den Sachbearbeitern transportiert werden. Maschinelle Auswertungen waren nur möglich, wenn die dafür erforderlichen Daten bis zu einer vorbestimmten Uhrzeit im Rechenzentrum eingegangen und auf Karten gelocht waren. Der zu verarbeitende Lochkartenstapel musste komplett vorliegen – man sprach deshalb von Stapelverarbeitung. Waren die Eingabedaten nicht vollständig, kam es zu Verzögerungen oder man hatte sich mit Ergebnissen zufrieden zu geben, die nur eingeschränkt zuverlässig waren.

Bei den deutschen Großbanken war es bereits Mitte der 1930er Jahre Standard, die Bestände an Effekten, Wechseln, Schecks und Bargeld mit zentralen Lochkartenanlagen zu verwalten. Damit war jetzt auch eine tägliche Bilanzerstellung möglich. Heute hingegen genügt es nicht mehr, aktuelle Ergebnisse nur einmal täglich zur Verfügung zu haben. Mit den schnellen elektronischen Computern der Gegenwart kann ein Vorgang, der eine Bestandsveränderung auslöst, sofort nach Eingabe in das System gebucht werden – praktisch zeitgleich und nicht erst, wie früher, am späten Nachmittag oder am Abend eines Arbeitstags. Hinsichtlich Organisation und praktischen Auswirkungen liegen zwischen beiden Verfahren also Welten. Eines ist jedoch geblieben: die Tatsache, dass Ergebnisse (Ausgabedaten) nur so zuverlässig sein können wie die dafür verwendeten Eingabedaten.

Die Lochkartentechnik hatte – das war in vielen Betrieben offenkundig geworden – die Gewinnung neuer Informationen und die Abwicklung von Abläufen in einem Maß beschleunigt, wie man es bisher nicht für möglich gehalten hatte. Ob ein Rationalisierungserfolg im Sinne einer Personaleinsparung damit verknüpft war, lässt sich nicht grundsätzlich sagen. Sehr oft kam es alleine deshalb nicht zu einer Verminderung der Beschäftigtenzahl, weil mit den Lochkartenmaschinen zusätzliche Aufgaben durchgeführt wurden, die man mit den Methoden der Vergangenheit einfach nicht hatte bewältigen können. Manchmal verleiteten auch die technischen Möglichkeiten zu völlig überflüssigen Listen.

Eine andere Ursache für ausbleibende Personaleinsparungen konnte darin liegen, dass sich einzelne Abteilungen oder Arbeitsgruppen gegen die Einbeziehung in die neue Organisation wehrten und dadurch „Nester“ erhalten blieben, die an den bisherigen Arbeitsmethoden festhielten. Dies machte spezielle und oft aufwändige Verfahren in der Zusammenarbeit mit den neugeordneten Betriebseinheiten notwendig.

In einem Buch zur Büromaschinenkunde findet sich der Hinweis, man habe sich in der Zeit der Massenarbeitslosigkeit als Folge der Weltwirtschaftskrise oft gezwungen gesehen, „auf die volle Ausnutzung der Maschinen zu verzichten, um Arbeitsplätze für Menschen frei zu machen.“[224] Es muss aber bezweifelt werden, dass dies ein durchgängiges unternehmerisches Prinzip darstellte. Denn in einer soziologischen Studie aus dem Jahre 1933 ist zu lesen: „Wenn große Massen sogar in einer Periode der Hochkonjunktur keine Beschäftigungsmöglichkeit finden können, so trägt in großem Umfang die Mechanisierung Schuld daran. Die Prophezeiung von Karl Marx, dass »das Arbeitsmittel den Arbeiter erschlägt«, hat sich auch heute im Bürobetrieb erfüllt.“[225]In Deutschland änderte sich die Einstellung zur Lochkartentechnik, als die Vorbereitung von Wirtschaft und Militär auf einen Krieg zu einem allgemeinen Mangel an Arbeitskräften führte, dessen Auswirkungen es durch den Einsatz von Maschinen zu überwinden galt. Das nationalsozialistische Wirtschaftssystem griff jetzt ganz ungeniert auf jene Rationalisierungsmethoden der 1920er Jahre zurück, die man damals als unmenschlich bezeichnet hatte.

Hinsichtlich der Beschäftigtenzahl eines Unternehmens als Ganzes kam es bei günstiger Konjunkturlage gewöhnlich nicht zu einer Reduzierung, sondern lediglich zu einer Umschichtung von Arbeitsplätzen. Wenn jedoch das Lochkartensystem Funktionen vollständig übernahm, wurden sie abgebaut und verschwanden. Dafür wurden für die Bedienung der Maschinen neue Mitarbeiter mit ganz anderen Fähigkeiten eingesetzt. Aus gesamtwirtschaftlicher Sicht sind also Veränderungen dieser Art unproblematisch. Für die Betroffenen hingegen bedeutete es aber meist eine erhebliche psychische und soziale Belastung, auf diese Weise „wegrationalisiert“ zu werden. In ihren Augen hatte sich die Lochkartenmaschine vom Rechenknecht in einen rücksichtslosen, störrischen Zauberlehrling verwandelt.

Statistiker auf neuen Pfaden

Es gab also genügend Menschen, auf deren Arbeitsbedingungen, Lebensumstände und Schicksale die Lochkartentechnik ganz unmittelbare Auswirkungen hatte. Aber wie verhielt es sich mit der noch größeren Zahl von Menschen, die in Fabrikhallen und Büros, in der Landwirtschaft und in Ladengeschäften, im Haushalt und als Handwerker nicht direkt damit zu tun hatten? Als Außenstehende merkten sie jahrzehntelang kaum etwas von der so weitreichenden Rationalisierung betriebsinterner Abläufe. So war es zum Beispiel für Kunden praktisch nicht möglich zu unterscheiden, ob eine Rechnung mit der Schreibmaschine geschrieben oder von einer Tabelliermaschine ausgedruckt worden war.

Doch gab es einen Bereich, wo die neuen technischen Möglichkeiten auch für Außenstehende nicht folgenlos waren, wenngleich für sie die Zusammenhänge meist unbemerkt blieben. Es handelte sich um die Statistik. Natürlich berichteten in Deutschland, ebenso wie in anderen Ländern, die Wochenschau der Kinos sowie Rundfunk und Zeitungen im Zusammenhang mit den Volkszählungen über die großartigen Maschinen, die so rasch zuverlässige Ergebnisse produzierten. Aber diese veränderten technischen Gegebenheiten betrafen nicht den persönlichen Lebensbereich und für die Menschen spielte es deshalb keine Rolle, ob die Auswertungen mit diesem oder jenem Verfahren erfolgten. Oder gab es doch vielleicht Auswirkungen, gewichtig und weittragend, obwohl sie für den Einzelnen nicht erkennbar waren?

Maßgebliche Statistiker sahen mit der nationalsozialistischen Machtergreifung die große Stunde für ihre Disziplin gekommen. Der damals führenden Fachzeitschrift „Allgemeines statistisches Archiv“ lassen sich die Aufgaben entnehmen, die der modernen Statistik im nationalsozialistischen Reich zugewiesen wurden. Sie sollte nicht nur – wie bisher – die Wissenschaft „von“ den sozialen Massen sein, sondern vor allem auch Denkanstöße und Verhaltensmaßregeln „für“ die sozialen Massen liefern. Friedrich Zahn, Präsident des Bayerischen Statistischen Landesamtes sah in den Statistikern gar „wissenschaftliche Soldaten“ des Führers.[226] 1938 forderte ein nationalsozialistischer Wirtschaftsdienst, anstelle des traditionsreichen Statistischen

Reichsamtes eine neue statistische Zentralbehörde zu schaffen. Ihre Aufgabe sollte es sein, die gesamte deutsche Statistik „nach einem Willen und auf ein Ziel auszurichten“.[227] In einem Fachaufsatz stellte der Autor die Statistik ganz unverhohlen in den Dienst der Manipulation.

AUFGABEN DER STATISTIK IM DRITTEN REICH

Dieses Schlußstück [der statistischen Arbeit, der Verf.], die Beeinflussung des Volkes durch das Ergebnis der Massenforschung vollendet heute noch der Politiker, der Lehrer, der Arzt, der Journalist und viele, viele andere, die sich dazu berufen fühlen. Ob sie aber alle auserwählt sind? ... Um der Sache willen ist es klüger, wenn der Statistiker selbst sich auch um die letzte Verwertung kümmert. Der aus anderen Disziplinen kommende »Verbraucher« statistischer Ergebnisse soll das Material wie Markenware fix und fertig verarbeitet und verpackt erhalten, so schön, dass ihm gar nicht mehr in den Sinn kommt, zu rütteln und zu deuteln. Der Bevölkerungsstatistiker muß lernen, zugleich Bevölkerungspolitiker zu sein und die Wirtschaftsstatistik soll sich – um ein anderes Beispiel zu geben – auch um die letzte journalistische Ausarbeitung in der Tageszeitung bemühen. ...

Von einer Bresche in die Denkart des Volkes darf man erste sprechen, wenn das Thema »Geburtenausfall« – sei es in welcher Form es mag – im Milchladen der Arbeiterviertel erörtert wird.“

Konrad Krieger: Der Weg der Statistik zum Volk, in Allgemeines statistisches Archiv, Bd. 23.1933/34, S. 619 – 626, hier S. 619 f. und 621

Die Nationalsozialisten waren Meister der Massenbeeinflussung und sie förderten die Statistik nicht alleine deshalb so intensiv, weil sie Informationen brauchten, sondern auch, weil sie deren Ergebnissen eine normative Kraft zutrauten. Tag für Tag erreichten ganz bewusst ausgewählte Informationen über die Massenmedien die Menschen. In den Jahren, in denen die Welt auf den Zweiten Weltkrieg zusteuerte, wurde selten versäumt, die Deutschen durch Ländervergleiche zu sensibilisieren und die Bereiche aufzuzeigen, bei denen Deutschland Nachholbedarf hatte. Die Bevölkerung sollte „wachgerüttelt“ werden, sei es nun hinsichtlich der Geburtenrate oder der Zahl der verfügbaren Flugzeuge (wo Deutschland zunächst Frankreich deutlich unterlegen war). Man erwartete, dass die Menschen sich bemühten, mit ihrem persönlichen Beitrag in Beruf und Alltag die Situation Deutschlands auf möglichst zahlreichen Gebieten zu verbessern. Bei Durchschnittswerten, welche die eigene Person oder Familie betraf, glaubte man Anreize zu schaffen, den Durchschnitt bei positiven Merkmalen zu übertreffen (z. B. „Gebärleistung der Frauen“) oder bei negativen Merkmalen (z. B. betriebliche Fehlzeiten) zu unterschreiten. Die Kenntnis des Normalen war die Basis für Leistungssteigerungen.

Der Gedanke, dass eine Sehnsucht nach Mitte und Normalität zahlreiche Menschen bewegt, war nicht neu. Schon hundert Jahre früher hatte der belgische Statistiker *Adolf Quetelet* (1796–1874) die wissenschaftliche Idee eines mittleren Menschen („homme moyen") vertreten, eines Durchschnittsmenschen, bei dem nur das Regelmäßige und Typische in Erscheinung tritt, losgelöst von störenden individuellen und zufälligen Vorgängen. Quetelet wollte mit diesem statistischen Menschen eine Charakterisierung für die Bewohner eines Landes schaffen. Zu den zu erfassenden Kriterien zählte er beispielsweise die Körpergröße, den Brustumfang, die Beweglichkeit, die physische Kraft, das Heirats- und Lebensalter, aber auch die Zahl der Verbrechen, aus denen die Wahrscheinlichkeit für jeden Einzelnen berechnet wurde, selbst zum Verbrecher zu werden. Es war Quetelets Absicht, mit seinen „Moralstatistiken" eine vorsorgliche Verbrechensbekämpfung zu unterstützen.[228] Seine Statistik-Euphorie blieb nicht folgenlos. Viele Statistiker begeisterten sich daran, die Regelmäßigkeiten in den scheinbar willkürlichen Handlungen der Menschen herauszuarbeiten und auf Dezimalstellen genau auszudrücken. So kam der Durchschnittsmensch auf die wissenschaftliche und literarische Welt – nachdem er in der realen Welt nicht anzutreffen ist.

Dieser Wunsch vieler Menschen nach persönlicher und sozialer Orientierung brachte den Durchschnitt auch außerhalb der Wissenschaft zu Ansehen. Ein Beispiel für das bis heute blühende Gewerbe statistischer Zahlen ist das „Gale Book of Averages",[229] das in über 1.100 Tabellen, Grafiken und kurzen Texten von der Zahl der Hähnchen, die ein durchschnittlicher Amerikaner während seines Lebens isst (es sind 1 400!) bis zur durchschnittlichen Lebensdauer eines Haares und bis hin zu den durchschnittlichen Lehrergehältern alles an Durchschnittsinformationen enthält, was einen durchschnittlichen Menschen erfreuen kann.

Als herausragendes Beispiel für den Einsatz der Lochkarten im Bereich der wissenschaftlichen Forschung kann der Kinsey-Report dienen, der das sexuelle Verhalten von Mann und Frau in zwei umfangreichen Bänden darstellt.[230] Alfred C. Kinsey und sein Team führten in den 1930er und 1940er Jahren mit 12 000 Männern und 8 000 Frauen Befragungen mit durchschnittlich 300 Fragen je Person durch. Die insgesamt sechs Millionen Einzelmerkmale hätten nicht ohne maschinelle Hilfe ausgewertet werden können. Die für einen wichtigen Bereich menschlichen Lebens typischen Verhaltensweisen waren nun jedermann zugänglich und sie gaben Impulse für die in den Jahrzehnten danach einsetzende Liberalisierung des Sexuallebens.

Technik im Zwielicht

Nicht nötig, auf den Spiegel zu schelten, wenn die Fratze schief ist.
Russisches Sprichwort

Im Jahre 2001, lange nachdem Lochkarten und ihre Maschinen schon nicht mehr verwendet wurden und weitgehend in Vergessenheit geraten waren, rückte das Verfahren für kurze Zeit und ganz unerwartet wieder ins Blickfeld einer breiten Öffentlichkeit. Der amerikanische Journalist Edmund Black hatte im Februar des Jahres ein Buch mit dem Titel „IBM und der Holocaust“ [231] in neun Sprachen und in 40 Ländern gleichzeitig veröffentlicht. Das war ein Überraschungscoup und er führte in Verbindung mit dem verblüffenden Thema zu einer außerordentlichen Medienresonanz. Black – Sohn jüdischer Eltern, welche die KZ-Inhaftierung überlebt hatten – warf dem Weltkonzern und dessen damaligem Chef Thomas J. Watson vor, nicht nur vom Völkermord an sechs Millionen Juden gewusst, sondern mit den Lochkartenmaschinen der IBM-Tochter DEHOMAG seine effiziente Durchführung erst ermöglicht zu haben. Mit seinem von Profitsucht getragenen Verhalten treffe IBM eine erhebliche Mitschuld an den Verbrechen der Nazis.

Für Black scheint eine Folgerung zwingend zu sein, nämlich: Die Existenz des Lochkartenverfahrens und seine Vorteile bei der Verarbeitung von Massendaten bedeuten seinen Einsatz bei der Planung, Vorbereitung und Durchführung des Holocaust. Entspricht dies aber auch der historischen Realität? Es gilt also zu untersuchen, ob sich während der NS-Zeit der Computer (in Gestalt von Lochkartenmaschinen) tatsächlich vom nützlichen Rechenknecht in einen Kriegsknecht verwandelte, dessen Aufgabe es war, tatsächliche oder vermeintliche Gegner zu vernichten.

Das Identifizieren der Opfer des Holocaust

Aufspüren und Identifizieren der jüdischen Opfer war die Voraussetzung für ihre Verfolgung und Ermordung. War bereits hierfür das Lochkartensystem von maßgeblicher Bedeutung? Die Antwort auf diese Frage bereitet Schwierigkeiten, zerstörten doch die an Deportationen und Massenmord beteiligten Behörden und Organisationen bei Kriegsende meist jene sie belastenden Akten, die noch nicht den Luftangriffen zum Opfer gefallen waren. Deshalb gibt es Holocaustforscher, die – ganz im Gegensatz zu Black – zu dem Ergebnis kommen: „Die Rolle, welche das Lochkartenverfahren im Einzelnen spielte, bleibt im Bereich der Spekulation.“[232] Immerhin verhelfen die verfügbaren Quellen doch noch zu einer gewissen Klarheit.

Im Juni 1933, wenige Monate nachdem die Nationalsozialisten an die Macht gekommen waren, fand eine Volkszählung statt, die mit einer Berufs- und Betriebszählung kombiniert war. Die Daten der Volkszählung von 1925 waren inzwischen weitgehend überholt, und Politiker und Statistiker benötigten aktuellere Zahlen. Für eine Sonderzählung, die nur Juden umfasste, gab es sogar die Zustimmung der jüdischen Verbände.

An dieser Stelle sind einige grundsätzliche Überlegungen zum Wesen der Statistik angebracht. Ihre Aufgabe ist es, durch Zusammenfassung von Massendaten – beispielsweise in Form von Summen oder Durchschnittszahlen – neue Aussagen zu gewinnen; sie besteht jedoch nicht darin, den dauerhaften Zugriff auf Individualdaten zu gewährleisten. Durch die Bildung von Zahlenaggregaten werden die Ausgangsdaten anonymisiert und sind nun eigentlich nicht mehr erforderlich. Die Frage nach der Religion bei einem Zensus war bisher schon nichts Ungewöhnliches, sie gehörte in Deutschland – mit der Ausnahme von 1875 und 1919 – bereits zum Standardfragenkatalog der Volkszählungen, ebenso wie in vielen anderen Ländern. 1933 ging es um die äußere (rechtliche) Zugehörigkeit zu einer Kirche oder Religionsgemeinschaft, nicht um die Konfession oder einen inneren Standpunkt. Ermittelt wurden sogenannte Glaubensjuden, nicht aber jene größere Zahl der Personen jüdischer Abstammung (Rassejuden), auf die ja die nationalsozialistische Rassenpolitik abzielte.

Trotz der Anonymisierung in Gestalt von statistischen Tabellen ließ sich durch die Volkszählung von 1933 zuverlässig ableiten, in welchen Städten und Gemeinden (bei größeren Städten auch in welchen Stadtteilen) besonders viele Menschen jüdischen Glaubens lebten. Man konnte ablesen, dass der jüdische Bevölkerungsanteil in Großstädten wie Berlin, Frankfurt, Breslau, Mannheim besonders hoch war. Allerdings war den Tabellen nicht zu entnehmen, wer wo genau lebte. Maschinell erstellte Listen jüdischer Bürger waren nicht möglich, weil die Lochkarten weder Namen noch eine identifizierende Nummer enthielten.

Eine im Sinne der nationalsozialistischen Intentionen sehr zweckmäßige gesetzliche Regelung bestimmte, dass bei zahlreichen Vorgängen der Staat nicht gezwungen war, die jüdische Abstammung von Personen nachzuweisen. Vielmehr war es die Aufgabe des Einzelnen, seine „arische" Herkunft zu belegen. Gefordert wurde ein solcher Arier-Nachweis von Beamten, Rechtsanwälten, Journalisten und Erbhofbauern; er war unverzichtbar für Eheschließungen, für einen Hochschulabschluss und natürlich auch für eine Mitgliedschaft in der NSDAP. Aus den unterschiedlichsten Anlässen mussten Fragebögen ausgefüllt werden, deren Angaben auf Karteikarten übertragen wurden. Für Pfarrer führten die von ihnen angeforderten Auszüge aus den Kirchenbüchern zu einer starken Zusatzbelastung. Überall bei Behörden und Organisationen entstanden jetzt Karteien. Alles und jeder wurde „verkartet". Die Karteien fanden sich bei den Einwohnermeldeämtern, der Polizei, der Gestapo, den Arbeitsämtern, bei Berufsverbänden, Dienststellen der Partei und der SS. Zumindest bis in den Krieg hinein wurden sie gewöhnlich manuell bearbeitet. Lochkartenmaschinen standen über Jahre dafür nicht zur Verfügung. Nicht nur, dass es an Geld und dafür geschultem Personal fehlte. Die Lochkarte war auch als Datenspeicher insofern ein unpraktisches Medium, als bei jeder Änderung der Angaben eine neue Karte erstellt werden musste, während man bei der Karteikarte problemlos berichtigen konnte.

Das Bild aus dem Statistischen Jahrbuch der SS von 1938 zeigt mit den beiden Karteiführern und ihren Karteitrögen die in den 1930er Jahren bei Staat, Kommunen und Partei typische Organisationsform der Datenspeicherung.

Es gibt Forschungsergebnisse, denen zufolge „während der 1930er Jahre der Prozess der Lokalisierung von Opfern weder zentralisiert noch systematisch erfolgte."[233] Auch sind keinerlei Hinweise zu finden, wonach in dieser Zeit Lochkartenmaschinen zur Klärung von Abstammungsfragen in konkreten Fällen sowie bei der Identifizierung von Juden eingesetzt wurden. „Zur Organisierung überschaubarer Verhaftungsaktionen (...) oder der Judendeportationen von 1941/42 reichten die manuell geführten Karteien (...) allemal aus."[234] Und noch im Jahre 1944 formulierte ein Experte: „Auch die Einzelerfassung der Menschen mit Hilfe des Lochkartenverfahrens wird die jetzt bestehenden Personalkarteien nicht überflüssig machen. Die Lochkarte kann mit ihrer geringen Kapazität eine Handkartei nicht ersetzen."[235] Als 1941 die großen Judendeportationen begannen, hatten die Volkszählungsdaten von 1933 nur noch geringen Wert. Sie waren durch Tod, Geburt und Umzüge schlichtweg veraltet und viele Zählunterlagen waren inzwischen vernichtet worden. Auf eine Besonderheit des Zensus von 1933 gegenüber seinen Vorgängern (ausgenommen der von 1925) ist noch hinzuweisen, weil dadurch doch noch ein Schatten auf diese Volkszählung fällt. Für sämtliche Personen, die eine Zugehörigkeit zur jüdischen Glaubensgemeinschaft angegeben hatten, wurde nämlich eine zusätzliche Zählkarte ausgeschrieben, die neben den für die Volks- und Berufszählung benötigten Angaben auch den Geburtsort enthielt. Damit wurde eine gesonderte und zusätzliche Auswertung durchgeführt, die für die übrige Bevölkerung – angeblich aus Kostengründen – entfiel. Die Sonderauszählung war eine sachlich gekürzte, auf die Glaubensjuden beschränkte Volks- und Berufszählung.[236] Sie wurde manuell ausgewertet.

Als Ergebnis bleibt festzuhalten: Verlauf und Inhalt des Zensus von 1933 unterschieden sich nicht grundsätzlich von den meisten bisher mit Hollerithmaschinen unterstützten Vorläufern. Der IBM bzw. ihrem Tochterunternehmen DEHOMAG Vorwürfe wegen der maschinellen Auswertung der Volkszählung zu machen, erscheint nicht gerechtfertigt, vor allem nachdem die fragwürdige Sonderzählung rein manuell ausgewertet wurde.

Sechs Jahre später, am 17. Mai 1939 wurde eine weitere kombinierte Volks-, Berufs- und Betriebszählung durchgeführt. Nach dem zwangsweisen Anschluss Österreichs und kurz vor dem Kriegsbeginn war sie zeitlich günstig positioniert und versprach eine optimale Aussagefähigkeit. Das Zählmaterial dieser „Eröffnungsbilanz des großdeutschen Reiches“[237] füllte 70 Eisenbahnwagen, und das Statistische Reichsamt musste für seine Aufarbeitung 2.000 zusätzliche Mitarbeiter einstellen. Die Auswertung erfolgte mit speziell der Aufgabe angepassten DEHOMAG-Maschinen vom Typ D11 VZ. Während heute über die Funktion dieser Zählung als Instrument im Dienste der Kriegsvorbereitung weitgehend Einmütigkeit besteht, wird kontrovers darüber diskutiert, ob sie auch dem Ziel einer systematischen Vernichtung der Juden diente. So wie 1933 wurde zur Ermittlung der Glaubensjuden auch jetzt wieder nach der Religionszugehörigkeit gefragt, wobei jedoch dieses Mal auf eine Sonderauszählung auf der Basis der allgemeinen Zensusdaten verzichtet wurde.

Stattdessen gab es als Neuerung die so genannte Ergänzungskarte, bei der für jede Person Fragen über Abstammung und Vorbildung beantwortet werden mussten. Für den Einzelnen möglicherweise folgenreich waren die Angaben zu jüdischen Großeltern. Auf diesem Wege wollte man erstmals die Rassejuden und die jüdischen Mischlinge gemäß der Definition der Nürnberger Gesetze ermitteln. Auf den Ergänzungskarten waren für jede Person einer Haushaltung Vorname, Name und Geburtsdatum anzugeben, außerdem auf dem dazugehörigen Umschlag die Nummer der dazugehörigen Haushaltungsliste. Die Abgabe konnte im verschlossenen Umschlag erfolgen und es wurde zugesichert, dass nur die statistischen Ämter Einblick nehmen durften. Tatsächlich stand das Erhebungsmaterial wohl bis Mai 1941 nur in Einzelfällen für außerstatistische Zwecke zur Verfügung.[238] Danach wurden die Angaben der Ergänzungskarten aber systematisch mit den Melderegistern und der Volkskartei, die nach Geburtsjahrgängen geordnet war und wo jeder Jude mit einem J gekennzeichnet war, möglicherweise auch mit den Karteien im Reichssippenamt (zuständig für den Ariernachweis), abgeglichen.[239] Auf diese Karteien hatte die Gestapo ohne Weiteres Zugriff und sie nutzte sie auch für die Judendeportationen.

Im Januar 1942 verpflichtete ein Runderlass des Reichssicherheitshauptamtes alle Staatspolizeistellen zur aktuellen Ermittlung der im Reichsgebiet noch ansässigen Juden und zur Meldung der Gesamtzahlen sowie der Zahlen für acht definierte Teilgruppen. Die Gestapo konnte diese Angaben mit ihren eigenen recht ausführlichen

Unterlagen vergleichen. Längst verfügte sie über Personalakten für die Oberhäupter der jüdischen Familien und für viele alleinstehende Juden.[240]

Daneben gab es für die Identifizierung von Juden Wege, die für die Gestapo müheloser waren, als Informationen aus einer Vielzahl von nicht immer aktuellen Karteien zu beschaffen. Seit 1935 mussten nämlich die jüdischen Gemeinden vierteljährlich ihre Mitglieder melden, getrennt nach Geschlecht und Alter.[241] In der zweiten Jahreshälfte 1939 kam es durch Gesetz zur zwangsweisen Gründung der „Reichsvereinigung der Juden in Deutschland“, einer Organisation, der alle Juden angehören mussten. Wenige Wochen später wurde die Reichsvereinigung verpflichtet, Listen zu erstellen, in denen die Juden der einzelnen Gemeinden den alphabetisch geordneten Straßen ihres Wohnorts zugeordnet waren.[242] Diese Daten waren ständig zu aktualisieren, um dem vielfältigen Auskunftsbegehren der NS-Behörden entsprechen zu können.

Für eine Erstellung von Namenslisten standen auch bei der zweiten NS-Volkszählung keine Maschinen zur Verfügung, die technisch geeignet gewesen wären, Buchstaben zu verarbeiten. Zwar gab es inzwischen in den USA Alphabet schreibende IBM-Tabelliermaschinen vom Typ 405, aber sie waren sehr teuer und die deutsche Regierung war nicht willens, dafür Devisen bereitzustellen.

Die Rolle, welche die Lochkartentechnologie beim Aufspüren der Opfer spielte, hat der Technikhistoriker Kistermann als eine „Nicht-Rolle“ (nonrole) bezeichnet.[243] Er hat Recht, wenn man den Begriff des Identifizierens eng definiert verwendet und darunter den unmittelbaren Zugriff auf einzelne Personen versteht. Zu einem anderen Ergebnis wird man jedoch kommen, wenn man das Einkreisen von Zielgruppen durch maschinell ermittelte Zahlen ebenfalls als eine Form des Identifizierens betrachtet.

Die Rolle des Lochkartenverfahrens bei Deportationen und Massenmord

Dem Aufspüren der Menschen folgten die Deportationen in Gettos und Lager. Ein entscheidendes organisatorisches Hilfsmittel für jeden Transport stellten die Deportationslisten dar. Es gibt keinerlei Belege dafür, dass für das Erstellen dieser Listen das Lochkartensystem eingesetzt wurde. Wozu auch? Schreibmaschinen und Papier waren die billigeren und flexibleren Hilfsmittel. In vielen Fällen hatten die für das Schreiben der Deportationslisten zwangsverpflichteten örtlichen Zweigstellen der Reichsvereinigung der Juden auch die praktischen Aufgaben bei Vorbereitung und Durchführung der Deportationen zu übernehmen.[244]

Wie war aber die Situation in den Lagern, wurde hier die Lochkartentechnik eingesetzt? Reine Vernichtungslager wie Belzec, Chelmno, Sobibor und Treblinka scheiden dabei von vornherein aus. Wozu hätte man denn auch die Opfer individuell erfassen sollen? Die Aufgabe bestand alleine darin, die Neuankömmlinge so rasch wie möglich umzubringen. Für die anschließenden Vollzugsmeldungen reichten Gesamtzahlen aus. Auch in Lagern wie Auschwitz und Majdanek (Lublin), die neben der Vernichtung auch Zwangsarbeit zu organisieren hatten, wurden weitaus die meisten Menschen unverzüglich nach Ankunft der Deportationszüge getötet. Diesem größeren Teil der Ankömmlinge wurde weder eine Häftlingsnummer zugeordnet, noch gab es für sie einen Eintrag in das Aufnahmebuch des Lagers (Lagerevidenz).[245] An einem solchen Ort war die Zuteilung einer Nummer etwas Positives und sie bildete die Grundbedingung menschlicher Existenz; ohne sie gab es keine Verpflegung, keine Pritsche zum Schlafen, kein Überleben. Erst mit der Nummer hatten Häftlinge zumindest eine gewisse Chance, zum Arbeitseinsatz zu kommen und somit von der Vernichtung verschont zu werden, solange sie die geforderte Leistung erbringen konnten. Von den 1,5 Millionen Menschen, die nach Auschwitz verschleppt wurden, erhielten nur 400.000 eine Häftlingsnummer.[246]

Bedingt durch die personellen Engpässe der Kriegswirtschaft forderten Unternehmen unter Angabe der gewünschten Qualifikationen von den Lagern immer häufiger Zwangsarbeiter und Häftlinge an. Dafür gab es Karteien, die nach Berufen der Häftlinge sortiert waren. Natürlich wäre es vorteilhafter gewesen, wenn stattdessen entsprechende Lochkarten verfügbar gewesen wären und man mit Hilfe einer Sortiermaschine rasch Schreiner oder Maurer oder Elektriker hätte auswählen können. Andererseits wären manche Betriebe mit einem solch schematischen Verfahren der Zuteilung von Arbeitskräften kaum einverstanden gewesen. Sie wollten selbst entscheiden, wer ihren Anforderungen entsprach, sie wollten ihre künftigen Arbeitskräfte sehen, um sie zu ihren Fähigkeiten und Kenntnissen befragen und hinsichtlich ihres Gesundheitszustandes beurteilen zu können. Wenn aus diesem Grund Vertreter von Betrieben in die Lager kamen, wurden Häftlinge mit bestimmten Berufsqualifikationen aufgefordert, aus den Reihen der zum Appell angetretenen Menschen vorzutreten. Der Betriebsvertreter traf dann seine Auswahl und ein als Schreiber beauftragter Funktionshäftling notierte die entsprechenden Häftlingsnummern. Im Schreibzimmer der Abteilung „Arbeitseinsatz“ wurde daraufhin mit Schreibmaschine eine Liste in mehrfacher Ausfertigung erstellt.[247]

Für größere Wirtschaftsbetriebe jener Zeit war es keine Frage, dass das Lochkartenverfahren für die Personalverwaltung eingesetzt wurde. Sollte man in den Lagern auf diese Technik verzichtet haben, wo es doch 1944/45 galt, ein gigantisches Heer von mehr als 700.000 KZ-Häftlingen zu lenken und zu überwachen, von denen 400.000 für die deutsche Kriegswirtschaft im Einsatz waren?[248] Schließlich galt es nicht nur, die persönlichen Daten der Zwangsarbeiter sowie die jeweiligen Beschäftigungsbetriebe und -orte zu speichern, sondern es waren auch die monatlichen Lohnforderungen der Konzentrationslager für die „vermieteten“ Arbeitskräfte zu berechnen. Je Arbeitstag verlangte die SS bei einem Facharbeiter meist sechs und für einen Hilfsarbeiter vier Reichsmark. Allein das KZ Buchenwald nahm im Oktober 1944 für die Arbeitsleistung seiner Häftlinge 8,35 Millionen Reichsmark ein. Es gibt Schätzungen, nach denen es alle Konzentrationslager auf Einnahmen von durchschnittlich 50 Millionen Reichsmark im Monat brachten, die der Reichskasse zuflossen.[249]

Zum Alltag der Lager gehörten die häufigen „Überstellungen“ von Häftlingen von einem Lager in ein anderes. Bemühten sich die Verantwortlichen, diese Vorgänge mit maschineller Unterstützung effizienter zu organisieren? Kam also doch vielleicht die Lochkartentechnik zum Einsatz? Bis zur Jahresmitte 1944 finden sich dafür keine Anzeichen. In den erhaltenen Dokumenten ist immer nur von Karteien und Karteikarten die Rede. So gibt es in dieser Zeit innerhalb der „Politischen Abteilung“ oder der Abteilung „Arbeitseinsatz“ eine Unterabteilung mit der Bezeichnung „Kartei“. Dann aber, fast am Ende des Dritten Reiches, scheint das Lochkartensystem doch noch im Lagersystem aufzutauchen. Etwa seit der Jahresmitte 1944 wurden in den meisten KZ-Hauptlagern „Hollerith-Abteilungen“ als Unterabteilung des „Arbeitseinsatzes“ oder auch der „Politischen Abteilung“ eingerichtet. Allerdings darf man sich durch diesen Begriff nicht zu falschen Schlüssen verleiten lassen. Christian Römmer, der sich intensiv mit dem Thema befasste, kommt zu dem Ergebnis, dass „es keine Hinweise auf die Existenz von Hollerithmaschinen in den Lagern selbst gibt.“[250]

Was verbirgt sich dann aber hinter dem Begriff „Hollerith-Abteilung“? Dazu muss man sich verdeutlichen, dass an der Spitze des Systems der Konzentrationslager die Zentrale in Oranienburg bei Berlin stand. Dort befand sich die Amtsgruppe D des Wirtschafts-Verwaltungshauptamts (WVHA) der SS, der das gesamte KZ-System seit März 1942 unterstand und die über eine bis in Einzelvorgänge hineinreichende Lenkungs- und Leitungsfunktion besaß. Zu entscheiden hatte diese Behörde auch über die Anträge von Unternehmen auf Arbeitseinsatz von KZ-Häftlingen. Erst nach ihrer Genehmigung waren Auswahl und Einsatz von Häftlingen möglich. Um Anfragen der Unternehmen nach bestimmten Fachkräften entsprechen zu können, versuchte das Amt, die beruflichen Fähigkeiten der Gefangenen systematisch zu erfassen.

Für diese Sisyphusarbeit einer zentralen Häftlingskartei schien das Lochkartenverfahren die geeignetste Option zu sein. Allerdings musste bei einem derart riesigen Datenvolumen schon der Ablochvorgang zeitsparend organisiert werden, was als erstes neu gestaltete Karteikarten erforderte. Diese wurden im Laufe des Jahres 1944 entwickelt. Im Sommer begann in den Lagern die Übertragung der auf den bisherigen „Häftlings-Personal-Karten“ (s. nächste Seite) geführten Daten auf die neuen „Häftlingskarten“ (s. übernächste Seite). Dafür hatte man mit kleinen Arbeitskommandos die neuen Hollerith-Abteilungen gebildet. Für alle arbeitsfähigen Gefangenen waren u. a. Geburtsdatum, Geschlecht, Familienstand, Kinderzahl, bisher durchlaufene Lager und die dort zugeteilten Häftlingsnummern sowie Datumsangaben für Zu- und Abgang festzuhalten. Daneben waren gesonderte Felder vorgesehen, um alphabetische Angaben wie Staatsangehörigkeit und Beruf in Ziffernform verschlüsseln zu können. Rechts unten war Platz für drei Kontrollvermerke: „ausgestellt“, „verschlüsselt“ und „Lochk. geprüft“. Das Ergebnis dieser gewaltigen Arbeit wurde zur weiteren Verarbeitung an das zum Jahresbeginn 1944 gegründete „Maschinelle Zentralinstitut für optimale Menschenerfassung und Auswertung“ in die Berliner Friedrichstraße[251] geschickt. Über die Arbeitsweise dieser Einrichtung wurde so gut wie nichts bekannt.

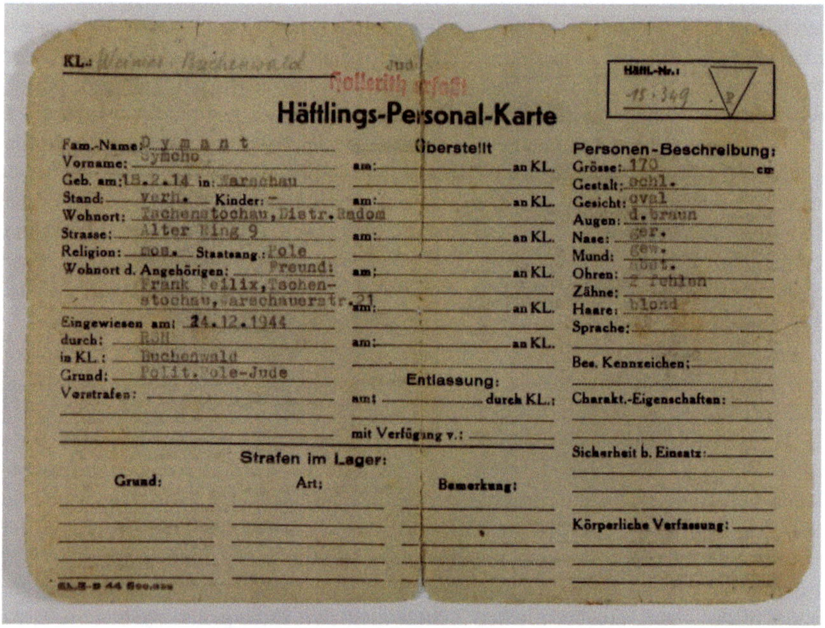
KL.:
Hollerith erfaßt
Häftlings-Personal-Karte
Häftl.-Nr.: 15.349
Fam.-Name: Dymant
Vorname: Symcho
Geb. am: 18.2.14 in: Warschau
Stand: verh. Kinder: -
Wohnort: Tschenstochau, Distr. Radom
Strasse: Alter Ring 9
Religion: mos. Staatsang.: Pole
Wohnort d. Angehörigen: Freund: Frank Feilix, Tschenstochau, Warschauerstr. 21
Eingewiesen am: 24.12.1944
durch: RSH
in KL.: Buchenwald
Grund: Polit. Pole-Jude
Vorstrafen:
Überstellt
am: an KL.
am: an KL.
am: an KL.
am: an KL.
am: an KL.
am: an KL.
Entlassung:
am: durch KL.:
mit Verfügung v.:
Personen-Beschreibung:
Grösse: 170 cm
Gestalt: schl.
Gesicht: oval
Augen: d. braun
Nase: ger.
Mund: gew.
Ohren: abst.
Zähne: 2 fehlen
Haare: blond
Sprache:
Bes. Kennzeichen:
Charakt.-Eigenschaften:
Sicherheit b. Einsatz:
Körperliche Verfassung:
Strafen im Lager:

Grund:	Art:	Bemerkung:

Im KZ Buchenwald noch Ende 1944 verwendete Häftlings-Personal-Karte. Der Stempel „Hollerith erfaßt“ weist auf die Übertragung der Daten auf die neue Häftlingskarte (s. folgende Abbildung) hin. Da die verbalen Angaben jetzt in Zahlen verschlüsselt werden mussten, war vor dem Ablochen noch ein Zwischenbeleg (Ablochbeleg) zu erstellen. Nicht alle Angaben konnten auf einer Lochkarte Platz finden.

Bei genauerem Betrachten der neuen Karteikarten fällt auf, dass es wohl Häftlingsnummern gab, aber jegliche Namensangaben fehlen. Offenbar genügten für eine zentrale Steuerung des Arbeitseinsatzes und der Abrechnung gegenüber den Betrieben einfache Nummern. Zum anderen standen vermutlich aber auch keine Alphabet verarbeitenden Maschinen zur Verfügung. Und sollte es wirklich einmal erforderlich gewesen sein, den Nummern wieder Namen zuzuordnen, so gab es – zumindest in den Lagern – entsprechende Listen.

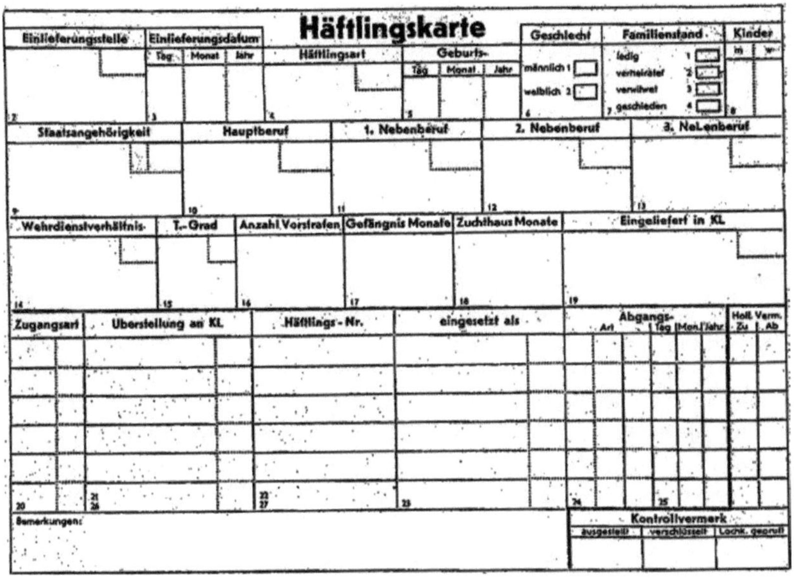
Häftlingskarte
Einlieferungsstelle
Einlieferungsdatum
Tag
Monat
Jahr
Häftlingsart
Geburts-
Tag
Monat
Jahr
Geschlecht
männlich 1
weiblich 2
Familienstand
ledig 1
verheiratet 2
verwitwet 3
geschieden 4
Kinder
m
w
Staatsangehörigkeit
Hauptberuf
1. Nebenberuf
2. Nebenberuf
3. Nebenberuf
Wehrdienstverhältnis
T.-Grad
Anzahl Vorstrafen
Gefängnis Monate
Zuchthaus Monate
Eingeliefert in KL
Zugangsart
Überstellung an KL
Häftlings-Nr.
eingesetzt als
Abgangs-
Art
Tag
Mon.
Jahr
Holl. Verm.
Zu
Ab
Bemerkungen:
Kontrollvermerk
ausgestellt
verschlüsselt
Lochk. geprüft

Karte aus der Zentralen Häftlingskartei des Amtes D II beim WVHA. Der Beleg ist so gestaltet, dass nach Verschlüsselung der alphabetischen Angaben ohne größere Mühe eine Erfassung auf Lochkarten erfolgen konnte.

Ob es je zu einer maschinellen Auswertung des riesigen Datenbestandes kam, ist bis heute unklar. 150.000 Karteikarten entgingen bei Kriegsende den Vernichtungsaktionen der SS. Häufig sind auch die für Kontrollvermerke vorgesehenen Felder ausgefüllt. Das deutet darauf hin, dass Lochkarten erstellt wurden. Allerdings konnte bisher keine dieser Karten aufgefunden werden. Im Rahmen eines groß angelegten Projekts, das 2009 abgeschlossen wurde, gelang es, diese Daten zu digitalisieren, den einzelnen KZ-Nummern weitgehend wieder Namen zuzuordnen und damit mit moderner Computertechnik das Schicksal zahlreicher Opfer zu klären.[252]

Im Oktober 1944 ging die Zuständigkeit für die Verteilung der Häftlinge auf die Rüstungsindustrie an Speers Rüstungsministerium über. Das WVHA hatte jetzt nur noch die Entscheidungen dieses Ministeriums auszuführen. Um ihre Steuerungsfunktion wahrnehmen zu können, waren die zentralen Stellen auf verlässliche Meldungen aus den Lagern angewiesen. Als seit November 1944 deren Berichtspflicht im Hinblick auf die drohende militärische Niederlage erheblich eingeschränkt werden musste,[253] waren die seitherigen Abläufe gefährdet. An die Stelle der bisher so sorgfältig ausgearbeiteten Organisation trat zunehmend die Improvisation. Es knirschte zwar im Getriebe jener Maschine von Zwangsarbeit, Ausbeutung und Mord, aber grundsätzlich funktionierte sie bis Mai 1945 weiter.

Die zentrale Frage, welche die vorangegangenen Erörterungen ausgelöst hat, lautet: Waren Lochkartenmaschinen ein wesentliches Hilfsmittel bei der Ermordung der Juden oder – anders formuliert – hätten ohne diese Technik mehr Menschen überleben können? Für den Massenmord in Gestalt von Exekutionen war sie tatsächlich keine Voraussetzung. Aber auch für die ab Mitte 1944 erfassten Daten von Zwangsarbeitern konnte das Verfahren nur kurze Zeit genutzt werden. Denn die Hollerithkartei dürfte frühestens ab Oktober 1944 einsatzfähig gewesen sein und sie wurde vermutlich bereits im Februar 1945 als Folge des Kriegsverlaufs wieder eingestellt. In dieser Phase des Krieges war aber der größte Teil der Opfer des Holocausts bereits umgebracht worden.

Römmer sieht es als plausibel an, dass es einen zweiten Grund für das Scheitern der SS-Häftlingskartei gab: sie „funktionierte“ nicht. Der Hauptgrund lag in der zu geringen Aktualität der Datenbestände. Die häufig erforderlichen Änderungen ließen sich einfach nicht rasch genug einarbeiten. Es sind Fälle bekannt, wo von der Erfassung einer Änderung bis zur möglichen Bearbeitung im Zentralinstitut elf Wochen vergingen.[254]

Als Fazit bleibt festzuhalten: Das Leiden und Sterben von Menschen wurde in dieser Zeit möglicherweise durch informationsverarbeitende Maschinen beeinflusst. Für die meisten Opfer erlangte es aber keine entscheidende Bedeutung. Das fanatisch verfolgte Ziel der „Endlösung“ ließ sich auch ohne Lochkartentechnik in die Tat umsetzen.

Und die Reichsbahn?

An der Planung und Durchführung der Deportationen waren zahlreiche Behörden, Ämter und Einrichtungen beteiligt. Doch eine für die Abwicklung der „Endlösung“ absolut unverzichtbare Institution wurde in diesem Zusammenhang bisher noch nicht genannt. Es handelt sich um die Deutsche Reichsbahn, die man für den Transport der Opfer aus Deutschland und den besetzten Ländern an den Schauplatz des Völkermords vor allem in den besetzten Gebieten Polens und der Sowjetunion brauchte. Dort ließ er sich weitgehend unbemerkt von der deutschen Öffentlichkeit vollziehen. Nach offizieller Lesart wurden die Juden zum Arbeitseinsatz in den Osten umgesiedelt. Die ausgewählten Ziele waren auch für den Transport von Opfern aus Rumänien, Ungarn, die Slowakei und Polen gut erreichbar.

Juden werden in Lublin in einen Güterwagen getrieben, dessen Ziel das Vernichtungslager Belzec ist.

Etwa drei Millionen Menschen mussten in Personen- und Güterzügen den Transport in die Vernichtungsstätten und –lager antreten.[255] Raul Hilberg fasst den Sachverhalt in einem knappen Satz zusammen: „Die europäischen Juden hätten nicht ohne die Mithilfe der Reichsbahn vernichtet werden können.[256] Nach dem Krieg fand ihre besondere Rolle beim Holocaust nur wenig Beachtung. Erst durch die Wanderausstellung „Sonderzüge in den Tod“, die ab Januar 2008 in verschiedenen deutschen Bahnhöfen zu sehen war, wurde die unmittelbare Beteiligung der Reichsbahn am Holocaust erstmals einer breiteren Öffentlichkeit vor Augen geführt.[257]

Im Zweiten Weltkrieg war die Reichsbahn für das Deutsche Reich der wichtigste Verkehrsträger. Sie stand vor der gigantischen Aufgabe, gleichzeitig die Ansprüche der Wehrmacht, der Wirtschaft, der Umsiedlungspolitik und der zivilen Personenbeförderung zu erfüllen. Um die vorhandenen Kapazitäten an Strecken, Lokomotiven und Wagen maximal auszunützen, gab es eine Fülle von Reglementierungen, die strikt einzuhalten waren. Beispielsweise mussten Be- und Entladezeiten von Güterwagen so knapp wie möglich gehalten und Umlaufzeiten für Züge auf ein Minimum reduziert werden. Auf keinen Fall durfte es Leerfahrten von Waggons oder gar von ganzen Zügen geben. Da passte es gut ins Konzept, wenn die für Judendeportationen eingesetzten Züge auf der Rückfahrt das den Verschleppten geraubte Reisegepäck ins Reich zurückbringen oder „Ostarbeiter“ befördern konnten. Die Züge für die Massendeportationen forderte das Reichssicherheitshauptamt (RSHA) bei einem speziell dafür zuständigen Referat des Reichsverkehrsministeriums an.

Trotz größter Anstrengungen gelang es der Reichsbahn nicht, den vielfältigen Transportanforderungen gleichermaßen gerecht zu werden. Schon im ersten Kriegswinter 1939/40 gab es sowohl bei der Versorgung der Rüstungswirtschaft als auch der Bevölkerung mit Kohlen gravierende Engpässe. Die Situation war so bedrohlich, dass die deutsche Presse auf Anweisung von Goebbels nicht mehr über Bahnverkehr und Bahntransporte berichten durfte.[258] Nach dem Vordringen der deutschen Truppen im Sommer 1942 bis weit nach Osten, musste der Nachschub über immer größere Entfernungen transportiert werden. Obwohl bis ins Jahr 1943 die Zahl der verfügbaren Lokomotiven und Güterwagen anstieg, blieb Transportraum fast immer ein Engpass. In dieser Situation sorgten die guten Verbindungen des Reichsführers SS Heinrich Himmler zum Reichsverkehrsministerium dafür, dass die Judentransporte nicht beeinträchtigt wurden. Und so konstatiert der Historiker Heiner Lichtenstein: „Selbst als Gruppen- und Waffentransporte kurzfristig unterbrochen wurden, rollten die Güterzüge mit den Menschen ungehindert weiter zu den Gaskammern.“[259] Ranghohe Offiziere protestierten gegen „die Zumutung, auf dem Höhepunkt der Vorbereitungen für die Entscheidungsschlacht von Moskau und der durch die anhaltende Schlechtwetterperiode verschärften Versorgungskrise wertvolle Transportkapazitäten für die Umsiedlung einiger Tausend Juden zur Verfügung stellen zu sollen.“[260] Diese Einwände führten aber nur dazu, dass der Umfang der Deportationen vorübergehend etwas reduziert wurde.

Im Sommer 1944, als es galt, in Auschwitz die riesige Zahl von mehr als 300.000 ungarischer Juden zu ermorden, waren die Baracken des Lagers bereits so überfüllt, dass die Opfer direkt vom Zug in die Tag und Nacht arbeitenden Vernichtungsanlagen getrieben wurden. Die Eisenbahn nahm auf den Arbeitsrhythmus dieser Tötungsmaschinerie Rücksicht, indem sie die Fahrpläne für die Sonderzüge direkt darauf abstimmte.[261]

Bei einer so überaus starken Nachfrage nach Transportkapazität war es unerlässlich, so viele Züge wie möglich über die Strecken zu leiten. Mithilfe komplizierter Rechenverfahren ließ sich für die einzelnen Streckenabschnitte die minimal mögliche Zugfolgezeit berechnen, wenn man über eine Vielzahl statistischer sowie aktueller Daten verfügte.[262] Zuverlässige Informationen waren auch für den Bau zusätzlicher Umspannbahnhöfe erforderlich. Man brauchte sie, um auch leistungsschwache Lokomotivgattungen einsetzen zu können, die nur kurze Distanzen bewältigten. In dieser angespannten Betriebssituation lautete das Gebot der Stunde, die Transportleistung durch Einsatz aller geeigneten organisatorischen Maßnahmen zu steigern.[263]

Nach den guten Erfahrungen der Vorkriegszeit war das Lochkartensystem dafür ein entscheidendes organisatorisches Hilfsmittel. Schon damals hatte man besondere Lochkarten erstellt und ausgewertet, um die wichtigen Streckenbelastungskarten anzufertigen.264 Sie lieferten die Grundlage für die komplizierte Berechnung der Zugfolgezeiten und für den Fahrplanaufbau. Davon profitierten das Erstellen von Fahrplänen und Umlaufplänen, die Einsatzplanung beim rollenden Material sowie die Dokumentation der Transportleistungen. Mit anderen Worten: Es wurde jene organisatorische Grundlage geschaffen, ohne die auch die Judentransporte nicht in dem tatsächlichen Umfang hätten durchgeführt werden können.

Das Lochkartensystem im Kriegseinsatz

Es ist sehr unwahrscheinlich, dass der neunzehnjährige Friedrich G.[265] bislang schon einmal mit dem Lochkartensystem in Berührung gekommen war. Er gehörte zu jenen mehr als 34 000 deutschen Soldaten, die 1944 bei der Ardennenoffensive, jenem letzten großen Aufbäumen der deutschen Wehrmacht, verwundet wurden. Zunächst freute er sich über den „Heimatschuss", der ihn von der Front weg und nach mehrtägiger, wiederholt von Fliegerangriffen unterbrochener Bahnfahrt nach Coburg in ein Lazarett brachte. Nachdem in einer Operation das verletzte linke Auge entfernt worden war, verbrachte er sechs Wochen Genesungsurlaub in seinem Elternhaus. Er hatte gehofft, der Krieg sei für ihn nun zu Ende. Umso enttäuschter war er, als er eine Einberufung zu einem Ersatztruppenteil nach Augsburg erhielt. Und er könnte sich gefragt haben: Wie funktioniert in diesem Land noch die Wehrüberwachung, nachdem die Großstädte zerbombt, die Truppen jetzt überall auf dem Rückzug und die Bevölkerung der östlichen Landesteile auf der Flucht sind?

Sicherlich ist er dieser Frage nicht weiter nachgegangen, denn in den letzten Kriegsmonaten brauchte er seine Kraft zum Überleben. Hätte er es aber dennoch getan, wäre er vielleicht auf die folgenden Zusammenhänge gestoßen. Es gab ein „Zentralarchiv für Wehrmedizin", dem die Lazarette seit September 1941 alle Unterlagen über Kranke und Verwundete zusandten. Die darin enthaltenen riesigen Datenmengen wurden verschlüsselt, auf Lochkarten erfasst und zur Sicherheit gleich zweimal dupliziert. 1944 verfügte das Archiv über etwa 12 Millionen Krankenblätter[266] und täglich wurden etwa 36.000 Lochkarten (einschließlich der Duplikate) erstellt. Durch maschinelles Sortieren und Auswerten ließ sich rasch feststellen, wie hoch beispielsweise der Anteil der einzelnen Verwundungsarten und der Krankheiten in der Wehrmacht war, wie lange die Genesung dauerte und welcher Prozentsatz wieder kriegsverwendungsfähig wurde. Auch Auswertungen mit Hilfe der Lazarettnummer, des militärischen Rangs der Verwundeten und deren „völkischem" Status (Deutscher, Angehöriger verbündeter Einheiten, Kriegsgefangener) waren möglich.[267]

Zunächst enthielten die Lochkarten keine Namensangaben und eigneten sich somit nur zur Gewinnung statistischer Zahlen. Was jedoch bereits diese bewirken konnten, zeigt das folgende Beispiel: Im Winter 1941/42 brauchte man dringend eine Verstärkung der Truppen an der Ostfront. Das brachte die Sanitätsinspektion dazu, statistisch zu analysieren, welche Auswirkungen eine Anpassung der bei Kranken der Wehrmacht maßgeblichen Erholungszeiten von 30 Tagen an jene von 28 Tagen bei der Zivilbevölkerung haben könnte. Es stellte sich heraus, dass es durch eine um zwei Tage frühere Entlassung aus den Lazaretten möglich war, der Wehrmacht genügend Männer zur Verfügung zu stellen, um zwei zusätzliche Divisionen aufzustellen.

1944 konnte das Überwachungsverfahren noch erheblich verbessert werden. Jetzt gab es personenbezogene Befundlochkarten, die Angaben über Staatsangehörigkeit, erlernten Beruf, Krankheitsarten und Wiederverwendbarkeit des Soldaten enthielten und weitreichende Rückschlüsse auf den einzelnen Wehrmachtsangehörigen zuließen. Die Lochkarte enthielt bereits ein Datenfeld für die zwölfstellige Reichspersonalnummer,[268] die künftig jeden Einwohner des Deutschen Reiches (und ursprünglich auch der besetzten Gebiete) eindeutig identifizieren sollte. Friedrich G. war in diesem Filterungssystem hängen geblieben und so musste er den Krieg als Soldat noch einige schreckliche Monate länger erleben.

Eine besondere Bedeutung erlangte eine im November 1937 als Lochkartenstelle des Heereswaffenamtes gegründete Dienststelle. Mit der Einrichtung von regionalen Lochkartenstellen bei den 20 Rüstungsinspektionen im Jahre 1940 und der Verfügbarkeit Alphabet verarbeitender Maschinen im Jahr darauf kam die maschinelle Datenverarbeitung im Bereich der Wehrmacht so richtig in Schwung. Es entstand eine rasch wachsende Amtsgruppe, die ab 1942 unter der Bezeichnung „Maschinelles Berichtswesen“ (MB)[269] dafür zuständig war, den Entscheidungsträgern wichtige Informationen für eine Vielzahl von Aufgabenbereichen (bei Kriegsende mehr als 200) zu liefern. Dazu gehörten die Rohstoffbewirtschaftung, die Beschaffung und Verwaltung von militärischem Gerät, Ersatzteilen und Munition sowie die Steuerung des Arbeitskräfteeinsatzes.

Nicht nur bei der Lenkung des Büromaschineneinsatzes für Wehrmacht und Industrie ging die Kompetenz der Behörde über den militärischen Bereich hinaus. Da in den Anfangsjahren kein Alphabet verarbeitenden Maschinen zur Verfügung standen, mussten alle erforderlichen Daten als Zahlen dargestellt werden. Dazu war ein umfassendes Verschlüsselungssystem erforderlich, das auch für die zahlreichen Betriebe verbindlich wurde, die mit der Wehrmacht zusammenarbeiteten. Unter den Bedingungen der Planwirtschaft war die einheitliche Nummerung von Betrieben und Dienststellen, Geräten, Rohstoffen, Waren und Aufträgen die Voraussetzung für ein effizientes Arbeiten. Im Hinblick auf die angestrebten Leistungssteigerungen musste auch die Datenerfassung neu organisiert werden. Dies führte zu einer Vielzahl standardisierter Vordrucke. Besonders erfolgreich war das Lochkartenverfahren bei der

Überwachung und Disposition der zahlreichen erfassten Bestände. Hier konnte automatisch auf auffällig abgesunkene oder stark überhöhte Lagerbestände hingewiesen werden. Seit 1941/42 gab es auch Versuche der maschinellen Auswertung von Musterungsergebnissen und Eignungstests, und 1943 wurde für jeden der über zehn Millionen Beschäftigten der Wehrwirtschaftsbetriebe (einschließlich der Zwangsarbeiter) eine Lochkarte angelegt. Damit war auch beim Personaleinsatz eine weitreichende und gezielte Steuerung möglich. Am Jahresanfang 1945 verfügte das Maschinelle Berichtswesen an seinen zahlreichen Standorten über 200 Lochkartensysteme mit insgesamt etwa 5.000 Maschinen und beschäftigte 5.000 bis 6.000 Mitarbeiter.

GEHEIMES PROTOKOLL ÜBER DIE EINWEISUNG DER LEITER DER LOCHKARTENSTELLEN DER RÜSTUNGSINSPEKTIONEN VOM 4. JUNI 1940

Es wird darauf aufmerksam gemacht, dass die Firma Hollerith [gemeint ist die DEHOMAG] zu einem amerikanischen Konzern gehört, der betont, dass er für den Bereich Deutschland deutschen Ursprungs sei, aber mit amerikanischem Kapital arbeite. Die Herren, die hier die Leitung haben, sind Deutsche und keine Ausländer. Es besteht zwar kein Misstrauen, jedoch ist wie bei allen Firmen mit amerikanischem Kapital, Vorsicht geboten. Es liegt im Interesse der Rü Jn [Rüstungsinspektionen], wenn die Herren der Firma Hollerith mitarbeiten, aber sie dürfen über Einzelheiten der Verfahren nicht unterrichtet werden. Die Anwendung des Lochkartenverfahrens wird nicht geheimzuhalten sein, wohl aber die zu bearbeitenden Arbeitsgebiete und die Arbeitsergebnisse. ... Es wird besonders darauf aufmerksam gemacht, dass bei allen Verhandlungen mit der Firma Hollerith nur das Notwendigste zu besprechen und der Zweck der einzelnen Arbeiten geheimzuhalten ist.

Bundesarchiv Freiburg RW/19/1374, Ursprungspaginierung S. 10 und 11

Für die Bewältigung seiner Aufgaben musste das Maschinelle Berichtswesen Antworten finden, für die es in Deutschland keine Vorbilder gab. Bisher hatte man nur organisatorische Konzepte für einzelne Unternehmen oder Behörden entwickeln müssen. Jetzt galt es, Lösungen zu finden, die es erlaubten, auswertbare und zuverlässige Daten von etwa 85.000 Betrieben unterschiedlicher Größe aus verschiedenen Branchen und – einschließlich der besetzten Gebiete – aus den unterschiedlichsten Regionen abzurufen und zusammenzuführen. Die Ergebnisse der Auswertungen taugten nur dann für Entscheidungen, wenn sie aktuell waren – und dies führte für alle Beteiligten zu einem erheblichen Zeitdruck. So mussten die Meldungen der Betriebe für die Beschäftigtenstatistik eines Berichtsmonats bis zum 3. des Folgemonats an die MB-Bezirksstellen gesendet werden; spätestens bis zum 18. dieses Monats hatte die komplette Statistik für das Reich vorzuliegen.

Obwohl Wehrmacht und Wirtschaft auf eine enge Zusammenarbeit mit der DEHOMAG (als wichtigem Lieferanten der Lochkartenmaschinen) angewiesen waren, gab es doch auch Vorbehalte. Bei der Wehrmacht war die Sorge erkennbar, die DEHOMAG könnte allzu weitreichende Einblicke erhalten. Ein aus jener Zeit erhalten gebliebenes Protokoll lässt bezweifeln, dass die DEHOMAG (und damit auch die Muttergesellschaft IBM) über alle Vorgänge, die mit ihren Maschinen abgewickelt wurden, so genau informiert war, wie es Black in seinem Buch zum Holocaust behauptet. Tatsächlich war man aus Gründen der Geheimhaltung bemüht, die Spezialisten der DEHOMAG so rasch wie möglich durch ausgebildete eigene Mitarbeiter zu ersetzen. Außerdem wurde für das „Maschinelle Berichtswesen" eine eigenständige Spionageabwehr eingerichtet.

1944/45 war Deutschland kriegsmüde. Durch das Heer der Zwangsarbeiter ließ sich die Gefahr von Aufständen nicht mehr ausschließen. Immer mehr Soldaten suchten sich durch Desertion und Selbstverstümmelung dem Kriegsdienst zu entziehen. Gleichzeitig bemühte sich die nationalsozialistische Führung, die letzten für Verteidigung und Produktion einsetzbaren Reserven aufzuspüren. Voraussetzung dafür waren weitreichende Informationen über jeden einzelnen Menschen. So ließ die NS-Führung von Oktober bis Mitte November des Jahres 1944 die gesamte Wohnbevölkerung der Stadt Ansbach einschließlich der in der Region stationierten Truppen mittels Lochkarten erfassen – als Probelauf für die geplante Reichspersonalkartei, die an die Stelle zahlreicher bisher geführter Karteien treten sollte. Die in kurzer Zeit erfolgreich abgeschlossene Aktion brachte erstaunliche Erkenntnisse: Beim Vergleich der erhobenen Daten mit anderen Karteien bei Einwohnermeldeamt, Ernährungsamt, Wehrmeldeamt usw. stellte es sich heraus, dass viele Wehrpflichtige ihr Geburtsdatum gefälscht hatten, um nicht zur Wehrmacht eingezogen zu werden, während andere falsche Angaben gemacht hatten, um bessere Lebensmittelzuteilungen zu erlangen.[270] Die vorhandenen Kapazitäten an Menschen und Maschinen und die dem nationalsozialistischen Regime verbleibende Zeit reichten jedoch nicht mehr aus, um die Reichspersonalkartei zu verwirklichen. Nach mancherlei anderem Leid blieb den Deutschen wenigstens die Überwachung in dieser weiterentwickelten perfekten Form erspart.

Auf der anderen Seite der Front war man sich ebenfalls der großen Bedeutung aktueller Informationen über die eigene Truppenstärke und die täglichen Veränderungen bewusst. Um einen optimalen Überblick zu bekommen, ging die amerikanische Führung neue Wege und stattete ihre Streitkräfte zunehmend mit mobilen Lochkarteneinheiten aus, deren IBM-Lochkartenmaschinen in Sattelaufliegern installiert waren. Von Sizilien bis zur Normandie, aber auch auf den Inseln des pazifischen Kriegsschauplatzes folgten diese speziellen Einheiten den Landungstruppen. Neben Angaben zur Identifizierung der einzelnen Militärangehörigen und ihrer Einheiten wurden individuelle Daten wie Größe, Alter, Geburtsort und -datum erfasst, aber auch der militärische Rang sowie gegebenenfalls Angaben zu Erkrankungen, Verwundungen, Gefangenschaft und Tod. Die Lochkarten schufen ziemlich zuverlässige Voraussetzungen für Dienstpläne, für Übersichten über den aktuellen Stand an Erkrankten und Verwundeten, für Verlustübersichten, für die Gegenüberstellung von Soll- und Ist-Stärke der einzelnen Einheiten, aber auch der Armee als Ganzes. Der umfangreiche monatliche Truppengesamtbericht war „top secret“ und wurde nur in 67 Exemplaren gedruckt und verteilt.[271]

Wie vorteilhaft die Lochkartentechnik im Krieg eingesetzt werden konnte, zeigen auch die Ereignisse in den USA vom Dezember 1941. Nach dem japanischen Überfall auf Pearl Harbor am 7. Dezember legte das US-Zensusamt innerhalb von 48 Stunden einen ersten Bericht über Amerikaner japanischer Abstammung mit dem Titel „Japanese Population of the United States, Its Territories and Possessions“ vor. Innerhalb weniger Tage folgten weitere Berichte mit Zahlenangaben über den japanischen Bevölkerungsanteil bis hinunter auf die Ebene der einzelnen Zensusbezirke. Diese Informationen stützten sich auf die Zensusdaten von 1940 und sie bildeten eine Grundlage für die Internierung aller an der Westküste wohnhaften Amerikaner japanischer Abstammung.[272] Amerikanische Forscher kritisierten jedoch das Verhalten des Zensusbüros als Datenmissbrauch.[273]

„... zuletzt gesehen im Raum Ratibor ...“

Als der Zweite Weltkrieg zu Ende war, hatten in dem vom Krieg zerschundenen Europa viele Millionen Menschen ihr Leben verloren. Etwa dreizehn Millionen Bewohner der ehemaligen deutschen Ostgebiete waren geflohen. Mehr als elf Millionen deutsche Soldaten waren in Kriegsgefangenschaft geraten, 800 000 Zivilisten wurden in Internierungslagern festgehalten und 300 000 Kinder waren durch Krieg, Flucht und Vertreibung von ihren Eltern getrennt worden. An Hauswänden, Straßenschildern und Litfaßsäulen der zerstörten Städte hingen handgeschriebene Zettel: „Gesucht wird ...“, manchmal ergänzt durch ein Foto.

Das Kriegsende brachte in Deutschland eine Auflösung der staatlichen und gesellschaftlichen Ordnung mit sich. An die Stelle deutscher Gründlichkeit und Perfektion waren Chaos und Zufall getreten. Vor den wenigen Büros der Wohlfahrtsverbände standen die Menschen in langen Schlangen, um nach dem Mann, der Frau, den Eltern, den Kindern und den Geschwistern zu fragen. Jeder vierte Deutsche war ein Suchender oder Gesuchter geworden. Im Mai 1945 nahm der Suchdienst des Deutschen Roten Kreuzes (DRK) seine Arbeit auf und ehrenamtliche Helfer sammelten Hinweise zu zahlreichen Menschen.[274] Zunächst war das Verfahren denkbar einfach. Für jede Suchmeldung wurden zwei Karteikarten ausgefüllt: eine Stammkarte mit Personalien und aktueller Anschrift des Suchenden und eine zweite mit allen bekannten Angaben des Gesuchten. Die Karten wurden nach dem Alphabet geordnet und in Pappkartons eingestellt. Wenn auch der Gesuchte eine Suchmeldung aufgab, führten übereinstimmende Kartenangaben bei diesem sogenannten Karteibegegnungsverfahren zu „Treffern".

In einem Kontinent, dessen Bevölkerung erzwungene Ortsveränderungen über große Entfernungen als normales Schicksal empfinden musste, konnten lokale Karteien aber nur begrenzt hilfreich sein. Deshalb überführte man die Millionen von Suchkarten, die sich schließlich angesammelt hatten, in Zentralkarteien nach Hamburg und München. Nach deren Zusammenführung entstand 1950 in München eine umfassende zentrale Namenskartei. In wenigen Jahren konnten mit dem System der übereinstimmenden Karteikarten Millionen Suchende wieder zusammengeführt werden. Aber das Verfahren hatte dort seine Grenzen, wo die Gesuchten sich nicht selbst melden konnten. Das war der Fall bei den vermissten Soldaten, von denen man nicht wusste, ob sie tot oder in Gefangenschaft geraten waren, und bei den verschleppten Zivilpersonen.

Gleich nach der Eröffnung im Mai 1945 ließen Tausende von Flüchtlingen ihre gesuchten Angehörigen in der Suchstelle Flensburg registrieren.

Durch die recht bald nach dem Krieg wieder funktionierende Zusammenarbeit des Roten Kreuzes mit den entsprechenden Organisationen anderer westlicher Staaten konnten viele Schicksale geklärt werden. Die Staaten im Osten hingegen lehnten namentliche Auskünfte ab, und erst ab 1957 kam es bei der Sucharbeit zu einer Kooperation zwischen dem Sowjetischen und dem Deutschen Roten Kreuz. Bis dahin musste man andere Lösungen finden. Ein wichtiger Ansatz war die seit 1947 durchgeführte Befragung heimkehrender Kriegsgefangener nach Angehörigen ihrer Einheit oder ihrer Feldpostnummer. Die Wirksamkeit dieses Verfahrens konnte in den folgenden Jahren durch zunehmende Systematisierung verbessert werden. Sowohl die Gruppe der Vermissten als auch jene der Heimkehrer umfassten Millionen von Menschen und sie stellten den Suchdienst vor ein Massenproblem, für das es kein Vorbild gab. Angesichts der Flut der Karteikarten schien es zunächst auch unlösbar zu sein. Die Hilfe kam in Form von Alphabet verarbeitenden Lochkartenmaschinen, die IBM Chef Watson dem deutschen Suchdienst für zwei Jahre kostenlos zur Verfügung stellte. Zu Beginn musste man sich damit begnügen, die wichtigsten Angaben zu 400 000 Heimkehrern auf Lochkarten zu übertragen; später wuchs die Heimkehrerkartei auf 10 Millionen Lochkarten an. Nun war es möglich, den suchenden Personen ausgewählte Namen und dazugehörige Anschriften von Heimkehrern mitzuteilen. Es blieb dann ihnen überlassen, Verbindung zu den Heimkehrern aufzunehmen. Allerdings führte dieses Verfahren zu vielen Zufälligkeiten und verärgerte nicht selten die Befragten, die wegen derselben vermissten Person mehrfach angesprochen wurden.

1950 gab es eine entscheidende Verbesserung. Alle Vermissten, alle Kriegs-, Zivil- und Untersuchungsgefangenen wurden entsprechend eines Aufrufs der Bundesregierung auf Lochkarten erfasst, darunter weit über eine Million Vermisste der ehemaligen Wehrmacht und 190 000 vermisste Zivilpersonen. Jetzt wurde es möglich, Heimkehrern gezielt Namenslisten von Vermissten vorzulegen, die zu bestimmten Feldpostnummern und Wehrmachtseinheiten gehört hatten. Der Vorteil des Einsatzes von Lochkartenmaschinen lag in der Verkürzung der für die Erstellung dieser speziellen Listen erforderlichen Zeit auf weniger als ein Jahr, während man dafür manuell mit dem vorhandenen Personal mindestens fünf Jahre gebraucht hätte. Der Zeitgewinn von vier Jahren muss vor dem Hintergrund gesehen werden, dass mit wachsendem zeitlichem Abstand das Erinnerungsvermögen an einzelne Personen und Ereignisse nachlässt. Große Schwierigkeiten machten Vermisstenmeldungen für Soldaten, bei denen Feldpostnummer oder letzte Militäreinheit unbekannt waren. Deshalb ging der Suchdienst dazu über, zusätzlich Angaben über das letzte Einsatzgebiet des Vermissten verschlüsselt auf der Lochkarte zu erfassen. Die komplett ausgedruckten Suchlisten füllten schließlich stattliche 38 Bände. Viele Menschen erinnern sich noch gut an die fast täglichen Sendungen der westdeutschen Rundfunkstationen, die mit den Worten begannen: „Gesucht werden heute ...“ oder „Wir verlesen jetzt Namen von ehemaligen Wehrmachtsangehörigen, über deren Verbleib beim Suchdienst des Deutschen Roten Kreuzes Heimkehrer-Nachrichten vorliegen“.

Die Erfolgsbilanz des Suchdienstes in den Jahren bis 1964 war beeindruckend: 35 Millionen Auskünfte wurden erteilt und acht Millionen Schicksale konnten geklärt oder Menschen zusammengeführt werden.[275] Von 1992 bis 2005 konnte dank der Öffnung russischer Archive die Ungewissheit über das Los von Hunderttausenden von Menschen beendet werden, die Opfer des Zweiten Weltkriegs geworden waren. Zunächst wurden die Daten von russischen Angestellten auf Disketten erfasst und dem Deutschen Roten Kreuz übergeben. 2004 erlaubte das Russische Staatliche Militärarchiv die Einsicht in über zwei Millionen Personalakten, die ehemalige deutsche Wehrmachtsangehörige und Zivilinternierte betreffen. Auch mehr als sechs Jahrzehnte nach Kriegsende konnten jeden Tag noch drei bis vier Angehörige wieder zusammengeführt werden. Gleichzeitig aber fehlt seit dem Zweiten Weltkrieg von 1,3 Millionen Menschen noch jedes Lebenszeichen.

Der Einsatz der Lochkartenmaschinen konnte die individuellen Recherchen des Suchdienstes zwar nicht ersetzen, jedoch dafür zuverlässige Voraussetzungen schaffen sowie eine gezielte rasche Auswertung der Daten ermöglichen. Die gewaltige Leistung der Personenzusammenführung wurde in diesem Ausmaß erst durch die maschinelle Unterstützung möglich. Darin liegt ein gewisser Fortschritt, dem aber erst ein Absturz in die Wirren eines total geführten Krieges vorausgehen musste. Der Rechenknecht Lochkartenmaschine half jetzt dabei, Schäden zu beseitigen, an deren Entstehung er zuvor als Kriegsknecht mitgewirkt hatte.

Das Lochkartenverfahren im Alltag

Nach dem Krieg gab es im Alltag nur ganz allmählich Hinweise auf die Existenz von Lochkartenmaschinen, und nur besonders aufmerksame Bürger konnten sie wahrnehmen. So erhielten die Steuerpflichtigen in Deutschland ab den späten 1950er Jahren maschinell ausgedruckte Steuerbescheide und nicht mehr handschriftlich ausgefüllte Vordrucke. Ab Herbst 1954 setzte ein Frankfurter Finanzamt als erste Steuerbehörde in allen Abteilungen das Lochkartenverfahren ein und wurde respektvoll als „erstes vollmechanisiertes Finanzamt“ bezeichnet.[276] Für die Steuerzahler brachte es den Vorteil, dass es jetzt keine Rechenfehler und Irrtümer beim Ablesen aus der Steuertabelle mehr gab.

Der Ort, wo Otto Normalverbraucher am ehesten direkt mit Lochkarten in Berührung kommen konnte war der Textileinzelhandel. Das in den USA entwickelte Verfahren, Lochkarten an den Kleidungsstücken als Anhänger zu befestigen, war bald auch in anderen Ländern zu finden. Die verwendeten Lochkarten bestanden aus mindestens zwei voneinander trennbaren Teilen. Einen erhielt der Kunde als Kaufbeleg, der andere blieb im Geschäft für Buchungen und Auswertungen.[277]

1954 erhielten eine viertel Million Antwerpener Stromkunden ihre monatliche oder quartalsmäßige Abrechnung in Form einer IBM-Lochkarte doppelter Länge. Ein Jahr später flatterte nahezu jedem Einwohner der Schweiz die Telefon-, Rundfunk- oder Fernsehrechnung ebenfalls in Gestalt einer Lochkarte ins Haus.[278]

Aber gravierende Änderungen sollten nicht mehr lange auf sich warten lassen. In wenigen Jahrzehnten sollten elektronische Computer in fast allen Lebensbereichen zu Auswirkungen führen, die man bislang nicht für möglich gehalten hatte.

Rechenzentren als das Herz militärischer Systeme und der Unternehmen

„Der Krieg ist aller Dinge Vater“

Schon im 5. Jahrhundert vor unserer Zeitrechnung schrieb Heraklit, der Krieg sei der Vater aller Dinge. Diese Aussage mag überspitzt sein. Wenn man aber das Wort „alle“ durch „viele“ ersetzt und anstelle von „Krieg“ den Begriff „Militär“ verwendet, dann hat die Aussage bis heute ihre Gültigkeit behalten und sie trifft auch für längere Phasen der Computergeschichte zu. In diesem Kapitel geht es um jene Funktionseinheiten, bei denen bestimmte Maschinen und Geräte zur Verarbeitung von Daten zusammengefasst sind und durch darauf spezialisierte Personen bedient werden. Derartige Einrichtungen gab es schon zu Lebzeiten von Hollerith und in großer Zahl zwischen den beiden Weltkriegen. Sie entstanden, ohne dass es eines Krieges als Auslöser bedurft hätte. Im Vergleich zu Rechenzentren späterer Zeiten deckten sie aber nur ein begrenztes Aufgabenspektrum ab – wie z. B. die Buchhaltung eines Unternehmens oder statistische Aufgaben – und ihre Größe und ihre Leistungsfähigkeit war recht bescheiden im Vergleich zu dem, was kommen sollte. Es entstanden Zentren für die Speicherung und Bearbeitung von Massendaten, für die Gewinnung neuer Informationen, für die Steuerung von Unternehmen und später für den Betrieb von lokalen und globalen Computernetzen. Hier schlug bald das Herz von militärischen Institutionen, von Unternehmen und Behörden.

Derart umfassende und wichtige Aufgaben ließen sich aber nur mit neuartigen Rechnern bewältigen, mit Geräten, die über ein größeres Leistungsspektrum verfügten und zuverlässiger und kostengünstiger arbeiteten als ihre Vorgänger oder als die bisher angewendeten manuellen Verfahren. Dafür waren weder die „kleinen“ Rechenmaschinen auf den Schreibtischen noch die Lochkartenmaschinen geeignet. Weil technisch ausgereift, ließen sie kaum noch Entwicklungspotenziale erkennen. Nun schlug wieder die Stunde der „großen“ Rechenanlagen, die seit Babbage in Vergessenheit geraten waren. Bereits vor dem Zweiten Weltkrieg wurden wichtige Voraussetzungen für die Entwicklung neuartiger Rechner geschaffen, aber ohne das militärische Ringen der Völker hätte ihre Fertigstellung zweifellos sehr viel länger auf sich warten lassen.

Z wie Zuse

Erkenntnis, dass es Elementaroperationen gibt, in die sich sämtliche Rechen- und Denkoperationen auflösen lassen.
Tagebucheintrag Konrad Zuse am 19.06.1937

Bei den Erfindern und Forschern mit richtungsweisenden Arbeiten steht *Konrad Zuse* (1910–1995) in der ersten Reihe. 1935 fand der frisch diplomierte Bauingenieur eine erste Anstellung als Statiker bei den Henschel Flugzeug-Werken in Schönefeld bei Berlin. Das zwei Jahre zuvor gegründete Unternehmen entwickelte Kampfflugzeuge für die Luftwaffe, darunter zu dieser Zeit gerade den ersten serienmäßig hergestellten deutschen Sturzkampfeinsitzer. Einen Großteil der Beschäftigungen des jungen Zuse machten statische Berechnungen mit Rechenschieber und Logarithmentafel aus. Schon als Student hatte er dagegen eine ausgeprägte Abneigung entwickelt und sie vertiefte sich bei seiner neuen Tätigkeit. Wie so mancher Erfinderkollege vor ihm, beschloss er, der Rechenfron durch die Entwicklung geeigneter Vorrichtungen ein Ende zu bereiten oder sie wenigstens zu mindern.

Schon nach kurzer Zeit kündigte er das Beschäftigungsverhältnis und richtete in zwei Räumen der elterlichen Wohnung – darunter dem Wohnzimmer – eine Erfinderwerkstatt ein. Mit finanzieller und praktischer Mithilfe von Freunden und Verwandten entstand bis 1938 die Z1, ein frei programmierbarer, elektrisch angetriebener Rechenautomat, der mit dem Dualsystem arbeitete und bereits – wie moderne Computer – über ein Rechenwerk, ein Speicherwerk, ein Programmwerk und ein Ein-/Ausgabewerk verfügte. Das Programm wurde über einen gelochten Kinofilm eingelesen. Mit der erstmaligen Verwendung von Gleitkommazahlen, d. h. Zahlen, die mit Hilfe von Mantisse und Exponent dargestellt werden und mit denen auch die gängigen Computer unserer Zeit arbeiten, gelang Zuse ein großer Schritt nach vorne. Die Z1 hatte eine ganze Reihe von Gemeinsamkeiten mit der Universalrechenmaschine von Babbage, von dessen Arbeit Zuse bis lange nach dem Zweiten Weltkrieg nichts wusste. Seinen genialen Vorgänger bewunderte er später als den „eigentlichen Vater des Computers“.[279] Mit manchen ihrer Vorgänger teilte die Maschine der 1930er Jahre eine Eigenschaft, die Konstrukteuren schlaflose Nächte bereitet: Sie funktionierte aufgrund fehlender mechanischer Präzision nicht zuverlässig. Das hing mit den etwa 30.000 gestanzten Schaltblechen zusammen, die immer wieder klemmten.

Von Zuses technisch hochbegabtem Freund Helmut Schreyer kam die Idee, den eigentlichen Rechenvorgang und die Steuerung anstelle von mechanischen Schaltungen mit elektromagnetischer Relaistechnik zu realisieren. Dadurch konnte die Rechengeschwindigkeit erheblich gesteigert werden. Als Zuse 1939 als Infanterist zur Wehrmacht einberufen wurde, stand der Prototyp Z2 kurz vor der Vollendung. Ein Produzent von Spezialrechenmaschinen, von dem der Erfinder seit Jahren eine gewisse Unterstützung erfuhr, wollte dessen Beurlaubung für eine geordnete Übergabe des Projekts bewirken und richtete dazu ein Gesuch an die zuständige Wehrmachtsdienststelle. In der Absicht, dem Antrag mehr Gewicht zu verleihen, wies er darauf hin, dass die neue wissenschaftliche Rechenmaschine auch im Flugzeugbau verwendet werden könne. Es nützte nichts, denn der Vorgesetzte erklärte bei der Ablehnung, die deutsche Luftwaffe funktioniere auch ohne derartige Berechnungen tadellos. 1940 lernte Zuse Professor Herbert Wagner kennen, einen Pionier der deutschen Luftfahrt und Abteilungsleiter bei den Henschel Flugzeug-Werken. Weil man dort gerade einen Statiker für die Entwicklung ferngesteuerter fliegender Bomben brauchte, wurde Zuse für diese unmittelbar der Waffenentwicklung dienende Tätigkeit vom Militärdienst freigestellt. Obwohl er nur in der Freizeit an seiner Rechenmaschine arbeiten konnte, war die Z2 im Jahr 1940 vorführbereit. Zuse lud den Leiter der Deutschen Versuchsanstalt für Luftfahrt (DVL) zu einer Demonstration ein.

Das Ergebnis war ein Vertrag über die Mitfinanzierung der bereits im Bau befindlichen Z3 durch die Versuchsanstalt.[280] Das Gerät wurde hauptsächlich zur Berechnung kritischer Flatterfrequenzen von Flugzeugflügeln eingesetzt, allerdings nicht im Routinebetrieb. 1944 wurde sie – ebenso wie die Vorgängergeräte – im Bombenkrieg zerstört.[281]

Mit der Z3 ist eine kaum glaubliche Geschichte verknüpft. Zuse stellte 1941 für die Maschine einen Patentantrag, für den – bedingt durch Krieg und Kriegsfolgen – die patentrechtliche Prüfung erst elf Jahre später durchgeführt wurde. Die Patenterteilung hätte für konkurrierende Computerhersteller erhebliche negative Auswirkungen gehabt und so kämpften sie mit allen juristischen Mitteln dagegen an. Nach Jahren juristischer Querelen lehnte das Bundespatentgericht den Patentantrag schließlich „mangels Erfindungshöhe" ab.[282] Ein schwerer Schlag für Zuse, aber bei einer (wenngleich unverschuldeten) Verzögerung von 26 Jahren kann es nicht verwundern, dass inzwischen auch andere Entwicklungen vorangekommen waren und die große Erfindung von einst den Glanz des Neuen verloren hatte.

1941 wurde Zuse erneut an die Ostfront einberufen, nach wenigen Tagen aber wieder nach Berlin zurückbeordert und bei den Henschel Flugzeug-Werken als Chef der Gruppe „Statik" in der Entwicklungsabteilung für die ferngesteuerten Flugbomben Hs 293 und Hs 294 eingesetzt.[283] Mit der Zeit gelang es ihm, eine Teilzeitbeschäftigung auszuhandeln und daneben einen eigenen Betrieb aufzubauen, der als „Dipl.-Ing. K. Zuse Ingenieurbüro und Apparatebau, Berlin" firmierte und nach neueren Erkenntnissen „im Netz nationalsozialistischer Kriegswirtschaft" als „ein Anhängsel der Henschel-Flugzeug-Werke" gilt.[284]

Durch die Entwicklung der Z4, einer universellen Anlage für technisch-wissenschaftliche Berechnungen wurde das Unternehmen 1943 als „Wehrwirtschaftsbetrieb" anerkannt.[285] Zuses Gästebuch belegt für die Kriegsjahre das große Interesse, das seine Arbeit auch bei militärischen Stellen fand. Zu den regelmäßigen Besuchern gehörten Vertreter der DVL, des Reichsluftfahrtministeriums und des Heereswaffenamtes.[286] Zeitweilig waren jetzt bis zu zwanzig Mitarbeiter beschäftigt, und es mussten für das expandierende Unternehmen neue Räume angemietet werden. Bombenangriffe und die daraus resultierende Unterbrechung der Wasser- und Stromversorgung sowie der Telefonverbindungen beeinträchtigten immer wieder die Arbeiten. Trotzdem gelang es, die wichtigsten Teile der Z4 bis kurz vor Kriegsende fertig zu stellen. Damals trug sie noch die Bezeichnung V4 (Versuchsmodell 4), was sich als vorteilhaft erweisen sollte. Denn als sie vor den auf Berlin vorrückenden russischen Truppen in Sicherheit gebracht werden sollte, gab es bei der Reichsbahn kaum noch Transportraum. Die Bezeichnung V4 erweckte aber den Eindruck, es handele sich wie die V1 und V2 um eine der hochwirksamen deutschen Vergeltungswaffen, eine jener Wunderwaffen, mit denen doch noch der „Endsieg" herbeigeführt werden sollte.

Konrad Zuse an seinem Rechenautomaten Z4

Schließlich gelangte der etwa eine Tonne schwere Rechner unter abenteuerlichen Umständen über Göttingen in ein kleines Alpendorf bei Hinde-lang. Es war möglich, ihn in einem Keller zu verstecken und so vor den Wirren der letzten Kriegstage zu schützen. In der dörflichen Abgeschiedenheit hatte Zuse jetzt Zeit und Muße, jene Überlegungen zur Entwicklung von Steuerungsstrukturen für künftige Universalrechenautomaten weiter zu verfolgen, die er bereits während des Krieges angestellt hatte. So entstand die erste höhere Programmiersprache der Welt, die Zuse Plankalkül nannte. Über numerische Aufgabenstellungen hinaus ließen sich damit auch Lösungswege für kombinatorische Probleme wie das Schachspiel festlegen. Allerdings wurde der Plankalkül zu Lebzeiten von Zuse auf keinem Computer implementiert.

1946 zog die Familie Zuse mit ihrem Rechner weiter nach Hopferau bei Füssen und Konrad Zuse gründete dort ein Jahr später ein Ingenieurbüro. Inzwischen war man auch im Ausland auf den Erfinder im schwäbischen Voralpenland aufmerksam geworden und es kam zu Kontakten mit IBM und Remington Rand.

Für die Z4 interessierten sich aber nur Wissenschaftler der Eidgenössischen Technischen Hochschule Zürich und so wurde sie 1950 nach gründlicher Überholung, nach Reinigung und teilweise technischer Aufrüstung an die Schweizer Hochschule vermietet und für wissenschaftliche Berechnungen eingesetzt. Sie funktionierte so zuverlässig, dass man sie auch Nächte hindurch ohne Aufsicht rechnen lassen konnte. Nach fünfjährigem Einsatz in der Schweiz arbeitete sie noch bis 1959 in einem wissenschaftlichen Institut in Frankreich. Sie steht heute im Deutschen Museum in München.

Im Jahre 1950 hatte Zuse mit seiner Familie Hopferau verlassen und in Neukirchen bei Fulda die Zuse KG gegründet, die er später in das nahe Bad Hersfeld verlegte. Für lange Zeit blieb das Unternehmen der einzige deutsche Hersteller von Digitalrechnern, bis schließlich mit Siemens, Telefunken und Standard Elektrik auch andere Unternehmen ihre Geschäftsbereiche um die neue Sparte erweiterten. Ab 1958 lieferten diese vier Computerhersteller jeweils drei Rechenanlagen an deutsche Hochschulinstitute aus. Für die Zuse KG kam der Einzug in das Elektronikzeitalter mit der auf Röhrenbasis arbeitenden Z22, die einige Jahre später als Z23 mit Transistoren ausgestattet wurde. Mitte der 1960er Jahre scheiterte Zuse mit seinem vergleichsweise kleinen Unternehmen, weil es die finanzielle Belastung der Softwareentwicklung nicht mehr schultern konnte. Da hatten konkurrierende Großunternehmen, vorneweg IBM, die weitaus besseren Voraussetzungen. Die Zuse KG wurde von der Brown Boveri & Cie. (BBC) in Mannheim übernommen und ging bald darauf in der Siemens AG auf.

1995 kam es für Zuse zu einer ganz besonderen Anerkennung: Kurz vor seinem Tod besuchte ihn in Hünfeld Micorosoft-Chef Bill Gates, der ausdrücklich um das Treffen mit dem Computerpionier gebeten hatte. Mehr noch: Gates ließ sich von Zuse porträtieren und hängte das Bild in sein Büro.[287]

Immer wieder reklamierte Konrad Zuse, der Erbauer des ersten Computers (in modernem Sinn) zu sein. Aber auch andere Erfinder in den USA und England erhoben diesen Anspruch und Technikhistoriker ergriffen zugunsten des einen oder anderen Pioniers Partei. Meist hatten sie für ihre Auffassung nachvollziehbare Argumente, denn entscheidend ist das Adjektiv, das vor das Wort Computer gesetzt wird. Wer nach dem ersten „elektronischen" Computer sucht, wird einen anderen Erfinder auf den Schild heben als jemand, der den ersten frei programmierbaren Computer im Auge hat oder den ersten in Massenproduktion hergestellten Computer. Natürlich ist es auch möglich, alle Adjektive zu bündeln und erst dann, wenn sie insgesamt erfüllt sind, von einem Computer zu sprechen. Aber auch das wäre eine ziemlich willkürliche Entscheidung. Schon 1906 hat der Patentanwalt du Bois-Reymond ironisch formuliert: Mehrfacherfindungen – also Erfindungen, die unabhängig voneinander an verschiedenen Orten und gleichzeitig gemacht werden – gewähren dem „national gesinnten Historiographen die angenehme Möglichkeit ..., den Ursprung aller bedeutenden Erfindungen einem Landsmann zuzuschreiben."[288]

In seinem Beitrag zum Buch „The First Computers" schlägt der Technikhistoriker Michael R. Williams vor, in diesem Zusammenhang auf das Wort „erster" zu verzichten, weil die Erschaffung des modernen Computers genügend Ruhm beinhalte, um alle frühen Pioniere damit zufrieden zu stellen.[289] Dieser Vorschlag soll hier aufgegriffen werden, denn es ist nicht einsichtig, warum eine Erfindung, die – ohne Kenntnis gleichzeitiger fremder Anstrengungen – vielleicht einige Monate später als eine andere fertig wird, deshalb weniger wertvoll sein soll.

Gänse, die goldene Eier legen und niemals schnattern

Beim Militär ist alles geheim – so lautet eine ironische Aussage. Im Krieg ist erst recht alles geheim – kann man getrost ergänzen. Bei manchen entscheidenden Projekten war allerdings im 2. Weltkrieg die Geheimhaltung dermaßen perfekt organisiert und sie funktionierte so vollständig und anhaltend, dass man aus dem Staunen nicht mehr herauskommt. Zu den herausragenden Geheimoperationen dieser Jahre gehört die Entschlüsselung der von den Achsenmächten Deutschland, Italien und Japan verwendeten Geheimcodes, darunter des aus deutscher Sicht als absolut sicher geltenden Funkcodes der Wehrmacht.

Für diese extrem schwierige Aufgabe zogen die Briten ab 1938 in dem siebzig Kilometer nordwestlich von London gelegenen Landsitz Bletchley Park eine ständig wachsende Zahl von Mitarbeitern zusammen – bei Kriegsende in der Zentrale und in mehreren Außenstellen fast 9.000 Personen. Die hier gewonnenen Informationen wurden unter dem Codewort „Ultra" der britischen Regierung und dem Militär zur Verfügung gestellt und ihre Bedeutung wird von Historikern als kriegsentscheidend eingestuft. Anfangs erschien es ziemlich aussichtslos, den von der deutschen Codierungsmaschine Enigma (griechisch für Rätsel) produzierten Buchstabensalat wieder lesbar zu machen. Aber die dahinter verborgenen und von der deutschen Wehrmacht, von Reichsbahn, SS und anderen Dienststellen verfassten Nachrichten und Mitteilungen waren so wichtig, dass sich jede Anstrengung lohnte, ihren Inhalt zu verstehen. Zu dieser äußerst schwierigen Anforderung kam zusätzlich noch die Notwendigkeit, Texte so rasch zu entschlüsseln, dass rechtzeitige militärische Reaktionen der Briten und ihrer Alliierten möglich wurden.

LEISTUNGEN DER BRITISCHEN „ULTRA"-ORGANISATION IN BLETCHLEY PARK

»Ultras« Hauptverdienst bestand darin, dass es so regelmäßig umfassende Erkenntnisse lieferte. 1944 in der Normandie, beispielsweise lieferte »Ultra« die routinemäßig erstellten Tagesberichte der deutschen Luftwaffe über den Zustand der Flugplätze, die Zahl und den Zustand von Flak-Geschützen, die Zahl der einsatzfähigen Flugzeuge und die Stärke der verschiedenen Verbände. Es informierte über die Standorte und Bewegungen bestimmter Divisionen, die Unterstellung und Zuordnung einzelner Einheiten und die Abgrenzung zwischen den Einheiten, einer bekannten Schwachstelle. »Ultra« verschaffte den Alliierten Einblick in persönliche Probleme und Verluste, z. B. berichtete es über den Tod des Stabschefs und einiger seiner Offiziere der Panzergruppe West bei einem Luftangriff... »Ultra« schien über alle Einzelheiten der feindlichen Aktivität unterrichtet zu sein. Seine vielen tausend Einzelinformationen müssen in Tausenden von Fällen die Entscheidungen der alliierten Oberbefehlshaber erleichtert und ihnen geholfen haben, ihre Kräfte in all diesen Fällen optimal einzusetzen. Alles in allem konnten die Alliierten durch »Ultra« schneller nach Deutschland vorrücken als es ohne »Ultra« möglich gewesen wäre.

David Kahn: Fernmeldewesen, Chiffriertechniken und Nachrichtenaufklärung in den Kriegen des 20. Jahrhunderts, in: Jürgen Rohwer und Eberhard Jäckel (Hrsg.): Die Funkaufklärung und ihre Rolle im Zweiten Weltkrieg, Stuttgart 1979, S. 17–47, hier S. 37 f.

Die deutschen Konstrukteure und Techniker hatten allen Scharfsinn darauf verwendet, das Nachvollziehen des verwendeten Verschlüsselungsverfahrens unmöglich zu machen. Das Herzstück der Verschlüsselungsmaschine bildeten drei einzeln drehbare Walzen, die nach den täglich wechselnden Vorgaben einer geheimen Schlüsseltabelle aus einem Satz von fünf Walzen ausgewählt und gemäß Vorschrift in wechselnder Anordnung eingesetzt werden mussten. Jede der Walzen lenkte den durchlaufenden Strom um, so dass alle Buchstaben vertauscht wurden. Das Drehen der Walzen nach jedem eingetippten Buchstaben führte dazu, dass gleiche Ausgangsbuchstaben zu unterschiedlichen Buchstaben beim Zieltext führten. Zusätzlich gab es doppelpolige Steckbuchsen, die durch zehn Kabel verbunden wurden und für ein weiteres Vertauschen von Buchstaben sorgten. Insgesamt ergab das eine astronomisch große Zahl an Verschlüsselungsmöglichkeiten, so dass es als praktisch unmöglich galt, diese alle durchzuprobieren und den Code zu knacken.

Da die Einstellungen der Maschine täglich geändert wurden, resultierte daraus ein immer wieder umgestellter Code, der täglich neu entschlüsselt werden musste. Zeitdruck und Hektik waren somit häufige Begleiter in Bletchley Park. Die Deutschen hingegen hielten ihr Verschlüsselungsverfahren für absolut sicher, selbst dann, wenn es dem Feind gelingen sollte, eine Maschine zu erbeuten.[290] Tatsächlich aber fanden die Briten – später unterstützt durch amerikanische Kollegen in Arlington Hall (USA) – immer wieder Wege, den Code für einzelne Texte zu brechen.

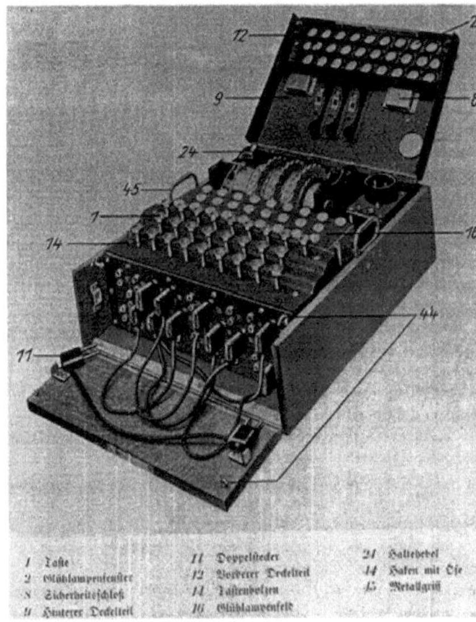

Im oberen Bereich der geöffneten Enigma-Maschine sind die drei austauschbaren Schlüsselwalzen zu erkennen. An der Frontseite befinden sich das Steckerbrett, darüber das Tastaturfeld sowie das Glühlampenfeld zur Anzeige der verschlüsselten Buchstaben. Der abgebildete Maschinentyp wurde bei der Marine verwendet.

General Guderian auf einem als Befehlswagen ausgerüsteten Panzerspähwagen. Im Vordergrund befindet sich die Enigma-Maschine, dahinter das Funkgerät.

Um für Bletchley Park die fähigsten Mitarbeiter zu finden, durchkämmte man das ganze Land und versammelte schließlich Wissenschaftler, vor allem Mathematiker und Logiker, Sprachexperten, Spitzentechniker, Spezialisten für Schach und Kreuzworträtsel. Daneben wurde eine große Zahl junger Frauen eingesetzt, die Schreibmaschinen, Fernschreiber und andere Maschinen bedienten. Sie übernahmen die zahlreichen Schreibarbeiten und verwalteten Karteien. Auch brauchte man Mitarbeiter und Mitarbeiterinnen, die feindliche Funksprüche abhörten, sie zu Papier brachten und zur weiteren Bearbeitung an die richtige Stelle weiterleiteten. Dechiffrierte Texte mussten schließlich übersetzt, eventuell neu verschlüsselt und an das „War Office" des Premierministers oder an oberste Befehlsstellen gesendet werden.

Zunächst gab es für die oft frustrierende Arbeit, für die Scharfsinn und Intuition, vor allem aber Ausdauer und Zielstrebigkeit gefragt waren, nur herkömmliche Hilfsmittel wie Papier und Bleistift, Schreib- und Rechenmaschinen. Zwar standen auch Lochkartenmaschinen mit entsprechenden Zusatzgeräten zur Verfügung,[291] sie dienten aber vor allem dem Zentralarchiv zur Registrierung aller eingehenden Informationen und zu deren Wiederauffinden. Zumindest anfangs wurden sie zudem für die Entschlüsselung genutzt, nach dem Urteil eines ehemaligen Geheimdienstoffiziers allerdings „nicht immer mit optimaler Effizienz."[292]

Beim ständig gründlicheren Eindringen in das von den Deutschen verwendete Verfahren erkannte man, dass eine größere Zahl der theoretisch denkbaren Verschlüsselungsmöglichkeiten praktisch nicht vorkommen konnte. Das war die Folge von gewissen konzeptionellen Mängeln des Codierungsverfahrens, von Bedienungsfehlern und der Missachtung von Vorschriften. Der Lösungsansatz bestand nun darin, in einem abgefangenen Funkspruch nach dem Vorkommen von wahrscheinlichen Wörtern zu suchen, z. B. der von deutschen Außenstellen häufig verwendeten Formulierung „Nichts zu melden"[293] oder anderer in Routinemeldungen enthaltenen Standardwörter. Es musste nun ausprobiert werden, ob es eine Verschlüsselungskonstellation der Enigma gab, die zu dem erwarteten Wort führte. Ein manuelles Herangehen wäre für diese Sisyphusarbeit völlig unrealistisch gewesen. Stattdessen half ab Mai 1940 eine speziell für Decodierungszwecke entwickelte elektromechanische Maschine namens „Bombe", ein elektromechanischer Automat in der Größe eines Wandschranks, der rund um die Uhr im Einsatz war und zunächst mit dreißig schnell rotierenden Walzen zehn elektrisch gekoppelte Enigma-Maschinen simulierte.

Damit wurde den Mitarbeitern das mühevolle und ziemlich aussichtslose Ausprobieren einer großen Zahl von Codekombinationen abgenommen. Die entscheidenden gedanklichen Voraussetzungen für diese Maschine schuf der in Bletchley Park eingesetzte Mathematiker und Logiker *Alan Mathison Turing (1912–1954),* der sich auf gewisse Vorarbeiten polnischer Mathematiker stützen konnte. Die technische Realisierung übernahm die British Tabulating Machine Company. Bald war eine größere Zahl dieser Maschinen im Einsatz und führte zu zahlreichen Entschlüsselungserfolgen. Der erste große Erfolg war im August 1940 die Aufdeckung der strategischen

Pläne der Deutschen bei der Luftschlacht um England. Dadurch wurden entsprechende militärische Reaktionen möglich sowie die Entlarvung sämtlicher deutscher Spione auf der Insel.[294]

Eine Sonderstellung nahmen die Funksprüche der deutschen Marine ein. Weil hier drei Enigma-Walzen aus einem Satz von acht anstatt von sonst üblichen fünf Walzen ausgewählt wurden, war eine Entschlüsselung sehr viel schwieriger. Es war auffällig, dass in der Zeit, in der die Engländer noch vergeblich an diesem Problem arbeiteten, die deutschen Unterseeboote im Atlantik äußerst erfolgreich agierten und den alliierten Schiffsverkehr nach England stark beeinträchtigten.

Als die Briten im Mai 1941 auf einem gekaperten deutschen U-Boot neben einer Enigma auch die aktuellen Schlüsselunterlagen erbeuteten, konnten sie für einige Wochen die deutschen Funksprüche mitlesen. Die Annahme der Deutschen, das U-Boot sei noch vor einem möglichen Zugriff der Briten gesunken, erwies sich als eine folgenschwere Fehleinschätzung. Man hielt das Verschlüsselungssystem also weiterhin für sicher, während die Engländer immer tiefer in die Geheimnisse des Verfahrens eindrangen.

Die von den Deutschen versenkte Schiffstonnage war jetzt stark rückläufig. Das änderte sich, als ein neuer Code eingeführt und Enigma-Maschinen der Marine mit einer vierten Walze ausgestattet wurden. Für Bletchley Park war dies ein harter Schlag, denn im Atlantik waren die deutschen U-Boote bei der Versenkung von Schiffsgeleitzügen nun wieder erfolgreich. In den folgenden Kriegsjahren gab es bei der „Schlacht im Atlantik“ wechselnde Erfolge, aber letztendlich wurden die deutschen U-Boote zu Gejagten und die alliierten Kriegsschiffe und Flugzeuge zu Verfolgern.

Auch für andere Kriegsschauplätze waren abgefangene und entschlüsselte deutsche Befehle und Mitteilungen von unschätzbarem Wert. So wusste Großbritannien ab Februar 1941 über alle Bewegungen und Pläne des deutschen Afrika-Korps Bescheid und konnte ganz gezielt dessen Nachschubtransporte über das Mittelmeer angreifen und bedrohlich dezimieren. Auch über die deutschen Vorhaben an der Ostfront waren die Briten gut im Bilde[295] und konnten Erkenntnisse an die Russen weitergeben. Diese waren allerdings durch einen eigenen Spion in Bletchley Park meist bereits informiert. Selbstverständlich bemerkten die Deutschen, dass ihre Gegner auch kaum vorhersehbare Maßnahmen erstaunlich gut parieren konnten. Aber anstatt die Chiffriersicherheit der Enigma anzuzweifeln, machte man dafür Verräter und feindliche Spionage verantwortlich.

Gab es zu Bletchley Park keine vergleichbare Einrichtung auf deutscher Seite? Natürlich existierten Dechiffrierdienste, allerdings waren sie weniger gut ausgestattet als jene auf der gegnerischen Seite und insgesamt agierten sie nicht so erfolgreich. Dem Abhör- und Entzifferungsdienst der deutschen Marine war es zu Kriegsbeginn zwar gelungen, einige Schlüssel der Royal Navy und der englischen Handelsmarine zu brechen. Noch 1943 wurden drei Millionen alliierter Funksprüche abgefangen und mit Hilfe von sechs Hollerith-Tabelliermaschinen entschlüsselt. Allerdings waren das tägliche Informationen auf militärisch niederer Ebene, während die strategischen Überlegungen der Alliierten für die Deutschen nicht zu lesen waren.[296]

Die Enigma-Maschinen wurden ausschließlich zur Verschlüsselung von Mitteilungen im drahtlosen Funkverkehr eingesetzt. Wann immer es möglich war, Drahtverbindungen (Fernschreiber oder Telefon) zu benutzen, entschied man sich wegen der höheren Sicherheit für diesen Weg. Weil Teilstrecken aber oft per Funk überbrückt werden mussten, war auch hier ein Abfangen nicht ausgeschlossen. Die Chiffrierung der Mitteilungen der höchsten deutschen Kommandoebene erfolgte häufig mit der Schlüsselmaschine Lorenz SZ40 (später SZ42), einem Zusatzgerät zum Fernschreiber der Firma Lorenz. Die Briten nannten das Gerät „Tunny“ (Thunfisch). Der zu übermittelnde Text konnte in Klartext eingegeben werden und wurde beim Empfänger über den Fernschreiber in Klartext ausgedruckt. Um die dazwischenliegende Verschlüsselung, die mittels zwölf drehbarer Walzen mit einer unterschiedlichen Zahl von Positionen erfolgte, hatten sich die Benutzer nur insofern zu kümmern, als die Walzen in eine bestimmte Grundeinstellung gebracht werden mussten. Dieser Benutzerfreundlichkeit stand der Nachteil gegenüber, dass das hohe Gewicht des Geräts die Einsatzmöglichkeiten reduzierte und deshalb die Enigma für viele Bereiche ihre Bedeutung behielt.

Durch einen krassen Fehler des deutschen Bedienungspersonals schon bei der Einführung im Jahre 1941 bekam Bletchley Park die Chance, die innere Struktur der SZ40 bis Januar 1942 zu rekonstruieren. Trotzdem dauerte das Dechiffrieren mit manuellen Verfahren entschieden zu lange, um auf eine Nachricht noch zweckmäßig reagieren zu können. Das Verfahren musste unbedingt beschleunigt werden, was nur mit maschineller Hilfe vorstellbar war. Nicht gerade ermutigend war allerdings die Tatsache, dass die Komplexität des Codes Maschinen verlangte, die mindestens einhundertmal schneller waren als die schnellsten bisher bekannten Prozessoren. Aber es gab bereits dafür geeignete Schaltelemente: Elektronenröhren, wie sie im Bereich der Telefon- und Rundfunktechnik eingesetzt wurden, und sie waren, da sie keine mechanischen Bauteile enthielten, sogar tausendmal schneller als elektromagnetische Relais.

Der Ingenieur *Thomas Flowers* (1905–1998) sah in derartigen Röhren die einzige Möglichkeit, einen Dechiffrierautomaten mit der geforderten Geschwindigkeit zu bauen. Aber niemand in Bletchley Park glaubte an den Erfolg eines derartigen Projekts. Zum einen – so die Skeptiker – sei bei der großen Anzahl dafür erforderlicher Röhren kein störungsfreier Betrieb möglich und außerdem sei sehr wahrscheinlich der Krieg vor der Fertigstellung zu Ende. Flowers ließ sich aber nicht von seinem Vorhaben abbringen. Unter seiner Leitung entwickelte ein Team von etwa 50 Personen innerhalb von nur zehn Monaten den ersten britischen Computer im modernen Sinne, einen Röhrenrechner mit der Bezeichnung „Colossus“, der ab Januar 1944 einsatzfähig war. Den skeptischen Erwartungen von Kritikern zum Trotz erreichte er eine hohe Betriebssicherheit.

Der noch schnellere Colossus II konnte trotz extrem knapper Zeitvorgaben zum geforderten Termin fertiggestellt werden. Das war der 1. Juni 1944, jener Tag, an dem ursprünglich die Invasion der alliierten Truppen in der Normandie stattfinden sollte. Wegen schlechten Wetters musste die Operation jedoch verschoben werden. Kurz vor seinem Tod berichtete Flowers von den historischen Ereignissen jener Tage, so wie er sie erfahren hatte.

VOR DER LANDUNG IN DER NORMANDIE

Am 5. Juni [1944] hatte Eisenhower mit seinem Stab eine Besprechung, als ein Kurier von Bletchley Park hereinkam und ihm ein Schriftstück zu lesen gab. Hitler hatte Feldmarschall Rommel per Funk Befehle übermittelt, die Bletchley Park mit Hilfe des neuen Colossus entschlüsselt hatte. Hitler teilte Rommel mit, dass eine Invasion in der Normandie nahe bevorstand, dass es sich aber nicht um die eigentliche Invasion handeln würde. Es sei eine Finte, um Truppen von den Kanalhäfen abzuziehen, bei denen später die eigentliche Invasion beginnen würde. Rommel sollte deshalb keinerlei Truppen verlagern. Er sollte auf die eigentliche Invasion warten, mit der fünf Tage nach der Landung in der Normandie zu rechnen sei. Das also konnte Eisenhower dem Papier entnehmen. Er wusste nun, dass er die Invasion in der Normandie beginnen konnte und fünf Tage lang nicht mit konzentriertem Widerstand rechnen musste – genug Zeit, um seine Einheiten auch bei mittelmäßigem Wetter positionieren zu können. Aber er durfte seinen versammelten Offizieren nicht sagen, was er gelesen hatte. Er gab einfach das Papier dem Kurier zurück und sagte: ‚Wir gehen morgen!' Und am folgenden Tag, dem 6. Juni, gingen sie wirklich.

Thomas H. Flowers: D-Day at Bletchley Park, in: B. Jack Copeland [u. a.] (Hrsg.): Colossus. The Secrets of Bletchley Park's Codebreaking Computers, Oxford 2010, S. 78–83, hier S. 80 f.

Die Schlüsseleinstellungen der SZ42-Maschinen, die sich dank Colossus meist innerhalb weniger Stunden ermitteln ließen, wurden auf nachgebaute Tunny-Maschinen übertragen und so der Klartext erzeugt.[297] Bei Kriegsende waren zehn Colossus-Maschinen im Einsatz. Mit ihrer Hilfe konnte die in Bletchley Park entschlüsselte Menge an Nachrichten verdoppelt werden. Ein Mitarbeiter der Abteilung, in der die Computer installiert waren, gab die Eindrücke wieder, die diese Einrichtung vermittelte.

Das Entschlüsseln der geheimen Codes der Achsenmächte war eine grandiose Leistung. Nicht weniger Anerkennung verdient jedoch die erfolgreiche Geheimhaltung des Projektes, die Winston Churchill zu seinem berühmten Ausspruch veranlasste von den „Gänsen, die goldene Eier legten, aber niemals schnatterten“.[298] Man kann der Aussage des Technikhistorikers Michael Pröse nur zustimmen, dass die Briten mit „Ultra“ praktisch über ein „zusätzliches Waffensystem“ verfügten.[299]

DIE AUSSTATTUNG MIT RECHNERN

Und bei uns sah es fast wie in einem Flugzeughangar aus. Am Schluss bot sich ein Bild, wie man es bis etwa 1960 nicht mehr sah. Riesige Großrechner allenthalben, die rund um die Uhr arbeiteten, 24 Stunden pro Tag, 365 Tage pro Jahr. Das Personal bestand aus etwa 300 Wrens [weibliche Angehörige der britischen Marine]; in einer Schicht arbeiteten etwa 50 Wrens und ein Diensthabender Offizier, der die Entscheidungen traf.

Michael Smith: Enigma entschlüsselt. Die »Codebreakers« von Bletchley Park, 2. Aufl., München 2001, S. 287

DONALD MITCHIE; DER AN DER ENTWICKLUNG VON COLOSSUS MITGEARBEITET HATTE; CHARAKTERISIERTE DIE MASCHINE WIE FOLGT

Es war kein Universalcomputer, nicht die universale Maschine, die Turing 1936 in mathematischen Begriffen konzipiert hatte. Aber er war halb programmierbar, er hatte einige Eigenschaften eines Universalcomputers. Und er war mit großem Abstand der erste Computer mit einer Hochgeschwindigkeitselektronik.

Michael Smith: Enigma entschlüsselt. Die »Codebreakers« von Bletchley Park, 2. Aufl., München 2001, S. 298

Mit der Niederlage von Deutschland und Japan 1945 endete zwar die Arbeit der Mitarbeiter von Bletchley Park, nicht aber die Geheimhaltung. Die verwendeten Maschinen und die auf dem Weg zur Entschlüsselung erstellten Unterlagen wurden größtenteils vernichtet. Das Schweigen über das sechsjährige Ringen hielt aber weitere 30 Jahre an. Noch bis 1974 leugneten britische Behörden sogar die bloße Existenz von Colossus[300] und erst 1996 wurden Dokumente freigegeben, welche seine Funktionsweise beschrieben. Erst im Juni 2000 hob die britische Regierung die Geheimhaltungspflicht völlig auf.[301] Die meisten der in Bletchley Park installierten Colossus-Rechner wurden „einige Zeit nach Kriegsende“ demontiert und „nach Entfernung von Hinweisen auf ihre originale Verwendung“ in ein neues Computerlabor in Manchester verbracht. Lediglich zwei der Maschinen arbeiteten bis 1960 in einer Außenstelle von Bletchley Park für den Geheimdienst, zuletzt angeblich für „Trainingszwecke“.[302] Flowers, der führende Kopf der Colossus-Entwicklung wäre ein reicher Mann geworden, hätte ihn nicht die Geheimhaltungspflicht daran gehindert, seine Erfindungen zum Patent anzumelden. Er hätte dann auch jene Anerkennung gefunden, die er verdiente.

Lange nach dem Krieg glaubte man immer noch – auch auf deutscher Seite – die Enigma-Verschlüsselung sei unverändert sicher, und so wurde sie bis Mitte der 1950er Jahre beim Bundesgrenzschutz, Bereich See eingesetzt.[303] Erstaunlicherweise nutzten sie auch einige Staaten des Warschauer Paktes und es gibt Hinweise, dass die Staatssicherheit (Stasi) der DDR zumindest zeitweilig damit arbeitete.[304] Nachdem zahlreiche erbeutete, aber auch neu produzierte Enigma-Geräte an afrikanische Staaten verkauft oder verschenkt worden waren, konnte der angloamerikanische Geheimdienst in den Nachkriegsjahren dort ungestört mitlesen.[305] Dieser Vorteil musste aber von der britischen Wirtschaft mit einem wahrscheinlich größeren Nachteil bezahlt werden. Der Verzicht auf die Weiterentwicklung und auch zivile Nutzung von Colossus führte nämlich zum Verlust des mit dieser Maschine ursprünglich errungenen Entwicklungsvorsprungs.[306]

Es besteht kein Zweifel, dass die von Bletchley Park erzielten Ergebnisse ohne maschinelle Unterstützung nicht möglich gewesen wären. Die Frage jedoch, welche Auswirkungen Maschinen wie die „Bombe“ und „Colossus“ auf das Kriegsgeschehen und das Leben – sowie das Sterben – vieler Menschen in Europa und anderswo hatten, ist nur schwer zu beantworten. Geht es hier doch um historisch umstrittene Überlegungen der Kategorie „Was wäre geschehen, wenn?“ Ohne die Möglichkeit, die Ergebnisse von „Ultra“ rechtzeitig in militärisches Handeln umzusetzen, hätte die Schlacht im Atlantik wohl erst zu einem späteren Zeitpunkt zugunsten der an Material überlegenen Angloamerikaner entschieden werden können. Durch den dann anhaltend gefährdeten Transport von amerikanischen Soldaten und Versorgungsgütern hätte sich eine alliierte Invasion in der Normandie sehr wahrscheinlich verzögert, ebenso die Besetzung von Frankreich und Deutschland. Eine Verlängerung des Krieges hätte zweifellos noch zahllosen Menschen das Leben gekostet.

Manche Forscher, so auch der Militärhistoriker Jürgen Rohwer, weisen auf eine für Deutschland katastrophale Alternative hin: „Die Kette der Ereignisse hätte einen ganz anderen Verlauf als den uns bekannten nehmen können. Ohne Frage hätte der Krieg trotz allem schließlich mit einem alliierten Sieg geendet. Doch wäre dieser Sieg dann vielleicht durch den Abwurf der ersten Atombomben auf Berlin oder das Ruhrgebiet herbeigeführt worden.“[307]

„Big is beautiful"

Nicht nur in Deutschland und in England bemühte man sich, schnellere Rechner zu bauen. Besonders folgenreich waren auf diesem Gebiet die Anstrengungen der USA. Das Militär und ihm nahestehende Forschungseinrichtungen, hier vor allem das „Ballistic Research Laboratory" (LBR), verfügten in den 1940er Jahren über die finanziellen Mittel, um Neuentwicklungen großzügig zu unterstützen. Von 1940 bis 1945 stiegen die Ausgaben der US-Regierung für Forschung und Entwicklung von 74 Millionen auf gigantische 1,59 Milliarden Dollar,[308] also auf mehr als das Zwanzigfache. Davon entfiel ein ständig wachsender Anteil auf den militärischen Bereich. Den Erfindern und Konstrukteuren standen also Möglichkeiten zur Verfügung, von denen ein Konrad Zuse nur hätte träumen können. Die neuen Computer waren meist viele Tonnen schwere Ungetüme, die nur in außerordentlich großen Räumen Platz finden konnten. Ihre Entwickler schienen dem Gebot zu folgen, wonach etwas, das viel kostet, auch nach viel aussehen muss. Heute hingegen, im Zeitalter der Mikroelektronik, fasziniert uns Technik durch hohe Leistung in Verbindung mit minimalen Abmessungen.

Militärische Anforderungen waren es, die *George R. Stibitz* (1904–1995) dazu bewegten, in den Jahren 1937 bis 1947 verschiedene Relaisrechner zu entwickeln. Sie wurden von den Bell Laboratories gebaut und für ballistische Berechnungen eingesetzt. In jener Zeit waren sogenannte Schusstafeln für die Feuerleitung der Artillerie und Bombenabwurftafeln für Flugzeuge eine unverzichtbare Voraussetzung für das möglichst präzise Treffen der anvisierten Ziele. Die Berechnung derartiger Tabellen unter Berücksichtigung zahlreicher Einflussfaktoren stellte enorme Anforderungen. Bislang hatten weibliche Armeeangehörige die Berechnungen mittels Tischrechnern durchgeführt.[309] Zuweilen wurden auch Analogrechner eingesetzt, allerdings dauerte auch hier die Berechnung einer einzigen Feuerleittafel immer noch 30 Tage.[310] Ohne dass sie voneinander wussten, lösten Stibitz und Zuse etwa im gleichen Zeitraum ähnliche technische Probleme. Ein besonderer Anlass führte sie dann im Jahre 1965 zusammen: Sie erhielten gemeinsam den „Harry H. Goode Memorial Award" für besondere Verdienste auf dem Gebiet der Informationsverarbeitung.

Auf ein völlig neues Anwendungsgebiet begab sich Stibitz im Jahr 1939. Er demonstrierte den Teilnehmern eines mathematischen Kongresses, dass die an einem Ort in einen Fernschreiber eingegebenen mathematischen Aufgaben über das Netz zu einem entfernt platzierten Rechner übertragen, dort gelöst und die Ergebnisse in kurzer Zeit über die Leitung wieder zurückgesendet werden können. Der Vorgang hinterließ bei den Beobachtern einen großen Eindruck – und er markierte den Beginn der Datenfernübertragung sowie der Vernetzung von räumlich getrennten Computerkomponenten und Computern.

Der von dem amerikanischen Mathematiker und Techniker *Howard H. Aiken* (1900–1973) konzipierte und von IBM in Zusammenarbeit mit der Harvard-

Universität gebaute elektromagnetische „Automatic Sequence Controlled Calculator“ (ASCC) – auch Harvard MARK genannt – wurde 1944 fertig. Die fünf Tonnen schwere Anlage hatte eine Frontlänge von 16 Metern und benötigte 800 Kilometer Kabel. Eine Addition oder Subtraktion dauerte eine drittel Sekunde, eine Multiplikation 6 Sekunden und eine Division 11,4 Sekunden. Für heutige Begriffe kleine Ewigkeiten! Der Rechner war mittels Lochstreifen steuerbar und hauptsächlich für das damals dominierende militärische Anwendungsgebiet konzipiert, die Berechnung ballistischer Tabellen. Angeblich soll es zwischen IBM-Chef Watson und Aiken einen erbitterten Streit darüber gegen haben, ob die Maschine ein Glasgehäuse bekommen sollte. Aiken lehnte dies ab, Watson war dafür, und er setzte sich durch.[311]

Der Harvard MARK I (auch IBM Automatic Sequence Controlled Calculator genannt) ist der größte elektromechanische Rechner, der je gebaut wurde.

Die Aufgabe, Tabellen zu berechnen, war auch dem elektronischen Rechner zugewiesen, der unter der Bezeichnung ENIAC (Electronic Numerical Integrator and Computer) an der Moore School of Electrical Engineering der University von Pensylvania in Philadelphia entwickelt und im Herbst 1945 fertiggestellt wurde. Seine Konstrukteure, *J. Presper Eckert* (1919–1995) und *John W. Mauchly* (1907–1980), statteten ihn mit der beeindruckenden Zahl von 18.000 Röhren aus, die eine enorme Wärme entwickelten und deshalb eine Klimaanlage erforderten. Der 30 Tonnen schwere Computer benötigte eine Stellfläche von 170 Quadratmetern. Durch die Verwendung von Vakuumröhren als Schaltelemente erreichte der ENIAC gegenüber den leistungsfähigsten elektro-mechanischen Rechenautomaten eine mehrhundertfache Rechengeschwindigkeit.[312] Die Maschine war nicht frei programmierbar, sie konnte aber – allerdings sehr mühsam – mittels zahlreicher Drehschalter und Kabelstecker für wechselnde Aufgaben eingestellt werden. Eine solche Umstellung dauerte manchmal mehrere Tage und wurde von qualifizierten weiblichen Mitarbeitern durchgeführt, die man als „Computer" bezeichnete.[313]

Die Aufgabe, die dieser Computer bei seinem ersten Einsatz zu lösen hatte, war zunächst nicht die Berechnung der Flugbahnen von Geschossen, sondern die von thermonuklearen Kettenreaktionen.[314] Damit wurde ENIAC zu einer Komponente des äußerst geheimen „Manhattan-Projektes". Hinter der Tarnbezeichnung verbirgt sich das amerikanische Atombombenprogramm. In einer seit 1942 bei Los Alamos in der Wüste von New Mexico entstehenden Forschungsstadt zog man eine große Zahl von Physikern und Technikern zusammen, um möglichst rasch eine Nuklearwaffe von titanischer Wirkkraft zu entwickeln. Unter der Leitung des Physikers J. Robert Oppenheimer (1904–1967) und des Generals Leslie R. Groves (1896–1970) arbeiteten im ganzen Land zeitweilig über 100.000 Menschen für das gewaltige Projekt.

Die Amerikaner glaubten, sich beim Bau der Atombombe in einem Kopf-an-Kopf-Rennen mit den Deutschen zu befinden. Da sie dieses Kräftemessen unbedingt gewinnen wollten, mobilisierten sie alle Kräfte. Als Deutschland 1941 den USA den Krieg erklärte, wuchs die Sorge der Amerikaner vor einer Superbombe in der Hand der Deutschen. In den letzten Kriegsjahren verwies die deutsche Propaganda immer häufiger auf in Kürze fertige deutsche „Wunderwaffen" und die Amerikaner konnten nicht ausschließen, dass zu deren Arsenal neben den Raketen V1 und V2 auch die Atombombe gehörte. Noch bei der Besetzung von Paris Ende August 1944 waren die Amerikaner – nach den Worten von General Groves – „ohne positive Information über den feindlichen Fortschritt in der Kernforschung und der Atomenergie-Entwicklung."[315] Tatsächlich verfügten die Deutschen jedoch nicht über ausreichende Ressourcen, um ein derart aufwändiges Projekt über mehrere Jahre hinweg in einer Kriegswirtschaft verwirklichen zu können. Zudem hatten führende deutsche Atomphysiker Skrupel, Hitler zu einer so gefährlichen Waffe zu verhelfen und betrieben eine „Politik des Verzögerns und Hinhaltens".[316]

Es gibt Vermutungen, noch im März 1945 sei in Thüringen eine kleine Atombombe mit einem Wirkungsradius von nur 500 Metern getestet worden. Sichere Belege dafür ließen sich allerdings nicht finden.[317] Nach heutigen Erkenntnissen waren die deutschen Atomphysiker bis zum Kriegsende noch weit von einer einsatzfähigen Atomwaffe entfernt.

Atombombenexplosion über Hiroshima am 6. August 1945

Im August 1945 warfen amerikanische Flugzeuge Atombomben auf die japanischen Städte Hiroshima und Nagasaki ab. Unzählige Menschen kamen zu Tode oder wurden verwundet, für viele begann ein anhaltendes Leiden. Deutschland hatte bereits kapituliert und blieb so von den Schrecken einer Atombombenexplosion verschont.

Die Durchführung des Manhattan-Projektes verlangte in einem gewaltigen Maß nach Rechenleistung. Zu seiner Bewältigung kamen grundsätzlich alle damals verfügbaren Typen von Rechenhilfsmitteln in Frage: von Tischrechenmaschinen über Lochkartenmaschinen bis hin zu dem leistungsfähigsten Werkzeug, dem neu entwickelten ENIAC. Obgleich dieser allen bisher in den USA gebauten Rechnern weit überlegen war, sahen seine Entwickler ein deutliches Potenzial für weitere Verbesserungen, z. B. für eine einfachere Programmierung.

So begann bereits vor der endgültigen Fertigstellung des ENIAC – und wiederum mit maßgeblicher Unterstützung durch das Militär – die Entwicklungsarbeit für den EDVAC (Electronic Discrete Variable Computer). Es sah nach einem glänzenden Start aus, denn dem Team gehörten äußerst fähige Mitarbeiter an, darunter Eckert und Mauchly, und die technischen Ideen waren beeindruckend.

Bald beteiligte sich auch der in Ungarn geborene Mathematiker *John von Neumann* (1903–1957). Die wichtigste und folgenreichste Neuerung war es, die Programmbefehle im selben internen Arbeitsspeicher des Rechners verfügbar zu halten wie die Daten. Derartige speicherprogrammierte Computer erlaubten es, ohne Änderungen an der Maschine selbst (der Hardware) verschiedene Programme in rascher Folge ausführen zu können. Von Neumann erklärte sich bereit, im Juni 1945 einen schriftlichen Bericht über die Ergebnisse der Entwicklerbesprechungen zu erstellen. Der Titel lautete „First Draft of a Report on the EDVAC“ und als Autor wurde lediglich John von Neumann genannt. Als durch ein Versehen Kopien des Berichts an eine größere Zahl von Personen verschickt wurden als vorgesehen, etablierte sich unversehens die griffige Bezeichnung „von-Neumann-Konzept“. Die Folge war die Verärgerung anderer Teammitglieder, die eine angemessene Würdigung ihrer Beiträge vermissten und sich aus diesem Grunde – aber auch wegen ungeklärter Patentrechte – von dem Projekt zurückzogen.[318] Der Begriff „von-Neumann-Konzept“ kennzeichnet bis heute das Grundprinzip der meisten Computer. Danach besitzt ein Computer fünf Funktionseinheiten: Recheneinheit, Steuereinheit, Arbeitsspeicher, Eingabe- und Ausgabeeinheiten.

Der erfolgreiche Betrieb des ENIAC hatte auf beiden Seiten des Atlantiks Aufsehen erregt und die Neugier von Industrieunternehmen, Forschungsinstituten und Regierungsstellen an Konstruktionsdetails der Maschine geweckt. Es gab so viele Anfragen an die Entwickler, dass im Sommer 1946 die Moore School über einen Zeitraum von zwei Monaten eine Reihe von Vorlesungen zu den interessierenden Themen anbot. Als Dozenten fungierten Mitglieder des ENIAC- sowie des EDVAC-Teams. Erstaunlicherweise beschränkten manche Vortragenden ihre Ausführungen nicht auf den ENIAC, sondern lieferten teilweise so zahlreiche Informationen über den in der Entstehung begriffenen EDVAC, dass sie einigen Teilnehmern als Basis für die Entwicklung eigener speicherprogrammierter Computer dienen konnten.

Unmittelbar nach Kursende begann man an der englischen Cambridge-Universität mit dem Neubau eines Computers mit dem an sein Vorbild angelehnten Namen EDSAC. Und tatsächlich wurde er sogar früher fertig als der EDVAC.[319] Das lag daran, dass sich das EDVAC-Team praktisch aufgelöst hatte und die Moore School neue Mitarbeiter suchen musste, um die gegenüber der U.S. Army weiterhin bestehende vertragliche Verpflichtung zum Bau des Rechners erfüllen zu können. Nach zahlreichen Pannen, Problemen und Verzögerungen wich die schließlich gebaute Maschine erheblich von dem ursprünglichen Entwurf ab. Erst 1952 war sie voll funktionsfähig , aber „auch dann galt sie als unzuverlässig und erforderte größere Veränderungen bevor sie richtig eingesetzt werden konnte.“[320]

Ausstattung, Dimension und Gewicht des EDVAC waren zwar immer noch beeindruckend, aber gegenüber dem ENIAC bereits reduziert. Statt 18.000 Röhren gab es jetzt nur noch 5.000 und das Gewicht sank auf (immer noch beachtliche) acht Tonnen, wobei das zwei Tonnen wiegende Kühlaggregat noch hinzukam. Der Unzuverlässigkeit des Rechners angemessen war die Größe des Bedienungs- und Wartungsteams, nämlich insgesamt dreißig Personen in jeder Schicht. Dabei gilt es zu bedenken, dass es für die Techniker äußerst zeitraubend war, bei den recht häufigen

Störungsfällen unter den Tausenden von Röhren die defekte zu finden und auszutauschen. Zehn Jahre war die Maschine im Einsatz, hauptsächlich für ballistische Berechnungen. Aber auch als in der Endphase schließlich ihre Zuverlässigkeit wuchs, wurde sie nur für Aufgaben geringerer Wichtigkeit eingesetzt, denn schließlich gab es inzwischen mit dem am Institute for Advanced Studies in Princeton (New Jersey) gebauten ORDVAC („Ordnance Discrete Variable Automatic Computer") schon einen tüchtigeren Nachfolger.

Von links nach rechts ist die Tendenz zu abnehmender Größe bei Computerkomponenten der Nachkriegsjahre erkennbar. Es handelt sich um (grob) vergleichbare Schaltplatinen der Computer ENIAC, EDVAC, ORDVAC und BRLESC-I.

Es würde den rein technischen Aspekt zu stark betonen, hier auf weitere der in den 1950er Jahren in den USA und anderen Ländern entwickelten Computer einzugehen. Sie hatten so rätselhafte Namen wie BINAC, BRLESC, ILLIAC, SEAC und NORC und sie waren technisch wie praktisch von recht unterschiedlicher Bedeutung. Die häufig im Auftrag oder unter Mitwirkung des „Ballistic Research Laboratory" entstandenen Computer tendierten im Lauf der Zeit zu geringeren Abmessungen. Das

Foto eines Militärfotografen aus dem Jahr 1962 macht diese Entwicklung anhand von Computerplatinen mit halbwegs vergleichbarem Leistungsumfang deutlich (s. Abbildung vorige Seite). Kleinere Abmessungen der Komponenten – das erkannte man sehr rasch – bedeuten nicht nur einen kleineren Platzbedarf und geringeres Gewicht, sondern vor allem auch eine höhere Rechengeschwindigkeit. Kleinere Bauteile führen dann allerdings nicht zwingend zu kleineren Rechnern, wenn gleichzeitig die Anforderungen an Rechen- und Speicherkapazität zunehmen und die Anzahl der Geräte für Dateneingabe und –ausgabe sowie externe Speicherung steigt. So kann auch der UNIVAC I (Universal Automatic Computer I) nicht gerade als besonders kompakt gelten, variieren doch die Gewichtsangaben für diese Anlage zwischen 14,5 und gleichwohl noch imposanten acht Tonnen. Entwickelt wurde er von Eckert und Mauchly, den Konstrukteuren des ENIAC, die inzwischen eine eigene Firma gegründet hatten. Nach der Übernahme des kleinen Unternehmens durch die Remington Rand Corporation entwickelte sich dieses Unternehmen – und nicht IBM – zum Wegbereiter der modernen Computertechnik.

Der UNIVAC wurde insbesondere für den Einsatz in Büro und Verwaltung konzipiert, aber auch für wissenschaftliche Berechnungen verwendet. Da die Dateneingabe und die Ausgabe der Ergebnisse nicht (wie noch üblich) mittels Lochkarten erfolgten, sondern auf dem Umweg über Magnetbandeinheiten, war dies im Zeitalter der Lochkartentechnik nicht gerade absatzfördernd. Trotzdem konnten 46 Maschinen gebaut und ausgeliefert werden. Mit dem UNIVAC wurde erstmals ein elektronischer Rechner in Serie gefertigt, denn bisher war jeder neue Computer ein Unikat, das gegenüber seinen Vorgängern mit technischen Neuerungen aufwartete. Für jedes einzelne System war somit ein enormer Entwicklungsaufwand erforderlich, der für die Hersteller einen großen wirtschaftlichen Erfolg von vornherein ausschloss.

Im März 1951 wurde der erste UNIVAC an das amerikanische Zensusbüro ausgeliefert. Die fünfte Maschine ging an die US-Atomenergiebehörde, wo sie für komplexe Berechnungen im Zusammenhang mit der Entwicklung der Wasserstoffbombe eingesetzt wurde. Am 4. November 1952 hatte sie in einem ganz anderen Zusammenhang einen großen Auftritt. In den USA war Wahltag und der Nachrichtensender CBS nutzte die Anlage für eine Wahlhochrechnung zur Präsidentschaftswahl. Während konventionell durchgeführte Prognosen ein Kopf-an-Kopf-Rennen zwischen Dwight D. Eisenhower und Adlai Stevenson voraussagten, errechnete der Computer am Abend des Wahltags – basierend auf 7 % der ausgezählten Stimmen – einen Erdrutschsieg für Eisenhower. Die Verantwortlichen hielten dieses Resultat schlicht für falsch und glaubten, sich bei einer Veröffentlichung unsterblich zu blamieren. Irgendwo musste sich doch wohl im Computerprogramm ein Fehler verstecken! Eine hektische Suche nach solchen Konstanten im Programm begann, die man ändern könnte, um das krasse Ergebnis abzuschwächen. Nach der Korrektur wurde ein erneuter Computerlauf gestartet, der jedoch zu nicht wesentlich veränderten Resultaten führte. In dieser Not kam es zu einer neuerlichen Programmanpassung und einem dritten Computerlauf. Auch jetzt war ein Wahlsieg Eisenhowers das Resultat, aber der Vorsprung vor Stevenson war nicht mehr so erschreckend groß. Diese Zahlen traute man sich nun zu senden.

Der erste UNIVAC-Computer wurde 1951 ausgeliefert und in der Wirtschaftsabteilung des amerikanischen Zensusbüros installiert.

Nach der Bekanntgabe des tatsächlichen Endergebnisses war die Verblüffung der für die Computerhochrechnung Verantwortlichen riesig: Es zeigte sich, dass die erste Hochrechnung sehr eng beim Endergebnis gelegen hatte.[321] Davon erfuhr die Öffentlichkeit erst im Nachhinein durch eine Fernsehsendung und die Geschichte machte den UNIVAC weltweit bekannt. Eine bessere Werbung hätte sich Remington Rand nicht wünschen können und für einige Jahre wurde der Name UNIVAC – sehr zum Ärger von IBM – für viele Menschen zum Synonym für den Begriff Computer.[322]

COMPUTER GLEICH UNIVAC

Für die fortgeschrittene Football-Saison des Jahres 1974 berichtete [das Computermagazin] Datamation, dass der Fernsehansager Alex Karras, erstaunt von der umfassenden Kenntnis seines Gesprächspartners von Football-Statistiken, zu Howard Cosell sagte: Du bist ein richtiger UNIVAC, Howard.“

George Gray: UNIVAC I: The First Mass-Produced Computer, Unisys History Newsletter, Bd. 5/2001, Nr. 1

Bei einer Veranstaltung zur Inbetriebnahme der sechsten UNIVAC-Anlage überraschte der Hersteller die Teilnehmer mit zwei für das Jahr 1953 noch sehr ungewöhnlichen Programmen. Das eine ließ den Rechner über einen Lautsprecher den Militärmarsch „Anchors aweigh“ (zu Deutsch: Anker gelichtet) erklingen, bei dem anderen konnten sich die Bediener beim sogenannten Nim-Spiel mit dem Computer messen.[323] Man suchte also bereits in dieser frühen Phase nach Möglichkeiten, die Computerbediener gelegentlich durch Ablenkung von der eigentlichen Arbeit zu erfreuen.

Von den ersten UNIVAC-Anlagen gingen immerhin noch fünf an militärische Auftraggeber, die größere Zahl aber fand Abnehmer, die kommerzielle Anwendungen im Auge hatten. Hier konkurrierten die neuen Anlagen mit den etablierten Lochkartenmaschinen und sie mussten sich, im Gegensatz zum militärischen Einsatz, gefallen lassen, dass Aufwands- und Ertragsrechnungen angestellt wurden. Da für einen der späteren UNIVACs schließlich bis zu 1,5 Millionen Dollar zu bezahlen war, kamen sie demgemäß nur für sehr große Unternehmen in Frage. Zu den Kunden gehörten Lebensversicherungen und Industrieunternehmen wie U.S. Steel, Westinghouse, du Pont und General Electric. Dort berechnete man mit den neuen Maschinen Löhne und Gehälter oder erstellte Verkaufsstatistiken. Die drei amerikanischen Universitäten, die eine Anlage bekamen, konnten nicht die dafür erforderlichen finanziellen Mittel aufbringen. Remington Rand fungierte deshalb in der Rolle des Mäzens.

In Deutschland erregte das Unternehmen große Aufmerksamkeit, als es 1956 in Frankfurt am Main sein europäisches Rechenzentrum in Betrieb nahm. Ein selbständiges Rechenzentrum, das nicht als Abteilung zu einem anderen Unternehmen gehört, war für Europa ein Novum. Die Frankfurter Einrichtung hatte hauptsächlich drei Aufgaben: die Ausbildung von Computerfachkräften, die Demonstration der Anlage vor Interessenten und künftigen Benutzern und die Durchführung von Lohnarbeiten für Unternehmen und Verbände, die sich einen eigenen Computer nicht leisten konnten oder mit einer Anschaffung noch warten wollten. Übrigens war für eine Stunde Nutzung des UNIVAC I damals der stattliche Preis von 1470 Mark zu zahlen.

IBM näherte sich der elektronischen Rechnertechnik nur sehr zögerlich. Zwar entstand in den späten 1940er Jahren mit dem SSEC (Selective Sequence Electronic Calculator) ein teilweise elektronischer Rechner. Für Funktionseinheiten, bei denen es besonders auf eine hohe Geschwindigkeit ankam – so bei der Recheneinheit – kamen Elektronenröhren zum Einsatz, während andere Teile nur mit Relais ausgestattet waren. Für die Maschine gab es keinen externen Auftraggeber, und sie sollte von vornherein nur im eigenen Unternehmen eingesetzt werden. Im New Yorker Geschäftsgebäude der IBM war sie so hinter Schaufensterscheiben platziert, dass Passanten leicht einen Blick darauf werden konnten. Der neue Rechner sollte in erster Linie demonstrieren, dass IBM auch in diesem Bereich der Spitzentechnologie mit dabei war. Der Zusatznutzen bestand darin, dass externe Kunden, wie die Streitkräfte, verschiedene Regierungsstellen, Universitäten und Unternehmen, den Rechner stundenweise mieten konnten. [324]

Bei der Namensgebung der frühen IBM-Rechner fällt auf, dass die Bezeichnung „Computer" vermieden und stattdessen der Begriff „Calculator" verwendet wurde. Wer dafür nach Gründen sucht, findet sie bei Thomas J. Watson Senior, der angeblich in einer Zeit, in der Menschen noch häufiger einer Tätigkeit als „Computer" nachgingen, keine Verdächtigungen aufkommen lassen wollte, die neuen Maschinen könnten Menschen um ihre Arbeitsplätze bringen.[325]

Wer erwartet hatte, dass IBM nach dem SSEC die Entwicklung elektronischer Computer intensiv und engagiert betreiben würde, sah sich getäuscht, denn der IBM-Chef hielt es zunächst nicht für ratsam, dem profitablen Geschäft mit konventionellen Lochkartenmaschinen im eigenen Haus Konkurrenz zu machen. Eine Wende brachte der Ausbruch des Koreakriegs im Juni 1950. Damals fragte Watson bei der amerikanischen Regierung an, in welcher Form sein Unternehmen in der neuerlichen Kriegssituation helfen könne. „Baut einen großen wissenschaftlichen Computer", war die Antwort. Er sollte für die Konstruktion von Flugzeugen, die Entwicklung von Kernwaffen und die Munitionsproduktion einsetzbar sein. So lieferte IBM – erst zwei Jahre nach dem UNIVAC – mit dem Typ „701", auch „Defense Computer" genannt, seinen ersten elektronischen Rechner an einen Kunden aus. Es war das Atomforschungszentrum von Los Alamos.[326] Insgesamt fanden 19 dieses besonders für wissenschaftliche Berechnungen geplanten Rechners ihre Abnehmer. Er war absichtlich so konzipiert, dass es keine Schnittstellen zu den vorhandenen Lochkartenmaschinen gab.

Elektronische Rechner und die Furcht vor den Atomwaffen

Was einmal gedacht wurde, kann nicht mehr zurückgenommen werden.
Friedrich Dürrenmatt, Die Physiker

Welche Bedeutung hatten nun die frühen elektronischen Computer für die Menschen? Hier muss man unterscheiden zwischen der noch verhältnismäßig kleinen Zahl von Benutzern – nämlich Wissenschaftlern und Konstrukteuren, die in Forschungs- und Entwicklungslaboratorien arbeiteten – und allen anderen.

Der Stellenwert, den die neuen Anlagen für die Arbeit der Benutzer erlangte, hing vom Anwendungsgebiet ab. Bei ballistischen Berechnungen – ihrem ersten Einsatzbereich – ersetzten die neuen Computer lediglich die bisher gebräuchlichen, weniger leistungsfähigen Hilfsmittel. Bislang hatten die Berechnungen zwar länger gedauert, aber sie waren grundsätzlich möglich gewesen. Mit der Aufnahme des Atomwaffenprogramms jedoch erlangten die neuen Verfahren eine herausragende Bedeutung.

ROBERT JUNGK GEHT IN SEINEM VIEL BEACHTETEN BUCH „HELLER ALS TAUSEND SONNEN" MEHRFACH AUF DIE ROLLE DER COMPUTER EIN

So wurde eine Rechenmaschine zum eigentlichen Helden des Baus der Wasserstoffbombe. Sie trug, wie übrigens alle »Elektronengehirne«, einen eigenen Namen. Von Neumann hatte sie etwas umständlich »Mathematical Analyzer Numerical Integrator And Computer« getauft. Las man nur die Anfangsbuchstaben jedes Wortes, so ergab das zusammengezogen: »MANIAC«. Unter dieser Abkürzung wurde der neue »Computer« nun allgemein in der Fachwelt bekannt. »Maniac« ist das englische Wort für »Wahnsinniger«.

Robert Jungk: Heller als tausend Sonnen. Das Schicksal der Atomforscher, Stuttgart 1956, S. 307

ANHÖRUNG VON N. E. BRADBURY, FORSCHUNGSLEITER VON LOS ALAMOS, VOR DEM SICHERHEITSAUSSCHUSS DER US-ATOMENERGIEKOMMISSION IM VERFAHREN GEGEN J. ROBERT OPPENHEIMER (1954)

Frage: Wurden bei der Entwicklung der Wasserstoffbombe auch Computer eingesetzt?

Antwort: Computer sind die Grundlage thermonuklearer Berechnungen. Sie spielen eine zentrale Rolle, denn in diesem Bereich kann man Berechnungen nicht mit dem Rechenschieber oder einem Notizblock machen. Wie schon gesagt, war eines der Haupthindernisse in den Jahren 1943 oder 1948 oder 1949 das Fehlen entsprechen-

der Rechnerausstattung, jener sogenannten Elektronengehirne mit ausreichender Kapazität und Leistungsfähigkeit, um die geforderten Berechnungen zu bewältigen. Erst seit Kurzem, mit der Entwicklung von Maschinen wie dem Maniac, dem Computer von Princeton, von IBM-Computern haben wir Maschinen, die es allmählich erlauben, jene Probleme anzupacken, mit denen wir in den Jahren 1944 bis 1949 konfrontiert waren.

United States Atomic Energy Commission: In the Matter of J. Robert Oppenheimer. Transcript of Hearing before Personnel Security Board, Washington 1954, S. 485

Noch schwerwiegender waren die Auswirkungen, die von den derart entwickelten Waffen ausgingen. Erstmals in der Geschichte lebten Menschen in weiten Teilen der Welt in Angst und Schrecken vor einem gewaltigen Zerstörungspotenzial. Während 1948 die USA über rund 50 einsatzfähige Sprengköpfe verfügten, bemühten sich die Sowjetunion und Großbritannien nachzuziehen. Schon bald nach dem zweiten Weltkrieg kam es zu heftigen Auseinandersetzungen zwischen Befürwortern einer noch größeren Wasserstoffbombe (auch Superbombe genannt) und entschiedenen Gegnern. Für viele Atomphysiker führte die Problematik zu schweren inneren Konflikten. Die USA bauten schließlich diese Bombe und bei der ersten Zündung 1952 hatte sie bereits die 800-fache Wirkung der Hiroshimabombe. Die Sowjetunion brauchte weniger als ein Jahr, um denselben Entwicklungsstand zu erreichen.

Für viele Menschen gelten Atom- und Wasserstoffbombe als deutlichste Ausprägung eines „Fluches der Technik", weil sie zu einem Auslöschen der Menschheit führen könnten. J. Robert Oppenheimer soll 1945 nach der Durchführung des ersten Atombombentests noch im Kontrollraum eine variierte Textstelle aus dem indischen religiös-philosophischen Lehrgedicht „Bhagavad Gita" durch den Kopf gegangen sein: „Ich bin der Tod geworden, der Zerstörer der Welten." [327]

Mit der Entwicklung der Kernwaffen war ein beispielloses Wettrüsten, insbesondere zwischen den Supermächten USA und Sowjetunion verbunden. Die Auffassung, dass eine menschliche Fehlentscheidung oder eine technische Fehlfunktion oder ein Fehler im Computerprogramm einen Atomkrieg auslösen könnte, war und ist weit verbreitet und verursacht auch heute noch tiefe Beunruhigung. Eine besondere Zuspitzung erlebte der Ost-West-Konflikt durch zwei Ereignisse, welche die Welt an die Schwelle eines dritten Weltkriegs führten. Die Bilder gingen um die Welt, als sich am 27. Oktober 1961 am Checkpoint Charly in Berlin amerikanische und sowjetische Panzer schussbereit auf kurzer Distanz gegenüberstanden. Ein Jahr später zeigte sich in der Kubakrise erneut die Konfrontation. Sowjetische Techniker waren damals dabei, auf dem kommunistischen Kuba Abschussrampen für Mittel- und Langstreckenraketen zu installieren. Da diese Waffen Teile der USA bedrohten, verhängten die Amerikaner eine Seeblockade gegen Kuba. Auf beiden Seiten gab es in dieser spannungsgeladenen Zeit Situationen, wo der Einsatz von Nuklearwaffen nur um Haaresbreite vermieden werden konnte. Mit Mühe gelang schließlich eine gewisse Deeskalation.

Auch in den folgenden Jahren kam es mehrfach zu kritischen Konstellationen, indem die nordamerikanischen Überwachungssysteme den Anflug einer großen Anzahl sowjetischer Raketen mit Atomsprengköpfen meldeten. Im Juni 1980 geschah dies zweimal und in beiden Fällen lösten die Verantwortlichen Atomalarm aus – mit der Folge hektischer Aktivitäten bei den Streitkräften. Drei Minuten später wurde der Alarm als falsch entlarvt und die Kriegsmaschine rechtzeitig wieder angehalten. Ein fehlerhafter Mikroschaltkreis in einem Computer hatte für die gefährliche Verwirrung gesorgt. Eine damals gestellte Frage hat für die Dauer des Kalten Kriegs nicht an Aktualität verloren: „Wie, wenn die Sowjets, verwirrt durch startende US-Bomber und hektische Alarmsignale für die amerikanische U-Boot-Flotte ihrerseits die Nerven verlören und den atomaren Gegenschlag auslösten?“[328]

Nukleare Waffen markieren eine neue Phase jenes schlimmen „Fortschritts“, der in den beiden Weltkriegen mit Giftgasen, Luftminen und Phosphorbomben begann. „Es war gelungen, Tod und Verheerung nicht mehr mühsam einzeln, gewissermaßen stückweise herzustellen, sondern in Großserie, en masse, zu produzieren.“[329] Spätestens jetzt wurde deutlich, dass die technische und politische Entwicklung eine Einschätzung von Francis Bacon widerlegte, der vor fast vierhundert Jahren geschrieben hatte: „(...) die Erfindungen beglücken und tun wohl, ohne jemandem ein Unrecht oder ein Leid zu bereiten.“[330] Der Computer hatte tatsächlich die Rolle des Zauberlehrlings übernommen. Zwar war er – solange alle Systeme einwandfrei funktionierten – seinen jeweiligen Betreibern und Benutzern zu Diensten; zugleich aber bedrohte er mit den geschaffenen Produkten eine gigantische Zahl potenziell Betroffener auf der Gegenseite in einem bisher nicht gekannten Maß. Auch die eigene Bevölkerung war und ist in hohem Maße gefährdet, denn bei einer Software, die nie in einem Ernstfall ausgetestet wurde, „(liegen) computerbedingte Fehler, Fehlalarme und Fehlauslösungen im Bereich des Wahrscheinlichen.“[331]

Deutschland schafft den Anschluss nicht

Wenn es einen Kampf um die Zukunft gibt, so wird er auf dem Felde der Datenverarbeitung ausgetragen.
Jean-Jacques Servan-Schreiber

Mit dem verlorenen 2. Weltkrieg gab es in Deutschland zunächst kein Militär mehr und somit auch keine Aufträge für militärische Projekte, für die Riesenrechner erforderlich gewesen wären. Die bescheidenen Anfänge beim Bau von Rechenautomaten konzentrierten sich zunächst auf wissenschaftliche Rechner für Universitäten und Forschungslabors. Hingegen sah man kaum ein Interesse für Computer in den Büros und Verwaltungen. Dies führte dazu, dass sich die Konstrukteure auf die im Wissenschaftsbereich geforderte hohe Rechenleistung konzentrierten, aber weniger Wert auf schnelle Speicher und leistungsfähige Ein- und Ausgabegeräte legten.

Zunächst war die kleine Zuse KG der einzige deutsche Computerhersteller. 1950 erhielt sie vom optischen Unternehmen E. Leitz in Wetzlar den Auftrag für den Bau der Rechenanlage Z5, die mit einem Gewicht von zwei Tonnen als der erste Großrechner in Deutschland gilt. Der erfolgreiche Einsatz bei der Berechnung optischer Linsen führte zu zahlreichen Folgeaufträgen durch Unternehmen der deutschen optischen Industrie.[332] 1956 begann mit der Z11, von der insgesamt 48 Anlagen ausgeliefert wurden, die Serienfertigung. Noch immer handelte es sich um Relaisrechner, denn bis 1955 galt in Deutschland das Verbot der Alliierten, elektronische Bauteile zu entwickeln und herzustellen. So datiert für Zuse und sein Unternehmen der Beginn des Elektronikzeitalters erst 1958 mit dem Röhrenrechner Z22. Immer wieder kam es bei dem Unternehmen zu Finanzierungsengpässen. Vor allem die Entwicklungskosten für die Programmierung (also die Software) stellten eine drückende Last dar.[333] Sie zwangen Konrad Zuse zwanzig Jahre nach Beendigung des Zweiten Weltkrieges zum Verkauf des Unternehmens.

Auch die anderen frühen deutschen Computerhersteller – Siemens & Halske, Standard Elektrik Lorenz (SEL) und AEG-Telefunken – sahen vor allem in den Universitäten ihre Kunden und brachten es somit nur auf geringe Absatzzahlen. Von den 1965 in der Bundesrepublik Deutschland installierten 1657 Computern stammten nur 199 aus deutscher Produktion.[334]

Im zweiten deutschen Staat, der ehemaligen DDR, begann die Fertigung von Computern mit einer noch größeren Verzögerung. 1956 wurde ein erster Rechner fertiggestellt und für Berechnungen der Hochschulinstitute sowie der Industrie eingesetzt.[335] Zu einer Produktion in nennenswertem Umfang kam es aber erst 1969, als das Land alle Aktivitäten für Entwicklung, Herstellung und Vertrieb von Rechnern beim „VEB Kombinat Robotron“ mit Sitz in Dresden konzentrierte. So blieb es bis zum Ende der DDR im Jahr 1990.

IBM brachte Mitte der 1960er mit der IBM 360 eine Systemfamilie auf den Markt, die extrem erfolgreich werden sollte. Die Maschinen zeichneten sich durch schnelle integrierte Schaltungen aus und konnten mit unterschiedlich leistungsfähigen Prozessoren geordert werden. Zusammen mit ihren schnellen Magnetplattenspeichern waren sie aus damaliger Sicht für den Büro- und Verwaltungsbereich perfekt geeignet. IBM erreichte einen Marktanteil von rund 70 %[336] und machte den Konkurrenten das Leben schwer.

Inzwischen wurde immer offenkundiger, dass die USA auf vielen zukunftsweisenden Gebieten, darunter auch bei der Computerherstellung, den Europäern überlegen waren. 1967 veröffentlichte der französische Journalist Jean-Jacques Servan-Schreiber zu diesem Thema ein Buch, das zu einem internationalen Bestseller wurde. Der deutsche Titel lautet „Die amerikanische Herausforderung“.[337] Sein Autor weist pointiert auf die europäischen Defizite hin und forderte Maßnahmen, um den bedrohlichen Rückstand aufzuholen. Damit löste er öffentliche Diskussionen aus, die in der Bundesrepublik Deutschland schließlich zu staatlichen Programmen zur Förderung von Datenverarbeitung und neuen Technologien führten.[338]

Die deutsche Büromaschinenindustrie, die bislang der elektronischen Technik aus dem Weg gegangen war, brachte Mitte der 1960er Jahre unter der Bezeichnung Mittlere Datentechnik (MDT) kleinere Anlagen auf den Markt, die aus Buchungsmaschinen entwickelt worden waren. Besonders die Magnetkontencomputer waren geeignet, mentale Vorbehalte vieler Buchhalter gegen Computer abzubauen. Diese fürchteten nämlich, die neue Technik könnte ihnen die vertrauten Kontenblätter aus der Hand nehmen und die Daten, jetzt schwer zugänglich, auf Magnetbänder und -platten verbannen. Beim Magnetkontencomputer hingegen blieben die gewohnten Kontenblätter erhalten, während gleichzeitig die Daten maschinell lesbar auf einem Magnetstreifen seitlich am Blatt gespeichert waren. Zwar spielten dabei manuelle Vorgänge eine große Rolle und das Verfahren galt für viele Menschen als „elektronische Datenverarbeitung zu Fuß“, aber es stellte eine hilfreiche Zwischenlösung dar, die den Weg von der konventionellen Buchungsmaschine zum weitgehend automatischen Computer erleichterte. Später traten andere externe Speicher (z. B. Kassette, Diskette, Festplatte) an die Stelle der Magnetkonten. Mit der MDT verbunden sind Herstellernamen wie Diehl, Kienzle, Taylorix, Triumph-Adler.

In diesem Marktsegment besonders erfolgreich war die Nixdorf Computer AG. Sie schaffte es, mit ihrer Nixdorf 820 und deren Nachfolgemodellen bis 1972 insgesamt 18.000 Rechner zu verkaufen und zum viertgrößten Computerunternehmen Europas aufzusteigen. Nicht zuletzt spielte dabei die für Klein- und Mittelbetriebe maßgeschneiderte Software eine wichtige Rolle. Als der Unternehmensgründer und Firmenchef Heinz Nixdorf 1986 unerwartet starb, zeigte es sich, dass das Unternehmen zu lange auf die Attraktivität seiner bisherigen Produkte gesetzt und es dabei versäumt hatte, die nächste Computergeneration zu entwickeln. IBM nutzte die Chance, Nixdorf-Kunden an sich zu ziehen. Die Nixdorf AG hatte nicht die Kraft, die Krise zu überwinden und so kam es zur Übernahme durch die Siemens AG. Für beide Unternehmen waren damit allerdings erhebliche Anpassungsprobleme verbunden.[339]

Insgesamt kamen aber die Anstrengungen der deutschen Industrie zu spät, um den Entwicklungs- und Marktvorsprung der Amerikaner noch einzuholen. 1990 existierten zwar noch deutsche Computerhersteller, jedoch war ihre Position äußerst schwach und ihre Zahl hatte sich durch Fusionen vermindert. Noch die besten Umsätze erzielten Siemens/Nixdorf, Mannesmann/Kienzle, BASF und AEG/Olympia. 1999 fusionierte Siemens mit dem japanischen Unternehmen Fujitsu und als Siemens neun Jahre später seinen Anteil an die Japaner verkaufte, gab es keinen bedeutenden deutschen Computerhersteller mehr.

Während also die deutschen Computerhersteller aus dem Wettbewerb ausgeschieden waren, sah es im Softwarebereich deutlich positiver aus. Als 1969 sechs Mitarbeiter eines Beratungsunternehmens in Darmstadt die Software AG gründeten und drei Jahres später fünf ehemalige IBM-Mitarbeiter eine Gesellschaft, aus der SAP hervorgehen sollte, fand dies zunächst wenig öffentliche Beachtung, denn niemand rechnete damit, dass diese Unternehmen in der Zukunft besonders erfolgreich sein würden. Tatsächlich aber schaffte es die Software AG bis 2011 auf einen Platz unter den weltweit 50 führenden Softwareherstellern. Einen noch deutlich größeren Erfolg erzielte SAP mit Sitz im baden-württembergischen Walldorf. Das Unternehmen beschäftigte im selben Jahr in 75 Ländern 53.000 Mitarbeiter, davon fast 16.000 in der Softwareentwicklung und belegt bei den Softwareumsätzen weltweit Rang vier nach Microsoft, IBM und Oracle.[340]

Amerikanische Luftraumüberwachung und der Computer

Der „kalte Krieg“ zwischen den Militärblöcken in West und Ost garantierte eine großzügige Finanzierung militärisch initiierter gigantischer Projekte. Seitdem die Sowjetunion über Langstreckenbomber verfügte, sahen sich die Vereinigten Staaten vor die neue Herausforderung gestellt, ihren Luftraum zu verteidigen. Dabei konnte es nicht genügen, angreifende Flugzeuge zufällig zu entdecken und mit den gerade verfügbaren militärischen Mitteln zu bekämpfen. Stattdessen war eine systematische Überwachung des Luftraums, die gezielte Erfassung der Flugrouten feindlicher Flugzeuge und die Einleitung geeigneter Abwehrmaßnahmen erforderlich. Für diese Aufgabe war das Land von einer Vielzahl von Radarstationen überzogen, die über Telefonleitungen mit jeweils einem der 22 Überwachungszentren verbunden waren. Die sofortige Verarbeitung der eingehenden zeitkritischen Daten erfolgte seit 1952 zunächst mit Hilfe des vom Massachusetts Institute of Technology (MIT) in Cambridge

(USA) entwickelten Rechners „Whirlwind". Die Resultate wurden in Form von Text und Zahlen auf neu entwickelte Bildschirme übertragen. Ergänzende Daten, z. B. über die Zugehörigkeit eines Flugobjektes zu einer bestimmten Flugzeugkategorie, konnten mittels Lichtgriffel am Bildschirm dem System mitgeteilt werden.[341]

Die Luftraumüberwachung stellte die Konstrukteure von Rechnern vor völlig neue Aufgaben. Denn während es bisher genügte, Vorgänge zu sammeln und im „Stapel" zu verarbeiten, musste jetzt jedes aktuelle Ereignis eine sofortige Verarbeitung auslösen. Dafür wurde eine neue Betriebsart entwickelt, die von Informatikern als Echtzeitverarbeitung (real-time) bezeichnet wird. Der neue Rechner hatte einige weitere beeindruckende Eigenschaften: Indem er defekte Komponenten selbst erkannte und über zahlreiche weitere Sicherungsvorrichtungen verfügte, konnte eine hohe Zuverlässigkeit mit einer Ausfallquote von nur 0,043 % erreicht werden.[342]

Ein weiteres Merkmal verdient besondere Beachtung, weil davon wichtige Impulse für die Zukunft ausgingen. Es war die zwischen dezentralen Datenstationen und einem Zentralrechner geschaffene Möglichkeit einer raschen Kommunikation über Telefonkabel. Verbindungen existierten auch zwischen den Zentralrechnern der verschiedenen Überwachungszonen. Daraus entstanden zentral kontrollierte Weitverkehrsdatennetze, die sich sukzessive fortentwickelten.

Der Operator im Vordergrund kommuniziert an einem Bildschirm der Luftüberwachung mittels eines Lichtgriffels mit dem Computer.

Der „Whirlwind" und sein Nachfolger „AN/FSQ-7", der größte je gebaute Röhrenrechner,[343] bildeten das Herz des SAGE-Systems (**S**emi-**A**utomatic **G**round **E**nvironment Air Defense System), jenem sehr komplexen und ebenso teuren Waffensystem, mit dem die militärische Zukunftsvision vom „vollautomatischen Schlachtfeld"[344] erste Konturen anzunehmen begann. Beim SAGE-Projekt rückten auch die Bediener an den Datenstationen (Terminals) zunehmend in den Blickpunkt der Entwickler und die Gestaltung der Mensch-Maschine-Kommunikation löste umfangreiche arbeitswissenschaftliche und psychologische Forschungen aus.

Besonders Ermüdungs- und Fehlerprobleme wurden analysiert – ohne dass es dabei immer gelang, die angemessenen Antworten zu finden.[345] Einige beeindruckende Daten sollen verdeutlichen, dass der AN/FSQ-7 in jeder Hinsicht eine technische Ausnahme darstellte.

DATEN ZUM COMPUTER „AN/FSQ-7" DES AMERIKANISCHEN LUFTABWEHRSYSTEMS SAGE:

Die Entwicklung des komplexen SAGE-Systems nahm insgesamt 7.000 Mannjahre und 61 Milliarden Dollar an Kosten in Anspruch. Allein die Kosten für die Softwareentwicklung beliefen sich auf mehr als 250 Millionen Dollar – rund 20 Prozent der weltweit verfügbaren Programmierer waren im Rahmen dieses einzigen Projekts eingesetzt. Der zum Einsatz gelangende, im internen Gebrauch unter der Bezeichnung AN/FSQ-7 laufende, damals größte Rechner der Welt hatte in der Endausbaustufe ca. 55.000 Elektronenröhren, 175.000 Dioden, 13.000 Transistoren sowie rund 50 CRT-Bildschirme. Der auf 32 Bit Wortlänge ausgelegte Rechner hatte sowohl Magnetkern- als auch Magnettrommelspeicher sowie einen IBM-Magnetbandtreiber; das Gewicht der mächtigen Anlage betrug 250 Tonnen. Der Rechner benötigte im Betrieb unglaubliche 3 Megawatt – genug, um rund 2000 durchschnittliche amerikanische Haushalte mit Elektrizität zu versorgen.

Herbert Matis: Die Wundermaschine. Die unendliche Geschichte der Datenverarbeitung: Von der Rechenuhr zum Internet, Frankfurt – Wien 2002, S. 236

Das Großprojekt fungierte in mancherlei Hinsicht als „Promotor einer Umwälzung der Daten- und Computerkommunikationstechnik" und hatte bis zum Ende der 1960er Jahre eine Leitbildfunktion für die Datenfernübertragung und Datenfernverarbeitung.[346] Aber gleichwohl gilt SAGE als Ganzes als eine „extrem aufwändige Fehlentwicklung", weil es auf einem „zentralistisch-hierarchischen Kommunikations- und Entscheidungsmodell" basiert und die wichtigen „Entscheidungsprozesse vor Ort unterschätzt und zerstört" habe. Aber auch konzeptionelle technische Mängel traten auf. So „(war) bei einer stärkeren Belastung der Vermittlungsknoten des Durchschaltenetzes eine Selbstblockierung möglich, bei der extrem zentralistischen Netztopologie drohte bei einem Ausfall oder der Zerstörung zentraler Systemteile sogar der Zusammenbruch des gesamten Netzes."[347] Als Interkontinentalraketen zunehmend an die Stelle von Langstreckenbombern als strategische Waffen traten, war das Ende von SAGE gekommen. 1983 wurde der letzte Computer des Systems abgeschaltet. Was auch immer an ihre Stelle treten sollte: Ohne weitreichende Computerunterstützung waren die nachfolgenden Raketenfrühwarnsysteme sowie luftgestützte Überwachungssysteme nicht denkbar. Auch zivile Flugsicherungssysteme profitierten in hohem Maß von dem mit SAGE in Detailbereichen erreichten technischen Entwicklungsstand.

Die Existenz der neuen Digitalrechner gestattete auch die Anwendung neu entwickelter mathematischer Verfahren, die unter den Bezeichnungen Operations Research sowie Systemanalyse seit dem Ende der 1940er Jahre in England und den USA entstanden waren. Sie dienten dazu, aus einer Fülle von Daten, wie sie bei der Bekämpfung von U-Booten durch Flugzeuge, beim Einsatz des Radars und neuer Waffen sowie bei der Raketenentwicklung anfielen, Optimallösungen zu finden. In den 1960er Jahren erstellte die RAND Corporation (Research Association for National Defense) das „erste komplexe Computerprogramm zur Simulation eines Atomkriegs". Das dafür benötigte Datenvolumen war so groß, dass der Computer 30 Stunden rechnen musste. Mit zeitlicher Verzögerung fanden die neuen Verfahren den Weg zu verschiedenen Universitäten und weiter zu Industrieunternehmen, wo sie für Fragen der Unternehmensorganisation und Unternehmensführung angewendet wurden.[348]

Abschließend lässt sich sagen, dass der militärische Sektor der USA seit dem Zweiten Weltkrieg der entscheidende Impulsgeber für die Entwicklung elektronischer Rechner war. Damit wurden die Weichen für eine anhaltende Vormachtstellung der USA auf dem Computermarkt gestellt.

Die zweite Rationalisierungswelle im Büro

> *Zweifellos kann man sagen, dass bei der Kontoführung großer und kleiner Unternehmen jeden Tag mehr Berechnungen durchgeführt werden als in allen naturwissenschaftlichen und mathematischen Labors der Welt zusammen.*
> *B. V. Bowden*

Am Ende der 1950er Jahre wuchs die Bereitschaft, Elektronenrechner über den militärischen Bereich, die Naturwissenschaften und spezielle Technikbereiche hinaus auf weiteren Anwendungsfeldern einzusetzen. Es war eine Zeit, in welcher in der wissenschaftlichen und gesellschaftlichen Diskussion der Begriff der Automation eine herausragende Rolle spielte. Seine Definition war nicht immer einheitlich, aber meist verstand man darunter die maschinelle Ausführung von Tätigkeiten, die bislang von Menschen ausgeübt wurden, wobei die Steuerung durch elektronische Geräte erfolgte. Zu den Wissenschaftlern, die schon recht früh die Entwicklung voraussahen, gehörte der Soziologe und Ökonom Friedrich Pollock. Er schrieb, „dass die am weitesten reichenden und am tiefsten gehenden sozialen Auswirkungen der Automation von der Automatisierung der Büroarbeit erwartet werden müssen" und „dass es sich hier um einen Prozess handelt, der nicht aufzuhalten ist und die bisherige Organisation der Büros und die Stellung der »white collar«-Arbeiter bis zur Unkenntlichkeit verändern wird."[349]

Zunächst zur Verdeutlichung der Ausgangslage ein Blick auf die wirtschaftlichen Rahmenbedingungen jener Zeit. Am Beginn der 1960er Jahre stand in den USA eine kurze Phase schwächerer Wirtschaftsexpansion, die jedoch durch wirtschaftspolitische Maßnahmen rasch überwunden werden konnte. Es folgte eine ungewöhnlich lange Periode wirtschaftlichen Wachstums, verbunden mit Vollbeschäftigung und steigenden Einkommen. Von 1960 bis 1965 erreichte die amerikanische Computerindustrie eine unglaubliche jährliche Wachstumsrate von 30 % und in den fünf Folgejahren waren es noch enorme 24 %.[350] Durch die weltweite Verknappung bei der Erdölversorgung 1973 und der amerikanischen Niederlage im Vietnamkrieg 1975 kam es schließlich zu einer Rezession mit hoher Arbeitslosigkeit, zu der sich auch noch eine bis in die 1980er Jahre anhaltende hohe Inflationsrate gesellte. Die bis auf 9 % anwachsende Arbeitslosenquote hatte eine Reihe von Ursachen; dazu gehörten das Ölembargo, die zunehmende Erwerbstätigkeit der Frauen, die Rückkehr der Soldaten nach der Niederlage im Vietnamkrieg und – nicht zuletzt – die Automatisierung in Fabriken und Büros.

Für die Bundesrepublik Deutschland bildete die Währungsreform von 1949 die Grundlage für den erstaunlich raschen und nachhaltigen Aufschwung nach dem verlorenen Krieg. Es begann eine dynamische Aufwärtsentwicklung, die – lediglich durch einen kleineren Konjunktureinbruch 1966/67 unterbrochen – bis zur Erdölkrise von 1973 anhielt. In dieser Phase der Vollbeschäftigung gab es auf dem Arbeitsmarkt kaum ein Angebot an qualifizierten Fachkräften. Zur Deckung des enormen Arbeitskräftebedarfs wurden bereits ab 1955 Arbeiter aus Mittelmeerländern angeworben. Ebenso wie in den USA versuchte man durch sich ständig intensivere Rationalisierungsbemühungen dem Mangel entgegenzuwirken. Die dadurch ausgelösten Prozesse der Umstrukturierung waren begleitet von einer starken Fluktuation der Beschäftigten, sowohl innerhalb der Betriebe als auch zwischenbetrieblich. Zeitweilig wechselten bis zu 25 % der Arbeitskräfte den Betrieb.[351] Seit 1973/74 kam es dann zu einer beträchtlichen wachsenden Arbeitslosigkeit, von der vor allem geringer qualifizierte und ältere Personen betroffen waren.

Bereits in den 1920er und 1930er Jahren sowie nach dem 2. Weltkrieg hatte die Verbreitung der Lochkartenmaschinen in den Büros und Verwaltungen zu erheblichen Veränderungen bei betrieblichen Strukturen und Abläufen geführt. Jetzt, in den 1960er, 70er und 80er Jahren, ergoss sich, ausgelöst durch die elektronischen Computer, eine zweite Rationalisierungswelle über die Betriebe, und sie hinterließ noch tiefere Spuren. Bis zur Mitte der 1960er Jahre stieg zwar noch die Anzahl der neu installierten Tabelliermaschinen an, aber die neuen „Elektronengehirne" ließen sich nicht mehr aufhalten. Anfangs sprachen allein die höhere Verarbeitungsgeschwindigkeit und ständig wachsende Speicherkapazitäten für die Digitalrechner. Die Lochkarten als Medium für die Dateneingabe wurden für eine ganze Weile unverändert aus der Hollerithzeit übernommen.

Noch ein weiteres Organisationsprinzip blieb in größeren Betrieben erhalten. Die Benutzer hatten nämlich gewöhnlich keinen Zugang zu den Maschinensälen. Sie lieferten ihre Ausgangsdaten im Rechenzentrum ab und bekamen nach Stunden oder Tagen die Auswertungen in Form von Listen oder Belegen (Closed-shop-Betrieb). Zum Herzen des Rechenzentrums, dem Maschinensaal, hatten nur besonders ausgebildete Spezialisten Zutritt, die Operateure (operators). Der Computerwissenschaftler John G. Kemeny hat diese Situation mit ironischen Worten treffend charakterisiert.

UMGANG MIT DEM COMPUTER

In den ersten beiden Jahrzehnten der Existenz von Hochgeschwindigkeitscomputern waren diese Maschinen so selten und so teuer, dass man in einer Art und Weise an den Computer herantrat wie ein alter Grieche an das Orakel. Ein Mensch reichte sein Ersuchen der Maschine ein und wartete geduldig, bis es der Maschine genehm war, die Aufgabe zu lösen. Es gab in der Beziehung ein bestimmtes Maß an Mystik, das so weit reichte, dass nur besonders erwählte Ministranten direkt mit dem Computer kommunizieren durften.

John G. Kemeny: Man and the computer, New York 1972, S. 21, übersetzt

In den frühen 1960er Jahren gelang es, eine bislang störende technische Einschränkung zu überwinden. Auf *einem* Rechnersystem konnte nämlich bisher immer nur *ein* Anwendungsprogramm ablaufen, das *eine* spezielle Aufgabe *eines* Benutzers löste. Bereits beim SAGE-Projekt hatte sich aber die Notwendigkeit gezeigt, verschiedenen Benutzern an verschiedenen Datenstationen (Terminals) praktisch gleichzeitig den Zugriff auf den zentralen Rechner und die dort gespeicherten Datenbestände zu ermöglichen. Die dafür entwickelte Technik wird „Time-sharing“ genannt. Dabei „bedient“ ein schneller Zentralrechner eine größere Zahl von Benutzerstationen (Fernschreiber oder Bildschirme) in einem so raschen Wechsel, dass kein Benutzer warten muss. Entsprechende Anforderungen gab es auch bei Büros und Verwaltungen, und somit ein deutliches Interesse an der neuen Technologie.

Daneben verstanden es die Konstrukteure, ein weiteres, bisher ungenutztes Leistungspotenzial verfügbar zu machen. Sie bemerkten, dass zu jedem Zeitpunkt einzelne Komponenten der kostspieligen Zentralrechner unbeschäftigt blieben. So hatte z. B. das Rechenwerk nichts zu tun, wenn gerade Daten eingelesen oder ausgedruckt wurden. Umgekehrt waren die Ein- und Ausgabeeinheiten unbeschäftigt, wenn Rechenvorgänge abliefen. Unter den Aspekten Zeitbedarf und Kosten war dies aber ausgesprochen unwirtschaftlich. Und so suchte und fand man Möglichkeiten, diese Leerlaufzeiten durch technische Maßnahmen zu reduzieren.

Eine noch bessere Auslastung des Systems ließ sich erreichen, indem gleichzeitig mehrere Programme in den Arbeitsspeicher des Computers geladen wurden und quasi gleichzeitig unterschiedliche Aufgaben verschiedener Benutzer bearbeitet werden konnten. Hier spricht man von „Multiprogramming“ und „Multitasking“. (Übrigens sind Versuche, für das Computerenglisch deutsche Bezeichnungen zu verwenden, bisher meist gründlich fehlgeschlagen.) Die Steuerung der Rechenanlagen konnte man bei derart komplizierten und zeitkritischen Verfahren nicht mehr menschlichen Bedienern überlassen. Der Computer selbst musste diese Aufgabe übernehmen und so entwickelte man Steuerprogramme, eine besonders komplexe Form von Computerprogrammen, die als Betriebssystem bezeichnet werden.

Wie entwickelte sich der Markt der frühen elektronischen Rechner? Deren Überlegenheit gegenüber den Lochkartenmaschinen zeigte sich bei der Rechengeschwindigkeit und machte die Großrechner zunehmend zum Herz der betrieblichen Informationsverarbeitung. Die Wegbereiterrolle des UNIVAC in den 1950er Jahren wurde bereits dargestellt. Erst 1953 konnte IBM mit einem Rechner mit der Typenbezeichnung 650 antworten. Mit über 2.000 ausgelieferten Anlagen war er der erste in Massenproduktion hergestellte elektronische Computer. Sein Erfolg beruhte nicht zuletzt darauf, dass er speziell die Belange von solchen Anwendern berücksichtigte, die bereits über eine IBM-Lochkartenanlage verfügten und auf einen elektronischen Computer umstellen wollten.[352] IBM schaffte es mit diesem System, seinen Entwicklungs- und Marktrückstand gegenüber Remington Rand mehr als aufzuholen.

Von Anfang an waren sich die Hersteller der neuen Rechner bewusst, dass damit nur Geld zu verdienen war, wenn sich ein möglichst breiter Absatzmarkt entwickelte. Also bemühten sie sich, den Bedürfnissen von Industrie, Versicherungen, Banken, Handel und öffentlicher Verwaltung soweit wie möglich entgegenzukommen. Die Anstrengungen lohnten sich, denn während bis in die Mitte der 1950er Jahre in Einzelfertigung einige Dutzend Elektronenrechner entstanden, zählte man bis in die frühen 1960er Jahre je Modell die Stückzahlen in Hunderten und schließlich in Tausenden.[353] Bis 1963 waren in den USA etwa 10.000 elektronische Rechner installiert und 1970 bereits 70.000.[354] Die erhoffte Verbreiterung des Marktes war also gelungen und sie setzte sich in der Folgezeit beschleunigt fort. Zu den Herstellern gehörten jetzt neben IBM und Remington Rand (bald unter der neuen Firma Sperry Rand Corporation) eine ganze Reihe weiterer Unternehmen, darunter jetzt auch Büromaschinenhersteller wie NCR, Burroughs und Friden.

1957 wurden die ersten Großrechner ausgeliefert, die anstelle von Röhren mit Transistoren ausgerüstet waren. Transistoren hatten gegenüber ihren Vorgängern gravierende Vorteile: schnellere und zuverlässigere Schaltvorgänge, geringerer Platzbedarf, einen reduzierten Stromverbrauch, einen geringeren Kühlungsbedarf, niedrigere Produktionskosten und eine höhere Lebensdauer.

Die Leistungsmerkmale der neuen Computer verbesserten sich regelmäßig in dem Maße, in dem die Bauelemente verkleinert und die Leitungsverbindungen zwischen ihnen verkürzt werden konnten. Die konsequente Folge waren „integrierte Schaltungen“; das sind fingernagelgroße Trägerplättchen (Chips), auf denen eine möglichst große Zahl miteinander verbundener Transistoren untergebracht wurde. Anfang der

1970er Jahre gelang es gar, mit Steuer- und Rechenwerk die wichtigsten Bauelemente eines Computers in einer einzigen integrierten Schaltung zusammenzufassen. Der Mikroprozessor war geboren und er kam nicht nur den Rechnern in Wirtschaft und Verwaltung zugute, sondern ermöglichte bald auch den Bau der ersten Heimcomputer. Die veränderte Technik und die stark wachsenden Produktionszahlen schlugen sich deutlich in den Preisen nieder. Während 1963 ein einzelner Transistor noch zwei Deutsche Mark gekostet hatte, waren es fünfzehn Jahre später, jetzt im Schaltungsverbund, nur noch 0,2 Pfennige. Das war eine Verbilligung um den Faktor 1000. In jener Zeit begegnete einem häufig der folgende Vergleich: Bei einer der Verbilligung von Computerschaltelementen entsprechenden Preisentwicklung hätte ein VW-Käfer anstatt fünftausend nur noch fünf Mark kosten dürfen.[355] Bis heute haben sich sowohl die Miniaturisierung als auch die Verbilligung von Chips ungebrochen fortgesetzt. Ebenso auffällig waren die Preisveränderungen für Autos – allerdings in entgegengesetzter Richtung.

Auch vor dem zunächst unverändert gebliebenen Bereich der Datenerfassung und -eingabe machte die Entwicklung schließlich nicht halt. Dort, wo große Datenmengen zu erfassen waren (z. B. beim Eingang von Kundenaufträgen im Industriebetrieb, bei Überweisungen und Schecks im Bankbetrieb) besorgten dies fleißige Datentypistinnen, die an ihren Datensichtgeräten saßen und die Daten auf magnetischen Speichern ablegten. Hier hatten die Lochkarten ausgedient und wo früher das Geklapper der Loch- und Prüfgeräte das unüberhörbare Grundgeräusch gebildet hatte, kehrte jetzt Ruhe ein.

Daneben schufen seit den 1970er Jahren Computerterminals (Bildschirme mit Tastatur) neue Anwendungsmöglichkeiten. Sie standen am Arbeitsplatz der Sachbearbeiter und waren über eine Leitung mit dem Zentralrechner verbunden. In einer einfachen Version dienten sie als reine Datenabrufstationen. Eine anspruchsvollere Form stellten On-line-Anwendungen dar, bei denen die Sachbearbeiter über die Abruffunktion hinaus Daten zeitnah zu ihrer Entstehung dem System mitteilen und betriebliche Vorgänge auslösen konnten. Der bisher starre Stapelbetrieb der Rechenzentren war damit aufgebrochen und um flexiblere Verfahren ergänzt. Jetzt konnte der Benutzer im Dialog mit dem Computer angeleitet und geführt werden. Einer der daraus resultierenden Vorteile war die Reduzierung von Schulungsaufwand.

Die ersten Terminals waren meistens „dumm“, d. h. jede Eingabe eines Zeichens, jede einzelne Anzeige am Bildschirm musste vom zentralen Rechner gesteuert werden. Das führte zu einer starken Belastung des Systems und deshalb zu langen Reaktionszeiten. Dies war nichts für ungeduldige Mitarbeiter. Später gab es „intelligente“ Terminals, die beispielsweise die Cursorposition, die Bildschirmanzeige und zunehmend weitere Funktionen gemäß bestimmter über die Tastatur eingegebener Befehle selbstständig steuerten. Oft waren sie imstande, den Zentralrechner von manchen Rechen- und Speicheroperationen zu entlasten. Dies setzte zusätzliche Komponenten voraus, z. B. einen eigenen Speicher und eine Steuereinheit. Genau diese Bauteile besaßen aber auch die in den 1980er Jahren aufkommenden Personal Computer (PCs). Der Preisverfall bei diesen kompakten, aber gleichwohl vollständigen elektronischen Rechnern machte sie zu äußerst erfolgreichen Konkurrenten der Terminals

Datentypistinnen im Jahre 1975 bei der Datenerfassung an Nixdorf-Terminals

Ob Terminal oder als Terminal eingesetzter PC – zahlreiche Mitarbeiter waren jetzt „on-line" und auch einer Anbindung von Zweigwerken, Niederlassungen und Filialen über beliebige Entfernungen stand nichts im Wege, ebenso wenig der Telearbeit als einer modernen Form der Heimarbeit.

TELEARBEIT

Ein Computerfreak fand zur Telearbeit einmal die schöne Formulierung, „man fahre heute nicht mehr zur Arbeit und komme später erledigt nach Hause, sondern die Arbeit komme nach Hause und fahre dann erledigt in die Firma zurück."

Peter Glaser, zitiert nach Norbert Bolz: Welche Arbeit braucht der Mensch? – Überlegungen zur Dienstleistungsgesellschaft, http://www.kultur-punkt.ch/akademie4/kooperation-swr2/swr2-bolz-arbeit5-4.htm (27.06.2012)

In manche kleinere Betriebe zog mit dem PC erstmals ein Elektronenrechner ein. Aber auch in Fachabteilungen großer Unternehmen standen plötzlich PCs, die, zuweilen ohne Zustimmung der EDV-Abteilung beschafft und ohne Anbindung an den

Zentralrechner, eingesetzt wurden, weil den Mitarbeitern „die Software und Verfahren, welche die hauseigene zentrale EDV anbot, zu praxisfern oder zu langsam erschienen.“[356]

Während in der Frühzeit der Computer die Hardware, also die Geräteausstattung, bei der Beschaffung den entscheidenden Kostenfaktor darstellte, verschob sich in den 1970er Jahren das Gewicht hin zu den Softwarekosten. Sehr zeit- und kostenaufwändig war das Erstellen der auf spezifische Belange abgestimmten Anwendungssoftware. In Großbetrieben besorgten dies angestellte Softwareexperten oder damit beauftragte Softwarehäuser. Klein- und Mittelbetriebe hingegen entschieden sich meist erst dann zur Beschaffung einer eigenen Rechenanlage, als von den Computerherstellern oder Softwarehäusern kostengünstige Standardsoftware angeboten wurde. Damit ließen sich die gängigen Anforderungen abdecken. Bei manchen Programmen war in gewissen Grenzen eine Anpassung an individuelle Anforderungen möglich.

Wichtige Anwendungsgebiete

Das Anwendungsgebiet, bei dem sich in der Frühphase elektronischer Computer im kaufmännischen Bereich besonders deutlich und schnell Rationalisierungseffekte erzielen ließen, war die Lohn- und Gehaltsabrechnung. Und so lag hier für zahlreiche Betriebe der Einstieg in die neue Welt der EDV (elektronischen Datenverarbeitung) oder – wie sie damals auch genannte wurde – der ADV (automatisierte Datenverarbeitung). Danach folgten Buchhaltung, Personalverwaltung, Auftragsabwicklung und Lagerwesen als weitere Einsatzgebiete.

Durch die Kombination von zentralem Rechner (Mainframe) und Datenstationen am Arbeitsplatz waren die Voraussetzungen geschaffen, komplexe Informations- und Steuerungsprozesse zu automatisieren. Dabei konnte es sich beispielsweise um die Auftragsbearbeitung handeln oder um Personalinformationssysteme, die als Basis für berufliche Förderung, Beförderungen, Versetzungen, Gehaltseingruppierungen und Entlassungen dienten. Platzbuchungssysteme der Luftverkehrsgesellschaften verbanden Terminals auf allen Kontinenten miteinander. Die direkte Verbindung der Benutzer mit dem Zentralrechner erlaubte eine rasche Information über Datenbestände, deren Aktualitätsgrad erheblich höher war als bisher, und gestattete die Bearbeitung einer deutlich größeren Zahl von Vorgängen durch die Sachbearbeiter.

Die Banken kämpften in jenen Jahren mit einem stark ansteigenden Arbeitsvolumen, das die rasche Ausbreitung der Lohn- und Gehaltskonten ausgelöst hatte. Personelle Engpässe konnten jedoch verhindert werden, indem bei Überweisungen und Schecks die automatische Beleglesung eingeführt wurde und durch Geldautomaten das Selbstbedienungsprinzip zum Tragen kam. In einem Zeitungsartikel aus jener

Zeit, der die Situation in den USA beleuchtete, hieß es: „Würden amerikanische Banken heute noch ohne Computer arbeiten, so müssten sie nach Schätzungen von Fachleuten die gesamte weibliche Bevölkerung Amerikas zwischen 20 und 45 Jahren beschäftigen, um den riesigen Scheckverkehr zu bewältigen."[357]

Der Handel nutzte die Möglichkeiten, welche elektronische Datenkassen beim Bezahlvorgang boten. Seit dem Ende der 1970er Jahre wurde durch maschinenlesbare Codes (Europäische Artikelnummer), die direkt auf die Artikel aufgedruckt waren, der Durchlauf an den Kassen erheblich beschleunigt. Kunden mussten nicht mehr falsch eingetippte Preise befürchten, für die Handelsunternehmen war durch die Verbindung mit dem Rechenzentrum jederzeit ein Überblick über den aktuellen Lagerbestand und das tägliche Geschäftsergebnis möglich.

Seit dieser Zeit boten Hardware und Software auch die Voraussetzungen, komplexere und anspruchsvollere Vorgänge zu automatisieren. Jetzt kam es zum Einsatz von Managementinformationssystemen, die Entscheidungshilfen boten und es beispielsweise ermöglichten, Kostenentwicklungen zu analysieren, Märkte zu beobachten, den Personaleinsatz effektiv zu steuern und Beziehungen zu Kunden und anderen Geschäftspartnern zu optimieren.[358]

Lange Zeit hatten Datenverarbeitung und Textverarbeitung getrennten Welten angehört. Es gab in größeren Unternehmen sowohl eine EDV-Abteilung als auch ein Schreibzimmer mit traditionellen Schreibmaschinen. Beide Abteilungen hatten so gut wie nichts miteinander zu tun. Die Sachbearbeiter diktierten den Stenotypistinnen (später Phonotypistinnen) die Texte und diese tippten die Briefe. Die Rationalisierungsbemühungen machten aber auch vor dem Schreibzimmer nicht halt. Schließlich waren täglich viele Briefe mit gleichem oder ähnlichem Inhalt zu schreiben und so gab es hier ein erhebliches Einsparungspotenzial. Der erste Schritt waren schnelle elektrische Schreibmaschinen mit einem Speicher. Falls ein Brief überarbeitet werden musste, konnte die Änderung im Speicher erfolgen. Anschließend ließ er sich maschinell ausdrucken. In einer höher entwickelten Stufe waren in dem Schreibautomaten eine Vielzahl von Textbausteinen gespeichert, die über eine Kennziffer in den Brieftext eingefügt werden konnten und nur noch um variable Bestandteile (Anschrift, Anrede, Grußformel usw.) ergänzt werden mussten. Der Schreibautomat war also programmierbar geworden und er besaß damit gewisse Eigenschaften eines Computers.

Als die Kosten für kleine EDV-Systeme stark sanken, leisteten sich immer mehr Betriebe den Komfort, Schreibautomaten an den Zentralrechner anzuschließen und von dort zusätzliche Textelemente zu übernehmen, z. B. Kundenanschriften oder Produkterläuterungen. In den 1980er Jahren traten PCs an die Stelle der Schreibautomaten, womit die Abgrenzung zwischen Datenverarbeitung und Textverarbeitung endgültig der Vergangenheit angehörte. Auch die gute alte Schreibmaschine hatte endgültig ausgedient.

Gleichzeitig entwickelte sich eine neue Form der Kommunikation: die elektronische Post (E-Mail). Sie erlaubte eine bequeme Speicherung ein- und ausgehender Informationen und die direkte Weiterbearbeitung am Bildschirm. Empfänger innerhalb und außerhalb des eigenen Betriebs waren jetzt rasch und kostengünstig erreichbar und die Zahl der Briefe, der schriftlichen Kurzmitteilungen und der Telefonate verminderte sich erheblich.

Auswirkungen auf die Arbeitsplätze der Angestellten

Die beiden zeitlichen Phasen des Einsatzes von elektronischen Computern im Büro unterscheiden sich auch deutlich hinsichtlich der Auswirkungen auf die Arbeitsplätze. In der ersten Phase, als es für die Mitarbeiter noch keinen direkten Zugriff auf die zentralen Datenbestände gab, waren die Folgen jenen vergleichbar, die schon beim vorausgegangenen Siegeszug der Lochkartenmaschinen zu beobachten waren: Verlust der vertrauten Tätigkeiten, ein neuer, oft weniger qualifizierter Arbeitsplatz oder gar Arbeitslosigkeit und häufig finanzielle Einbußen. Kritiker sahen in der Funktionsteilung zwischen der EDV-Abteilung (Rechenzentrum) und den sogenannten „Fachabteilungen" oder „Benutzerabteilungen" eine gravierende Verschlechterung der Arbeitssituation der Angestellten, gekennzeichnet durch „wachsende Monotonie, Entfremdung, Verlust an Qualifikation" und eine „voranschreitende Trennung von Hand- und Kopfarbeit".[359] Für die „Kopfarbeit" auf höchstem Niveau hingegen waren Datenverarbeitungsorganisatoren, Systemanalytiker und Programmierer zuständig, während die niedrigsten Anforderungen – wie bei den Lochkartenanlagen – an die fast ausschließlich weiblichen Beschäftigten in der Datenerfassung gestellt wurden.

Vorteilhaft wirkte sich für die Sachbearbeiter die „Entlastung von mechanischen, repetitiven Tätigkeiten und Rückführung zu den ursprünglichen Aufgaben, zum Beispiel der individuellen Kundenberatung bei Banken, Versicherungen usw." aus. Andererseits kam es zu einer weitgehenden „Ausschaltung des direkten menschlichen Einwirkens in den Arbeitsablauf".[360] Eine Feststellung aus einer damaligen Studie erscheint besonders treffend: „... die Computer sind für den durchschnittlichen Angestellten kein Werkzeug, das er lenkt, sondern ein Werkzeug, das ihn lenkt, das Möglichkeiten zwar öffnet, aber andere verschließt."[361]

Ob die neue Technik von den kaufmännischen Beschäftigten in ihrer Gesamtheit jetzt eine höhere Qualifizierung verlangte oder ob sie prinzipiell zu einer Dequalifizierung führte, ist umstritten. Auch bei der Frage, ob die Automatisierung im Büro, volkswirtschaftlich gesehen, die Arbeitslosenzahlen notwendigerweise erhöht, gab es keine einheitliche Bewertung. Das kann kaum verwundern, denn schließlich spielen beim Verlust von Arbeitsplätzen eine ganze Reihe weiterer Faktoren eine Rolle, z. B. die Nachfragesituation einzelner Branchen und Unternehmen sowie die allgemeine konjunkturelle Situation. Unbestritten ist aber die Tatsache, dass seit Mitte der 1970er Jahre eine stark ansteigende Arbeitslosigkeit bei Angestellten festzustellen ist. Sie erreichte 1976/77 mit etwa 40 % der gesamten Arbeitslosen einen relativen Höhepunkt.[362] Wenn man bedenkt, dass ein wesentliches Ziel der Automatisierung darin besteht, menschliche Arbeitskraft durch technische Einrichtungen zu ersetzen, muss eine erfolgreiche Rationalisierung notwendigerweise immer dann zu technologischer Arbeitslosigkeit führen, wenn es keine Gegenwirkungen gibt (wie z. B. einen starken Konjunkturaufschwung). Fallstudien aus den Jahren 1967/68 berichten, dass durch die Einführung der EDV in zehn Betrieben 35 % der untersuchten Angestelltenarbeitsplätze wegfielen.[363] Andere Untersuchungen stellten in Teilbereichen sogar einen Beschäftigtenrückgang um 55 % fest.[364]

Mit der Bereitstellung von Computerleistung direkt am Arbeitsplatz (also der zweiten Phase) änderte sich wieder einmal die Situation am Arbeitsplatz. Die Angestellten wussten zwar die neuen Vorteile zu schätzen, sie machten aber auch vermehrt mit einem Übel Bekanntschaft, das den Arbeitern in der Fertigung in anderer Form schon lange bekannt war. Bei anhaltender Arbeit an den Terminals zeigten sich nämlich Rücken-, Hand- und Halsbeschwerden, aber auch Belastungen der Augen. Ergonomisch gestaltete Bildschirmarbeitsplätze ließen oft noch auf sich warten. Häufig blockierte die geänderte Arbeitsstruktur bisher erforderliche zwischenmenschliche Kontakte. Eine umfangreiche Untersuchung kam zu dem Ergebnis, dass ein beträchtlicher Teil der Büroangestellten der Ansicht war, Humanisierung und Rationalisierung ließen sich nicht miteinander vereinbaren.[365] Einen weiteren Aspekt betrachteten Arbeitnehmer und die Gewerkschaften sehr kritisch, nämlich die neuen Steuerungs- und Kontrollmöglichkeiten, die dem Management in einem bisher nicht gekannten Umfang zur Verfügung standen. Es ließ sich jetzt exakt überprüfen, wie viele Vorgänge der Mitarbeiter an einem Tag bearbeitet hatte, welche Zeit er für einen Vorgang benötigte und wie viele Fehler er machte. Der vom Fertigungsbereich her bekannte Taylorismus mit seinen Zeitstudien und Arbeitsanalysen hielt damit auch im Büro seinen Einzug. Ein Autor fand in jenen Jahren für die neue Form der Leistungskontrolle die ziemlich unterkühlte Formulierung: „Die Abhängigkeit vom Rechner wirkt disziplinierend.“[366]

Ein SPIEGEL-Bericht aus dem Jahr 1982 schildert exemplarisch, wie der Arbeitnehmer einer westdeutschen Bausparkasse auf die Einführung der Mikroelektronik reagierte. (s. nächste Seite)

Wo und wie lernten damals die Menschen den Umgang mit der neuen Technik? Diese Frage stellte Betriebe und Beschäftigte oft vor erheblichen Schwierigkeiten, weil neue Strukturen erst aufgebaut werden mussten.

COMPUTER IN EINER WESTDEUTSCHEN BAUSPARKASSE (1982)

Auch dem Sachbearbeiter Siegfried Steidle ist es im Dienst einer mitgliederstarken schwäbischen Bausparkasse bisher nicht gelungen, die paradiesischen Perspektiven der Mikroelektronik für sich zu entdecken. »On-line«, wie die Computer-Leute sagen, arbeitet er seit Jahren: an der Strippe der EDV, mit einem Rechner im Zwiegespräch. Von seinem Schreibtisch hat der Bildschirm die Akten so ziemlich verdrängt.

Auf Tastendruck flitzt der gesamte Datenbestand jedes beliebigen Kunden elektronisch in sein Blickfeld. Den kann er in Sekunden ergänzen: Grundbuchvermerke, Zahlungsweise, Erben, Steuervorteile. Vom Sparer gewünschte Mitteilungen brauchen fast nie mehr diktiert oder auch nur überhaupt getippt zu werden.

Der Sachbearbeiter Steidle gebietet dem Rechenzentrum des Hauses statt dessen durch einen eingegebenen Code, entsprechende Textbausteine aus dem Speicher zu einem der Anfrage angemessenen Wortlaut hintereinanderzuschalten und mit Nummer 19 zu beschließen. Bei Kennzahl 19 weiß der Computer: »mit freundlichen Grüßen«. Alle nötigen Zahlen für den Brief holt sich der Rechner automatisch vom Konto des Kunden und fügt sie in dies schnelle Puzzle ein.

Dann drückt der Sachbearbeiter ein Freigabekommando, und der elektronische Drucker in der Zentrale feuert mit einer Geschwindigkeit von 50 Zeichen pro Sekunde ein makelloses Anschreiben heraus, unter welches demnächst wohl sogar noch die Unterschrift elektronisch besorgt wird.

Nur, weil das alles so unaufhaltsam beschleunigt vor seinen Augen auf- und davonflackert, entfacht es in Herrn Steidle permanente Unrast. Wacher muss er sein, jeden Augenblick, muss viel mehr viel schneller erledigen. Er lebt in Spannung, und die, seltsam genug, lädt sich zur Hochspannung auf, sobald er mal auf eine digitale Antwort ein paar Sekunden vergeblich wartet. Dabei sehnt er sich manchmal nach einem altmodischen Aktenvorgang, bei welchem er blätternd etwas verweilen dürfte.

Denn es belastet Herrn Steidle, nicht aus dem Handgelenk so flott belichtet zu funktionieren, wie es ihm als Antwort auf die Datentechnik angemessen erschiene. Es belastet ihn, zu wissen, dass jedes an seinem Telephon eintreffende Gespräch von einem schaltenden Elektronikgehirn wirklich zu ihm geschickt worden ist. Dass es, ganz gleich, was für Wichtigkeiten an seinem Bildschirm gerade aufgeleuchtet haben, nach viermal Läuten einem höheren Schaltplan folgend weiterwandern wird: zu einem dann entsprechend ärgerlichen Kollegen nebenan.

Herr Steidle weiß, die Schnelligkeit seiner Reflexe ließe sich insgeheim vom Rechner vollkommen kontrollieren. Ohne jeden Beleg dafür, dass so etwas sich wirklich ereignet, bangt er manchmal vor solcher vielleicht irgendwann über ihn hereinbrechenden Bewertung.

Peter Brügge: „Sagen wir lieber nicht Humanität", in DER SPIEGEL 36/1982, S. 74–87, hier S. 80–82

Beim Personal in den Rechenzentren glich die Ausbildungssituation grundsätzlich der in der Zeit der Tabelliermaschinen. Die Mitarbeiter schickte man hauptsächlich zu Kursen bei den Computerherstellern oder auch bei spezialisierten Ausbildungsinstituten. Daneben gab es Schulungsangebote bei Trägern der Erwachsenenbildung, in Deutschland z. B. Gewerkschaften, Volkshochschulen und Industrie- und Handelskammern. Oft dominierten dabei theoretische Lerninhalte, so z. B. Mathematik, Hardwarekunde und Programmierung; der Praxisbezug wurde gelegentlich durch einen Stundenanteil „Maschinenpraktikum" hergestellt.[367] Bei großen Unternehmen wurden Schulungsmaßnahmen auch von Mitarbeitern der eigenen EDV-Abteilung durchgeführt.

Die Universitäten in der Bundesrepublik Deutschland boten einzelne Vorlesungen an, aber es existierte lange Zeit schwerpunktmäßig für den EDV- oder Informatikbereich kein geregelter Studiengang. Zwar gab es ab dem Studienjahr 1958/59 für Diplom-Kaufleute die Möglichkeit, EDV als Nebenfach zu wählen, aber erst neun Jahre später konnte man Informatik als Hauptfach studieren. Da es auch unterhalb der Hochschulebene kaum staatlich geordnete Ausbildungsgänge gab, entstand eine Fülle spezifischer Berufe und nicht immer war klar erkennbar, was sich hinter den Berufsbezeichnungen verbarg. So gab es beispielsweise den Anwendungs- und den Anfangsprogrammierer, den Coder und den Kodierer, den Chef-Operator und den Coding-Operator, den EDV-Berater und den Kaufmännischen EDV-Assistenten. In den 1970er Jahren zählte man (ohne die nicht mehr aktuellen Lochkartenberufe) 132 Berufsbezeichnungen für Datenverarbeitungsfachleute.[368]

1969 wurde der dreijährige Ausbildungsberuf „Datenverarbeitungskaufmann" eingeführt, bei dem Unternehmen und Berufsschulen gemeinsam (duales System) zusammenwirkten. Die breit qualifizierten Absolventen sollten als Programmierer, als Operator im Rechenzentrum und als fachkundige Datenverarbeitungssachbearbeiter eingesetzt werden können. Diesen hohen Ansprüchen konnten sie aber in der Praxis offenbar oft nicht gerecht werden, so dass die Ausbildungszahlen schrumpften.

Die durch Datenstationen bewirkte dezentrale Verfügbarkeit der Informationen erforderte vermehrt EDV-Grundkenntnisse auch bei jenen Mitarbeitern, die (beispielsweise als Industrie- oder Bankkaufmann) eine andere Berufsausbildung absolviert hatten. Von den Schulen wurde gefordert, entsprechende Inhalte in die Bildungspläne aufzunehmen. Die Kultusverwaltungen der deutschen Bundesländer reagierten unterschiedlich rasch auf die neuen Anforderungen. In Baden-Württemberg, einem Land, das zu den Vorreitern gehörte, wurde im Schuljahr 1973/74 an 67 % aller kaufmännischen Berufsschulen EDV-Unterricht erteilt, allerdings verfügte nur ein Drittel dieser Schulen über einen eigenen Computer.

In diesem Zusammenhang verdient eine Vorstellung Beachtung, die schon seit Jahrzehnten die Verbreitung der Computer in den Büros begleitete: der Traum vom „papierlosen Büro". Die englischen Wissenschaftler *Abigail Sellen* und *Richard*

Harper veröffentlichten dazu eine detaillierte Studie, auf die sich die folgenden Ausführungen stützen. Nach ihrer Auffassung könnte es ein im Juni 1975 in der „Business Week" veröffentlichter Artikel „The Office of the Future" gewesen sein, in dem zum ersten Mal zu lesen war, die elektronischen Geräte führten zum Niedergang von Schreibmaschine und Papier.[369] Die Idee war für viele Manager verlockend und immer dann, wenn im Büro neue Techniken zum Einsatz kamen (Mikroverfilmung, PC, Laptop, Internet) schien sie sich zu erneuern. Es kam dadurch zu zahlreichen Veränderungen, aber von einem papierlosen Büro konnte absolut keine Rede sein. Manche neuen Konzepte scheiterten auch und mussten wieder zurückgenommen werden.

Mitte der 1990er Jahre wurden hochentwickelte Bildschirme als „elektronisches Papier" propagiert. Allen Erwartungen zum Trotz stieg aber in den Büros der Papierverbrauch. Mit der Einführung von E-Mails – so die Annahme – ließ sich beim Schriftverkehr Papier einsparen, weil jetzt keine Briefe mehr zu versenden waren.

DIE VERWIRKLICHUNG DES PAPIERLOSEN BÜROS (2003)

1982 startete die Reliance Insurance Company in Philadelphia eine umfangreiche Reorganisation. Die gesamte Versicherung sollte auf die Benutzung von Papier verzichten. Notizen sollten nur noch an den Terminals eingetippt und archiviert werden. In den Büros, beim Empfang und selbst in den Besprechungszimmern wurden Transparente aufgehängt: »Paper free in eighty three«. Das ambitionierte Projekt scheiterte. 1983 schaffte die Versicherung nicht das Papier ab, sondern kaufte 15 neue Kopierer. 1991 berichtete das »Time Magazine« über die Reorganisation der Versicherung und befragte Experten zum papierlosen Büro. Diese datierten die Ankunft des Wunders auf das Jahr 2003.

Detlef Borchers: Das papierlose Büro, ein ewiger Zukunftstraum, in: Neue Zürcher Zeitung vom 19.12.2003, Nr. 295, S. 63

Allerdings führte die Nutzung des elektronischen Mails zu einer stark anwachsenden Informationsmenge und zu einer nicht immer bedachten Folge: Jetzt druckten nämlich die Mailempfänger die erhaltenen Nachrichten aus – und so konnte es sein, dass in einem US-Unternehmen der Papierverbrauch um 40 Prozent anstieg.[370]

Natürlich wurden Möglichkeiten gefunden das Papiervolumen an dieser oder jener Stelle deutlich zu reduzieren, beispielsweise durch die digitale Speicherung von Schriftstücken, Dokumenten und Entwürfen, und die Beschäftigten empfanden es durchaus als vorteilhaft, wenn sie jetzt Texte und Dokumente in einer Datenbank elektronisch suchen konnten, anstatt in einer großen Registratur klassischer Art auf die Leiter steigen zu müssen.

Aber eine ausgeprägte menschliche Eigenschaft scheint das Papier zu retten: Viele Menschen ziehen das Papier immer dann dem Bildschirm vor, wenn es darum geht, längere Texte zu lesen. Was verschafft dem Papier diesen Vorzug gegenüber moderneren Technologien? Es erlaubt uns ein sehr flexibles Navigieren durch die Schriftstücke und erleichtert ihre parallele Überprüfung. Anmerkungen sind ebenso problemlos möglich wie eine Überlappung von Lese- und Schreibvorgängen.[371]

Ein 1960 – also am Anfang des in diesem Abschnitt untersuchten Zeitraums – veröffentlichter Aufsatz spricht die Frage der Beherrschbarkeit der Technik im Büro durch die Menschen an. Einige Sätze daraus sind besonders bedenkenswert.

DER KAUFMANN UND DIE TECHNIK (1960)

Schon immer stand im Mittelpunkt des Produktionsbetriebes die Maschine. Im Büro war die Maschine bisher Randfigur, aber mit den Großrechenanlagen rückt sie nun auch in das Zentrum des Büros. Das Büro bekommt ein anderes Gesicht, äußerlich wie dem Inhalt nach. Ein anderer Menschentyp wird künftig hier zu Hause sein. ...

Noch wissen wir nicht, wie den Kaufleuten dieses technische Stahlbad auf die Dauer bekommt. Wir können also hoffen, dass sich die Kaufleute auf die Dauer als Herr und Meister der Büromaschinen erweisen werden, dass sie in ihnen nicht mehr sehen, als ein bloßes Mittel zum Zweck, dass das technische Denken in der dienenden Rolle verharrt und nicht das ureigentlich Kaufmännische überlagert, überwuchert.

Jürgen Eick: Menschen und Maschinen im Büro, in: Frankfurter Allgemeine Zeitung vom 16.04.1960, S. 5

Der Computer im Büro kann, soweit die Programmierer korrekt gearbeitet hatten, zweifellos als ein enorm leistungsfähiger Rechenknecht gelten. Aber nicht jeder der dort Beschäftigten durfte glauben, sein Herr zu sein. Unzählige Beschäftigte wurden von ihm gegängelt oder gar beherrscht. Zahlreiche Angestellte hatten „das Gefühl der Enteignung ihrer Fachqualifikation durch den Computer“ und sie spürten eine „Verkehrung von Subjekt und Objekt.“[372] Für die meisten Menschen war es, was die berufliche Zukunft anging, eine Zeit der Unsicherheit und Veränderung. Wie eine Stimme aus einer anderen Welt klingt da die Aussage von Karl Mellerowicz, der nach dem Zweiten Weltkrieg in seiner „Allgemeinen Betriebswirtschaftslehre“ schrieb: „Der Betrieb ist eine technisch-ökonomische-soziale Einheit. Im Mittelpunkt des Betriebes steht der Mensch, die Sachen sind nur technische Hilfsmittel; der Mensch hat sie zu beherrschen und meisterhaft zu führen.“[373] Der Mensch hat sie zu beherrschen – für viele Angestellte handelte es sich dabei eher um eine Vision als um eine Realitätsbeschreibung. Wie die weitere Entwicklung zeigt, ist die Frage nach den wirklichen Herren über die Computer nicht ganz einfach beantworten.

Aber auch Skeptiker mussten erkennen, dass eine allzu strikte Ablehnung vermeintlich oder tatsächlich gefährlicher Entwicklungen den Umgang mit dem Neuen unmöglich machen und zu Fehleinschätzungen führen kann. Anfang der 1990er Jahre wuchs bei der Industriegewerkschaft Metall die Einsicht, dass man möglicherweise zu stark auf „Jobkiller-Theorien“ gesetzt und dabei Chancen zur Mitgestaltung der neuen Arbeitssysteme versäumt haben könnte. Vom damaligen IG-Metall-Vorsitzenden Franz Steinkühler wird in diesem Zusammenhang der Satz zitiert: „Wer die Gesellschaft verändern will, der muss selbst zur Veränderung bereit sein.“[374]

Hochfrequenzhandel anstatt Börsenparkett

Um eine besondere Form des Handels geht es beim Aufeinandertreffen von Angebot und Nachfrage an der Börse. Gehandelt werden nicht nur Wertpapiere und Devisen, sondern auch Rohstoffe (z. B. Metalle, Rohöl und Getreide) und inzwischen in einem rasch zunehmenden Maß Derivate, d. h. organisierte Wetten auf Kurs- und Preisentwicklungen der genannten Objekte. Den Kern der Börsen bildete in der Vergangenheit das „Parkett“, wo die Börsenmakler rufend und gestikulierend Käufe und Verkäufe zwischen ihren Auftraggebern vermittelten. Wichtigste berufliche Voraussetzungen für diese Protagonisten waren eine laute Stimme, ein im Hinblick auf den herrschenden Lärm geschultes Ohr und eine gegen Hektik widerstandsfähige Konstitution. Die Kursentwicklung hing bei Wertpapieren und Devisen in erster Linie von der tatsächlichen (oder vermuteten) wirtschaftlichen Lage der Unternehmen und Staaten ab, bei Rohstoffen von klimatischen, geologischen und politischen Bedingungen.

1971 war die New Yorker NASDAQ (**N**ational **A**ssociation of **S**ecurities **D**ealers **A**utomated **Q**uotations) die erste computergesteuerte Börse. Danach trat immer häufiger das elektronische Verfahren an die Stelle des lauten Parketthandels. 1997 folgte in Deutschland der elektronische Börsenhandel in Gestalt des XETRA (**Ex**change **E**lectronic **Tra**ding) mit dem Zentralrechner in Frankfurt. Seitdem Großrechner von Banken und von Unternehmen, die sich auf Börsenhandel spezialisiert haben, direkt an die Handelsrechner der Börsen angeschlossen sind, kam eine Entwicklung in Gang, die kritischen Beobachtern immer mehr Sorgen bereitet. Es entstand der sogenannte Hochfrequenzhandel, mit dem ein immer größerer Teil der Börsenumsätze abgewickelt wird. Die Börsen lassen meist zu, dass die an diesem Verfahren beteiligten Banken und Unternehmen Informationen über Kauf- und Verkaufsaufträge einige Millisekunden vor deren Ausführung erhalten. Diese nutzen den minimalen Informationsvorsprung, um elektronisch die tatsächliche und die erwartete Marktsituation zu analysieren und gemäß hochkomplizierten und geheim gehaltenen Algorithmen automatisch Aufträge zu erteilen. Ihr Ziel ist es, auf das Auf und Ab der Kurse schneller als die Konkurrenten zu reagieren und daraus Kapital zu schlagen. Für das Jahr 2011 wird bereits die Zahl von 3.000 Wertpapieren genannt, die ein Computer in einer Sekunde kaufen und verkaufen konnte.[375] Oft werden gerade gekaufte Papiere nach Bruchteilen von Sekunden schon wieder abgestoßen. Kaum jemand ist unter solchen Umständen noch in der Lage, die Reaktion der Programme auf konkrete Börsenkonstellationen vorherzusehen.

Viele der in den letzten zwei Jahrzehnten aufgetretenen Börsencrashs (und sich daraus entwickelten Wirtschaftskrisen) werden mit der Herrschaft der Computer in Verbindung gebracht. Diese erteilen zwecks Risikominimierung besonders in Zeiten fallender Kurse massenhaft Verkaufsaufträge und bewirken damit einen Sturz der Kurse. Es besteht die Gefahr, dass die wichtigsten Preise der Weltwirtschaft, nämlich Wechselkurse, Zinssätze, Aktienkurse und Rohstoffpreise – und damit die Schicksale von Menschen, Unternehmen und Staaten – durch weitgehend computergesteuerte Transaktionen bestimmt werden.[376] Der Computer ist also wieder einmal in die Gestalt des Zauberlehrlings geschlüpft. Politiker, die nicht müde werden zu betonen, wie wichtig es ist, „das Vertrauen der Märkte zurückzugewinnen“, müssten das Problem lösen, wie man Begriffe wie Vertrauen mit einem Computer kommuniziert.

Umwälzungen im Fertigungsbereich

> *Ähnlich wie bei der ersten industriellen Revolution die Dampfmaschine als Symbol fungierte, ... kann man als Kennzeichen der neuen Ära den Elektronenrechner betrachten.*
> *Friedrich Pollock*

Im Produktionsbereich klopfte die Automatisierung zunächst deshalb nicht ganz so stürmisch an die Türen wie im Verwaltungsbereich, weil hier das Rationalisierungspotenzial bereits in der Vergangenheit über einen längeren Zeitraum stärker ausgeschöpft worden war. Auch ohne Elektronenrechner hatte in den Fabriken mit mechanischen und pneumatischen Mitteln eine teilweise Automatisierung Einzug gehalten. Dampfmaschinen und Motoren, Fließbänder und mancherlei hilfreiche Vorrichtungen wurden schon lange eingesetzt, um effizienter produzieren zu können. Trotzdem erreichten die Umwälzungen auch im Fertigungs- und Lagerbereich ein Ausmaß, wie es frühere Zeiten nicht gekannt hatten. Für so manchen Beobachter schien am Ende der Entwicklung die vollautomatische, menschenleere Fabrik zu stehen.

Ende der 1940er Jahre entstand im Flugzeugbau in den USA ein folgenreiches neues Fertigungskonzept. Dort war die Herstellung räumlich gekrümmter Flächen eine besondere Herausforderung. Die bisher übliche Technik, mittels Kopierfräsmaschinen ein Modell abzutasten, war sehr zeitaufwändig und verursachte hohe Kosten. Die Neuerung bestand nun darin, die Bewegungsabläufe der Fräsmaschine mittels eines Lochstreifens zu steuern – eine Technik, die an die Webstühle von Jacquard erinnert. Diese Fertigungsmethode der „numerischen Steuerung" (Numeric Control oder NC) stieß über den Flugzeugbau hinaus in der Investitionsgüterindustrie auf großes Interesse und wurde zunehmend für die Mittel- und Kleinserienfertigung eingesetzt. NC-Maschinen fanden sich bald auch im Automobil- und Schiffsbau. In der Bundesrepublik Deutschland kamen die ersten dieser Maschinen ab Mitte der 1960er Jahre zum Einsatz.[377] Wie in den USA verbreitete sich die Technik sehr rasch. Allerdings hatten NC-Maschinen den Nachteil, dass sie nur über eine Steuereinheit verfügten, nicht aber über einen Arbeitsspeicher, so dass die ihnen per Datenträger mitgeteilten Steuerbefehle nur in der vorgegebenen Reihenfolge ausgeführt werden konnten und während des Fertigungsprozesses eine Anpassung an veränderte Bedingungen nicht möglich war. Maschinen mit diesen Merkmalen wurden bis etwa 1979 gebaut.

Die weiterentwickelten CNC-Maschinen (Computerized Numerical Control) waren bereits flexibler einsetzbar. Mini- oder Mikrocomputer übernahmen neben Steuerungsaufgaben zusätzliche Regelungsfunktionen. Dabei werden für den Produktionsprozess wichtige aktuelle Werte über sogenannte Messglieder vom Prozessrechner regelmäßig abgefragt, mit Sollwerten verglichen und über Stellglieder (z. B. Motoren oder Stellventile) sofort zur Prozesssteuerung eingesetzt. Ursprünglich für die Reaktortechnik entwickelt, um Arbeiten in radioaktiv gefährdeten Räumen durchzuführen, kamen Industrieroboter bald für die unterschiedlichsten Aufgaben zum Einsatz. Dazu gehören das Bestücken von Maschinen, das Schweißen, Montieren und Verpacken.

Zunächst wurde jede Maschine für sich gesteuert und es existierte – im Gegensatz zu den Terminals im Büro- und Verwaltungsbereich – keine zentrale, für mehrere Maschinen zugleich maßgebliche Steuerung. Die nächste Stufe war die Automatisierung zusammenhängender Abläufe, die unterschiedliche Bearbeitungsvorgänge umfasste. Beispiele dafür finden sich in den verschiedensten Branchen, besonders ausgeprägt in der chemischen Industrie, in Hüttenwerken, bei Phono- und Fernsehherstellern, bei Computer- und Automobilherstellern. Die Vision flexibler Fertigungssysteme (FFS) markiert das Ziel dieser Entwicklung. Dabei sollen auf einer Fertigungsstraße unterschiedliche Werkstücke in wechselnder Anzahl und beliebiger Reihenfolge produziert werden. Notwendige Voraussetzung dafür ist die Vernetzung aller Komponenten und die Steuerung mittels einer Hierarchie von Computern, die vom Unternehmensrechner über Leit- und Zellenrechner bis hin zur Maschinensteuerung reicht.

In den 1980er Jahren, als eine gewaltige Rationalisierungswelle durch die großen Industrienationen rollte, schien technisch alles möglich zu sein. Und so fanden sich große Unternehmen, die es sich zutrauten, ins Ungewisse einer noch unerprobten Konzeption vorzustoßen und die Fabrik der Zukunft zu verwirklichen. „Fabrik der

Zukunft“ , das bedeutete: eine vollautomatische, menschenleere Fabrik. Vor allem das japanische Unternehmen FANUC ist hier zu nennen, in dem seit dem Jahr 2000 Roboter ohne menschliches Eingreifen ihresgleichen – also Industrieroboter – herstellen. Den Transport der Bauteile zu den Maschinen besorgen fahrerlose Wagen. Bis zu dreißig Tage soll das Werk funktionieren, ohne dass ein Mensch die Produktionshallen betreten muss. Vom Vizepräsidenten von FANUC stammt die Aussage, dass dort nicht nur das Licht ausgeschaltet werden kann, sondern auch Klimaanlage und Heizung nicht mehr benötigt werden.

Schon Anfang der 1980er Jahre erregte ein anderes Projekt großes Aufsehen. In Halle 54 des Volkswagenwerkes in Wolfsburg wurde der Golf II weitgehend von Robotern montiert. Menschen waren nur noch für die Montage des Innenraums sowie für das Verlegen der Kühl- und Elektroleitungen zuständig. Zusätzlich war Personal für Programmierung und Wartung der Industrieroboter erforderlich. Auch Opel in Rüsselsheim fertigte (nach dem Vorbild der USA) Zylinderblöcke und Zylinderköpfe automatisch, und man rühmte sich, dass auch ohne Arbeiter über Nacht eine „Geisterschicht“ gefahren werden könnte.[378] Ähnliche Entwicklungen gab es auch bei anderen Automobilherstellern.

Karikatur von Erik Liebermann in der Frankfurter Rundschau vom 11.02.1984

Für die Arbeiter in den Fabriken hatte die Automatisierung erhebliche Auswirkungen. Bereits die frühe NC-Technik führte zu einer Entwertung ihres Könnens und ihrer Berufserfahrung, weil an deren Stelle die Steuerungsprogramme der Maschine traten. Für eine große Zahl von Menschen waren Versetzungen, Lohneinbußen und Entlassungen die Folge. So sparte das Wolfsburger Volkswagen-Werk in Halle 54 im

Zuge der Automatisierung 1.000 Arbeitskräfte ein, bei den Chemischen Werken Hüls AG waren es 10.000 und im Jahre 1964 nach einer Berechnung des Münchner Ifo-Instituts für Wirtschaftsforschung in der gesamten Bundesrepublik Deutschland 1,5 Millionen Arbeitsplätze.[379] Manchem Ausbildungsberuf raubte der Computer gar die Existenzberechtigung – so dem Beruf des Schriftsetzers, der in Deutschland 1998 aufgehoben wurde. Bei einer solchen Entwicklung stellte sich die Frage, ob die Vision der menschenleeren Fabrik – von manchen erhofft und von vielen gefürchtet – bereits zur computergesteuerten Wirklichkeit geworden ist.

Zu diesem Thema gab es zu Beginn des 21. Jahrhunderts eine Pressemitteilung des Fraunhofer Instituts für System- und Innovationsforschung mit der Überschrift „Das Ende der Automatisierungseuphorie".[380] Was war geschehen? Die computergesteuerten Fabriken sollten zwei Anforderungen erfüllen: eine hohe Produktqualität durch extreme Präzision und geringe Herstellungskosten, um im internationalen Wettbewerb bestehen zu können. Die Präzisionsanforderungen wurden fraglos erreicht, schwieriger wurde es bei den Produktionskosten. Gewiss war gegenüber der Ausgangssituation nur noch ein Bruchteil der Arbeiter erforderlich, aber dafür entstanden häufig zusätzliche Kosten für Stillstandzeiten wegen technischer Pannen, für Umbau und Programmierung der Anlagen bei den häufigen Produkt- und Versionswechseln, ebenso für die Schulung der Mitarbeiter. Häufig hatte man diese Kosten übersehen oder ihre Höhe unterschätzt. So konnten die erwarteten Einsparungen dahinschmelzen und daraus eine Verlustsituation entstehen. Die Entscheidungsträger mussten oft genug nachträglich erkennen, dass sie beachtliche Risiken eingegangen waren. Eine Erklärung für so manchen Fehlschlag stellte sich schließlich ebenfalls ein. Der Automation fehlt nämlich eine wichtige menschliche Fähigkeit: Sie ist nicht in der Lage flexibel auf unerwartete und unvorhersehbare Situationen reagieren zu können.

Tatsächlich bekannten sich in der deutschen Investitionsgüterindustrie zur selben Zeit ein Drittel der hoch technisierten Betriebe zu der Bewertung, es mit der Automatisierung übertrieben zu haben. Die konsequente Reaktion auf diese kostspieligen Fehlinvestitionen: An vielen Orten wurden hoch automatisierte Produktionseinrichtungen durch Anlagen mit einem deutlich geringeren Automatisierungsgrad ersetzt.[381] Schon fast vier Jahrzehnte zuvor hatte der Soziologe und Volkswirt Friedrich Pollock diesen Zusammenhang im Auge, als er schrieb: „Engere Grenzen als durch die technischen Möglichkeiten sind der Automation durch das Problem ihrer Wirtschaftlichkeit gezogen."[382] Natürlich werden in den Forschungslabors weiterhin Automaten entwickelt, die intelligenter sind als ihre Vorgänger und bei denen Produktionsänderungen weniger Programmier- und Schulungsaufwand erfordern. Das wichtigste Ziel besteht aber nicht mehr darin, Menschen zu ersetzen, sondern sie durch intelligente Maschinen zu unterstützen. Dadurch scheint sich die menschenleere Fabrik immer mehr als eine Utopie herauszustellen, deren Verwirklichung nur selten gelingen kann.[383]

Einer der Fertigung vorgelagerter Aufgabenbereich ist das Entwerfen und Planen von Bauteilen und Baugruppen. Traditionell waren neben Technikern und Ingenieuren vor allem Technische Zeichner daran beteiligt. Letztere arbeiteten am Zeichen- oder Reißbrett und wurden für ihre akribische Arbeit gut bezahlt. In der zweiten Hälfte der 1960er Jahre begannen amerikanische und französische Flugzeughersteller mit der Entwicklung von Grafikprogrammen zum Erstellen technischer Zeichnungen durch einen Großrechner. Das erste Flugzeug, bei dem das neue Verfahren zum Tragen kam, war die Mirage. In den 1980er Jahren stand das computer-aided design (CAD) schließlich auch auf Mikrocomputern zur Verfügung. Es wurde vor allem im Maschinenbau, in der Architektur und beim Entwerfen elektronischer Schaltkreise eingesetzt. In der Folge wurden zwanzig bis dreißig Prozent der Technischen Zeichner wegrationalisiert.[384]

Für die anderen änderten sich die Berufsanforderungen ganz einschneidend. Nicht mehr manuelle Fertigkeiten standen im Vordergrund, sondern theoretische Kenntnisse. Unabdingbar war die Fähigkeit, mit Hilfe des Rechners zu konstruieren und damit technische Unterlagen erstellen zu können. Auch der Umgang mit umfangreichen Datenbeständen musste beherrscht werden. Konsequenterweise gab es auch eine neue Berufsbezeichnung: Technischer Systemplaner.

Für Konstrukteure komplexer Produkte war es schon immer schwierig, genaue Vorhersagen über das Verhalten des fertigen Produkts zu machen. Gewöhnlich wurde zunächst ein Prototyp erstellt und getestet. Danach war es eventuell erforderlich, die Konstruktion zu ändern und durch einen weiteren Prototypen darzustellen. Dieser Weg über mehrere Prototypen konnte zeitraubend und kostspielig werden. Der Ausweg bestand nun darin, Simulationssoftware einzusetzen, die es erlaubt, am Rechner digitale Prototypen zu definieren und virtuell zu testen. Der Umgang mit virtuellen Realitäten erwies sich nicht nur als schneller und billiger, er eröffnete auch andere Verhaltensweisen. Die Technik erlaubte es nun dem Menschen, ganz risikolos Fähigkeiten zu erwerben, ohne sich einer gefährlichen physischen Realität aussetzen zu müssen. Beispiele für Anwendungen dieser Art sind neben dem bekannten Flugsimulator für Piloten das virtuelle Fallschirmspringen sowie das Üben laparoskopischer Operationen (sog. Schlüssellochchirurgie).

Ein Industriebereich, in dem die computergesteuerte Automatisierungstechnik besonders weit fortgeschritten ist, findet sich bei Lagerhäusern und Paketzentren. Den Besucher beeindrucken riesige Hallen, auf deren Beförderungsbändern Pakete hin und her sausen, ohne dass Menschen in Sicht sind. In Hochregallagern steuern hochkomplexe Warenleitsysteme das Einlagern von Waren an einen beliebigen freien Platz und sorgen dafür, dass sie bei Bedarf problemlos gefunden und automatisch ausgelagert werden können. Besonders eindrucksvoll lässt sich dieses Verfahren beim Containerterminal Altenwerder des Hamburger Hafens (s. Abbildung nächste Seite) beobachten. Dort sucht man Menschen vergeblich. Stattdessen bringen Kräne und niedrige Fahrzeuge ohne Fahrer die Container von den Schiffen zu Lkws oder zu einem Stapelplatz.

Am Containerterminal Hamburg-Altenwerder werden die Container computergesteuert auf führerlose Transportfahrzeuge geladen und an ihren Bestimmungsort gebracht.

Nicht nur auf die Art und Weise der Leistungserstellung wirken Computer ein, auch bei der Gestaltung der industriellen Produkte hinterlassen sie deutliche Spuren. Erst mit dem Computereinsatz war es möglich, den Kunden eine ausufernde Vielfalt von Produktvarianten anzubieten. So kann ein Käufer sein Auto eines bestimmten Typs mit ganz individuellen Merkmalen hinsichtlich Farbe, Motorart und –leistung, Lichtanlage, Sicherheitsextras und Komfortwünschen bestellen. Das führt dazu, dass sich kaum einmal Fahrzeuge mit komplett identischen Merkmalen wiederholen. Ohne Elektronenrechner hätte eine derartige Vielfalt bei der Fertigung unweigerlich zum Chaos geführt.

Der Computer für jedermann
und die grenzenlose Kommunikation

Der Personal Computer erobert Wohnungen und Freizeit

Die Computer von 1980 werden klein, hochleistungsfähig und preiswert sein. Sie werden jedem, der sie braucht, zur Verfügung stehen können.
Servan-Schreiber (1968)

Es waren schon beträchtliche Auswirkungen, welche die großdimensionierten Computer in den Rechenzentren von Betrieben und Verwaltungen auslösten. Aber sie wurden bei weitem übertroffen von den Umwälzungen, die von den sehr viel kleineren Mikrocomputern ausgingen. Dabei handelt es sich um Nachkömmlinge der Riesenmaschinen, für den einzelnen Benutzer konzipiert und zunächst ohne eine Verbindung zu einem Zentralrechner. In dem Augenblick, in dem der Mikrocomputer in den häuslichen Arbeitszimmern, in Hobbyräumen, in Wohn- und Kinderzimmern als individuell nutzbares Werkzeug (oder auch als Spielzeug) zur Verfügung stand, begann eine Durchdringung des Alltags, die in der Geschichte ohne Beispiel ist. Nicht nur das Ausmaß der Veränderungen ist dabei beeindruckend, auch für die Geschwindigkeit und Breite des Geschehens gibt es kein historisches Vorbild.

Noch bis weit in die 1970er Jahre konnte sich kaum jemand vorstellen, was er als Privatperson mit einem Computer hätte anfangen sollen. Denn wer musste schon Umlaufbahnen von Planeten berechnen, massenhaft Lohn- und Gehaltsabrechnungen durchführen oder Absatzstatistiken erstellen. Aber da gab es im kalifornischen Silicon Valley – schon seit Jahren ein Weltzentrum für innovative und oft sehr kleine Unternehmen der Elektronikbranche – eine große und ständig wachsende Zahl jugendlicher Elektronikfreaks, die sich für Technik begeisterten und sich insbesondere darum bemühten, für Videospiele geeignete Geräte zu entwickeln. Sie nannten sich „Hacker“. Meist war die Werkbank in einer Garage ihr Arbeitsplatz, ihre Werkzeuge hießen Lötkolben und Oszillograph und ihr Antrieb war der Ehrgeiz, eine neue technische Welt mitzugestalten. So entstanden als Heimcomputer bezeichnete preisgünstige Mikrocomputer. Um die Preise niedrig zu halten, verwendete man möglichst in den Haushalten vorhandene Geräte der Unterhaltungstechnik, z. B. Musikkassettenrekorder als externe Datenspeicher (anstelle der sehr teuren Diskettengeräte) und Fernseher anstelle eines speziellen Computermonitors. Die Geräte waren in der Lage, einfache Grafiken und Klänge zu erzeugen und ihre diesbezüglichen Fähigkeiten wurden im Wettbewerb der jungen Erfinder ständig verbessert.

Das Herz der neuen Computer waren die einige Jahre zuvor entwickelten Mikroprozessoren, bei denen sich alle Komponenten auf einem Mikrochip befinden. Eine Vorstellung von der rasanten technischen Entwicklung auf diesem Gebiet vermitteln einige Zahlen. Während der erste Mikroprozessor von Intel im Jahre 1971 nur über 2.300 Transistoren verfügte, waren es ein Jahr später bereits 3.580. Dabei war das nur der Anfang. 1979 stieg die Anzahl der Transistoren auf 29.000 und 1989 waren es über eine Million. Im Jahre 2011 schließlich schafften es einige Hersteller, über zwei Milliarden auf einen Chip zu packen. Bereits 1965 formulierte Gordon Moore (Mitbegründer des Chipherstellers Intel) das nach ihm benannte Moore'sche Gesetz. Dabei handelt es sich um eine Prognose, die besagt, dass die Zahl der Transistoren auf dem Chip einer bestimmten Größe exponentiell wächst, konkreter: dass sie sich etwa alle zwei Jahre verdoppelt. Tatsächlich hat sich bisher die Entwicklung an die Prognose gehalten. Die Naturwissenschaftler spekulieren nun darüber, ob und wie lange es in der Zukunft dabei bleibt.

Zunächst wurden die Geräte als Bausätze vertrieben und die Käufer mussten fast über ebenso viel technisches Geschick und Ausdauer verfügen wie die Erfinder. Natürlich hatte nicht jeder Kaufinteressent derartige Fähigkeiten, und so wurden neben Bausätzen bald auch Fertiggeräte angeboten. Aber die Zahl der Heimanwender wuchs und immer mehr Kleinbetriebe und Selbständige entdeckten Einsatzmöglichkeiten für betriebliche Zwecke. Die Hersteller, die inzwischen eigene Unternehmen gegründet hatten, reagierten auf die neue Entwicklung, indem sie nur noch Fertiggeräte anboten. Das gilt bereits für den TRS-80 von Radio Shack, den Apple II und den Commodore PET 2001.

Anfangs war die Zahl der verfügbaren Programme sehr klein und wer Bedarf an ganz spezifischen Anwendungen hatte oder sich neue Computerspiele wünschte, tat gut daran, die Programmiersprache BASIC zu erlernen und Erfahrungen als Programmierer zu erwerben. Der Umgang mit den frühen Heimcomputern war alles andere als einfach.

BEDIENUNGSANFORDERUNGEN DER FRÜHEN MIKROCOMPUTER

Es erforderte Intelligenz, einen Computer zu bedienen. Man musste seine Gedanken klar formulieren, sie in eine logische Reihenfolge bringen und anschließend durch den Mikroprozessor schicken. Wenn man es richtig gemacht hatte, geschah etwas. Machte man es falsch, wusste man sogleich Bescheid und konnte von vorne anfangen.

Jeffrey S. Young: Steve Jobs. Der Henry Ford der Computerindustrie, Düsseldorf 1989, S. 92

Besonders erfolgreich war der Apple II, den *Steve Wozniak* entworfen und gemeinsam mit *Steve Jobs* anfangs in einer Garage zusammengebaut hatte. Das 1977 auf einer Messe vorgestellte Gerät konnte sogar Farbgrafik darstellen. Zwei Jahre später war das erste Tabellenkalkulationsprogramm für Mikrocomputer lieferbar. Damit war es den Benutzern möglich, beliebige kaufmännische Berechnungen durchzuführen, ohne dass sie dafür über Programmierfähigkeiten verfügen mussten.

In den folgenden sechzehn Jahren wurde der Apple II über fünf Millionen Mal verkauft.[385]

Mit diesem Erfolg war für Apple die Grundlage geschaffen für einen, aufs Ganze gesehen, steilen Aufstieg. Er führte von der Garagenfirma zu jenem Unternehmen, dessen Marke 2011 mit über 150 Milliarden Dollar weltweit am höchsten bewertet wurde[386] und dessen Börsenwert dem Bruttonationaleinkommen der Schweiz entsprach.[387]

Ein äußerst geschickter Schachzug des Unternehmens war seinerzeit die Übernahme der von Rank Xerox entwickelten grafischen Benutzeroberfläche mit Maussteuerung für den ab 1984 produzierten Macintosh-Computer. Apple war dadurch bereits Jahre vor Microsoft mit der Fenstertechnik bei der Darstellung von Bildschirminhalten erfolgreich und konnte damit werben, dass durch die größere Benutzerfreundlichkeit anstelle dicker Handbücher jetzt eine dünne Broschüre ausreichte.

Natürlich gab es Konkurrenz und nicht nur aus dem Silicon Valley. Der PET 2001 von Commodore wurde bereits erwähnt. Er war der erste Mikrocomputer, der in Deutschland zu beziehen war, und zwar über ein Großversandhaus. Von den Nachfolgemodellen war vor allem der 1982 vorgestellte und elf Jahre lang produzierte C64 außergewöhnlich erfolgreich. Die Schätzungen für die Anzahl der verkauften Geräte reichen von 12,5 bis 30 Millionen. Abgesehen von der Einführungsphase war der Preis (in Deutschland 698 Mark) für viele Käufer erschwinglich. So öffnete er für eine ganze Generation von Jugendlichen den Zugang zu einem leistungsfähigen Computer, der vor allem für Computerspiele und für die Softwareentwicklung verwendet wurde.

Auch die etablierten Hersteller der „großen" Computer, die sich bisher für die kleineren Geräte nicht interessiert hatten, erkannten mittlerweile, dass sie den lukrativen neuen Markt nicht ignorieren konnten. So begann IBM Ende der 1970er Jahre damit, ein eigenes Produkt zu entwickeln. Als es 1981 vorgestellt wurde, geschah dies unter dem Namen „Personal Computer" (Abkürzung: PC), also eines „persönlichen" Computers. Die Werbeabteilung des Unternehmens schaffte es tatsächlich, die inzwischen für eine ganze Kategorie von Computern geläufig gewordene Bezeichnung „Personal Computer" auf das eigene Produkt zu fokussieren. IBM konnte dank seiner Marktführerschaft bei Großrechnern die PCs als Arbeitsplatzrechner in so großer Zahl absetzen, dass Lieferengpässe entstanden.

Der IBM-PC bestand, mit Ausnahme des „basic input output system" (BIOS), aus Standardkomponenten, die leicht zu beschaffen waren. Da es gelang, für das BIOS funktionsgleiche Systeme zu entwickeln, war ein Nachbau ohne Lizenzierung durch IBM möglich. Die Kunden legten Wert darauf, dass PCs „IBM-kompatibel" waren, weil es dafür eine Vielzahl von Programmen gab. Wenn man testen wollte, ob ein Nachbau wirklich kompatibel war, geschah dies meist mit dem von Microsoft entwickelten Programm „Flugsimulator", das die wichtigen Komponenten des Systems besonders intensiv beanspruchte. Seit der Mitte der 1980er Jahre hatten PCs, die nicht kompatibel waren, auf dem Markt keine Chance mehr.

IBM-PC im Jahr 1982

Der Mikrocomputer erreichte bald eine Leistungsfähigkeit, die wenige Jahre zuvor nur bei Mainframes zu finden war. Die Unterschiede zwischen Heimcomputer einerseits und PCs im professionellen Einsatz wurden dabei immer geringer. Zwar gab es Geräte mit unterschiedlicher Leistungsfähigkeit hinsichtlich Verarbeitungsgeschwindigkeit, Speicherkapazität und Erweiterungsmöglichkeiten durch Zusatzgeräte. Die gemeinsame Klammer bildete jedoch das als Standard dominierende Betriebssystem MS-DOS und in den 1990er Jahren zunehmend Microsoft Windows. Für Softwareentwickler bot deren große Verbreitung eine zuverlässige Basis. Die Programme deckten hauptsächlich die Bereiche Unterhaltung, Information, Dokumentation und Nachrichtenaustausch ab. Besonderen Anklang fand das Office-Programmpaket von Microsoft, das hauptsächlich Programme für Textverarbeitung, Tabellenkalkulation, Datenbankverwaltung, Präsentation, Dokumentengestaltung (Desktop-Publishing) und persönliche Informationsverwaltung umfasst.

Zunächst wurden PCs ausschließlich als Desktops gebaut, deren Standort man schon alleine wegen des Gewichts und der notwendigen Verkabelung nur ungern wechselte. Aber es häuften sich die Situationen, wo der gewohnte Computer auch unterwegs nützlich gewesen wäre. Die Hersteller reagierten mit tragbaren (portablen) Geräten, die anfangs wie Koffer aussahen und – wegen ihres beträchtlichen Gewichts von 13 Kilogramm – auch als „Schlepptops“ bezeichnet wurden. Die zunehmende Verkleinerung führte zu einer Gerätevielfalt wie Laptop, Notebook und Netbook,

Handheld, Smartphone und Tablet Computer – tägliche Begleiter ihrer Besitzer und deshalb in noch stärkerem Maß „persönliche" Computer.

Die Produktion der PCs verlagerte sich im Laufe der Jahre zunehmend in ostasiatische Länder, weil dort niedrigere Löhne gezahlt werden mussten. Als der in den 1980er Jahren von IBM-PCs erreichte Marktanteil von über 60 % auf nur noch ca. 5 % im Jahre 2005 sank, verkaufte das Unternehmen die ganze Sparte an Lenovo, einen Hersteller aus der Volksrepublik China.

1995 verfügte mehr als ein Drittel der amerikanischen Haushalte über einen PC. Er war erschwinglich und hatte trotzdem eine höhere Leistung als jene Riesencomputer, die zwanzig Jahre zuvor noch eine Million Dollar gekostet hatten.[388] Der PC war ebenso zu einem Konsumgut geworden wie Kühlschränke oder Fernsehgeräte und er erlangte immer mehr einen Alltagsstatus. Ein deutscher Soziologe charakterisiert die Entwicklung sehr treffend als „Computerisierung des Alltags" und zugleich „Veralltäglichung des Computers".[389]

Laut Gartner, dem weltweit führenden amerikanischen Marktforschungsunternehmen für Informationstechnologie, konnte im 1. Quartal 2012 global die riesige Zahl von 89 Millionen PCs abgesetzt werden, wobei Hewlett Packard, Lenovo und Dell die größten Marktanteile erreichten.[390] In Deutschland, das die Jahre der Absatzrekorde schon hinter sich hatte, wurden im Quartal zuvor noch 3,6 Millionen Einheiten vertrieben.[391]

Wie sehr der PC in den privaten Bereich der Menschen eindrang, zeigt eine weitere Zahl: Im Jahr 2010 gingen in Deutschland nämlich 60 Prozent aller verkauften PCs an Privatpersonen und nur noch 40 Prozent an gewerbliche Nutzer in Unternehmen oder Behörden. Der Marktanteil der tragbaren Computer übertraf mit gut zwei Drittel deutlich den der stationären PCs.[392] Laut Statistischem Bundesamt waren 2011 in Deutschland acht von zehn der privaten Haushalte mit einem stationären oder mobilen Computer (Notebook, Laptop oder Netbook) ausgestattet.

Wenn man die Auswirkungen des PCs betrachtet, muss man sich bewusst machen, dass er, ebenso wie die großen Computer, nicht für eine bestimmte Aufgabe entworfen wurde. Es handelt sich vielmehr um ein für verschiedene Zwecke konstruiertes offenes System. Das ermöglichte es den Herstellern, weitreichend auf die Benutzer einzugehen und deren direkt geäußerte oder auf dem Umweg über Marktanalysen erfasste Wünsche rasch in Produkte einfließen zu lassen. Zu den vorrangigen Anforderungen gehörte die Benutzerfreundlichkeit. Eine der ersten Maßnahmen bestand darin, die ursprünglich für die Kommunikation mit dem Rechner gebräuchliche Befehlszeile (in die man Kommandos eintippen musste) durch grafische Symbole zu ersetzen, die durch Mausklick zu aktivieren waren. In die gleiche Richtung zielten auch berührungsempfindliche Bildschirme (touch screen) und die Spracherkennung.

Das Wort „personal" (persönlich) beim Personal Computer füllte sich noch in einer weiteren Hinsicht mit Inhalt, denn immer mehr Programme, insbesondere aber das Betriebssystem, erlaubten es dem Benutzer, die Darstellung am Bildschirm sowie einzelne Funktionen seinen individuellen Vorstellungen anzupassen. Während ursprünglich Fachleute erforderlich waren, um Computer zu beherrschen, galt es nun, Endbenutzer ohne einschlägige Ausbildung von den Produkten zu überzeugen. Es war ein Prozess, „der die Dominanz der »Experten« durch die Vermehrung der »Laien« rasch beendete.“[393] Für die meisten Benutzer gab es keine zwingende Notwendigkeit mehr, selbst Computerprogramme zu erstellen.

Bis zur Mitte der 1990er Jahre fehlte noch der letzte Schub für die Verbreitung der PCs: die Verlockungen des Internets. Diese Entwicklung ist das Thema der nächsten Kapitel.

Vernetzt oder am Leben vorbei?

Es scheint gestern gewesen zu sein, dass wir in einer Welt lebten, in der Computer selten waren und für uns nur eine ganz untergeordnete Rolle spielten.
Stan Augarten

Aus heutiger Sicht gehört die Internetverbindung zum PC wie der Deckel zum Topf. Viele Menschen können es sich absolut nicht mehr vorstellen, für eine längere Zeit auf das Netz zu verzichten. Dabei gab es eine Zeit – und sie ist gar nicht lange her – wo die Mehrheit der Bevölkerung problemlos ohne digitale Informationen und Nachrichten auskommen konnte, obwohl sie weitgehend von den neuen Möglichkeiten Kenntnis hatte. In diesen Jahren wurden private PCs gewöhnlich „stand-alone“ betrieben und die Vernetzung verschiedener Rechner blieb Unternehmen und Institutionen vorbehalten.

In der Bundesrepublik Deutschland schien sich das 1983 (in Österreich schon ein Jahr früher) zu ändern, als ein öffentlicher Fernmeldedienst mit der Bezeichnung Bildschirmtext (Btx) die individuelle Übertragung von Text und (eingeschränkt) Grafik erlaubte. Dazu wurden das Telefon sowie ein spezielles Btx-Gerät oder ein Fernsehgerät oder der PC-Monitor mit einem Kommunikationssystem verbunden. Die Benutzer konnten Informationen von zentralen Btx-Rechnern abrufen oder mit anderen Teilnehmern Mitteilungen austauschen (z. B. Briefe und Bestellungen). Der Dienstbetreiber, die Deutsche Bundespost (später die Deutsche Telekom) rechnete mit großer Akzeptanz bei der Bevölkerung und einem raschen Erfolg. Man erwartete bis 1986 eine Million Nutzer.[394] Tatsächlich wurde diese Zahl aber bei weitem nicht erreicht und 1992 gab es erst 320.000 Anschlüsse.[395] Vor allem enttäuschte die geringe Zahl privater Teilnehmer, während geschäftliche Nutzer die Vorteile durchaus erkannten. So wickelte beispielsweise der Automobilhersteller BMW Neuwagen- und Ersatzteilbestellungen seiner rund tausend Händler über Btx ab. Dass der Dienst schließlich doch mehr Auftrieb bekam, lag auch an seiner Erweiterung um den E-Mail- und Internet-Zugang. Außerdem war Anfang der 1990er Jahre die ursprünglich durchgesetzte Auflage gefallen, nur von der Post zugelassene (teure) besondere Kommunikations-Hardware zu verwenden. Von Anfang an erfolgreicher war in Frankreich der vergleichbare Dienst „Minitel“ der France Télécom. Dort stellte man die speziell erforderliche Hardware kostenlos zur Verfügung.

Ende 2001 wurde der erfolglose deutsche Btx-Dienst in seiner ursprünglichen Form abgeschaltet und als Teilnetz an das Internet gekoppelt. Dass zu diesem Zeitpunkt bereits jeder zweite Deutsche von zu Hause aus Zugang zum Internet hatte,[396] ist umso erstaunlicher, als für das Internet eigentlich erst seit 1993 die Voraussetzungen existierten, ein Massenphänomen zu werden. In diesem Jahr wurde nämlich ein erster Browser namens „Mosaic“ kostenlos bereitgestellt, ein Programm, das eine Wiedergabe von WWW-Dokumenten (einschließlich Bildern und Musik) gestattete, ohne dass man dafür Computerexperte sein musste. WWW steht für „World Wide Web“ und es handelt sich um jenen dominierenden Teil des Netzes, den wir gewöhnlich meinen, wenn wir vom Internet reden. Daneben gibt es noch weitere „Dienste“ wie die elektronische Post (E-Mail), das File Transfer Protocol (FTP zur Übertragung von Dateien zwischen zwei Rechnern) und – weniger geläufig – Telnet und Usenet (erste Form eines Diskussionsforums im Netz).

Schon seit 1969 gab es mit dem Arpanet (Advanced Research Projects Agency Network) ein Vorläufernetz des Internets mit dezentraler Netzstruktur. Es verband unterschiedliche Großrechner amerikanischer Universitäten miteinander, die für das US-Verteidigungsministerium forschten. Das Hauptziel bestand darin, die knappen Rechenkapazitäten besser zu nutzen und Informationen auszutauschen. Amerikanische Forscher hatten in jenen Jahren die Weitsicht, den Computer neu zu definieren. Sie betrachteten ihn nicht mehr wie bisher nur als Rechenmaschine, sondern vor allem als Kommunikationsgerät.[397] Obwohl das Militär bei den Forschungsvorhaben das Sagen hatte, wurden in erheblichem Umfang auch zivile Projekte gefördert. Im Laufe der Zeit verknüpfte das Netz eine ständig wachsende Zahl von Regierungs- und Unternehmenscomputern miteinander, an die jeweils weitere Netze angeschlossen waren.

Eine unverzichtbare Voraussetzung für einen erfolgreichen Netzausbau waren und sind detaillierte und allgemein akzeptierte Steuerungsvorschriften für den Informationsaustausch zwischen den Rechnern. Derartige Festlegungen bezeichnet man als Kommunikationsprotokolle und das 1982 vom US-Verteidigungsministerium zum Standard für militärische Vernetzung erklärte Protokoll hieß TCP/IP (Transmission Control Protocol / Internet Protocol). Seitdem begann sich für das Netz, bei dem es sich durch die Verbindung unterschiedlich organisierter Teilnetze um ein „Netz der Netze“ handelt, verstärkt der Name Internet durchzusetzen. Als die US-Regierung Ende der 1980er Jahre die Subventionen für das ursprüngliche Arpanet einstellte und dessen Netzknoten abschaltete, wurden die Arpanet-Rechner in regionale Netze übernommen.[398]

Jetzt war auch das Tor für kommerzielle Aktivitäten geöffnet. Die Aufhebung des bisher bestehenden Werbeverbots veränderte die Inhalte und das Gesicht des Internets stärker, als es manche technische Neuerung vermocht hatte. Kommerzielle Anbieter von Netzzugängen (sogenannte Serviceprovider) und Unternehmen unterschiedlicher Größe und Branchen (Contentprovider) zog es jetzt ins Netz. Dort wurden nicht mehr nur Informationen angeboten, sondern in wachsendem Maße Unterhaltung, Waren und Dienstleistungen. Es entstand ein Wirtschaftszweig, der viele Milliarden Umsatz machte, aber auch die Infrastruktur für kostenlose Angebote der unterschiedlichsten Art bereitstellte. Bereits am Ende des 20. Jahrhunderts gab es im Netz eine unüberschaubare Fülle an Informationen und Nutzungsmöglichkeiten.

DER VORTEIL DER NETZFLEXIBILITÄT

Das Internet erweist sich ... in der Rückschau als der Glücksfall einer großrechnerischen Systementwicklung, die so niemand vorab geplant hat, die in der Architektur aber so flexibel war, dass sie an immer größere Nutzerpopulationen und immer neue Anwendungsgebiete angepasst werden konnte.

Hans Dieter Hellige: Die Geschichte des Internet als Lernprozess, in: Hans-Jörg Kreowski (Hrsg.), Informatik und Gesellschaft. Verflechtungen und Perspektiven, Berlin 2008, S. 121–170, hier S. 154

Etablierten wie auch neugegründeten Unternehmen diente das neue Medium mit großem Erfolg als „Werbe-, Vertriebs-, Logistik- und Rationalisierungs-Medium".[399] Weil deren Internetadressen häufig mit „.com" endeten, sprach man vom „Dotcom-Boom" (engl. dot für Punkt, com für kommerziell). Auch am Neuen Markt der Aktienbörsen stiegen die Kurse in unfassbare Höhe – bis die „Dotcom-Blase" platzte und die Übertreibungen beendete. Manche Unternehmen verschwanden, andere (darunter heutige Internetriesen wie Amazon, eBay und Google) überstanden den Crash und konnten in der Folgezeit ihre Position sogar stärken.

Die Überflutung der Menschen mit permanenter Kommunikation kam mit den kleinsten der mobilen Computer, Zwerge selbst gegenüber den Laptops. Es waren die Mobiltelefone, in Deutschland als Handy bezeichnet. Bereits in den 1970er und 1980er Jahren gab es in verschiedenen Ländern, darunter auch Deutschland und Österreich, Mobilfunktelefone, die zunächst noch die analoge Technik nutzen. Um das Jahr 1990 kam es zur flächendeckenden Einführung digitaler Mobilfunknetze, deren Anschlusszahlen in einem atemberaubenden Tempo wuchsen. Während die frühen Handys über das Telefonieren hinaus nur wenige Zusatzleistungen anboten, z. B. einfache Spiele, Taschenrechner und Stoppuhr, kamen bald immer mehr Funktionen hinzu, die nur von einem leistungsfähigen Computer bewältigt werden können. Diese als Smartphone bezeichneten Geräte sind äußerst kompakte Alleskönner, die als Telefon, Kamera, Uhr, Internetzugang, Musikwiedergabe- und Navigationsgerät sowie als Spielkonsole verwendet werden können. Darüber hinaus kann sie der Benutzer individuell mit einer kaum noch überschaubaren Zahl weiterer Anwendungen (Apps genannt) individuell aufrüsten.

Zunächst war kein Hersteller auf dem Smartphone-Markt so erfolgreich wie Apple. Schon bei seinem Erscheinen im Jahr 2007 erklärte das US-amerikanische Nachrichtenmagazin „Time" Apples „iPhone" zur „Erfindung des Jahres".[400] Innerhalb von fünf Jahren wurden davon unglaubliche 218 Millionen verkauft. Einer der Vorteile des Geräts sind seine geringen Abmessungen. Eben dies ist aber auch ein Nachteil, weil dadurch die verfügbare Bildschirmanzeige klein ausfallen muss. Wer einen mobilen Computer mit einer größeren Bildfläche, aber trotzdem geringem Gewicht bevorzugt, wird sich für einen Tablet Computer entscheiden. Auch hier setzte Apple Maßstäbe. Der neue „iPad" – etwas kleiner als DIN A4, nur 9,4 Millimeter hoch und 652 Gramm leicht – wurde in 18 Monaten 40 Millionen Mal verkauft.[401]

Die Ausbreitungsgeschwindigkeit der digitalen Technik war so groß, dass 2010 bereits drei Viertel der Weltbevölkerung über Mobiltelefone verfügte. In den Industriestaaten besaß jeder Einwohner statistisch gesehen sogar mehr als ein Handy. Weltweit nutzte jeder Dritte das Internet, in Europa waren es sogar 67 Prozent.[402] Zwei Zahlen zur Verdeutlichung der Situation in Deutschland: 2011 hatten 76 % der privaten Haushalte einen Internetzugang und 90 % besaßen ein Mobiltelefon.[403]

Durch die veränderten Bedingungen waren Kommunikation und Information für sehr viele Menschen zu einem dominierenden Faktor des Lebensstils geworden. Ohne Vernetzung ist für viele das Leben seitdem nicht mehr vorstellbar, ohne die ständige Kontaktmöglichkeit zu Freunden und Verwandten, ohne die Fähigkeit, sich jederzeit über alles und jeden zu informieren, ohne die Option, Bücher und Kleidungsstücke, Reisen und Lebensmittel online bestellen zu können, scheint das Leben an einem vorbei zu gehen. Vor allem junge Menschen fürchten, ohne Netz nicht mehr den Puls der Zeit zu spüren und am Leben ihrer Altersgenossen nicht mehr teilhaben zu können.

Für andere Menschen hingegen ist die ständige Erreichbarkeit eine Last. Dies gilt in besonderem Maß für Berufstätige, die während der Autofahrt mit Geschäftspartnern am Mobiltelefon einen vielleicht komplizierten und zuweilen auch strittigen Sachverhalt besprechen müssen und die oft auch noch verpflichtet sind, am Feierabend und in der Freizeit für berufliche Belange erreichbar zu sein. Als Stressfaktor kann auch die Flut von E-Mails gelten, die über zahlreiche Beschäftigte rund um die Uhr hereinbricht. Der Betriebsrat von Volkswagen setzte sich deshalb dafür ein, die E-Mail-Funktion der dienstlichen Smartphones nach Feierabend automatisch abzuschalten. Die erfolgreichen Bemühungen führten Ende 2011 zu einer bislang einmaligen Betriebsvereinbarung.[404]

Erleichterungen und neue Probleme

Der Computer kann alles, aber sonst nichts.
Computerspruch

Über die bisher geschilderten Auswirkungen hinaus gab es zahlreiche weitere Einflüsse, ausgehend von einer ständig anwachsenden Zahl von Computern. Immer mehr Menschen bemühten sich aus beruflicher Notwendigkeit oder aus persönlichem Interesse um einen Zugang zu der neuen Technik. Sie erhielten dadurch vielfältige Möglichkeiten, oft stellten sich aber auch Probleme ein, von denen man bisher keine Vorstellung gehabt hatte.

Aus heutiger Sicht fällt es schwer, sich bewusst zu machen, dass private PCs in den ersten Jahren gewöhnlich ohne Verbindung mit einem Datennetz betrieben wurden. Erst ab Mitte der 1990er Jahre gewann das Internet an Bedeutung und auch dann war für viele Anwendungen eine Internetverbindung nicht zwingend. So hatten um die Jahrtausendwende – einer Schätzung zufolge – in den Industriestaaten erst die Hälfte der Bevölkerung Zugriff auf das Internet.[405]

Der wahrscheinlich häufigste Einsatzbereich für die kleiner gewordenen Computer waren zu Beginn Computerspiele. Es folgten Anwendungen, die auch bisher schon möglich, aber mühsamer waren oder länger gedauert hatten. Da war zunächst einmal die Textverarbeitung. Die Zeiten sind schon fast vergessen, wo Tippfehler auf der traditionellen Schreibmaschine zu unschönen Korrekturen führten oder dazu zwangen, eine ganze Seite neu zu schreiben. Jetzt ließ sich alles mühelos korrigieren. Auch für Zeitgenossen, die immer wieder einmal Mühe hatten, ihre eigene Handschrift zu lesen, war das neue Verfahren hoch willkommen. Und schließlich brachte das elektronische Dokumentieren der abgesandten Schriftstücke den Vorteil eines leichteren Wiederauffindens. Für Verfasser längerer Texte (Briefe, Aufsätze, Bücher) gehörte das zeitraubende und mühsame Suchen bestimmter Textstellen der Vergangenheit an; bei maschineller Suche fiel der Zeitaufwand praktisch nicht mehr ins Gewicht.

Ein weiteres sehr verbreitetes Anwendungsgebiet stellt die Tabellenverarbeitung dar. Diese Programme schickten so manchen Taschenrechner in das Abseits der Schublade, weil man die monatliche Einnahmen-/Ausgabenrechnung und manche andere Planungs- und Kontrollberechnung nach einem einmal festgelegten Schema durchführen konnte und es möglich war, das Ergebnis gleich auszudrucken. Für so manchen ehrenamtlichen Kassierer eines Vereins war das Karteikartenzeitalter zu Ende, ließen sich doch jetzt Mitgliederverwaltung und Buchführung mit Hilfe der Tabellenverarbeitung oder auch spezieller Programme übersichtlich und zeitsparend erledigen.

Für die Vorbereitung einer Reise mit dem Auto oder für den Urlaub gehört schon immer die Festlegung der Fahrtroute zu den sinnvollen Voraussetzungen. Das Ermitteln einer zweckmäßigen und interessanten Strecke weckte bei manchem erst die rechte Vorfreude auf den Urlaub. Für diese Planung musste man sich mit (möglichst aktuellem) Kartenmaterial eindecken und die Teildistanzen zwischen den angefahrenen Zwischenzielen addieren, um die Tagesstrecke zu ermitteln. Dann kamen Programme zur Routenplanung auf, zunächst auf CD-ROM, später im Internet und schließlich als ständig verfügbarer Navigator im Auto. Das kunstvolle Austüfteln der Streckenführung entfiel jetzt – dafür aber auch mancher Vorteil des manuellen Verfahrens. So wird von Menschen berichtet, die Dank der Links-Rechts-Geradeaus-Anweisungen ihrer „Navis" zwar problemlos jedes Ziel erreichen, aber nicht mehr wissen, durch welche Städte, Landschaften und Länder sie gefahren sind. Ihnen genügt es, am richtigen Ziel anzukommen. Wie die folgende Pressemitteilung belegt, ist dies allerdings nicht immer gewährleistet.

PRESSEMELDUNG IN INTERNET UND PRINTMEDIEN (SOMMER 2009)

Ein schwedisches Ehepaar machte sich mit dem Auto auf den Weg zur italienischen Insel ***Capri****. Dabei ließen sie sich von ihrem Navigationscomputer im Fahrzeug leiten, in den sie das Ziel vor der Abfahrt eingegeben hatten. Den kleinen Tippfehler, der ihnen dabei unterlaufen war, hatten sie nicht bemerkt und so erreichten sie die Stadt* ***Carpi*** *in Norditalien. Ihren Fehler bemerkten sie erst, als sie sich im Reisebüro nach der berühmten „Blauen Grotte" erkundigten.*

Ob es sich um eine reale oder um eine erfundene Geschichte handelt, konnte nicht überprüft werden. Zumindest hätte es so sein können.

Der Erwerb eines Computers ist immer an die Erwartung geknüpft, in konkreten Situationen Hilfe zu erhalten. Die erhoffte Rollenverteilung sieht gestern wie heute den Benutzer als den Herrn des Verfahrens und den Computer als hilfreichen Knecht, der die ihm zugewiesene Aufgabe in erwarteter Art und Weise verrichtet. In dem Maß, in dem Programme komplexer werden, leidet aber die Durchschaubarkeit. Das beginnt schon damit, dass bei der Installation neuer Programme Entscheidungen verlangt werden, die den Bediener verwirren, weil er ihren Sinn und ihre Funktion nicht versteht.

Auch wer Schutzprogramme einsetzt, kann damit nicht unbedingt der Gefahr eines Rechnerbefalls durch Computerviren, sogenannten Trojanern und Würmern entgehen. Zunächst wurden derartige Schadprogramme hauptsächlich durch Disketten verbreitet, später nahmen sie ihren Weg über Rechnernetze. Nicht alle Eigenmächtigkeiten des Zauberlehrlings Computer entsprachen den Interessen seines Herrn, obwohl sie ihm nicht einmal immer bewusst wurden. Schon die beim Textverarbeitungsprogramm mitlaufende Rechtschreibkontrolle gehört zu jenen Rechneraktionen, auf die man sich nicht immer verlassen kann, werden doch manche Fehler erkannt, andere jedoch großzügig übersehen. Auch das Verfahren der Auswahl und Darstellung von Suchanfragen mittels Internetbrowser ist für den Benutzer nicht durchschaubar und gehört für ihn zum Willkürpotential des Computers.

Vor dem Netzzeitalter war das Beschaffen gezielter Informationen über Personen, Sachen und Sachverhalte oft sehr schwierig oder unmöglich. Nicht jeder hatte eine große Bibliothek in der Nähe und nur wenige konnten oder wollten sich ein vielbändiges Lexikon anschaffen, das manchmal ein kleines Vermögen kostete. Das Internet brachte hier gravierende Änderungen. Im Vordergrund stand dabei das 2001 gegründete Online-Lexikon Wikipedia, das nicht nur kostenlos genutzt werden kann, sondern gegenüber der gedruckten Konkurrenz über ein Vielfaches behandelter Begriffe und über eine überlegene Aktualität verfügt. Die Folge waren deutlich rückläufige Absatzzahlen der gedruckten Ausgaben und Millionenverluste für die Verlage. Konsequenterweise kündigte 2008 der Verlag der Großen Brockhaus-Enzyklopädie beim Erscheinen der 21. Auflage an, dass es voraussichtlich keine weiteren Druckausgaben mehr geben werde und 2012 wurde – nach 244 Jahren – der Druck der berühmten „Encyclopedia Britannica“ eingestellt. Beide Werke überleben jedoch in digitaler Form im Internet oder auf DVD. Bei der Frage, ob die Qualität der etablierten Enzyklopädien die von Wikipedia übertrifft, gehen die Auffassungen der Experten sehr auseinander. Offenbar nimmt aber auch unter den Wissenschaftlern die Akzeptanz zu.

Der Internethandel (Online-Shopping) ist fast so alt wie das Netz. Zunächst gab es nur einfache Auflistungen der angebotenen Produkte zusammen mit einem Bild und so waren die meist großzügiger bebilderten Kataloge der traditionellen Versandhändler (in Deutschland Neckermann, Quelle u. a.) noch attraktiver. Aber die Online-Shops holten auf und die großen Aktionshäuser im Netz wie eBay machten den neuen Beschaffungsweg immer interessanter. Auch für kleine Anbieter bot das Internet interessante Möglichkeiten, ja sogar für Heimarbeiter, die für selbsterzeugte Ware, z. B. Röcke und Oberteile, für selbstgestrickte Krabbeldecken und Schnullerketten Käufer fanden – manchmal so viele, dass sie davon leben konnten.[406] Gegenüber dem konventionellen Handel hat das Internet nun einmal den Vorteil, dass der Kunde für Preisvergleiche sich nicht einmal von seinem Stuhl erheben muss. Mit wenigen Mausklicks lässt sich bei speziellen Preissuchmaschinen ermitteln, was ein Produkt in den einzelnen Shops kostet.

Manches Altvertraute stellte das Internet auf den Kopf. Bislang waren Privatpersonen als Zeitungsleser, als Rundfunkhörer und Fernsehzuschauer ausschließlich Informationsempfänger. Nun konnten sie mit einem geringen finanziellen und technischen Aufwand selbst als Informant auftreten, jetzt hatten sie die Chance, mit ihren Texten, Bildern oder Musikstücken eine größere Zahl von Menschen anzusprechen. Bei Wikipedia darf jeder Internetnutzer Artikel schreiben oder bereits vorhandene ändern. Auf diese Weise haben Millionen größtenteils anonymer Freiwilliger ohne

Bezahlung mitgearbeitet und dem Online-Lexikon zu dem Ruf verholfen, „das größte gemeinsam geschaffene Werk der Menschheit“ zu sein.[407] Eine aktive Rolle spielt der Internetkunde auch bei Bewertungen von Verkäufern, Hotels, Reiseveranstaltern usw., die im Netz veröffentlicht werden. Allerdings ist hier Vorsicht geboten, weil immer wieder positive Stellungnahmen von den zu Bewertenden gegen Bezahlung in Auftrag gegeben werden.

Immer häufiger werden inzwischen auch Angebote von Behörden genutzt; beispielsweise um amtliche Formulare von deren Webseiten herunterzuladen.[408] Nach Angaben des Bankenverbands nehmen sogar 60 Prozent der Internetnutzer am Homebanking (auch Onlinebanking genannt) teil.[409]

Es wäre sinnlos, eine aktuelle Liste aller mehr oder weniger hilfreichen Anwendungen für stationäre und mobile Computer erstellen zu wollen, weil sich schon während des Schreibens eine Fülle neuer Programme anmelden würde. Allerdings wäre eine solche Liste – wie der Medienwissenschaftler Neil Postman bemerkt – „faszinierend“, „innovativ“, aber auch „bizarr“. Es wird immer deutlicher, dass es eine wachsende Abhängigkeit vom Computer gibt, weshalb der Rat von Postman beherzigenswert ist, sich „darauf (zu) besinnen, wie viel getan werden kann, ohne Computer einzusetzen.“[410]

In einem weiteren Bereich schafft die ausufernde Computernutzung in Verbindung mit immer kürzeren Produktlebenszyklen große Probleme: beim Computerschrott. Wohin damit? ist die große Frage. Elektronikgeräte enthalten sowohl wiederverwertbare Edelmetalle (bis hin zu zwei Gramm Gold in Computerplatinen), aber auch giftige Stoffe wie Arsen, Cadmium und Kobalt. Im Hinblick auf steigende Rohstoffpreise, aber auch mit Rücksicht auf die Umwelt wäre eine fachgerechte Entsorgung und Aufbereitung die richtige Lösung. Jedoch haben es die Industriestaaten versäumt, die dafür erforderlichen Einrichtungen zu schaffen. Stattdessen verschiffen sie ihre Altgeräte in Entwicklungs- und Schwellenländer. In einer UN-Studie wird für die USA und Australien von einem „Export“-Anteil von 80 % ausgegangen. In den Zielländern in Asien und Afrika werden die einzelnen Bestandteile von Arbeitern manuell getrennt. Gearbeitet wird üblicherweise ohne jegliche Schutzkleidung. Beim Verbrennen von Kabelisolierungen und Plastikteilen – einfach im Freien aufgehäuft – entstehen Dioxine und andere gesundheitsschädliche Stoffe, die von den Arbeitern eingeatmet werden.[411] Der als Rechenknecht konzipierte Computer agiert hier also über seine Lebensdauer hinaus ein letztes Mal als Zauberlehrling, indem er Menschen und Umwelt großen Gefahren aussetzt.

Eine ganz andere Art von Umweltverschmutzung sehen Kritiker in unsere Sprache eindringen. Es sind amerikanische Wörter, die ins Deutsche – so wie auch in andere Sprachen – übernommen werden, weil es dafür keine äquivalenten Übersetzungen gibt oder man aus Gewohnheit auf die Übersetzung verzichtet. Es folgt ein Textbeispiel für das sich leicht extremere Alternativen hätten finden lassen.

„DENGLISCH" FÜR DAS INTERNET

Wenn Ihre Software nicht mehr up to date ist, müssen Sie nur mit Ihrem Browser auf die Homepage gehen und das Upgrade downloaden. Den Link zur URL der Site des Providers finden Sie in den Bookmarks.

„Denglisch für das Internet" in der „Wirtschaftswoche" vom 09.11.2000.

Für diese Mischung von Deutsch mit zahlreichen englischen Ausdrücken hat sich der Begriff „Denglisch" eingebürgert. Er findet sich, ebenso wie alle anderen obigen Wörter, in dem von der Duden-Redaktion betreuten Band „Die deutsche Rechtschreibung".

Es sind die unterschiedlichsten Bereiche, die in den letzten Jahrzehnten durch den Computer geprägt wurden. Die stärksten Auswirkungen sind seit der Verbreitung des Internets zu beobachten, das in atemberaubender Geschwindigkeit die letzten noch nicht besetzten Gebiete erreicht. Während einem Leser des Jahres 1946 der folgende Auszug aus einer Kurzgeschichte jener Zeit ziemlich absurd vorgekommen sein muss, beschreibt er eine zu Beginn des 21. Jahrhunderts als selbstverständlich empfundene Realität.

DIE 1946 GESCHRIEBENE VISIONÄRE ERZÄHLUNG GEHT DAVON AUS, DASS ALLE AMERIKANISCHEN HAUSHALTE BEREITS ÜBER TASTATUR UND BILDSCHIRM MIT EINEM ZENTRALCOMPUTER VERBUNDEN SIND. VON DIESEM WIRD BERICHTET:

Er erledigt die Verbreitung von vierundneunzig Prozent aller Fernsehprogramme, vermittelt alle Informationen über Wetter, Luftverkehr, Sonderangebote, Stellenangebote und allgemeine Neuigkeiten, stellt alle Kontakte von Person zu Person über Drähte her und dokumentiert jedes geschäftliche Gespräch, jeden Vertrag. ... Die Computer haben die Zivilisation verändert. Die Computer sind die Zivilisation. Wenn wir die Computer abschalten, fallen wir in eine Art von Zivilisation zurück, von der wir vergessen haben, wie sie geht.

Murray Leinster: Ein Computer namens Joe, in: Werner Heilmann (Hrsg.): Online. Erzählungen von Angeklickten und Abgestürzten, von Computern und Computerfreaks, von Internet und Cyberspace, München 1997, S. 7–29, hier S. 20–21.

Reales Leben und virtuelle Welten

Dass Menschen sich gedanklich und emotional in Welten verlieren, die sie selbst geschaffen haben, ist nicht ganz ungewöhnlich. So kann man bei Künstlern und Wissenschaftlern beobachten, dass sie ein Ziel ganz fest vor Augen haben und dabei Umwelt und Alltag vernachlässigen oder gar vergessen. Auch bei manchen der jugendlichen Computerfreaks aus dem Silicon Valley, den „Hackern" jener Zeit, ließ sich dies beobachten. Ebenso galt es für die „zwanghaften Programmierer", die der Computerpionier und MIT-Professor Joseph Weizenbaum 1977 in seinem Buch „Die Macht der Computer und die Ohnmacht der Vernunft" beschreibt.

IRONISCH-ANSCHAULICHER BERICHT ÜBER DIE VOM COMPUTER BESESSENEN „ZWANGHAFTEN PROGRAMMIER"

Überall, wo man Rechenzentren eingerichtet hat,... kann man aufgeweckte junge Männer mit zerzaustem Haar beobachten, die oft mit tief eingesunkenen, brennenden Augen vor dem Bedienungspult sitzen; ihre Arme sind angewinkelt, und sie warten nur darauf, dass ihre Finger – zum Losschlagen bereit – auf die Knöpfe und Tasten zuschießen können, auf die sie genauso gebannt starren wie ein Spieler auf die rollenden Würfel. Nicht ganz so erstarrt sitzen sie oft an Tischen, die mit Computerausdrucken übersät sind, und brüten darüber wie Gelehrte, die von kabbalistischen Schriften besessen sind. Sie arbeiten bis zum Umfallen, zwanzig, dreißig Stunden an einem Stück. Wenn möglich, lassen sie sich ihr Essen bringen: Kaffee, Cola und belegte Brötchen. Wenn es sich einrichten lässt, schlafen sie sogar auf einer Liege neben dem Computer. Aber höchstens ein paar Stunden – dann geht es zurück zum Pult oder zum Drucker. Ihre verknautschten Anzüge, ihre ungewaschenen und unrasierten Gesichter und ihr ungekämmtes Haar bezeugen, wie sehr sie ihren Körper vernachlässigen und die Welt um sich herum vergessen. Zumindest solange sie derart gefangen sind, existieren sie nur durch und für den Computer. Das sind Computerfetischisten, zwanghafte Programmierer.

Joseph Weizenbaum: Die Macht der Computer und die Ohnmacht der Vernunft, 3. Aufl., Frankfurt a. M. 1982, S. 160 f.

Zu den derart Klassifizierten gehörten nur verhältnismäßig wenige Menschen. Sehr viel größer war und ist die Zahl derjenigen, für die Programmieren zwar kein Thema ist, die aber ebenfalls eine ganz besondere Beziehung zum Computer haben; eine Beziehung, deren Folgen für die Betroffenen, zuweilen auch für deren Umwelt, bedenklich werden können. Die US-amerikanische Soziologin *Sherry Turkle* erforscht seit Jahrzehnten das Verhalten der breiten Menge der Nutzer und beobachtet, wie wir nicht mehr den Computer nur als Spiegel unserer Selbst erleben, sondern mit

Hilfe des Internet durch diesen Spiegel hindurchgehen und in neuen virtuellen Welten leben können. Dabei stellt sie fest, „dass sich die Grenzen zwischen dem Realen und dem Virtuellen, dem Belebten und dem Unbelebten, dem einheitlichen und multiplen Selbst (…) zunehmend verwischen." Durch die neuen Möglichkeiten sieht sie „unsere Denkweise, den Charakter unserer Sexualität, die Form der Gemeinschaftsbildung, ja unsere Identität selbst verändert."[412]

Ab Mitte der 1970er Jahre waren vor allem bei Studenten Computerrollenspiele beliebt, bei denen sich – zunächst über die Rechnernetze der Universitäten – mehrere Spieler gleichzeitig beteiligen konnten. Die Teilnehmer definierten selbst die Figuren („Charaktere"), statteten sie aus mit Fähigkeiten und Ausrüstung und setzten sich in sogenannten „Räumen" (z. B. Landschaften, Häusern, Fahrzeugen) mit anderen Spielern oder mit Objekten auseinander. Die Bildschirmanzeige für Mitteilungen und Regieanweisungen waren lange Zeit rein textorientiert und ließ große Freiräume für die Fantasie der Spieler. Den thematischen Rahmen bildeten meist der Fantasy- oder der Science-Fiction-Bereich. Eine Vorstellung von den Möglichkeiten in einem solchen Spiel vermittelt der folgende Text.

NEUE LEBENSFORMEN DURCH DAS INTERNET

In einem interaktiven, textgestützten Computerspiel, das eine von der Fernsehserie „Star Trek: Die nächste Generation" inspirierte Welt darstellt, verbringen Tausende von Spielern bis zu achtzig Stunden pro Woche damit, an intergalaktischen Erkundungsflügen und Kriegen teilzunehmen. Durch Beschreibungen und Befehle, die sie eingeben, erzeugen sie Figuren, die sich zufällig zu romantischen Rendezvous treffen, die einer bestimmten Berufstätigkeit nachgehen und regelmäßige Gehaltszahlungen empfangen, die an Ritualen und Festen teilnehmen, die sich verlieben und heiraten. Für die Teilnehmer können diese Vorgänge äußerst fesselnd sein: «Das ist wirklicher als mein reales Leben», sagt eine Figur, die sich als Mann entpuppt, der eine Frau spielt, die vorgibt, ein Mann zu sein. In diesem Spiel entwirft jeder Teilnehmer sein Selbst nach eigenem Gutdünken, und die Regeln der sozialen Interaktion werden geschaffen und nicht bloß übernommen.

Sherry Turkle: Leben im Netz. Identität in Zeiten des Internet, Reinbek bei Hamburg 1998, S. 11

In den 1990er Jahren erhöhte die grafische Ausgestaltung die Attraktivität der Computerspiele. Wie im wirklichen Leben konnten die Figuren gewinnen oder verlieren, im sozialen Rang auf- oder absteigen, gefeiert werden oder sterben. Um an dieser bunten Welt noch intensiver teilhaben zu können, führen viele Spieler parallel mehrere Figuren und verwenden für das Spiel immer mehr Zeit und auch Geld, denn oft sind neben den Kosten für die Zulassung und für die regelmäßigen Erweiterungen auch jährliche Gebühren zu bezahlen. Dafür erhalten viele von ihnen im Spiel jene soziale Anerkennung und menschliche Bestätigung, auf die sie in Alltag und Beruf verzichten müssen. Außerhalb dieser virtuellen Welt zahlen manche Spieler psychisch und sozial einen Preis, dessen sie sich nicht immer bewusst werden. So nötigen ihnen – so Sherry Turkle – die verschiedenen Bildschirmfenster mit ihren unterschiedlichen Figuren „die Lebenspraxis eines dezentrierten Selbst auf, das in vielen Welten existiert und viele Rollen spielt." In einem Interview erzählte ein Student, dass es ihm die Figuren ermöglichen, Teile seiner Psyche „an- und abzuschalten." Und zu seiner Lebenssituation sagt er: „RL ist nur ein Fenster unter vielen (...) und es ist gewöhnlich nicht mein bestes."[413] Mit RL ist „real life" gemeint, das reale Leben, also der Alltag, und nicht das Computerspiel gleichen Namens. Übrigens wird es immer schwieriger zu unterscheiden, was zum realen Leben gehört und was zu virtuellen Welten, denn immer mehr Inhalte des Internets werden als reales Geschehen aufgefasst. Die virtuellen Erlebnisräume erlauben das gefahrlose Erleben von Abenteuern. Selbst in sozialen Portalen wie Facebook kann jemand einen Lebensschwerpunkt sehen, für den er sich engagiert und entsprechend Zeit aufwendet, indem er Kontakte zu zahlreichen „Freunden" unterhält und intensiv die angebotenen Spiele und Kommunikationsanwendungen nutzt. Die Nutzer bewerten das Angebot der Portale meist positiv, aber gleichwohl können Abhängigkeiten entstehen. Dies gilt ebenso bei Freundschaften in Chats (einer Form der elektronischen Internetkommunikation) und Internetforen.[414]

In vielen Ländern wächst die Sorge, dass neben der Auslösung eines suchtartigen Nutzungsverhaltens (mit Kontrollverlust und Entzugserscheinungen) auch Aggressionen erzeugt werden könnten. Eine britische Studie befand, dass 12 % der an Computer-Online-Spielen Beteiligten die Kriterien für Suchverhalten erfüllten.[415] Ähnliche Berichte gibt es auch aus den Vereinigten Staaten und vor allem aus asiatischen Ländern. Dass die Entwicklung ernst zu nehmen ist, zeigt sich in der Errichtung der ersten deutschen Ambulanz für Internet- und Computerspielsucht am Mainzer Universitätsklinikum. Dort können Betroffene und Angehörige seit 2008 Hilfe in Anspruch nehmen.[416]

Laut Angaben seiner Produktionsgesellschaft hatte das erfolgreichste der Computerrollenspiele, „World of Warcraft", im Oktober 2010 weltweit mehr als zwölf Millionen Spieler.[417] Gemäß einer deutschen Studie beträgt bei 15-jährigen männlichen Nutzern die tägliche Spieldauer fast vier Stunden und jeder Fünfte wird als abhängigkeitsgefährdet oder als bereits abhängig eingestuft.[418] Der Reiz des Spiels schafft also ein beträchtliches Suchtpotenzial. Nicht außer Acht lassen darf man Abhängigkeiten von einfachen Computerspielen, die oft (wie z. B. Mühle, Dame, Riversi) mit traditionellen Brettspielen identisch sind, von Sport- und Rennspielen sowie vom Surfen im Netz. Die Verführung solcher Betätigungen liegt zunächst darin, dass sie kurzfristig von menschlichen Problemen und Konflikten ablenken und das Leben vorübergehend erträglicher gestalten.

Da die größte Anziehungskraft vom Netz ausgeht, sind hier auch die größten Gefahren anzutreffen. Dieser riesige Verbund von Hardware und Software entfaltet enorme Möglichkeiten des Nutzens, aber auch ein Maß der Bedrohung, wie es in dieser Wirkungsmächtigkeit bisher nicht zu erleben war. Dabei könnte man an das Wurfnetz des Retiarius erinnert sein, jenem römischen Gladiator, der – außer mit dem Netz noch mit einem Dreizack und einem Kurzschwert bewaffnet – beim Kampf versuchte, seinen Gegner mit dem geworfenen Netz zu behindern, zu verwirren und letztlich zu besiegen.

Der Computer und das Denken

Der britische Mathematiker *Alan Turing* stellte 1947 auf einem Symposium in Manchester die Frage „Können Maschinen denken?" Dabei hatte er allerdings nicht die Computer seiner Zeit im Blick, denen man ernstlich derartige Fähigkeit nicht zutrauen konnte, sondern er dachte an künftige Entwicklungen und glaubte, dass es etwa in fünfzig Jahren, also um die Jahrtausendwende, so weit sein könnte.[419] Nur wenig umformuliert wurde daraus die zentrale Frage eines neu entstehenden Wissenschaftsbereiches, der „Künstlichen Intelligenz", und sie lautete: Ist es möglich, „intelligente" Maschinen zu bauen?

Die Künstliche Intelligenz (abgekürzt: KI) beinhaltet das Bemühen, Computerprogramme zu entwickeln, die in der Lage sind, eigenständig Probleme zu lösen und dabei flexibel auf die jeweilige Situation zu reagieren. Sie sollen dabei ein dem Menschen ähnliches intelligentes Verhalten zeigen. Manchmal wird zusätzlich gefordert, dass sie auch über Kreativität, Bewusstsein und Emotionen verfügen müssen. Neben den großen inhaltlichen Herausforderungen besteht bis heute die Schwierigkeit, dass keine allgemein anerkannte Definition von Intelligenz existiert und folglich auch die Vorstellungen von einer künstlichen Intelligenz weit auseinandergehen. Die uneinheitlichen und zuweilen ziemlich vagen Anforderungen machen deutlich, dass es sich bislang um kein klar abgegrenztes Forschungsgebiet handelt.[420]

Im Jahre 1957 ließen sich zwei renommierte KI-Forscher, Herbert A. Simon und Allen Newell, zu einigen für die damalige Zeit äußerst kühnen Vorhersagen hinreißen, darunter jene, dass innerhalb der nächsten 10 Jahre ein Computer Schachweltmeister sein werde und ein Elektronenrechner Musik von hohem ästhetischem Wert komponieren könne.[421] Die hochgesteckten Ziele konnten allerdings in der prognostizierten Zeit nicht erreicht werden und überhaupt kam es zu einer distanzierteren Haltung gegenüber der KI. Zu den Kritikern von Rang und Namen gehörte *Joseph Weizenbaum*. 1966 entwickelte er sein berühmtes Programm ELIZA, das, von einem sogenannten Skript gesteuert, im „Gespräch" mit einem Menschen eine vorbestimmte Rolle übernimmt. Bekannt wurde ein Skript mit dem Namen DOCTOR. Es versetzt den Computer in die Lage, die Rolle eines Psychotherapeuten zu spielen – wobei Weizenbaum allerdings Wert darauf legte, das Verb „spielen“ durch „parodieren“ zu ersetzen.[422] Der Dialog ging so vonstatten, dass der menschliche Partner seine Gesprächsbeiträge mittels Tastatur dem Computer, einem IBM-Großrechner, eingab, die dieser analysierte und über einen Drucker die Antworten mitteilte. Das folgende Beispiel verdeutlicht den Ablauf. Es handelt sich um eine Unterhaltung zwischen einer jungen Frau (Text in normaler Schreibweise) und dem Programm ELIZA in der Rolle des Psychotherapeuten (Textbeiträge in Großbuchstaben).

DAS PROGRAMM ELIZA IM DIALOG

Die Männer sind alle gleich.
IN WELCHER WEISE
Sie machen uns immer wegen irgendwas verrückt.
KÖNNEN SIE EIN BEISPIEL NENNEN
Na ja, die Idee zu diesem Gespräch stammt von meinem Freund.
DIE IDEE ZU DIESEM GESPRÄCH STAMMT VON IHREM FREUND
Er sagt, dass ich oft deprimiert bin.
ES TUT MIR LEID VON IHNEN ZU HÖREN DASS SIE DEPRIMIERT SIND
Das stimmt, ich bin unglücklich.
GLAUBEN SIE DASS DIESES GESPRÄCH IHNEN HILFT NICHT MEHR UNGLÜCKLICH ZU SEIN
Ich brauche jedenfalls Hilfe, das steht fest.
WAS WÜRDE ES FÜR SIE BEDEUTEN HILFE ZU BEKOMMEN
Vielleicht könnte ich lernen, mit meiner Mutter auszukommen.

Joseph Weizenbaum: Die Macht der Computer und die Ohnmacht der Vernunft, 3. Aufl., Frankfurt a. M. 1977, S. 15 f.

Eigentlich beabsichtigte Weizenbaum, einem Publikum von Nicht-Fachleuten mit dem Programm die Fähigkeit eines Computers zur Verarbeitung frei formulierter Texte zu demonstrieren. Bei den Besuchern fand das Programm auch großen Anklang, konnten sie doch selbst bei der Demonstration mitwirken. Weizenbaum ging davon aus, dass die angewandte therapeutische Methode, bei der es hauptsächlich darum geht, die Patienten zum Sprechen zu bringen, leicht als mechanische Widerspiegelung von deren Aussagen durchschaubar war. Zu seinem Erstaunen entwickelten die Benutzer jedoch in kurzer Zeit eine emotionale Beziehung zum Computer und billigten ihm menschliche Eigenschaften zu. Erschüttert war er jedoch, als mehrere praktizierende Psychiater anregten, das Programm zu einer fast völlig automatisierten Form der Psychotherapie auszubauen. Diese Eindrücke führten dazu, dass aus dem

Computerwissenschaftler Weizenbaum zunehmend ein Kritiker der Künstlichen Intelligenz und der Computertechnik wurde und dass er als Skeptiker der modernen Informationsgesellschaft hervortrat.

Aber die Künstliche Intelligenz entwickelte sich weiter. Mit einer gegenüber der Vorhersage dreißigjährigen Verspätung gelang es 1997 dem von IBM entwickelten Computersystem „Deep Blue", in einem Wettkampf den amtierenden Schachweltmeister Garri Kasparow zu schlagen. Überhaupt profitierten im PC-Zeitalter zahlreiche Computerspiele von Forschungsergebnissen der KI und Schachprogramme mit den Spielstärken von Großmeistern sind seit Jahren im Handel erhältlich.

Sogenannte Expertensysteme, in denen das regelbasierte Wissen eines Fachgebiets abgebildet ist, stellen einen weiteren Anwendungsschwerpunkt dar. Hierher gehört beispielsweise die Diagnose von Krankheiten anhand der von Patienten genannten Beschwerden und der Laborbefunde. Nicht selten werden Rückmeldungen über die Therapieerfolge dazu verwendet, die Leistung der Programme zu verbessern. Spracherkennungsprogramme gestatten die Umwandlung von gesprochenem Text in Schrift. Für Blinde besonders hilfreich sind Vorleseprogramme, die geschriebenen Text in Sprache übersetzen. Andere Programme erlauben durch Textvergleiche eine Handschriftenerkennung bzw. die Identifizierung von Personen mittels Fingerabdruck oder der Iris der Augen. Noch viel zu tun gibt es bei der Übersetzung zwischen zwei Sprachen, wo die Qualität maschineller Übersetzung bei weitem nicht an eine menschliche Leistung heranreicht.

Aktuelle Forschungsprojekte haben die Entwicklung von Robotern zum Ziel, die nicht nur selbstständig das Laufen lernen, sondern sich auch aktiv motorische Fähigkeiten, beispielsweise beim Fußballspielen, aneignen.[423] Automobilhersteller entwickeln automatisierte Systeme, die helfen sollen, Unfälle im Straßenverkehr zu vermeiden und die künftig den Fahrer überflüssig machen.

Bei all diesen erstaunlichen Leistungen lässt sich die von Turing gestellte Frage, ob Maschinen denken können, nicht klar beantworten, weil es an eindeutig messbaren Kriterien fehlt. Turing war sich dieser Unsicherheit bewusst und erdachte deshalb ein Verfahren, das auf experimentellem Weg zu einer Lösung führen sollte. In seinem 1950 erschienen Aufsatz „Computing Machinery and Intelligence" hat er ein Testverfahren beschrieben, das später seinen Namen trug. Dabei stehen einem Tester zwei Schnittstellen (heutzutage jeweils Tastatur und Bildschirm) zur Verfügung, über die er mit zwei für ihn unsichtbaren Quellen mit beliebigen Inhalten kommunizieren kann. Einer der Partner ist ein Mensch, der andere ein Computer. Nach fünf Minuten muss sich die Testperson entscheiden, bei welcher Quelle es sich um einen Computer und bei welcher um einen Menschen handelt. Wenn bei einer größeren Zahl von Testern mindestens 30 Prozent sich täuschen lassen, hat ein Programm den Turing-Test bestanden. Dem Verfahren liegt die Annahme zu Grunde, dass man dann einer Maschine Denkfähigkeit zubilligen kann, wenn sie menschliche Kommunikationsverhalten gut genug imitiert. Bisher hat allerdings keine Software die Kriterien erfüllt. Um einen größeren Anreiz zu schaffen, wurde seit 1991 eine Goldmedaille und ein Preisgeld von 100.000 US-Dollar ausgelobt – bislang vergeblich. Sozusagen als Trostpreis wird der nach seinem amerikanischen Stifter benannte Lochner-Preis jährlich in seiner „Bronzeversion" (2.000 US-Dollar) für jenes Programm verliehen, das am ehesten menschenähnliches Verhalten zeigt.

In der Literatur und in Filmen des 20. und 21. Jahrhunderts, besonders in jenen des Science-Fiction-Genre, findet sich immer wieder das Motiv des künstlichen Menschen. Es werden Ängste thematisiert, dass Computer und Roboter sich gegen ihre Schöpfer, die Menschen, auflehnen und diese sich unterwerfen könnten. Intelligenz in Verbindung mit Computern scheint in besonderem Maße geeignet, latente Technikängste zu verstärken.

Der Bibliothekar und Autor Georg Ruppelt weist in einer Studie[424] auf frühe literarische Werke hin, die sich erstaunlich weitsichtig mit der Gefährdung der Menschen durch moderne Computer und weltweite Netze auseinandersetzen, so in dem 1968 erschienenen Roman „Der große summende Gott" von Christopher Hodder-Williams und dem Roman „Inseln im Netz" (1988) von Bruce Sterling.

In einer Zeit, in welcher der Computer als neue Technik in die Haushalte Einzug hielt, demonstriert der zum Kult gewordene Film „Terminator" (1984) die durch die Technik ausgelöste Unsicherheit und Bedrohtheit der Menschen.

Der Film „Terminator" (1984) zeigt zu Beginn die im Jahre 2029 nach einem Atomkrieg verwüstete Erde. Ausgelöst wurde die Apokalypse durch den Supercomputer Skynet, der sich in seiner Existenz durch die Menschen bedroht sieht und sie deshalb in ihrer Mehrheit auslöscht. Die Überlebenden werden in Lagern zusammengetrieben und sollen als Arbeitssklaven eingesetzt werden. Ihnen wird ein Code aufgebrannt, der unserem Strichcode für Waren entspricht und sie zu Produkten macht, also entmenschlicht. Einem Menschen, der dieses Schicksal nicht teilen will, bleibt nur, sich dem Aufstand gegen Skynet und seine Maschinen, zu denen auch der Terminator gehört, anzuschließen

Auch bei dem 1999 gedrehten Film „The Matrix", für den aufwändige Kampfszenen mit digitaler Bildverarbeitungstechnik erzeugt wurden, geht es um die Versklavung von Menschen durch intelligente Maschinenwesen.

Weniger spektakulär artikulieren Wissenschaftler die Skepsis gegenüber der in ihren Augen bedenklichen wissenschaftlichen und sozialen Entwicklung. Bei dem Archäologen und Anthropologen André Leroi-Gourhan geschieht dies eindrucksvoll ironisch.

Sollten die Computer eines Tages in der Lage sein, vollkommene Theaterstücke zu schreiben und unnachahmliche Bilder zu malen, so wäre es an der Zeit, sich ernsthaft Gedanken zu machen. Sollten sie auch noch zu lieben beginnen, wäre das Schicksal der zoologischen Art beschlossen.

Andre Leroi-Gourhan: Hand und Wort, 2. Aufl., Frankfurt a. M. 1995, S. 332

Das gefährdete kulturelle Erbe

Zu den anhaltenden Träumen der Menschheit gehört der Wunsch nach einem perfekten Gedächtnis. Bedenkens- und Beachtenswertes über ein Menschenleben zuverlässig zu bewahren, ist schon schwierig genug; es über Generationen unverfälscht mündlich weiterzugeben schon fast unmöglich. Nur bei den großen Menschheitsgeschichten, den Sagen und Märchen, ist es einigermaßen gelungen. Und so nahmen die Menschen Zuflucht zu allerhand Hilfsmitteln, zu Aufzeichnungen in schriftlicher, optischer und – in neuerer Zeit – in akustischer Form. Vor allem zwischen Buchdeckeln schien das wissenschaftliche, literarische und zum Teil auch das künstlerische Erbe für die Zukunft gesichert zu sein. Aber welche Dimension hat die Zukunft, über welche zeitliche Distanz erstreckt sie sich? Bedeutet das gar „bis in alle Ewigkeit"? Ein Blick in die Vergangenheit lässt Zweifel aufkommen, denn er zeigt, dass Bücher – wie alles Stoffliche – dem Untergang ausgesetzt sind. Sie werden durch Feuer und Wasser vernichtet, sie werden zerrissen und verstreut und – weitaus heimtückischer – sie verfallen von innen her, denn ihre Lebensdauer hängt auch von der Art und Qualität des verwendeten Papiers ab. Vor allem seit der Mitte des 19. Jahrhunderts wurde auf säurehaltiges Papier mit einer begrenzten Haltbarkeit gedruckt. Handschriften und Musikmanuskripte sind vom sogenannten Tintenfraß bedroht und für Papier besteht bei falscher Lagerung grundsätzlich die Gefahr von Schimmelbildung. So sind von manchen Büchern nur noch wenige Exemplare erhalten, andere gelten als endgültig verloren. Zwar gibt es chemische Verfahren, den Zerfallsprozess aufzuhalten, jedoch sind sie aufwändig und teuer.

Als neue Datenträger aufkamen, schien Rettung in Sicht. Wenigstens inhaltlich und in wesentlichen Teilen des Erscheinungsbildes ließ sich das kulturelle Erbe erhalten, wenn man es auf Mikrofilme und später auf elektronische Datenträger bannte. Sie erlaubten eine relativ platzsparende Archivierung großer Datenmengen und durch besondere Zugriffstechniken auch ein rasches Wiederauffinden. Nicht nur für Bibliotheken, Museen, Archive und Institute gab es diese Perspektive; heutzutage haben viele Menschen ihre privaten Fotos, Musikstücke und den Schriftverkehr kostensparend und bequem digital gespeichert und die meisten haben keine Zweifel, dass ihre Daten morgen und übermorgen und in aller Zukunft ungefährdet verfügbar sind.

Mit der Entwicklung auf dem Gebiet der Datenträger ermöglichte also der fleißige Knecht Computer dem Menschen eine deutliche „Expansion des Gedächtnisses".[425] In den letzten Jahren gab es aber zunehmend Zweifel, ob der so gerühmte Knecht auch nachhaltig arbeitet. Denn nicht nur Bücher sind gefährdet; durch chemische und physikalische Einflüsse kann auch das Trägermaterial von CD-ROMs und DVDs angegriffen werden, so dass die gespeicherten Daten nach einer gewissen Anzahl von Jahren unlesbar werden. Gefährdet sind mehr oder weniger alle Speichermedien, einschließlich Magnetbändern, Festplatten, USB-Sticks und Flash-Speichern. Wie lange deren Lebensdauer tatsächlich ist, lässt sich mangels praktischer Erfahrungen noch nicht sicher sagen. Die Schätzungen liegen jedenfalls weit unter der Lebensdauer von Büchern, für die säurefreies Papier verwendet wurde.

Wirklich dauerhaft sind offenbar nur jene Datenträger, die ihre Robustheit über Jahrhunderte und Jahrtausende bewiesen haben; ehrwürdige Stein- und Metallplatten sowie Tontafeln, deren Inschriften heute noch lesbar sind. Dafür braucht man lediglich das Auge sowie die Kenntnis der verwendeten Sprache und Schrift. Für elektronische Datenträger hingegen ist eine bestimmte „Nutzungsumgebung"[426] erforderlich. Man benötigt neben dem Computer, elektrischem Strom und dem geeigneten Lesegerät noch das richtige Betriebssystem und das zu dem jeweiligen Datenformat passende Programm. Dass nach Jahren diese Voraussetzungen noch erfüllt sind, muss bei einem Blick auf die sich sehr rasch ändernde Computerwelt heftig bezweifelt werden. Ein Hobbyfotograf kann es vielleicht noch verkraften, wenn der Zugriff auf ein Strandfoto vom letzten Urlaub nicht mehr möglich ist. Wenn sich allerdings Teile unseres kulturellen Erbes allmählich in Nichts auflösen sollten, erreicht das Problem eine kritische Dimension. Ob die Bemühungen von Behörden, Institutionen und Unternehmen (wie Google und Microsoft), die Bestände der großen Bibliotheken, Archive und Museen zu scannen und elektronisch zu speichern zu einem dauerhaften Erfolg führen, ist ungewiss. Das Ziel der neu entstehenden elektronischen Archive ist extrem anspruchsvoll, sollen sie doch in ihrer Endstufe alles enthalten, was die Menschheit bisher veröffentlicht hat, einschließlich aller Webseiten. Jeder soll darauf zugreifen können – möglichst kostenlos. Ob diese Sisyphusarbeit gelingen wird, ist auch deshalb fraglich, weil täglich eine gewaltige Menge neuer Veröffentlichungen (in digitaler und in Printform) auf ihre Erfassung wartet. Experten des neu entstandenen Fachgebietes „digitale Langzeitarchivierung" versuchen deshalb, bereits heute Vorsorge zu treffen, dass nicht vielleicht in zwei Jahrzehnten der Beruf des „Datenarchäologen" notwendig wird.[427]

Welche Rolle spielt der Computer in diesem Szenario? Bei der Datenarchivierung schlüpft er zunächst einmal nicht in die Rolle des Zauberlehrlings, der eigenmächtig Funktionen übernimmt und Verderben anrichtet. Stattdessen kommt er als willkommener Helfer im Auftrag seines Herrn daher. Dabei weckt er Hoffnungen, die sich möglicherweise nicht erfüllen lassen – was ihn in die Nähe des Scharlatans rückt.

Der Umgang mit persönlichen Daten

Die Erfahrung hat gelehrt, dass die vom technologischen Tun jeweils mit Nahzielen in Gang gesetzten Entwicklungen die Tendenz haben, sich selbstständig zu machen … und das Wollen und Planen der Handelnden überflügeln.
Hans Jonas

Wenn jemand in den 1950er und noch zu Beginn der 1960er Jahre seine persönlichen Daten in einen Fragebogen oder in ein amtliches Formular eintrug, war es sehr wahrscheinlich, dass sie nur für den angegebenen Zweck verwendet wurden und fortan in Karteikästen oder Ordnern vor sich hin schlummerten. Jede anderweitige Verwendung, z. B. in Form von Adressen für die Werbewirtschaft, hätte einen erheblichen manuellen Arbeitsaufwand erfordert; nämlich die Auswahl der relevanten Daten, Übertragen in Listen oder Anfertigen von Fotokopien (damals noch mühsam und kostspielig) und das Aufbereiten für das neue Vorhaben (z. B. Ausdrucken von Adressaufklebern). All dies hielt eine bestimmungswidrige Verwendung der Daten sehr in Grenzen.

Anders nach der Ausbreitung der elektronischen Computer. Überall entstanden in Behörden, Unternehmen und Institutionen bis heute noch wachsende riesige Datensammlungen, so beim Einwohnerwesen der Kommunen und bei Finanzämtern, bei Ärzten, Krankenhäusern und Krankenkassen, bei Reiseveranstaltern und Versandhändlern, bei Schulen und Bibliotheken, bei Banken und bei zahlreichen staatlichen Registern. Sind Daten erst einmal digital erfasst, lassen sie sich mit immer weniger Aufwand speichern, filtern, kopieren, und – der folgenreichste Vorgang – miteinander verknüpfen, im Extremfall zu lückenlosen Persönlichkeitsprofilen, zum „gläsernen Menschen". Anfang der 1960er Jahre wurden die Gefahren, die von den neuen technischen Möglichkeiten ausgingen, zuerst in den Vereinigten Staaten erkannt. Auslöser waren die Pläne der US-Regierung, ein Nationales Datenzentrum einzurichten, das umfangreiche Informationen über alle US-Bürger registrieren sollte. In einem Land, das kein flächendeckendes Melderegister kennt, wurde dies vielfach als ein Eingriff in die verfassungsrechtlich gesicherten Freiheitsrechte betrachtet. Den Kritikern zufolge habe jeder Mensch das Recht auf „Privacy", also das Recht zu entscheiden, inwieweit er seine personenbezogenen Daten weitergibt. Die Auseinandersetzungen führten damals zum Scheitern des Vorhabens und 1974 schließlich zur Verabschiedung eines Gesetzes, dem Privacy Act, das die Bundesbehörden zur Einhaltung bestimmter Regeln zum Schutz personenbezogener Informationen verpflichtete. Allerdings gab es eine Gesetzeslücke, so groß wie ein Scheunentor, denn die

Bestimmungen galten nicht für den privaten Sektor und gerade hier entwickelte sich eine Dynamik mit äußerst bedenklichen Folgen.[428]

Die 1993 in einer US-amerikanischen Zeitung veröffentlichte Karikatur zeigt, dass es schon damals die Befürchtung gab, im Internet, dem neuen Informations-Superhighway, könnten Privatsphäre (Privacy) und Datenschutz auf der Strecke bleiben.

Bei einem geschichtlichen Rückblick finden sich für einzelne Bereiche schon sehr viel früher Maßnahmen zum Schutz der Privatsphäre. Der älteste Beleg dafür ist der sogenannte Eid des Hippokrates (um 300 v. Chr.), der auch die Verpflichtung zur ärztlichen Schweigepflicht umfasst.

AUSZUG AUS DEM SOGENANNTEN EID DES HIPPOKRATES

Was ich etwa sehe oder höre im Laufe der Behandlung oder auch außerhalb der Behandlung über das Leben von Menschen, was man auf keinen Fall verbreiten darf, will ich für mich behalten, in der Überzeugung, dass es schädlich ist, über solche Dinge zu sprechen.

Wolfgang U. Eckart: Geschichte der Medizin, 5. Aufl., Heidelberg 2005, S. 18

1215 erklärte die römisch-katholische Kirche das Seelsorge- und Beichtgeheimnis für verbindlich. In den vergangenen Jahrhunderten entwickelte sich eine berufliche Schweigepflicht für Angehörige verschiedener Berufe, z. B. für Beamte und Rechtsanwälte, außerdem das Postgeheimnis, zuerst in der Preußischen Postordnung von 1712 kodifiziert, das Fernmeldegeheimnis und das Steuergeheimnis

.In den 1960er Jahren diskutierte man in Deutschland ebenso wie in den USA, wie der Schutz informationeller Persönlichkeitsrechte zu gestalten sei. Wie wenig man auf die Problematik vorbereitet war, zeigte sich schon am Fehlen eines hinlänglich akzeptierten deutschen Begriffs. Schließlich fand man ihn in dem Wort „Datenschutz“, das deshalb missverständlich ist, weil nicht die Daten geschützt werden sollen, sondern die Menschen vor einer missbräuchlichen Verwendung ihrer Daten.

Das weltweit erste Datenschutzgesetzt verabschiedete 1970 das Bundesland Hessen, erst 1977 folgte das Bundesdatenschutzgesetz und vier Jahre später gab es in allen Bundesländern Landesdatenschutzgesetze. Das Ziel war es, einem Missbrauch bei der Speicherung, Übermittlung, Verarbeitung und Löschung personenbezogener Daten entgegenzuwirken (§ 1 Bundesdatenschutzgesetz).

Von besonderer Bedeutung für die Entwicklung des Datenschutzes war die für das Frühjahr 1983 vorgesehene Volkszählung, die Anlass für mehrere Verfassungsbeschwerden gab. Teile der Bevölkerung befürchteten eine vollständige und unkontrollierbare Erfassung ihrer persönlichen Daten und es kam zu massiven öffentlichen Reaktionen. Aus heutiger Sicht ist das eher erstaunlich, denn heutzutage sind Persönlichkeitsrechte viel stärker bedroht als damals, ohne dass es zu einem vergleichbaren Verhalten gekommen wäre. Das Bundesverfassungsgericht setzte zunächst die Volkszählung aus und erklärte im Dezember ihre gesamte gesetzliche Grundlage für verfassungswidrig, weil dort einzelne Vorschriften in erheblichem Maß und ohne gesetzliche Rechtfertigung in Grundrechte eingriffen.

ZENTRALE AUSSAGEN DES VOLKSZÄHLUNGSURTEILS VON 1983

Mit dem Recht auf informationelle Selbstbestimmung wären eine Gesellschaftsordnung und eine diese ermöglichende Rechtsordnung nicht vereinbar, in der Bürger nicht mehr wissen können, wer was wann und bei welcher Gelegenheit über sie weiß. ... Wer damit rechnet, dass etwa die Teilnahme an einer Versammlung oder einer Bürgerinitiative behördlich registriert wird und dass ihm dadurch Risiken entstehen können, wird möglicherweise auf eine Ausübung seiner entsprechenden Grundrechte (Art. 8, 9 GG) verzichten. ... Freie Entfaltung der Persönlichkeit setzt unter den modernen Bedingungen der Datenverarbeitung den Schutz des Einzelnen gegen unbegrenzte Erhebung, Speicherung, Verwendung und Weitergabe seiner persönlichen Daten voraus. ... Das Grundrecht gewährleistet insoweit die Befugnis des Einzelnen, grundsätzlich selbst über die Preisgabe und Verwendung seiner persönlichen Daten zu bestimmen.

Urteil des Bundesverfassungsgerichts vom 15. Dez. 1983 – Volkszählungsurteil –, S. 45 f.

Das Gericht kritisierte vor allem die vorgesehene Weitergabe von Volkszählungsdaten an Meldebehörden zur Aktualisierung der Melderegister. Von anhaltender Bedeutung war die Kodifizierung des aus dem allgemeinen Persönlichkeitsrecht des Artikels 2 in Verbindung mit Artikel 1 des Grundgesetzes abgeleiteten Rechtes auf „informationelle Selbstbestimmung". Das Gericht ließ Einschränkungen nur auf Grund verfassungsgemäßer gesetzlicher Grundlagen zu.

Wirksame Datenschutzmaßnahmen werden auch durch den globalen staatlichen wie privaten Datenaustausch erschwert, bei dem Informationen die Ländergrenzen rascher überwinden als ein flüchtendes Reh. Gesetzgebung und Schutzmaßnahmen hingegen sind meist Sache der einzelnen Staaten und verlieren an den Grenzpfosten ihre Wirksamkeit. Umso dringlicher sind Vereinbarungen zur Vereinheitlichung. In diesem Sinne verpflichtete die Datenschutzrichtlinie der Europäischen Union von 1995 alle Mitgliedsstaaten, bestimmte Mindeststandards beim Datenschutz durch nationale Gesetze sicherzustellen. Allerdings beeinträchtigten gewichtige Ausnahmen (z. B. bei öffentlicher Sicherheit und bei der gemeinsamen Außen- und Sicherheitspolitik) die Wirksamkeit der Richtlinie.[429]

Eine weitere EU-Richtlinie aus dem Jahre 2006 verlangte von den Mitgliedsstaaten, einheitliche Bestimmungen über die Speicherung von Vorratsdaten im Rahmen der Telekommunikation festzulegen. Danach sollten für alle Teilnehmer im Telefonfestnetz und im Mobilnetz sämtliche Verbindungs- und Verkehrsdaten für mindestens sechs Monate und höchstens zwei Jahre gespeichert werden. Dasselbe galt für Nutzer von E-Mail-Diensten und die Datentelefonie im Internet. Bei Gesprächen mittels mobiler Telefone sollte zusätzlich der Standort registriert werden. Zwar wurden die übermittelten Inhalte von der Speicherung ausgenommen, aber es war umstritten, ob Grundrechte wie das Recht auf informationelle Selbstbestimmung und das Fernmeldegeheimnis noch gewährleistet waren, wo jetzt doch auch das Kommunikationsverhalten völlig unverdächtiger Menschen analysiert werden konnte.

Das aufgrund dieser Richtlinie in Deutschland erlassene Gesetz zur Regelung der Telekommunikationsüberwachung führte wie erwartet zu zahlreichen Klagen vor dem Bundesverfassungsgericht, das 2010 die konkrete Ausgestaltung der Vorratsdatenspeicherung für verfassungswidrig erklärte. Die weiterhin sehr heftig geführte Diskussion über Pro und Kontra verhinderte bislang in Deutschland die von der EU mehrfach geforderte Umsetzung der Richtlinie und die Einführung der Vorratsdatenspeicherung. Die EU-Kommission reagierte deshalb im Jahr 2012 mit einer Klage gegen die Bundesrepublik Deutschland vor dem Europäischen Gerichtshof (EuGH).

Als Klagegrund führte die EU-Kommission u. a. an, die deutsche Verweigerung führe zu negativen Auswirkungen für den EU-Binnenmarkt und hindere die deutsche Polizei daran, schwere Straftaten zu verfolgen. Wäre die Rechtsauffassung der Kommission bestätigt worden, hätte die Bundesregierung bis zur Umsetzung ein Zwangsgeld in Höhe von täglich 315.036,54 Euro zahlen müssen.[430] Als die Richter des EuGH die Richtlinie aufhoben, zog die Kommission ihre Klage zurück. Das nationale deutsche Recht reagierte auf diese Entwicklung mit einem Hin und Her zwischen erneuter Einführung und Aussetzung der Vorratsdatenspeicherung.

Nach mehrjährigen heftigen Auseinandersetzungen um den Datenschutz wurde 2016 die umfassende EU-Datenschutz-Grundverordnung (EU-DSGVO) verabschiedet, die eine für alle EU-Länder einheitliche Rechtsgrundlage bildet und 2018 in Kraft tritt.[431]

Von seinen Ursprüngen her ist der Mensch Sammler und Jäger. Die Sammelleidenschaft ist nicht nur als Hobby bei Privatpersonen zu beobachten, sondern auch in den unterschiedlichsten Bereichen der öffentlichen Hand und nicht weniger ausgeprägt bei gewerblichen Unternehmen. Umfangreiche Informationen über andere Menschen können eine Basis sein, um politische oder wirtschaftliche Macht zu sichern oder zu erringen. Durch die globale Vernetzung haben sich die Chancen, an Persönlichkeitsdaten heranzukommen, erheblich verbessert. Elektronisch übermittelte oder gespeicherte Daten unerlaubt abzugreifen, also sie zu stehlen, macht nur geringe Mühe. Und im Gegensatz zu einem normalen Diebstahl wird der Bestohlene nicht einmal feststellen, dass ihm etwas fehlt. Informationen auch für andere als für den zunächst genannten Zweck zu verwenden, gehört zu den verbreiteten Gepflogenheiten. Zum Identitätsdiebstahl wird der Vorgang dann, wenn jemand im Namen des Bestohlenen einkauft oder Verträge abschließt.

Wenn bei einem Unternehmen die eigenen Möglichkeiten nicht ausreichen, um nach Art und Umfang die gewünschten Daten bereitzustellen, kommt der Datenhandel zum Zuge. Für Datenzukauf gibt es legale Anbieter, Auskunfteien und andere Unternehmen, aber auch illegale, die als Hacker in einem spektakulären und zugleich kriminellen Betätigungsfeld unterwegs sind oder als Mitarbeiter in Rechenzentren und Callcentern Datendiebstahl begehen. Aus diesem illegalen Bereich stammen Daten, die einen Zugriff auf fremde Giro- und Kreditkartenkonten ermöglichen.

Ein effizienter Datenschutz wird erheblich dadurch erschwert, dass vielen Menschen überhaupt nicht klar ist, welche Gefahren ein völlig ungesteuerter Umgang mit ihren Daten nach sich ziehen kann. „Ich tue nichts Unrechtes, also habe ich nichts zu verbergen" ist eine häufig zu vernehmende Aussage. Oder: „Durch den Datenschutz werden nur diejenigen geschützt, die krumme Sachen machen." oder noch pointierter: „Datenschutz ist Täterschutz". So werden bei Online-Bestellungen über die zwingend erforderlichen Daten hinaus großzügig weitere Angaben gemacht, bei Gewinnspielen sowie Verbraucherbefragungen („Ihre Meinung ist uns wichtig!") virtuelle Fragebögen umfassend ausgefüllt und persönliche Angaben und Bilder auf sozialen Portalen wie Facebook preisgegeben. Diese häufig sehr weitreichende Offenlegung persönlicher Dinge wird zu Recht als „sozialer Exhibitionismus“ oder als „Persönlichkeitsentblößung“ kritisiert.

Die sozialen Netzwerke finanzieren ihre kostenlosen Angebote mit den Daten ihrer Benutzer, denn Angaben über Alter, Ausbildung, Hobbys, Religion, sexuelle Orientierung und vieles andere sind für das Direkt-Marketing äußerst interessant. Wenn die Netzwerke ihren Sitz im Ausland haben – wie Facebook Europe in Irland – kann das strengere deutsche Datenschutzrecht nicht angewendet werden. Trotzdem bemängelten in der Vergangenheit auch die irischen Datenschutzbehörden bei Facebook zahlreiche Verstöße gegen irische und europäische Datenschutzanforderungen und verlangten Korrekturen. Dass es dabei nicht um Kleinigkeiten geht, macht die dezidierte Kritik des politischen Journalisten und Buchautors Heinrich Wefing deutlich.

FACEBOOK UND DER DATENSCHUTZ

Man muss sich nur einmal vorstellen, eine Telefongesellschaft zeichnete alle Telefonate von 800 Millionen Menschen auf und könnte darauf nach Belieben zugreifen. Auf jedes Geschäftsdetail, jeden Liebesschwur, jedes Gespräch mit dem Arzt. Die Welt wäre zu Recht alarmiert. Zumal wenn sich diese globale Telefongesellschaft weigerte, Auskunft über die eigenen Geschäfte mit den Mitschnitten zu geben. Genau das tut Facebook. Facebook sagt nicht, wie es speichert, was es speichert. Und verrät schon gar nicht, was es mit den Daten macht. Alles Unternehmensgeheimnis, Ende der Durchsage.
Ein solch ungeheurer Datenschatz in der Hand eines einzelnen Privatunternehmens stellt die Machtfrage neu. Die Machtfrage des 21. Jahrhunderts.

Heinrich Wefing: Einfach nur autoritär, in: DIE ZEIT, Nr. 6 vom 02.02.2012

Zu den ganz großen Datensammlern gehören auch die Suchmaschinen Google und Yahoo. Zwar bieten sie ihre Leistungen den Benutzern kostenlos an. Für Einnahmen und Gewinne sorgen an ihrer Stelle Unternehmen, die dafür personalisierte Werbung platzieren dürfen. Suchmaschinen kommt die Tatsache zugute, dass sie durch die Speicherung der Suchanfragen besonders gut über die Interessen und Vorlieben ihrer Nutzer informiert sind. Nicht nur als Wirtschaftsunternehmen erfolgreich, sondern ebenso im Besitz enormer Bestände personenbezogener Informationen sind das E-Commerce-Versandhaus Amazon und das weltweit größte Internetauktionshaus eBay.

Nicht jeder Benutzer ist sich darüber im Klaren, dass er eine deutliche Datenspur hinterlässt, wenn er im Internet surft oder wenn er das Mobiltelefon oder eine Kundenkarte benutzt. Selbst wer im Web niemals Name und Anschrift nennt (also auf

Online-Shopping verzichtet), ist identifizierbar, weil er wie jeder Netzbenutzer eine so genannte IP-Nummer erhält, unter der alle seine Schritte registriert werden. Der Anbieter des jeweiligen Internetdienstes (Provider) kann natürlich dieser Nummer die entsprechenden Namen und Adressen zuordnen. Manche der im Netz hinterlassenen Daten sind lediglich für die Durchführung des Bestellvorgangs oder der Auftragsabwicklung erforderlich und werden nur kurzfristig gespeichert und dann gelöscht; andere werden von Unternehmen gesammelt, wie ein Schatz gehütet, bei Bedarf aufbereitet oder auch an Interessenten verkauft. Diese zusätzliche – und lukrative – Einnahmequelle haben auch Konzerne wie die Otto Group, Bertelsmann, die Deutsche Telekom und die Deutsche Bahn längst erkannt.

Kaum ein Unternehmen ist alleine in der Lage, alle marketingrelevanten Daten über eine Person zusammenzutragen. Deshalb kümmert sich ein eigener Geschäftszweig, vor allem Adressverlage und Wirtschaftsinformationsdienste, um die „Anreicherung" bereits vorhandener Daten mit den noch fehlenden Merkmalen (z. B. Angaben zum Marketingverhalten sowie Telefonnummern). Diese Zuordnung erledigen Computer, die Dateien aus verschiedenen Quellen miteinander abgleichen. Wie weitreichend die Tätigkeit der Datensammler bereits 2004 war, zeigt ein konkretes Beispiel eines auf Datenhandel spezialisierten deutschen Unternehmens.

ANGEBOT EINES GEWERBLICHEN DATENSAMMLERS

Die Firma Schober aus Ditzingen bei Stuttgart kennt ... 23 Haushalte in Hamburg, die monatlich mehr als 3800 Euro netto zur Verfügung haben und in denen mindestens ein Mitglied unter Gewichtsproblemen oder Bluthochdruck leidet und Marlboro oder Gauloises raucht. Die Adressen kosten 43 Cent pro Stück.

Marcus Rohwetter und Götz Hamann: Wir werden täglich ausgespäht, in: DIE ZEIT, Nr. 48 vom 18.11.2004

An dieser Stelle fragt man sich, ob die Weitergabe von Daten, zu der die Zustimmung der Betroffenen nicht eingeholt wurde und von der sie normalerweise nichts erfahren, nicht gegen das Recht auf informationelle Selbstbestimmung verstößt. Auf den ersten Blick und basierend auf dem Grundverständnis des Datenschutzes müsste es sich wohl so verhalten. Die tatsächliche Rechtslage sah allerdings durch Ausnahmen im Bundesdatenschutzgesetz anders aus. Danach durften bestimmte Personendaten (z. B. Name und Anschrift, Titel und Geburtsjahr) auch ohne Wissen und Zustimmung der Betroffenen für Werbezwecke genutzt sowie anderen Unternehmen zur Verfügung gestellt werden. Voraussetzung war, dass die Daten in Listen zusammengefasst und nur einem einzigen Merkmal zugeordnet waren, beispielsweise dem Merkmal Raucher oder dem Merkmal Abitur als Schulabschluss. Dieses umstrittene sogenannte Listenprivileg ermöglicht es Informationsdienstleistern, ihren Kunden

Auswahlkataloge mit Hunderten verschiedener Kriterien anzubieten, die sich auf Datenbanken mit zig Millionen Privatadressen stützen. In der neuen EU-DSGVO finden sich die mit dem Listenprivileg verknüpften Regelungen zugunsten des Adresshandels nicht mehr. Allerdings existiert ein juristisches Schlupfloch, denn eine Verwendung personenbezogener Daten zu Werbezwecken ist jetzt auch ohne die Einwilligung des Betroffenen grundsätzlich zulässig, wenn ein „berechtigtes Interesse" des Unternehmens vorliegt. Diese großzügige Handhabung des Datenschutzes stößt allerdings auf heftige Kritik von Betroffenen.

In Deutschland sind die Datenbestände der SCHUFA, einer privatwirtschaftlich organisierten Gemeinschaftseinrichtung der kreditgebenden Wirtschaft, besonders umfangreich. Dort sind etwa drei Viertel aller Deutschen erfasst. Geschäftspartner sind vor allem Kreditinstitute, Kreditkartenunternehmen, Leasinggesellschaften, Handelsbetriebe, Telekommunikations- und Inkassounternehmen sowie Wohnungsgesellschaften. Sie können bei der Schufa für jede erfasste Person einen sogenannten Score-Wert abfragen, welcher die statistische Wahrscheinlichkeit eines Kreditausfalls angibt. Seit 1985 dürfen Kundendaten (Personen- und Vertragsdaten sowie irreguläres Zahlungsverhalten) nur dann an die Schufa übermittelt werden, wenn der Kunde damit einverstanden ist. Allerdings wird man kaum mehr ein Bankkonto eröffnen können, ohne die „Schufa-Klausel" zu unterschreiben. Ein ungünstiger Score-Wert kann für die Betroffenen zu erheblichen Nachteilen im Geschäftsverkehr führen, indem Kredite oder Vertragsabschlüsse verweigert oder nur zu ungünstigeren Bedingungen angeboten werden oder dass bestehende Konten gekündigt werden. Undurchsichtig wird die Situation für die Betroffenen, weil das exakte Berechnungsverfahren für den Score-Wert von der Schufa nicht offengelegt wird und offenbar auch Faktoren in die Berechnung eingehen, auf die der Einzelne keinen direkten Einfluss hat oder solche, die er nicht als negativ zu erkennen vermag. So mutmaßt der SPIEGEL, dass „ man schon dann als unsicherer Kantonist gelten kann, wenn man im ‚falschen' Wohnviertel lebt oder eine Automarke fährt, die bei säumigen Zahlern besonders verbreitet ist."[432] Bedenklich muss stimmen, dass im Jahre 2009 bei einer empirischen Überprüfung 45 % der gespeicherten SCHUFA-Eintragungen unvollständig, veraltet oder falsch waren.[433]

Große und erfolgreiche Datensammler sind auch Betreiber von Kundenkartenorganisationen, in Deutschland vor allem Payback. Um Bonuspunkte und Rabatte zu bekommen, offenbaren zahlreiche Menschen neben ihren Stammdaten über einen langen Zeitraum auch ihr Einkaufsverhalten. Das funktioniert nur deshalb, weil für die beteiligten Unternehmen die erlangten Informationen mehr wert sind als die gewährten Nachlässe. Die Verbraucher vermarkten sich also selbst – und dies deutlich unter Wert.

Eine vielfach beklagte menschliche Eigenschaft, die zudem mit steigendem Lebensalter zunimmt, ist die Vergesslichkeit. Ganz anders das Internet, dessen Inhalte durch ständiges Kopieren zwischen Servern und Nutzern, zwischen verschiedenen

Ländern und Regionen auch dann erhalten bleiben können, wenn die ursprünglichen Inhalte gelöscht und ihre Initiatoren sie längst vergessen haben. „Das Internet vergisst nicht", auch dann nicht, wenn es dem einst jugendlichen Blogger (der vor Jahren im Internet ein öffentlich einsehbares Tagebuch oder Journal führte) oder der auf einem verfänglichen Partybild dargestellten Person nur allzu recht wäre. Früher einmal öffentlich gemachte extreme Ansichten, nach Jahren immer noch lesbar, können zu erheblichen beruflichen und privaten Nachteilen führen. Zu jenen Informationen, die selten vergessen werden, gehört das Ausgefallene, Aufregende, Krasse viel eher als das Ausgewogene, Bestätigende, Mäßigende, also das Unspektakuläre. Der Medienwissenschaftler Bernhard Pörksen sieht im Internet „ein gnadenloses Archiv unseres Lebens" entstehen. Gleichzeitig thematisiert er aber auch, dass der Austausch von Geräten und Software durch leistungsfähigere Nachfolger zur Unlesbarkeit von Daten führen kann und die technische Innovation somit auch eine permanente Informationsvernichtung zur Folge hat.[434]

Die Nutzung moderner Computertechnologien für Datengewinnung und -analyse hat völlig neuartige Probleme bewirkt, die in einer aktuellen Studie drei Aspekten zugeordnet werden.[435] Danach herrscht zunächst einmal mangelnde Transparenz, weil es „für einen Laien fast nicht nachvollziehbar (ist), welche Aktivitäten welche Datenspuren hinterlassen und in welcher Art und Weise diese ausgewertet und verwendet werden können." Daneben besteht „die zunehmende Schwierigkeit, sich einer Preisgabe persönlicher Daten zu entziehen" und schließlich werden die Datenbestände „dynamischer", d. h. Verhaltens- und Mobilitätsprofile werden aktuell, also in „Echtzeit" erzeugt.

Peter Schaar, der langjährige Bundesbeauftragte für den Datenschutz, sieht eine vielfältige Bedrohung der Privatsphäre durch „technologische Entwicklungen, wirtschaftliche Interessen, staatliche Kontrollen und auch die zunehmende Bereitschaft vieler Menschen, ihre eigene Privatsphäre nicht mehr ernst zu nehmen." Er befürchtet eine Entwicklung, die, wenn nicht bald gegengesteuert wird, in „eine allgegenwärtige Überwachungsgesellschaft" führt.[436] Aufmerksamen und kritischen Bürgern konnte nicht verborgen bleiben, dass in Deutschland die in der Vergangenheit errungenen Persönlichkeitsrechte in den letzten Jahren zunehmend geschmälert wurden. Einige Problembereiche konnten, ohne Anspruch auf Vollständigkeit, in diesem Kapital behandelt werden. Inzwischen richten Datenschützer ihr Augenmerk gleichermaßen auf Wirtschaftsunternehmen wie auf den Staat, denn – so der Titel eines einschlägigen Aufsatzes – „Die großen Internetunternehmen betrachten den Datenschutz eher als Geschäftshindernis". Dort wird auch Scott McNealy, der damalige Chef von Sun Microsystems, zitiert, der schon im Jahr 2000 sagte: „Die Privatsphäre ist tot. Kommen Sie darüber hinweg."[437]

Im Sommer 2013 kam es zu einem Ereignis, das weltweit eine weitreichende Diskussion über die Bedeutung des Datenschutzes in demokratischen Staaten auslöste. Es war Edward Snowden, ein für den größten amerikanischen Auslandsgeheimdienst

NSA (National Security Agency) tätiger IT-Experte, der die umfassenden Aktivitäten von US-Behörden zur Überwachung des internationalen (und wahrscheinlich auch nationalen) Internetverkehrs enthüllte. Bereits als Folge der Angriffe auf die USA am 11. Sept. 2001 gab es regelmäßige und systematische Abhörzugriffe von Geheimdiensten auf viele Netzknotenpunkte. Es war das Ziel, neue Terroraktivitäten bereits im Vorfeld zu entdecken. Laut Veröffentlichungen der britischen Tageszeitung „The Guardian" sowie der US-amerikanischen „Washington Post" soll es der NSA und dem US-Inlandsgeheimdienst FBI seit 2007 möglich sein, legal auf die zentralen Server von neun der größten Internetunternehmen der USA unmittelbar zuzugreifen und sowohl die aktuell laufende Kommunikation als auch gespeicherte Datenbestände auszuspähen. Es handelt sich um Microsoft, Yahoo, Google, Facebook, PalTalk, AOL, Skype, YouTube und Apple.[438] In dieses umfassendste Überwachungssystem der Geschichte soll auch der britische Geheimdienst GCHQ eingebunden sein.

Somit wird es möglich, über längere Zeiträume für eine ungeheure Zahl von Menschen Bewegungs- und Persönlichkeitsprofile zu erstellen. Während das Rechtssystem demokratischer Staaten nur die Überwachung verdächtiger Personen zulässt, benutzen maßgebliche Geheimdienste weltweit offenbar Methoden, die für Überwachungsstaaten charakteristisch sind. Eine wachsende Anzahl von Menschen – so lassen sich die Buchabsatzzahlen im Sommer 2013 deuten – fragte sich, ob der in dem berühmten Roman „1984" von George Orwell dargestellte totale Überwachungsstaat Realität zu werden droht. Die Überwachungs- und Spionageaffäre zog immer größere Kreise und führte zu Spannungen zwischen Regierungen auf internationaler Ebene, aber auch zwischen Gruppierungen in den einzelnen Staaten. Letztlich geht es dabei um eine Abwägung zwischen den Menschenrechten Freiheit und Sicherheit. Benjamin Franklin stand bereits im 18. Jahrhundert vor dieser Frage und sie führte zu seiner berühmten Aussage: „Wer Freiheit aufgibt, um Sicherheit zu gewinnen, der wird am Ende beides verlieren." Vor allem in den letzten Jahrzehnten sorgte der Knecht Computer für einen gewaltigen Zuwachs an Informations- und Kommunikationsmöglichkeiten. Aber gleichzeitig präsentierte der Zauberlehrling gleichen Namens die Rechnung. Und es bleibt eine anspruchsvolle Aufgabe für die Zukunft, die von beiden ausgehenden Wirkungskräfte wieder in eine erträglichere Relation zu bringen. Die mühsame Aufgabe, international abgestimmte Standards und gesetzliche Regelungen zu vereinbaren, kann jeder Einzelne unterstützen durch einen bewussteren und zurückhaltenderen Umgang mit seinen Daten.

Die unsichtbaren Computer

Die am weittragendsten Technologien sind jene, die verschwinden. Sie weben sich ein in das Geflecht des täglichen Lebens und lassen sich dann nicht mehr unterscheiden.
Mark Weiser

Dass ein Unternehmen entsprechender Größe über Hunderte oder Tausende von Computern verfügt, dürfte niemanden verwundern. Hingegen erscheint es unwahrscheinlich, dass eine Privatperson eine dreistellige Zahl von Computern besitzt. Und doch ist das leicht möglich und es ist ziemlich normal, dass diese Person nichts davon weiß. Denn heutzutage sind wir überall von Computern umgeben, die – meist winzig und unsichtbar – in Maschinen und Geräten eingebettet sind. Sie verschwinden als eigenständige Geräte und gehen in komplexeren Systemen auf. Ihr Benutzer merkt meist nur indirekt etwas von ihrer Existenz, etwa wenn defekte Waschmaschinen, DVD-Player oder Kühlschränke ein unerwünschtes Verhalten zeigen.

In einer immer größeren Zahl von Geräten der Medizintechnik, der Haushaltstechnik (z. B. bei Waschmaschinen und Küchenherden) und der Unterhaltungselektronik, aber auch in Autos und Flugzeugen übernehmen „eingebettete Systeme" oder „embedded chips" Steuerungs-, Überwachungs- und Regelungsfunktionen. Auf der Basis elektronischer Technik erfüllen Mikroprozessoren Aufgaben, die in mechanischer Ausführung so schnell, leistungsfähig, platzsparend und kostengünstig nicht realisierbar wären. Der Computerwissenschaftler Alois Ferscha beobachtet eine „radikale Verdrängung von Computertechnologie in den Hintergrund" und sieht sie „eingebettet und versteckt in Alltagsgegenständen sowie zur Übernahme von Routinetätigkeit kultiviert."[439]

Das am häufigsten genannte Anwendungsgebiet sind neu entwickelte, hochtechnisierte Autos. Dort übernehmen an die hundert Mikroprozessoren die Steuerung und Kontrolle, so etwa für Motor, Airbag, Bremsverhalten, Abstandhaltung, Spurstabilität, Diebstahlsicherung, Einparkunterstützung usw. Während bislang die einzelnen Systeme ihre Aufgaben isoliert erfüllten, geht die Entwicklung hin zu einer weitreichenden Kommunikation der Zwergcomputer miteinander und auch zu externen Informationsquellen. Das kann etwa bedeuten, dass an einer roten Ampel der Motorsteuerung mitgeteilt wird, wie lange die Rotphase noch dauert und das System dadurch entscheiden kann, ob es sich lohnt, den Motor kurzfristig auszuschalten.

Bei der Suche nach den Ursprüngen dieser Technik wird deutlich, wie die Entwicklungskette von größer zu kleiner und noch kleiner und schließlich zu fast unsichtbar erfolgte. Eines der ersten eingebetteten Systeme gab es 1961 bei der amerikanischen Minuteman-Rakete, in der ein Computer als Wege-Such-System fest eingebaut war. Was damals als platz- und gewichtssparend galt, wog etwa 28 Kilogramm. Wenn man allerdings bedenkt, dass zu jener Zeit das Gewicht üblicher

Mainframes um die vier Tonnen betrug und sie einen ganzen Raum füllten, wird diese Zahl relativiert.

Bei einem der herausragenden Ereignisse des 20. Jahrhunderts – der ersten Landung von Menschen auf dem Mond am 21. Juli 1969 – waren sowohl im Raumfahrzeug als auch in der Mondlandefähre für Navigation und Antriebssteuerung eingebettete Computersysteme beteiligt. Sie wogen jeweils etwa 32 Kilogramm und sie stellten die entscheidenden und im Hinblick auf ein Gelingen kritischsten Systeme dar. Was ihre Leistungsmerkmale angeht, so reichten sie bei weitem nicht an die eines einfachen Handys des frühen 21. Jahrhunderts heran.

Überall dort, wo unsichtbare Computersysteme die Menschen im Alltag von ungeliebten Routinetätigkeiten entlasten, sind sie als Helfer willkommen. Oft endet jedoch die uneingeschränkte Zustimmung, wenn sie dazu eingesetzt werden, Personen und persönliche Gegenstände zu kennzeichnen und zu identifizieren. Die Schlüsseltechnologie, die dies ermöglich, heißt RFID (Radio Frequency Identification) oder Funkerkennung. Das zentrale Element sind kleine Etiketten, die ähnlich den Strichcodes auf ein Objekt aufgeklebt oder in einen Gegenstand eingearbeitet werden können. Sie enthalten einen Mikrochip (ausgestattet mit einem Prozessor, einem Datenspeicher und Software) sowie einer Antenne; insgesamt also ein Computer mit winzigsten Abmessungen.

Zu finden sind solche RFID-Tags, auch Funk-Chip oder Transponder genannt, bei Tieren sowie bei so unterschiedlichen Objekten wie den neuen deutschen Personalausweisen und Reisepässen, bei Büchern in Bibliotheken, zuweilen auch auf Müllcontainern und Fahrausweisen öffentlicher Verkehrsmittel. Zusätzlich sind Geräte zum Auslesen der auf den Tags gespeicherten Identifikationskennzeichen erforderlich. Ein großer verfahrenstechnischer Vorteil besteht darin, dass nur das Lesegerät eine eigene Stromversorgung besitzen muss, während der passive Tag kontaktlos über Funktechnologie aktiviert und ausgelesen werden kann. Je nach System ist es dabei möglich, Daten zu ändern oder zusätzliche Daten auf dem RFID-Tag zu speichern. Überschreitet allerdings der Abstand zwischen Funkchip und Lesegerät eine gewisse Entfernung, benötigen die Chips eine eigene Stromversorgung, was zusätzliche technische Anforderungen aufwirft und zu deutlich höheren Kosten führt.

Inzwischen gibt es eine Vielzahl von Bereichen, in denen RFID-Technik entweder bereits in großem Umfang eingesetzt wird oder eine Einführung demnächst bevorsteht. Deshalb kann hier nur eine Auswahl kurz dargestellt werden. Ein recht verbreitetes Einsatzgebiet ist die automatische Tiererkennung in der Nutztierhaltung, z. B. bei Rindern, Schafen und Schweinen. Seit den 1980er Jahren werden RFID-Chips an Tieren angebracht, z. B. an den Ohren, oder unter die Haut injiziert. Ein weltweit einheitliches Kennzeichnungssystem ermöglicht inzwischen eine auch betriebsübergreifende Verfolgung der Tiere von der Geburt bis zur Schlachtung.

Nach diesen positiven Erfahrungen war es nicht weit zu winzigen Funkchips, die Menschen unter der Haut implantiert wurden. Schon seit dem Jahre 2004 vertrieb ein

US-Unternehmen mit Genehmigung der amerikanischen Arzneimittelzulassungsbehörde ein solches Implantat. Es verhalf zunächst Gästen von Szenelokalen und Edeldiskotheken dazu, ihre Getränke auf einfache und zugleich extravagante Art zu bezahlen, indem sie einfach an einer Lesestation vorbeigingen. Seit einiger Zeit nutzen einige US-Krankenhäuser das Verfahren zur Überwachung von chronisch kranken Patienten, die sich im Notfall nicht mitteilen können und für die durch die Funkerkennung eine Verbindung zur Datenbank mit ihren Gesundheitsdaten hergestellt werden kann.[440] Die Zahl dieser Patienten ist sehr niedrig, nicht zuletzt deshalb, weil der Verdacht nicht ausgeräumt werden konnte, die Chips könnten Krebs auslösen.

Eine ganz andere Größenordnung erreicht die Zahl der Beteiligten bei neuen, mit RFID ausgestatteten Ausweispapieren. Nach den Terroranschlägen vom 11. September 2001 forderten die USA für die Dokumente die Aufnahme unabänderlicher biometrischer Merkmale. Nach und nach kamen immer mehr Staaten dieser Anforderung nach. Neuere deutsche Reisepässe sowie Personalausweise besitzen einen Funkchip, auf dem neben üblichen Textangaben auch ein digitales Bild und zwei Fingerabdrücke gespeichert sind. Damit soll nicht nur die Ausweiskontrolle erleichtert, sondern auch ein besserer Fälschungsschutz erreicht werden. Den Bürgern wird zugesichert, dass bei der Kommunikation zwischen Transponder und Lesegerät für Außenstehende kein Zugriff auf den Datenverkehr möglich ist. Eben dies scheint jedoch – Berichten zufolge – nicht uneingeschränkt gewährleistet zu sein.

Eine bereits nennenswerte Verbreitung haben an der Kleidung befestigte Namensschildchen mit Funkchips, welche eine automatische Zutrittskontrolle für Gebäude und Räume ermöglichen. Ins Zwielicht geraten sie allerdings dann, wenn beispielsweise auch in Pausenbereichen von Betrieben (Kantine, Kaffeeautomat, Toilette) Lesestationen unauffällig angebracht werden, um das Pausenverhalten der Mitarbeiter zu überwachen. An verschiedenen Wintersportorten werden RFID-Skipässe verwendet, die nicht nur den Personalbedarf an Liften, Bergbahnen, Hallenbädern, manchmal auch Hotels vermindern, sondern auch den Veranstaltern helfen, die touristischen Angebote zu verbessern, indem sie ein Abbild der bevorzugten Aufenthaltsorte und Vorlieben der Gäste wiedergeben.

Nur indirekt, über ihren Geldbeutel, sind Menschen bei Mülltonnen von Mikrochips betroffen. In einigen Städten wird das Abfallgewicht von den Müllfahrzeugen gewogen und über die Transpondererkennung dem Zahlungspflichtigen mengenabhängig in Rechnung gestellt. Auf diese Weise hofft man, die Abfallmengen zu vermindern. In der Luftfahrt spielt die Qualität geprüfter Ersatzteile eine herausragende Rolle. Um sicherzustellen, dass nur Originalteile verwendet werden, bringt man daran Transponder mit bestimmten Kontrolldaten an.

Um Millionen von Daten geht es bei der Bestandsverwaltung großer Bibliotheken. Daneben sind Informationen über eine oft sehr große Zahl von Benutzern zu verwalten. Bei Ausleihvorgängen müssen nun Medien und Benutzer einander zugeordnet werden. Am rationellsten geschieht dies mit dem Funkchipverfahren. Dabei legt der Entleiher die Medien – auch mehrere gleichzeitig – in die Lesestation, während seine maschinenlesbare Ausweiskarte in einen Leseschacht gesteckt und der Buchungsvorgang automatisch durchgeführt wird. Auf den RFID-Chips der Medien wird ein entsprechender Vermerk gespeichert, so dass an den Bibliothekstüren installierte Alarmsysteme zwischen berechtigter oder unerlaubter Medienmitnahme unterscheiden können. Von außen zugängliche Automaten lassen eine Rückgabe auch außerhalb der Öffnungszeiten zu. Es ist zu erwarten, dass künftig auch die Inventur des Bestandes und das Auffinden im Regal falsch eingeordneter Medien leichter durchzuführen sind. Für die Bibliotheken ist es allerdings ein Wermutstropfen, dass trotz einer zu erwartenden Kostenreduktion für RFID-Etiketten das Verfahren für die meisten von ihnen im Vergleich zu bisher eingesetzten Methoden noch zu teuer ist.[441]

Im Logistikbereich von Industriebetrieben und Handel können Funketiketten gewaltige Vorteile bringen. Gleich bei der Produktion damit ausgestattet, können die Waren auf ihrem Weg zum Kunden lückenlos überwacht und registriert werden. Ein ständiger Überblick über Warenbestände in Lagern und Verkaufsräumen ist ohne zusätzlichen Aufwand für die Datenerfassung möglich, eine besondere Inventur kann entfallen. Aus den Verkaufsräumen können Kassen (und die Arbeitsplätze der Kassiererinnen) verschwinden, weil in dem Augenblick, in dem der Kunde den Einkaufswagen durch die Leseschranke schiebt und seine RFID-Kundenkarte zückt, alle Waren automatisch gebucht und seinem Konto belastet werden. Mit Hilfe der zahlreichen Informationen, die im Laufe der Zeit über das Kaufverhalten der einzelnen Kunden gesammelt werden, lassen sich personalisierte Empfehlungen und Ratschläge für bestimmte Waren sowie Einkaufsrouten im Laden erzeugen. Um diese zu übermitteln, eignen sich am Einkaufswagen angebrachte Bildschirme oder auch die Smartphones der Kunden.

Eine Utopie? Nicht ganz. Seit 2003 erprobt in Deutschland die Metro Group in einem „Future-Store“ innovative Handelstechnologien. Einer raschen Verbreitung steht jedoch eine Reihe von Schwierigkeiten entgegen. Sie sind technischer und wirtschaftlicher Art und haben mit Datenschutzanforderungen zu tun. Kritiker bemängeln, dass die Funkchips auf den Waren auch nach dem Verlassen des Verkaufsraums von anderen Lesestationen, sei es im Bus oder an der Tankstelle, heimlich ausgelesen und Daten zweckentfremdet werden können. Besonders bei Kleidung sind unerwünschte Auswirkungen möglich, weil ein Kunde, dem ein „Deaktivieren“ der Chips beim Verlassen des Verkaufsraums angeboten wird, nicht sicher sein kann, dass dies wirksam geschieht.

All diese Bedenken dürften die weitere Entwicklung aber bestenfalls modifizieren, nicht jedoch aufhalten. Aufs Ganze gesehen kann die RFID-Technologie für Unternehmen, aber auch für Verbraucher eine Fülle von Vorteilen bringen. Der Computer zeigt bei all diesen Anwendungen ein freundliches, hilfsbereites Gesicht und schafft wieder einmal eine Fülle von Erleichterungen, die früher nicht vorstellbar waren. Unter Datenschutzgesichtspunkten ist eine alldurchdringende Funkidentifizierung allerdings sehr problematisch. Wenn die Menschen durch eine unbemerkte Datenübermittlung weder Zustimmungs-, noch Widerspruchsmöglichkeiten haben, wenn durch den Einzelnen eine Kontrolle seiner Daten nicht mehr möglich ist, bedeutet dies den Verlust des Rechts auf informationelle Selbstbestimmung. Die Menschen hätten sich dann in ein vom Zauberlehrling Computer gewirktes Netz verstrickt, das kaum mehr zu durchschauen ist. Die Zukunft wird zeigen, ob die Entwicklung zu bequemeren Verfahren sich zu Lasten des Persönlichkeitsrechts Datenschutz fortsetzt oder ob ausgewogenere Lösungen gesucht und gefunden werden.

Vergangenheit
begegnet Zukunft

Was vergangen ist, ist Prolog.
William Shakespeare

Es war ein langer Weg, der von jenem einfachen System, das sich in Sekundenschnelle mit ein paar Strichen in den Wüstensand oder auf einem Wirtshaustisch erzeugen ließ, bis hin zu den elektronischen Digitalcomputern führte. Dazwischen entstanden Rechenmaschinen, die an Fürstenhöfen und in Fabrikkontoren eine ganz unterschiedliche Rolle spielten und mit dem Werk von Babbage ihrem Jahrhundert vorauseilten. Dann kam der mächtige Auftritt der Lochkartenmaschinen, die erst die Verarbeitung von Massendaten ermöglichten.

Ohne die zahlreichen Menschen, die diesen Weg mitgingen, ohne jene, die voranschritten und die Richtung festlegten oder andere, die mit ihren Wünschen, ihren Erwartungen, aber auch mit ihrer Ablehnung darauf Einfluss nahmen, würde die Gegenwart anders aussehen. Nicht nur die reale Welt hat sich bei diesem Weg durch die Jahrtausende verändert, sondern auch die Betrachtungs- und Denkweise der Menschen. Was als Rechenbrett oder Rechentafel begann und verhältnismäßig einfach zu erlernen war, wurde in der weiteren Entwicklung immer komplexer und komplizierter und mit wachsender Leistungsfähigkeit kaum noch durchschaubar. Was man nicht mehr recht versteht, kann man aber auch nur schwer beherrschen. Und so erlebten die Menschen in jüngerer und jüngster Zeit den Computer immer häufiger als Zauberlehrling, der aus der ihm zugewiesenen Rolle als Rechenknecht ausbricht und unerwartete, unerwünschte und manchmal gefährliche Ergebnisse bewirkt. Während sich der Goethe'sche Zauberlehrling damit begnügt, eine Badewanne zum Überlaufen zu bringen und das Haus unter Wasser zu setzen, sind die Folgen von außer Kontrolle geratenen Computern meist weitaus bedrohlicher.

Wer aber gibt uns die Gewähr, dass der Hexenmeister stets rechtzeitig zur Stelle und in der Lage ist, dem bösen Treiben Einhalt zu gebieten? Die vergangenen Ausführungen haben gezeigt, dass die durch die Informationstechnik im alltäglichen Leben eingeleiteten Neuerungen auch ohne Fehlfunktionen, Pannen und Katastrophen für die davon Betroffenen schwerwiegende Folgen nach sich ziehen können. Angesichts einer künftig „totalen Informatisierung der Welt" fragt sich der Informatiker Friedemann Mattern, was dann die entscheidenden Machtfaktoren sein werden. Er hält es für möglich, dass künftig „heftig um Wissensmonopole und Zugang zu Realweltdaten sowie die damit verbundene Interpretationshoheit gestritten" wird. Das könnte, so Mattern, die gleiche Bedeutung erlangen wie im Industriezeitalter die Auseinandersetzungen zwischen Arbeit und Kapital und dazu führen, dass „der historische Streit um Freiheit, Grundrechte, staatliche Gemeinwohlverpflichtung, Ressourcen, Monopole, Macht und korrekte Weltinterpretation sich dann an ganz anderen Objekten entzünden und Strukturen festmachen (könnte), als wir es bisher gewohnt sind."[442] In der Tat besteht die Gefahr darin, dass fundamentale Prozesse jenseits demokratischer Kontrolle ablaufen können.

Zwei Bereiche, in denen sich Geschehenes und Künftiges vermengen und zu einer neuen Gestaltung hindrängen, sollen kurz angesprochen werden. Ihr gemeinsames Merkmal: Sie sind zu bedeutsam, als dass die dafür notwendige Festlegung von Regeln und Rahmenbedingungen alleine einer kleinen Zahl großer Unternehmen oder Gruppierungen von Internetbesessenen überlassen werden könnte. Stattdessen sollte eine breit geführte gesellschaftliche Diskussion dem Ergebnis vorausgehen.

Das bereits angesprochene Thema Funkchiptechnologie gehört hierher. Es dürfte künftig noch an Brisanz gewinnen, denn erfahrungsgemäß braucht es einige Zeit, bis erkannt wird, dass von manchen Neuerungen eine Bedrohung ausgeht. Der Umgang mit der Kernenergie liefert dafür ein aktuelles Beispiel: Erst als sichtbare Katastrophen eintraten, entwickelte sich (zumindest in Deutschland) ein gesellschaftlich relevantes Handlungsbewusstsein. Beim RFID-Einsatz sind keine medienwirksamen Ereignisse vorstellbar, die mit einem Schlag ein verändertes gesellschaftliches Bewusstsein bewirken könnten. Umso notwendiger ist es, die Entwicklungen aufmerksam zu verfolgen und die Veränderungen sozialer Strukturen und politischer Machtverhältnisse auf einen breit geführten gesellschaftlichen Diskurs zu stützen.

Bei einem zweiten Bereich – dem Urheberrecht – ist die künftige Ausrichtung noch nicht erkennbar, obwohl bereits Entscheidungs- und Handlungsbedarf besteht. Verschiedene Gruppierungen – hauptsächlich Urheber, Verwerter und Nutzer – versuchen ihre widersprüchlichen Interessen durchzusetzen. Durch die neuen Möglichkeiten, digitalisierte Bücher und Aufsätze, Musik, Filme und Computerprogramme in kurzer Zeit ohne Qualitätseinbuße zu kopieren oder über das Netz anderen verfügbar zu machen, wurden die bislang gültigen Regeln in unterschiedlicher Weise in Frage gestellt. Zu den Urhebern („Kreativen“) gehören vor allem Autoren, Komponisten und kreative Künstler. Bei ihnen liegt zunächst das ausschließliche Recht, über die Verwertung ihres Werkes zu entscheiden, vor allem über Vervielfältigung und Verbreitung. Im Normalfall übertragen sie ihre Rechte gegen Honorar auf Verwerter, also auf Verlage, Musikunternehmen oder Unternehmen der Filmbranche. Diese verfügen am ehesten über die technischen, organisatorischen und wirtschaftlichen Voraussetzungen für eine erfolgreiche Verbreitung. Nach Vorstellung der Verwerter sollten die Schutzrechte ausgeweitet werden. Dies könnte dazu führen, dass z. B. die in Deutschland wirksame Schutzfrist von siebzig Jahren nach dem Tod des Urhebers verlängert wird, dass private Kopien von CDs verboten oder eingeschränkt und im Internet Tauschbörsen für Musikstücke untersagt werden.

Bei der Vertragsgestaltung zwischen Urhebern und Verwertern, also auch bei der Vereinbarung der Honorare, wird deutlich, dass die Verwerter gegenüber den Urhebern gewöhnlich die stärkere wirtschaftliche Position haben. Ein Ausweg könnte für Urheber darin bestehen, über das Internet den direkten Weg zu den Nutzern zu suchen, also zu den Lesern, Musikhörern oder Filmbetrachtern. Eine derartige Ausschaltung der traditionellen Verwerter würde allerdings voraussetzen, dass sich einfache und sichere Verfahren für eine Vergütung der Urheber durchsetzen.

Die Vorstellungen der meisten Nutzer gehen hingegen in eine ganz andere Richtung. In ihren Augen sind die Schutzrechte zugunsten der Urheber und Verwerter deutlich überzogen und mit dem Freiheitsanspruch des Internets nicht in Einklang zu bringen. Einige Ungereimtheiten scheinen diese Position zu stärken. Während es nämlich bislang juristisch problemlos möglich ist, zwischen Freunden und Bekannten CDs auszutauschen, soll der digitale Austausch über Internettauschbörsen als Verletzung des Urheberrechts gelten. Um derartige Vorgänge bekämpfen zu können, verlangt die Musikindustrie einen zivilrechtlichen Auskunftsanspruch gegen die Internetprovider – was wiederum zu einem Konflikt mit Datenschutzanforderungen führt. Bei dieser Auseinandersetzung ist zu berücksichtigen, dass die Tonträgerindustrie in den letzten Jahren schwere Absatzeinbrüche durch Kopien von CDs und unauthorisiertem Herunterladen von Musik aus dem Internet hinnehmen musste.

Nutzer besonderer Art sind die Bibliotheken. Ihre Aufgabe besteht im Bereitstellen und Verleihen von urheberrechtlich geschützten Werken. Schwierigkeiten entstehen beispielsweise bei sehr teuren Fachzeitschriften, die nur noch in Digitalform erscheinen und bei denen Verlage für den Onlinezugang hohe Gebühren verlangen, während der Zugang über die Bibliotheken sehr viel günstiger oder gar kostenlos ist.

Urheber und Verwerter haben sich in Gewerkschaften oder Verbänden organisiert und versuchen, den Gesetzgeber durch Lobbyisten zu beeinflussen. Vor den Politikern liegt die gewaltige Aufgabe, an die Stelle der bisherig existierenden komplizierten und über mehrere Gesetze verstreuten Regelungen des Copyrights ein ausgewogenes, umfassendes und für die Vielzahl der Beteiligten gut verständliches „Informationsgesetz“ zu schaffen. Wie schwierig das schon rein von der Sache her ist, hat bereits 1994 der amerikanische Autor und Internetaktivist John Perry Barlow in seinem im Netz veröffentlichten berühmten Essay „The Economy of Ideas“ dargestellt. Zugunsten von Autoren und Erfindern wurde bislang – so schreibt er – in dem Augenblick eine Vergütung fällig, in dem eine Idee die geistige Sphäre ihres Schöpfers verließ und sich in ein physikalisches Objekt (z. B. ein Buch oder einen Gegenstand) verwandelte. Dafür verwendet Barlow ein berühmt gewordenes Beispiel: Bei der Weinflasche wurde bislang die Flasche durch das Eigentumsrecht geschützt – und nicht der Wein. Wenn nun eine Information aus einem Buch oder von einer CD in das Netz gestellt wird, verschwindet in diesem Augenblick quasi die durch das Recht geschützte „Flasche“ und es stellt sich die Frage wie unter diesen Umständen schöpferische Leistung noch honoriert werden kann – auf welchem Wege also neue „Flaschen“ geschaffen werden können. Barlow stellt seinem Essay ein Zitat von Thomas Jefferson voran, das allerdings für eine befriedigende Lösung des Problems wenig Mut macht: „Erfindungen können von ihrer Natur her nicht Gegenstand des Eigentums sein.“ [443]

Wenn man die durch umfassende und ständige Informationen bewirkten vielfältigen Veränderungen betrachtet, dann wird deutlich, dass sich unsere Welt in einer gewaltigen Umbruchsituation befindet, jener vergleichbar, als im Neolithikum die Menschen sesshaft wurden.

ELEKTRONISCHE HIRNE
VON FRIEDRICH DÜRRENMATT

Noch sind sie unsere Knechte
Noch führen sie aus
Was wir ihnen vorschreiben
Dumm, stur, emsig

Aber schon sind die Resultate
Die sie liefern
Nicht mehr zu kontrollieren
Nur durch ihresgleichen

Doch bald
Werden sie weiter rechnen
Ohne uns
Formeln finden,
die nicht mehr zu interpretieren sind

Bis sie endlich Gott erkennen,
ohne ihn zu verstehen
Schuld- und erbarmungslos
Straf- und rostfrei
Gefallene Engel.

Friedrich Dürrenmatt: Philosophie und Naturwissenschaft. Essays, Gedichte und Reden, Zürich 1998, S. 25 (Copyright © 1986 Diogenes Verlag AG Zürich)

Damals wie heute geht es um eine sehr weitreichende Veränderung der Lebensbedingungen. Während die gegenwärtigen Entwicklungen in wesentlich kürzeren Zeitspannen als vor Jahrtausenden verlaufen, sind gleichzeitig die Gestaltungsräume für den Einzelnen wie für die Gesellschaft deutlich größer. So haben es die Menschen des 21. Jahrhunderts in der Hand, durch ihr eigenes Verhalten als Nutzer von Informationstechnik auf die künftigen Funktionen des Computers einzuwirken. Sie könnten ihn aus der Rolle des Zauberlehrlings verdrängen, die er sich in Teilbereichen angemaßt hat, und wieder in die dienende Funktion des Rechenknechts zurückführen.

Friedrich Dürrenmatt drückt seine in dieser Hinsicht pessimistischen Erwartungen gegenüber den „elektronischen Hirnen“ in einem erstmals 1958 veröffentlichten Gedicht aus.

Individuelle Erfahrungen und die Einschätzung von Nutzen, seltener auch jener von Risiken, prägen die Einstellung der Menschen zur Informationstechnik. Nur allzu selten macht man sich Gedanken über zu erwartende gesellschaftliche Folgen. Dies führt häufig dazu, dass die Entwicklung und Durchsetzung von Strategien, um Fehlentwicklungen zu vermeiden oder zu korrigieren, keine hinreichende Unterstützung findet. In dieser Situation ist das Bildungswesen gefordert; allerdings besteht seine Aufgabe weniger in der Vermittlung von Bedienungswissen und entsprechenden Fertigkeiten als in einer Unterstützung der Menschen beim Erwerb jener Einsichten und Fähigkeiten, die es ermöglichen, Informations- und Kommunikationssysteme überlegt zu nutzen.

Anmerkungen

1 Vgl. Jean Andreau: C. Iucundus, L., in: Der neue Pauly. Enzyklopädie der Antike, hrsg. von Hubert Cancik und Helmuth Schneider, Bd. 2, Stuttgart – Weimar 1997, Spalte 894 f. sowie ausführlicher J. Andreau: Les affaires de Monsieur Jucundus, Rom 1974

2 Karl Weeber: Humor in der Antike, Mainz 1991, S. 56

3 Vgl. Fritz Kretzschmer: Bilddokumente römischer Technik, 5. Aufl., Düsseldorf 1983, S. 5

4 Vgl. Hans Kloft: Die Wirtschaft der griechisch-römischen Welt, Darmstadt 1992, S. 241 f.

5 Vgl. Perry Moon: The Abacus: its history, its design, its possibilities in the modern world, New York [u. a.] 1971, S. 4

6 Vgl. Karl Menninger: Zahlwort und Ziffer, Bd. II Zahlschrift und Rechnen, 2. Aufl., Göttingen 1958, S. 109–111 sowie A. Furtwängler und K. Reichhold: Griechische Vasenmalerei, München 1905, S. 147

7 Der entsprechende Nachweis ist dokumentiert in dem Aufsatz „The Abacus and the Calendar" von Mabel Lang in der Zeitschrift „Hesperia" XXXIII, 1964, S. 146–167 und XXXIV, 1965, S. 224–247

8 Vgl. Mabel Lang: Herodotos and the Abacus, in: Hesperia XXVI, 1957, S. 271–287

9 Herodot: Historien, übers. von A. Horneffer, 4. Aufl., Stuttgart 1971, VII. Buch, Abschnitt 187

10 Aristophanes: Die Wespen, in: Aristophanes. Die elf erhaltenen Komödien, übers. von Wolfgang Schöner, Wien 1989, S. 160

11 Q. Horatius Flaccus: Satiren 1, 6, 70, übers. in Anlehnung an H. Färber, H. Haas u. R. von Kienle sowie K. E. Georges

12 Titus Petronius Arbiter: Satyrika, 46, 3, übers. in Anlehnung an Carl Fischer sowie Konrad Müller und Wilhelm Ehlers

13 Alciphron: Aus Glykeras Garten. Briefe von Fischern, Bauern, Parasiten, Hetären, Leipzig 1972, hier 5. Brief der Bauern (Agelarchides an Pytholaos), S. 23, übers. von Kurt Treu

14 Vgl. Menninger, a. a. O., S. 125

15 Vgl. Hannsferdinand Döbler: Von der Keilschrift zum Computer, München 1974, S. 120 sowie Wilhelm Pape: Handwörterbuch der griechischen Sprache, 2. Bd., 3. Aufl., Braunschweig 1902, S. 553 und 1397

16 Vgl. Henri Willy Pleket: Wirtschaft, in: Friedrich Vittinghoff (Hrsg.): Europäische Wirtschafts- und Sozialgeschichte in der römischen Kaiserzeit, Band 1, Stuttgart 1990, S. 25–160, hier S. 34 f. und 65

17 Kretzschmer, a. a. O., S. 3

18 Vgl. Henri Irénée Marrou: Geschichte der Erziehung im klassischen Altertum, München 1977, S. 303

19 Vgl. Marrou, a. a. O., S. 363 f.

20 Paul Veyne: Das römische Reich, in: Paul Veyne (Hrsg.): Vom Römischen Imperium zum Byzantinischen Reich, Augsburg 1999, S. 19–227, hier S. 33

21 Vgl. Marrou, a. a. O., S. 501

22 Vgl. C. Plinius Secundus d. Ä.: Naturkunde, Buch XXXIV, Metallurgie, übers. von Roderich König, München [u. a.] 1989, Cap. XVII, § 88

23 Marcus Fabius Quintilianus: Institutio oratoria, Buch I, X, 35, zitiert nach Georges Ifrah: Universalgeschichte der Zahlen, Frankfurt [u. a.] 1991, S. 82

24 Vgl. Ifrah, a. a. O., S. 87

[25] Vgl. Menninger, a: a. O., S. 18 f.
[26] Vgl. Jan Dhont: Das frühe Mittelalter, Frankfurt/M. 1972, S. 123
[27] Vgl. Werner Bergmann: Innovationen im Quadrivium des 10. und 11. Jahrhunderts, Stuttgart 1985, S. 34 f.
[28] Die Schwierigkeiten bei der Berechnung des Osterfestes und ihre kulturhistorischen Auswirkungen sind anschaulich dargestellt bei Arno Borst: Computus. Zeit und Zahl in der Geschichte Europas, München 1999
[29] Vgl. Uta Lindgren: Gerbert von Aurillac und das Quadrivium, Wiesbaden 1976, S. 19 sowie Salomon Gandz: Did the arabs know the abacus, in: American Mathematical Monthly, Bd. 34/1927, S. 308–316, hier S. 309 f.
[30] Vgl. Menso Folkerts und Erwin Neuenschwander: Rechenkunst, -methoden, Rechenbücher, in: Lexikon des Mittelalters, Bd. 7, München. – Zürich 1995, Sp. 502–508, hier Sp. 504
[31] Vgl. Borst, a. a. O., S. 67
[32] Jean Gimpel: Die industrielle Revolution des Mittelalters, Zürich 1980, S. 5 f. Die weiteren Ausführungen in diesem Abschnitt stützen sich weitgehend auf Forschungsergebnisse Gimpels.
[33] Vgl. Heinz-Dieter Heimann: Einführung in die Geschichte des Mittelalters, Stuttgart 1997, S. 240
[34] Gimpel, a. a. O., S. 10
[35] Vgl. Wolfgang Zorn: Einführung in die Wirtschafts- und Sozialgeschichte, München 1972, S. 23
[36] Vgl. R. Hergenhahn u. a.: „Mache für dich Linihen ..., Katalog der erhaltenen originalen Rechentische, Rechenbretter und –tücher der frühen Neuzeit, Annaberg-Buchholz 1999
[37] Vgl. Hanns-Peter Bruchhäuser: Kaufmannsbildung im Mittelalter, Köln-Wien 1989, S. 276, Fußnote 1118 sowie S. 344 f.
[38] Vgl. G. L Harriss: Exchequer, in: Lexikon des Mittelalters, Bd. 4, München – Zürich 1989, Sp. 156–158, hier Sp. 157
[39] Menninger, a. a. O., S. 142
[40] Vgl. Ernst Gamillscheg: Etymologisches Wörterbuch der französischen Sprache, 2. Aufl., Heidelberg 1969, S. 163 sowie Walther von Wartburg: Französisches Etymologisches Wörterbuch, 1. Band, Tübingen 1948, S. 630
[41] Zitiert nach Menninger, Zahlwort, S. 180
[42] Vgl. Walther Scheidig: Die Holzschnitte des Petrarca-Meisters, Berlin, 1955, S. 252 f.
[43] William Shakespeare: Das Wintermärchen, 4. Aufzug, 2. Szene, übers. von A. W. Schlegel und Ludwig Tieck
[44] Vgl. Friedrich Naumann: Vom Abakus zum Internet, Darmstadt 2001, S. 38
[45] Vgl. Pullan, History, S. 43–48
[46] Vgl. Wolfgang Heß: Rechnung Legen mit Rechenpfennigen, in: Numismatisches Nachrichtenblatt H. 4/1996, S. 11–20, hier S. 14 f. und S. 19 f. (Fußnoten 27 und 28)
[47] Vgl. Heinz Glade und Karl Manteuffel: Am Anfang stand der Abacus, Leipzig 1973, S. 97
[48] Vgl. Theobald Ziegler: „Sturm, Johann“, in: Allgemeine Deutsche Biographie, 37. Band (1894), S. 21–38, hier S. 31, http://www.deutsche-biographie.de/pnd118757598.html (21.02.2013)

[49] Vgl. Emil Reicke: Lehrer und Unterrichtswesen in der deutschen Vergangenheit, 2. Aufl., Jena 1924, S. 42f.

[50] Karl Otto Müller: Welthandelsbräuche 1480–1540, (Nachdruck der Ausgabe von 1934), Wiesbaden 1962, S. 65

[51] Michael R.Williams: A History of Computing Technology, 2. Aufl., Washington-Brüssel-Tokio 1997, S. 22

[52] Vgl. Folkerts/Neuenschwander, Rechenkunst, Sp. 505

[53] Johann Hemeling: Arithmetisch-poetisch- und Historisch-Erquick Stund, Hannover-Hildesheim 1660, zitiert nach Grosse, Hugo: Historische Rechenbücher des 16. und 17. Jahrhunderts, Bad Godesberg 1901 (Nachdruck Wiesbaden 1965), S. 103

[54] Zitiert nach Menninger, a. a. O., S. 145

[55] Übersetzt aus dem Artikel „counter", in: The Oxford English Dictionary, Bd. 3, 2. Aufl., Oxford 1989, S. 1018

[56] Vgl. Johannes Tropfke: Geschichte der Elementarmathematik, Bd. 1 Arithmetik und Algebra, Berlin - New York 1980, S. 544

[57] Vgl. Borst, a. a. O., S. 82

[58] Vgl. Menninger, a. a. O., S. 244

[59] Vgl. Lindner, Rudolf [u. a.]: Planen, Entscheiden, Herrschen, Reinbek 1988, S. 44 sowie Pullan, a. a. O., S. 34

[60] Vgl. Glade/Manteuffel, a. a. O., S. 83

[61] Menninger, a. a. O., S. 262

[62] Christoph J. Scriba und Bertram Maurer: Technik und Mathematik, in: Armin Hermann und Charlotte Schönbeck (Hrsg.), Technik und Wissenschaft (Bd. 3 von Technik und Kultur), Düsseldorf 1991, S. 31–76, hier S. 48 f.

[63] Scriba/Maurer, a. a. O., S. 49

[64] Bruno von Freytag-Löringhoff: Wilhelm Schickards Tübinger Rechenmaschine von 1623, 5. Aufl., Tübingen 2002, S. 8

[65] Vgl. Klaus Schillinger: Rechengeräte aus der Sammlung des Mathematisch-Physikalischen Salons, Dresden 2000, S. 7

[66] Vgl. Michael R Williams: Early Calculation, in: Aspray, William (Hrsg.), Computing before Computers, Ames 1990, S. 3–58, hier S. 19

[67] Vgl. von Freytag-Löringhoff, a. a. O., S. 25

[68] Vgl. Hans Loeffel: Blaise Pascal, Basel [u. a.] 1987, S. 52

[69] P. Humbert: L'œvre scientifique de Blaise Pascal, Paris 1947, S. 57 f.

[70] Loeffel, a. a. O., S. 53

[71] G. d'Avenel: Histoire économique de la propriété, des salaires, des denrées et de tous les prix en géneral depuis l'an 1200 jusqu'en l'an 1800, Bd. 2, 2. Aufl., Paris 1913, S. 170 und 190

[72] Schillinger, a. a. O., S. 38

[73] Denis Diderot und M. d'Alembert: Encyclopédie, ou dictionnaire raisonné des sciences des arts et des métiers, Bd. 1, Paris 1751, S. 680-684 sowie Recuil de Planches sur les sciences, les arts literaux et les arts mechaniques, 4. Lieferung, Paris 1767, Planche II

[74] Ulrich Troitzsch: Technischer Wandel in Staat und Gesellschaft zwischen 1600 und 1750, in: Akos Paulinyi und Ulrich Troitzsch, Mechanisierung und Maschinisierung 1600 bis 1840 (Bd. 3 der Propyläen-Technikgeschichte), Berlin 1997, S. 11–267, hier S. 208

[75] Georges Ifrah: The universal history of computing, New York 2000, S. 124
[76] Jean Errard de Bar-le-Duc: Le premier livre des instruments mathématiques méchaniques, Nancy 1584 (Nachdruck Paris 1979), Declaration des figures, Ziffer 37 und 38 (ins Deutsche übertragen) sowie entsprechende Tafeln
[77] Jean Paul: Komischer Anhang zum Titan, Erstes Bändchen, (Erstdruck 1802), in Jean Paul, Sämtliche Werke, Abt. I, 3. Bd., Darmstadt 1999, S. 831–1010, hier S. 847
[78] Vgl. Ifrah, a. a. O, S. 115
[79] Übersetzt nach Williams, a. a. O., S. 34
[80] Zitiert nach Reinhard Finster und Gerd van den Heuvel: Gottfried Wilhelm Leibniz, 4. Aufl., Reinbek bei Hamburg 2000, S. 54
[81] Finster/van den Heuvel, a. a. O. S. 15 f.
[82] Zitiert nach Finster/van den Heuvel, a. a. O., S. 53
[83] Vgl. Sybille Krämer: Symbolische Maschinen, Darmstadt 1988, S. 139 sowie 146 f.
[84] Ernst-Eberhard Wilberg: Die Leibniz'sche Rechenmaschine und die Julius-Universität in Helmstedt, Braunschweig 1977, S. 1
[85] Jacob Leupold: Theatrum arithmetico-geometricum,, Leipzig 1727 (Nachdruck Hannover 1982), S. 35
[86] Johannes Tropfke: Geschichte der Elementarmathematik, Bd. 1, 4. Aufl., Berlin/New York 1980, S. 10 und S. 687
[87] Vgl. dazu Ludolf von Mackensen: Die ersten dekadischen und dualen Rechenmaschinen, in: Erwin Stein, und Albert Heinekamp: Gottfried Wilhelm Leibniz, Hannover 1990, S. 52–61, hier S. 58
[88] Johannis Poleni: Miscellanea, Venedig 1709, in Übers. wiedergegeben bei Leupold, a. a. O., S. 27–34
[89] Vgl. Hellmut Janetschek: Die Mechaniker- und Uhrmacherfamilie BRAUN und die BRAUNschen Rechenmaschinen. Ergänzungen und Richtigstellungen zur bisherigen Forschung, in: Blätter für Technikgeschichte, 50. Heft 1988, S. 165 - 179 , Zitat von S. 171 f.
[90] Jonathan Swift: Gullivers Reisen, Frankfurt am Main 1974, 3. Teil, 5. Kapitel, S. 262, übers. von Franz Kottekamp
[91] Erhard Anthes: Die Rechenmaschinen von Philipp Matthäus Hahn, in: Christian Väterlein (Hrsg.), Philipp Matthäus Hahn 1739-1790, Bd. 2, Stuttgart 1989, S. 457–478
[92] Philipp Matthäus Hahn: Beschreibung mechanischer Kunstwerke, Stuttgart 1774 (Nachdruck Stuttgart 1991), S. V
[93] Philipp Matthäus Hahn: Werkstattbuch II 1771–1773, (Nachdruck und Transkription Stuttgart 1987), S. 144
[94] Christian Väterlein (Hrsg.): Philipp Matthäus Hahn 1739-1790, Bd. 1, Stuttgart 1989, S. 207
[95] Anthes, a. a. O., S. 469 f.
[96] Philipp Matthäus Hahn: Beschreibung einer Rechnungs-Maschine, in: Teutscher Merkur, Bd. 7, Nr. 5 (Mai) 1779, S. 137–154
[97] [Kästner, in] Göttingische Anzeigen von gelehrten Sachen, 120. Stück, 26. Juli 1784, S. 1206 und 50. Stück, 29. März 1787, S. 495
[98] Vgl. [o. Verf.:] Rekordpreis für Rechenmaschine, in: DER SPIEGEL, Nr. 26/1993 (28.06.1993), S. 183

[99] Jean Paul: Unterthänigste Vorstellung unser, der sämtlichen Spieler und redenden Damen in Europa entgegen und wider die Einführung der Kempelischen Spiel- und Sprachmaschinen, in: Jean Paul: Sämtliche Werke, Abt. II, Bd. 2, Darmstadt 1976, S. 167–185, hier S. 169

[100] In Übersetzung zitiert nach Jean Marguin: Histoire des instruments et machines à calculer, Paris 1994, S. 106

[101] Vgl. Marguin, a. a. O., S. 105

[102] [o. Verf.]: Rechnenmaschine, in: Rheinisches Conversations-Lexikon, 10. Bd., Köln 1844, S. 331; ähnlich auch in: Allgemeine deutsche Real-Encyklopädie für die gebildeten Stände, 9. Bd. Leipzig 1830, S. 59

[103] Vgl. Peggy A. Kidwell: American Scientists and Calculating Machines – From Novelty to Commonplace, in: Annals of the History of Computing 1990, S. 31–40, hier S. 32 f.

[104] In Übersetzung zitiert nach Marguin, a. a. O., S. 112

[105] Vgl. Carl von Tyszka: Löhne und Lebenskosten in Westeuropa im 19. Jahrhundert, München 1914, S. 64

[106] Vgl. Franz Reuleaux: Die sogenannte Thomas'sche Rechenmaschine, 2. Aufl., Leipzig 1892, Vorwort zur 1. Aufl. von 1862

[107] Vgl. W. Jordan: Eine deutsche Fabrik für Rechenmaschinen, in: Zeitschrift für Vermessungswesen, Bd. 9/1880, S. 439–441, hier S. 439; sowie E. Blenck: Das Königliche statistische Bureau in Berlin, Berlin 1885, S. 153 f.

[108] Vgl. Ludwig Brauner: Leben und Wirken der Erfinder von Rechenmaschinen, VIII. Arthur Burkhardt, in: Die Büro-Industrie. Fachblatt für Fabrikation und Handel aller Büromaschinen und Bürobedarfsartikel, 1934, S. 119–121, hier S. 121

[109] Werbeanhang im Buch von Joh. Eugen Mayer: Das Rechnen in der Technik und seine Hilfsmittel, Leipzig 1908

[110] Vgl. Kidwell, American Scientists, a. a. O., S. 34

[111] Vgl. Hartmut Petzold: Rechnende Maschinen, Düsseldorf 1985, S. 153

[112] Vgl. spectator [Pseud.]: Die Rechenmaschinen ein Feind der Angestellten?, in: Braunschweiger G-N-C-Monatsschrift, Februar 1919, S. 98 f.

[113] Vgl. [o. Verf.:] Geleitwort, in: Die Braunschweiger G-N-C-Monatsschrift (Kriegsheft) 1918, S. 1 – 5; Vgl. auch Fr. Grünholz: Die Büromaschinen in der Praxis, in: Ludwig Brauner und Victor Vogt (Hrsg.): Illustriertes ORGA-Handbuch erprobter Büromaschinen, Berlin 1921, S. 13 ff., hier S. 14

[114] Vgl. Rt.: Die Brunsviga-Rechenmaschine in der Welt, in: 60 Jahre Brunsviga, Brunsviga-Monatshefte, Sonderausgabe 1931, S. 37–42, hier S. 40

[115] Vgl. Peggy A. Kidwell: The Adding Machine Fraternity at St. Louis: Creating a Center of Invention, 1880 – 1920, in: IEEE Annals of the History of Computing, April–Juni 2000, S. 4–21

[116] Vgl. [o. Verf.:] Addiermaschine, in: Zeitschrift für Vermessungswesen Bd. 27/1898, S. 352

[117] Vgl. Michael Hancock: Burroughs Adding Machine Company. History 1857–1953, http://www.dotpoint.com/xnumber/hancock7.htm (22.03.2013)

[118] Vgl. Adolf G. Schranz: Addiermaschinen einst und jetzt, Aachen ca. 1952, S. 77 f.

[119] Vgl. H. Reinecke: Neuere Entwicklungen mechanischer Rechenmaschinen, in: Martin Graef (Hrsg.): 350 Jahre Rechenmaschinen, München 1973, S. 43–50, hier S. 44

[120] Die Ausführungen zu Felt stützen sich auf Peggy A. Kidwell: 'Yours for Improvement' – The Adding Machines of Chicago, 1884 – 1930, in: IEEE Annals of the History of Computing, Juli–Sept. 2001, S. 3 - 21, hier S. 7–11
[121] Zu Hopkins und Dalton vgl. Schranz, a. a. O., S. 81–83
[122] Schranz, a. a. O., S. 81
[123] Vgl. Kidwell, Adding Machine Fraternity, a. a. O., S. 14 f.
[124] W. Finke: Über Rechenmaschinen und Rechenunterricht, in: Zeitschrift für mathematischen und naturwissenschaftlichen Unterricht, 49. Jahrg., 1918, S. 127 – 139, hier S. 127
[125] Vgl. Jürgen Eick: Menschen und Maschinen im Büro, in: F.A.Z. vom 16. April 1960, S. 5
[126] Vgl. Ifrah, a. a. O., S. 141; sowie Bruce Flamm: The Amazing Curta (1997), http://www.vintagecalculators.com/html/the_amazing_curta.htm (27.03.2013)
[127] Vgl. HNF Heinz Nixdorf MuseumsForum GmbH (Hrsg.): HNF Museumsführer, Paderborn 2000, S. 130; sowie Nigel Tout: Anita: the world's first electronic desktop calculator, http://www.vintagecalculators.com/html/sumlock_anita.htm (27.03.2013)
[128] Vgl. Guntram Rahn: Die Bedeutung des gewerblichen Rechtsschutzes für die wirtschaftliche Entwicklung: Die japanischen Erfahrungen, in: Oppenländer, Karl H. (Hrsg.), Patentwesen, technischer Fortschritt und Wettbewerb, Berlin – München 1984, S. 77–129, hier S. 93
[129] Georg Klaus (Hrsg.): Wörterbuch der Kybernetik, Bd. 1, Frankfurt a. M. 1971, S. 380
[130] Vgl. Cornelius Veithen: Über die Verwendung der Rechenmaschine bei der Bahnbestimmung von Planeten, Leipzig 1912, S. 5
[131] H. Sossna: Polygonzugberechnung mittelst Rechenmaschine, in: Zeitschrift für Vermessungswesen, Bd. 27/1898, S. 196–198, hier S. 196
[132] Vgl. W. Jordan: Polygonzugberechnung mit der Rechenmaschine, in: Zeitschrift für Vermessungswesen, Bd. 27/1898, S. 130–134, hier S. 134
[133] E. Reich: Die Brunsviga-Rechenmaschine Trinks-Triplex und ihre Verwendung in der niederen Geodäsie, in: Braunschweiger G-N-C Monatsschrift 1913, S. 489–491, hier S. 489
[134] Vgl. R. Mehmke: Numerisches Rechnen, in: Enzyklopädie der mathematischen Wissenschaften mit Einschluss ihrer Anwendungen, 1. Bd., 2. Teil, Leipzig 1900–1904, S. 938–1079, hier S. 953
[135] Theo Pirker: Büro und Maschine, Basel [u. a.] 1962, S. 79
[136] Felix Klein: Elementarmathematik vom höheren Standpunkte aus, Teil 1, Leipzig 1908, S. 43
[137] Vgl. Grünholz, a. a. O., S. 13
[138] Vgl. Klein, a. a. O., S. 44–53
[139] Klein, a. a. O., S. 56
[140] W. Lietzmann: Methodik des mathematischen Unterrichts, 1. Teil, Leipzig 1919, S. 4 und 284
[141] G. L.: Die Trinks-Brunsviga-Rechenmaschine auf dem Mathematiker-Kongreß, in: Braunschweiger G-N-C-Monatsschrift, H. 5/1921, S. 333
[142] E. Wicke: Die chinesische Rechenmaschine (Suanpan), in: Zeitschrift für mathematischen und naturwissenschaftlichen Unterricht aller Schulgattungen, Jahrg. 62/1931, S. 16f.
[143] Albert Rohrberg: Didaktik des mathematischen Unterrichtes, Erster Teil, Berlin [u. a.] 1930, S. 100

[144] E. May und M. Maier: Das Maschinenrechnen, Leipzig 1931

[145] Vgl. Heinemann: Verwendungsmöglichkeit der Rechenmaschine im allgemeinen, unter besonderer Berücksichtigung des Unterrichts in den Handels- und Berufsschulen, in: Die deutsche Berufsschule, Jahrg. 36/1927, S. 499–501

[146] Klaus Wigand: Rechenmaschinen in Sexta, in: Praxis der Mathematik, 5. Jahrg./1963, S. 1–4, hier S. 1 und 4

[147] Vgl. Erhard Anthes: Mechanische Rechenmaschinen – historische und didaktische Anmerkungen, S. 17 f.
http://www.ph-ludwigsburg.de/mathematik/mmm/didaktik.htm (28.03.2013)

[148] Kurt Tucholsky: Rechenmaschine aus Amerika, in: Vossische Zeitung vom 01.01.1928
http://www.textlog.de/tucholsky-rechenmaschine.html (28.03.2013)

[149] Karl Otten: Für Martinet (1917), in: K. Pinthus (Hrsg.), Menschheitsdämmerung, 34. Aufl., Hamburg 2006, S. 241

[150] Jean Paul: Palingenesien – Achter Reise-Anzeiger, in: Jean Paul: Sämtliche Werke, hrsg. von Norbert Miller, Abt. I, 4. Bd., Darmstadt 2000, S. 901 und 904

[151] Jean Paul: Blumen-, Frucht- und Dornenstücke oder Ehestand, Tod und Hochzeit des Armenadvokaten F. St. Siebenkäs, 2. Bändchen, 6. Kapitel, München 1986, S. 188 f.

[152] Achim von Arnim: Armut, Reichtum, Schuld und Buße der Gräfin Dolores, 3. Abt., 9. Kap., S. 272 in: Achim von Arnim, Sämtliche Romane und Erzählungen, 1. Bd., München 1962

[153] Arthur Schopenhauer: Parerga und Paralipomena, Bd. 2 Kleine philosophischen Schriften, § 35, S. 52, in: Arthur Schopenhauer's sämmtliche Werke, 2. Aufl., 6. Band, Leipzig 1891

[154] Goethes Werke Band VIII, Romane und Novellen III, 11. Aufl., München 1981, S. 429

[155] Herbert Rosendorfer: Briefe in die chinesische Vergangenheit, 33. Aufl., München 2002, S. 90

[156] In Übersetzung aus Carroll W. Pursell Jr.: Government and Technology in the Great Depression, in: Technology and Culture, Bd. 20/1979, Nr. 1, S. 162–174, hier S. 173

[157] Die folgenden Ausführungen stützen sich auf Ester Fano: A "Wastage of Men": Technological Progress and Unemployment in the United States, in: Technology and Culture, Bd. 32/1991, Nr. 2, Teil 1, S. 264–292

[158] In Übersetzung aus Pursell, a. a. O., S. 174

[159] Pirker, a. a. O, S. 71

[160] Vgl. [o. Verf.:] Artikel „Computer", in: Robert W. Burchfield (Hrsg.), A Supplement to the Oxford English Dictionary, Bd. I, Oxford 1972, S. 601

[161] Vgl. Dieter Hägermann und Helmuth Schneider: Landbau und Handwerk 750 v. Chr. bis 1000 n. Chr., (Bd. 1 der Propyläen-Technikgeschichte), Berlin 1991, S. 202; sowie E. E. Rice: The Grand Procession of Ptolemy Philadelphus, Oxford 1983, S. 12 f.

[162] Vgl. Friedrich Klemm: Geschichte der Technik, 3. Aufl., Stuttgart 1998, S. 31–33

[163] Vgl. Silvio A. Bedini: The Role of Automata in the History of Technology, in: Technology and Culture, Bd. 5/1964, S. 24–42, hier S. 36 f. und 39

[164] Vgl. Heinz Zemanek: Weltmacht Computer, Esslingen – München 1991, S. 47

[165] Vgl. Dionysius Lardner: Babbages Rechenmaschine (1834) in: Bernhard Dotzler (Hrsg.), Babbages Rechen-Automate, Wien – New York 1996, S. 119–179, hier S. 128

[166] Vgl. Charles Babbage: Passagen aus dem Leben eines Philosophen (Passages from the life of a philosopher, 1864), Berlin 1997, S. 97

[167] Philip und Emily Morrison: Charles Babbage and his Calculating Engines, London 1961, S. XIV
[168] Vgl. Michael Lindgren: Glory and Failure, Cambridge/Mass. – London 1990, S. 43 und 44
[169] Vgl. Charles Babbage: Über die theoretischen Prinzipien der Maschine zur Tabellenberechnung (1823), in: Bernhard Dotzler (Hrsg.): Babbages Rechen-Automate, Wien / New York 1996, S. 106–110
[170] Vgl. Maurice d'Ocagne: Le calcul simplifié par les procédés mécaniques et graphiques, 3. Aufl., Paris 1928, S. 74 sowie Ralf Bülow: Ein Entwurf für eine Differenzmaschine aus dem Jahr 1784, in: Sudhoffs Archiv, H. 2/1989, S. 219–222
[171] Vgl. Doron Swade: Charles Babbage and his Calculating Engines, London 1991, S. 10
[172] Charles Babbage: On the Economy of Machinery and Manufactures, London 1832 (deutsche Ausgabe: Ueber Maschinen- und Fabrikenwesen, Berlin 1833)
[173] Vgl. Lindgren, a. a. O., S. 60
[174] Babbage, Passagen, a. a. O., S. 308
[175] Vgl. Lardner, a. a. O., S. 165–167
[176] Die folgenden Ausführungen zu Scheutz stützen sich auf Lindgren, a. a. O., S. 96–255
[177] Anthony Hyman: Charles Babbage 1791–1871, Stuttgart 1987, S. 250
[178] Vgl. Luigi F. Menabrea / Ada A. Lovelace: Grundriss der von Charles Babbage erfundenen Analytical Engine (1843), in: Bernhard Dotzler (Hrsg.): Babbages Rechen-Automate, Wien - New York 1996, S. 309–381, hier S. 325
[179] Menabrea / Lovelace, a. a. O., S. 337 (Der vom Übersetzer zweimal gewählte Begriff „Branche" wurde durch den Begriff „Bereich" ersetzt.)
[180] Charles Watkins Merrifield: Komiteebericht über die Ratsamkeit und die Kosten des Baus der Analytical Engine (1879), in: Bernhard Dotzler (Hrsg.), Babbages Rechen-Automate, Wien – New York 1996, S. 382–396, hier S. 395
[181] Babbage, Passagen, a. a. O., S. 9
[182] Maboth Moseley: Irascible Genius. The Life of Charles Babbage, Chicago 1970, S. 21
[183] Babbage, Passagen, a. a. O., S. 230–247 (Kapitel „Straßenplagen")
[184] Vgl. Hyman, a. a. O., S. 370
[185] Vgl. Victor Horsley: Description of the Brain of Mr. Charles Babbage, F.R.S. (1909), auszugsweise wiedergegeben bei Michael R. Williams: The "Last Word" on Charles Babbage, in: IEEE Annals of the History of Computing, Bd. 20/1988, H. 4, S. 10–14, hier S. 12
[186] Vgl. Bernhard Dotzler: Operateur des Wissens: Charles Babbage (1791–1871), in Bernhard Dotzler (Hrsg.): Babbages Rechen-Automate, Wien – New York 1996, S. 1–29, hier S. 20
[187] Vgl. Swade, Charles Babbage, a. a. O., S. 36
[188] Vgl. Georges Ifrah: The Universal History of Computing, New York [u. a.] 2001, S. 203
[189] Vgl. P. E. Ludgate: Automatic Calculating Machines, in: E. M. Horsburgh (Hrsg.), Handbook of the Exhibition of Napier Relics and of Books, Instruments, and Devices for Facilitating Calculation, Edinburgh 1914, (Reprint des Charles Babbage Institute: Handbook of the Napier Tercentenary Celebration or Modern Instruments and Methods of Calculation, Los Angeles – San Francisco 1982), S. 124–127)
[190] Vgl. P. E. Ludgate: On a proposed analytical machine (1909), abgedruckt in Brian Randell (Hrsg.): The Origins of Digital Computers, 3. Aufl., Berlin [u. a.] 1982, S. 73–87

[191] Vgl. L. Torres y Quevedo: Essais sur l'automatique. Sa définition. Étendue théorique de ses applications, in englische Übersetzung in: Brian Randell (Hrsg.): The Origins of Digital Computers, 3. Aufl., Berlin [u. a.] 1982, S. 89–107

[192] Vgl. Brian Randell: From Analytical Engine to Electronical Digital Computer: The Contributions of Ludgate, Torres and Bush, in: Annals of the History of Computer, Bd. 4/1982, H. 4, S. 327–341

[193] Vgl. R. Mehmke: Numerisches Rechnen, in: Encyklopädie der mathematischen Wissenschaften mit Einschluß ihrer Anwendungen, 1. Bd., 2. Teil, Leipzig 1904, S. 938–1079, hier S. 978; vgl. Maurice d'Ocagne: Le calcul simplifié par les procédés mécanique et graphiques, Paris 1894 und weitere Auflagen 1905 und 1928

[194] Vgl. L. Jacob: Le calcul mécanique, Paris 1911, S. 188 f.

[195] Vgl. L. Couffignal: Les machines à calculer, leurs principes, leur évolution, Paris 1933, auszugsweise in englischer Übersetzung: Calculating Machines: Their Principles and Evolution, in: Brian Randell (Hrsg.), The Origins of Digital Computers, 3. Aufl., Berlin [u. a.] 1982, S. 145–154

[196] Vgl. Vannevar Bush: Instrumental Analysis, in: Bulletin of the American Mathematical Society, Bd. 42/1936, S. 649–669, hier S. 653 f.

[197] Vgl. L. J. Comrie: Babbage's Dream comes true, in: Nature, Bd. 159/1946, S. 567–586

[198] Vgl. N. Metropolis und J. Worlton: A Trilogy on Errors in the History of Computing, in: Annals of the History of Computing, Bd. 2/1980, Nr. 1, S. 49–59, hier S. 52

[199] Alexander von Humboldt in einem Brief an Babbage vom 26. März 1835, zitiert nach Bernhard Dotzler, Operateur des Wissens, a. a. O., S. 19

[200] Zitiert nach Geoffrey D. Austrian: Herman Hollerith. Forgotten Giant of Information Processing, New York 1982, S. 1 (übersetzt)

[201] Zitiert nach Austrian, a. a. O., S. 14 (übersetzt)

[202] Zitiert nach Austrian, a. a. O., S. 15 (übersetzt)

[203] Zitiert nach Austrian, a. a. O., S. 49 (übersetzt)

[204] Zitiert nach Austrian, a. a. O., S. 70 (übersetzt)

[205] Zitiert nach Austrian, a. a. O., S. 73 (übersetzt)

[206] Zitiert nach Emerson W. Pugh: Building IBM. Shaping an Industry and Its Technology, Cambridge/Mass. – London 1995, S. 14 (übersetzt)

[207] Zitiert nach William Rodgers: Die IBM-Saga, Hamburg 1971, S. 153

[208] Rodgers, a. a. O., S. 10 f.

[209] Vgl. Friedrich W. Kistermann: The Way to the First Automatic Sequence-Controlled Calculator: The 1935 DEHOMAG D11 Tabulator, in: IEEE Annals of the History of Computing, Bd. 17/1995 Nr. 2, S. 33 – 49, hier S. 45 und 47

[210] Vgl. Götz Aly und Karl Heinz Roth: Die restlose Erfassung. Volkszählen, Identifizieren, Aussondern im Nationalsozialismus, 2. Aufl., Frankfurt am Main 2005, S. 140

[211] Austrian, a. a. O., S. 341 (übersetzt)

[212] Zitiert nach Hartmut Petzold: Rechnende Maschinen, Düsseldorf 1985, S. 198

[213] Vgl. Joh. Diedrichs: Die Verwendung maschineller Hilfsmittel im Bankbetrieb, Berlin 1923, S. 27

[214] Vgl. Robert Feindler: Das Hollerith-Lochkarten-Verfahren für maschinelle Buchhaltung und Statistik, Berlin 1929, S. 392

[215] Vgl.[o. Verf.:] Das Lochkartenverfahren bei der Reichsbahn, in: Die Reichsbahn, 5. Jg./1929, S. 885 – 886, hier S. 886 sowie Alfred C. Mierzejewski: The Most Valuable Asset of the Reich, Bd. 1, Chapel Hill [u. a.] 1999, S. 252

[216] Vgl. Alfred C. Mierzejewski: The Most Valuable Asset of the Reich, Bd. 2, Chapel Hill [u. a.] 2000, S. XII

[217] Vgl. Conrad Matschoss: Hundert Jahre deutsche Eisenbahn, in: Technikgeschichte, Bd. 24/1935, S. 1–18, hier S. 18

[218] Vgl. Luigi Tosti: Mechanisierung der Frachtenkontrolle im Güterverkehr der Italienischen Staatsbahnen, in: Zeitung des Vereins Mitteleuropäischer Eisenbahnverwaltungen, Bd. 82/1942, H. 10, S. 129–134

[219] New York Sunday News, 10. Jan. 1937, S. 60, zitiert nach Arthur L. Norberg: High-Technology Calculation in the Early 20th Century: Punched Card Machinery in Business and Government, in: Technology and Culture, Bd. 31/1990, S. 753–779, hier S. 776 (übersetzt)

[220] Vgl. James Conolly: History of Computing in Europe, IBM World Trade Corp., 1968, S. E-17

[221] Vgl. Franz Köbner: Die soziale Bedeutung der Lochkartenmaschinen in: Mahn- und Buchhaltungspraxis, März 1927, 12. Heft. S. 572–584, hier S. 581

[222] Heinz Wegener: Wirtschaftlichkeit von Buchungsmaschinen in der Fabriklohn-, Material- und Auftragsrechnung, Berlin 1930, S. 60

[223] Köbner a. a. O., S. 584

[224] E. Beitlich: Büromaschinenkunde, Hannover 1938, S. 3

[225] Carl Dreyfuss: Beruf und Ideologie der Angestellten, München und Leipzig 1933, S. 39

[226] Friedrich Zahn: Die Statistik im nationalsozialistischen Großdeutschland, in: Allgemeines Statistisches Archiv, Bd. 29/1940; S. 369–392, hier S. 370

[227] Vgl. o. Verf.: Die Stellung der Statistik im nationalsozialistischen Staat, in: Braune Wirtschaftspost. Nationalsozialistischer Wirtschaftsdienst, Jg. 1938, Heft 11, S. 275–279, hier S. 277

[228] Vgl. Carl von Tyszka: Statistik, Teil I, Jena 1924, S. 100; Vgl. J. Conrad: Grundriß zum Studium der politischen Oekonomie, 4. Teil Statistik, 2. Aufl., Jena 1902, S. 17 f.

[229] Kathleen Droste (Hrsg.): Gale Book of Averages, Detroit 1993

[230] Alfred C. Kinsey: Sexual Behavior in the Human Male, Philadelphia 1948, sowie Alfred C. Kinsey: Sexual Behavior in the Human Female, Philadelphia 1953

[231] Edwin Black: IBM und der Holocaust. Die Verstrickung des Weltkonzerns in die Verbrechen der Nazis, München 2001

[232] David M. Luebke und Sybil Milton: Locating the Victim: An Overview of Census-Taking, Tabulation Technology, and Persecution in Nazi Germany, in: IEEE Annals of the History of Computing, Bd. 16/1994, H. 3, S. 25–39, hier S. 25 (übersetzt)

[233] Luebke/Milton, a. a. O., S. 30 (übersetzt)

[234] Gerhard Paul: Staatlicher Terror und gesellschaftliche Verrohung, Hamburg 1996, S. 59

[235] Friedrich Herbst, in: Aly/Roth, a. a. O., S. 147

[236] Vgl. Jutta Wietog: Volkszählungen unter dem Nationalsozialismus, Berlin 2001, S. 66 f.

[237] Aly / Roth, a. a. O., S. 30

[238] Vgl. Wietog, a. a. O., S. 161 u. 194

[239] Vgl. Wietog, a. a. O., S. 276

[240] Vgl. H. G. Adler: Der verwaltete Mensch, Tübingen 1994, S. 188 f.
[241] Vgl. Aly / Roth,a. a. O., S. 83
[242] Vgl. Wietog, a. a. O., S. 75 f.
[243] Friedrich W. Kistermann: Locating the Victims: The Nonrole of Punched Card Technology and Census Work, in: IEEE Annals of the History of Computing, Bd. 19/1997 Nr. 2, S. 31–45 (übersetzt)
[244] Beate Meyer: Das unausweichliche Dilemma: Die Reichsvereinigung der Juden in Deutschland, die Deportationen und die untergetauchten Juden, in: Beate Kosmala und Claudia Schoppmann (Hrsg.): Überleben im Untergrund, Berlin 2002, S. 273–296, hier S. 278–285
[245] Martin Weinmann (Hrsg.): Das nationalsozialistische Lagersystem (CCP), 4. Aufl., Frankfurt a. M. 2001, S. LIII
[246] Vgl. Franciszek Piper: The System of Prisoner Exploitation, in: Ysrael Gutman und Michael Berenbaum (Hrsg.): Anatomy of the Auschwitz death camp, Bloomington [u. a.] 1994, S. 34–49, hier S. 46
[247] Vgl. H. G. Adler: Panorama. Roman in zehn Bildern, Olten u. Freiburg i. Br. 1968, S. 484–486
[248] Vgl. Hermann Kaienburg: Die Wirtschaft der SS, Berlin 2003, S. 431
[249] Vgl. Weinmann, a. a. O., S. LXXXIV f.
[250] Christian Römmer: Ein gescheitertes SS-Projekt: Die zentrale Häftlingskartei des WVHA, in: Dachauer Hefte, Jg. 25/2009, H. 25, S.135–142, hier S. 138
[251] Vgl. Aly / Roth, a. a. O., S. 43
[252] Vgl. Christian Römmer: Digitalisierung der WVHA-Häftlingskartei, in: Gedenkstätten-Rundbrief, Nr. 150 (August 2009), S. 20–25
[253] Vgl. Johannes Tuchel: Die Inspektion der Konzentrationslager 1938–1945, Berlin 1994, S. 124
[254] Vgl. Römmer, SS-Projekt, a.a.O., S. 142
[255] Vgl. Kurt Pätzold und Erika Schwarz: „Auschwitz war für mich nur ein Bahnhof". Franz Novak – der Transportoffizier Adolf Eichmanns, Berlin 1994, S. 29
[256] Raul Hilberg: Sonderzüge nach Auschwitz, Mainz 1981, S. 19
[257] Vgl. Andreas Engwert und Susanne Kill (Hrsg.): Sonderzüge in den Tod, Köln [u. a.] 2009
[258] Vgl. Klaus A. Friedrich Schüler: Logistik im Russlandfeldzug, Frankfurt a. M. [u. a.] 1987, S. 82–84
[259] Heiner Lichtenstein: Mit der Reichsbahn in den Tod, Köln 1985, S. 22
[260] Helmut Krausnick und Hans-Heinrich Wilhelm: Die Truppe des Weltanschauungskrieges, Stuttgart 1981, S. 585 f.
[261] Vgl. Alfred Gottwaldt: Deutsche Reichsbahn. Kulturgeschichte und Technik, Stuttgart 2007, S. 120
[262] Vgl. Potthoff: Der stabile Fahrplan, in: Zeitung des Vereins Mitteleuropäischer Eisenbahnverwaltungen Jg. 73.1943, Nr. 25, S. 343–354
[263] Vgl. Schüler, a. a. O., S. 85
[264] Vgl. Deutsche Reichsbahn: Auszug aus der Dienstvorschrift für die Bearbeitung der Betriebsleistungsermittlungen in den Lochkartenstellen (VBB), 1. Januar 1939, S. 7, BArch Berlin R5/12690
[265] Vgl. Friedrich Gürge: Erinnerungen, http://www.friedrich-guerge.de (Zugriff: März 2008)

[266] Vgl. Rüdiger Overmans: Deutsche militärische Verluste im Zweiten Weltkrieg, 3. Aufl., München 2004, S. 20

[267] Vgl. Kurt Passow: Das "Maschinelle Berichtswesen" als Grundlage für die Führung im II. Weltkrieg, Teil III, in: Wehrtechnische Monatshefte, Jg. 62/1965, H. 3, S. 98–113, hier S. 107–110; sowie Aly / Roth, a. a. O., S. 149

[268] Vgl. Kurt Passow: Das "Maschinelle Berichtswesen" als Grundlage für die Führung im II. Weltkrieg, Teil II, in: Wehrtechnische Monatshefte, Jg. 62/1965, H. 2, S. 55–65, hier S. 56; sowie Aly / Roth, a. a. O., S. 149

[269] Vgl. Walther Lauersen: Organisation und Aufgaben des Maschinellen Berichtswesens des Reichsministers für Rüstung und Kriegsproduktion, Hamburg 5.12.1945 (Manuskript), BArch R 3/17a

[270] Vgl. Aly / Roth, a. a. O., S. 150–154

[271] Vgl. Lee A. Gladwin: TOP SECRET: Recovering and Breaking the U.S. Army and Army Air Force Order of Battle Codes, 1941–1945, in: Prologue, Bd. 32/2000, Nr. 3 http://www.archives.gov/publications/prologue/2000/fall/top-secret-1.html (31.05.2013)

[272] Vgl. Black, a. a. O., S. 462–464

[273] Vgl. Steven A. Holmes: Census blamed in internment of Japanese, in: The New York Times, 17. März 2000

[274] Vgl. Klaus Mittermaier: Vermißt wird ... Die Arbeit des deutschen Suchdienstes, Berlin 2002

[275] Vgl. Kurt W. Böhme: Gesucht wird ... Die dramatische Geschichte des Suchdienstes, München 1965, S. 93

[276] Vgl. Ludwig Lauterkorn: Die Technik des IBM Lochkartenverfahrens in der Steuerverwaltung, in: IBM Nachrichten Nr. 124, Okt. 1955, S. 260–275, hier S. 274

[277] Vgl. Wilhelm Kässmann: Die IBM Lochkarte als Warenanhänger, in: IBM Nachrichten Nr. 125, Febr. 1956, S. 307–315

[278] Vgl. Conolly, a. a. O., S. E-21

[279] Konrad Zuse: Der Computer–mein Lebenswerk, 5. Aufl., Berlin [u. a.] 2010, S 29

[280] Vgl. Zuse, a. a. O., S. 50, 53 u. 55

[281] Vgl. Zuse, a. a. O., S. 57

[282] Zuse, a. a. O., S. 97

[283] Vgl. Hartmut Petzold: Konrad Zuse–ein Computerpionier, in: Wilhelm Füßl (Hrsg.): 100 Jahre Konrad Zuse. Einblicke in den Nachlass, München 2010, S. 12–19, hier S. 17

[284] Petzold, a. a. O., S. 19

[285] Vgl. Petzold, a. a. O., S. 18

[286] Vgl. Wilhelm Füßl: Katalogteil, in: Wilhelm Füßl (Hrsg.): 100 Jahre Konrad Zuse. Einblicke in den Nachlass, München 2010, S. 65–137, hier S. 89

[287] Finsterbusch, Stephan: Konrad Zuse. „Er war unser aller Vormacher", in: Frankfurter Allgemeine FAZ.NET, 29.03.2011, http://www.faz.net/s/RubB8DFB31915A443D98590B0D538FC0BEC/Doc~E56824B36C37549C0BE6A3F345A8383AE~ATpl~Ecommon~Scontent.html (07.06.2013)

[288] A. du Bois-Reymond: Erfindung und Erfinder, Berlin 1906, S. 159

[289] Vgl. Michael R. Williams: A Preview of Things to Come: Some Remarks on the First Generation of Computers, in: Raúl Rojas und Ulf Hashagen (Hrsg.): The first computers, Cambridge/Mass. [u. a.] 2000, S. 1–15, hier S. 3

[290] Waldemar Werther: Die Entwicklung der deutschen Funkschlüsselmaschinen: Die „Enigma“, in: Jürgen Rohwer und Eberhard Jäckel (Hrsg.): Die Funkaufklärung und ihre Rolle im Zweiten Weltkrieg, Stuttgart 1979, S. 50–65, hier S. 64

[291] Vgl. Marion Hill: Bletchley Park People. Churchill's 'Geese that never cackled', Stroud 2010, S. 33

[292] Michael Smith: Enigma entschlüsselt. Die »Codebreakers« von Bletchley Park, München 2001, S. 153

[293] Kahn, David: Fernmeldewesen, Chiffriertechniken und Nachrichtenaufklärung in den Kriegen des 20. Jahrhunderts , in: Jürgen Rohwer und Eberhard Jäckel (Hrsg.): Die Funkaufklärung und ihre Rolle im Zweiten Weltkrieg, Stuttgart 1979, S. 17–47, hier S. 42

[294] Vgl. Kahn, a. a. O., S. 35

[295] Vgl. Claus Eurich: Tödliche Signale. Die kriegerische Geschichte der Informationstechnik von der Antike bis zum Jahr 2000, Frankfurt a. M. 1991, S. 100

[296] Vgl. Kahn, a. a. O., S. 26 f.

[297] Vgl. Michael Pröse: Chiffriermaschinen und Entzifferungsgeräte im Zweiten Weltkrieg, München 2006, S. 208 f.

[298] Vgl. Hill, a. a. O., S. 6

[299] Vgl. Pröse, a. a. O., S. 13

[300] Vgl. Pröse, a. a. O., S. 227

[301] Vgl. Jack Copeland: Introduction, in: B. Jack Copeland [u. a.] (Hrsg.): Colossus. The Secrets of Bletchley Park's Codebreaking Computers, Oxford 2010, S. 1–6, hier S. 3

[302] Pröse, a. a. O., S. 232

[303] Vgl. Eurich, a. a. O., S. 102

[304] Vgl. Weierud, Frode: Bletchley Park's Sturgeon–The Fish That Laid No Eggs, in: B. Jack Copeland u. a. (Hrsg.): Colossus. The Secrets of Bletchley Park's Codebreaking Computers, Oxford 2010, S. 307–327, hier S. 325

[305] Vgl. Pröse, a. a. O., S. 17

[306] Vgl. Eurich, a. a. O., S. 102

[307] Jürgen Rohwer: Die Auswirkungen der deutschen und britischen Funkaufklärung auf die Geleitzugoperationen im Nordatlantik, in: Jürgen Rohwer und Eberhard Jäckel (Hrsg.): Die Funkaufklärung und ihre Rolle im Zweiten Weltkrieg, Stuttgart 1979, S. 167–200, hier S. 193

[308] Vgl. Roger Godement: Aux sources du modèle scientifique américain (I), in: La Pensée, Nr. 201/1978, S. 33–69, hier S. 49

[309] Vgl. Herman Lukoff: From Dits to Bits: A personal history of the electronic computer, Portland (Oregon) 1979, S. 21 f.

[310] Vgl. Herman H. Goldstine: The Computer from Pascal to von Neumann, Princeton 1980, S. 138

[311] Vgl. Roland Gööck: Die großen Erfindungen: Radio, Fernsehen, Computer, Künzelsau 1989, S. 255

[312] Vgl. Goldstine, a. a. O., S. 144

[313] Vgl. W. Barkley Fritz: ENIAC–A Problem Solver, in: IEEE Annals of the History of Computing, Bd. 16/1994, H. 1, S. 25–45, hier S. 28

[314] Vgl. Jan Van der Spiegel: ENIAC, in: Raúl Rojas (Hrsg.): Encyclopedia of Computers and Computer History, Bd. 1, Chicago–London 2001, S. 283–288, hier S. 284

[315] Leslie R. Groves: Jetzt darf ich sprechen. Die Geschichte der ersten Atombombe, Köln–Berlin 1965, S. 214

[316] Robert Jungk: Heller als tausend Sonnen. Das Schicksal der Atomforscher, Stuttgart 1956, S. 106

[317] Vgl. Physikalisch-Technische Bundesanstalt: In Bodenproben keine Spur von „Hitlers Bombe“ http://www.ptb.de/de/aktuelles/archiv/presseinfos/pi2006/pitext/pi060215.html (30.09.2011)

[318] Vgl. Michael R. Williams: The Origins, Uses, and Fate of the EDVAC, in: IEEE Annals of the History of Computing, Bd. 15/1993, Nr. 1, S. 22–38, hier S. 23 f.

[319] Vgl. Williams, Origins, a. a. O., S. 24

[320] Michael R. Williams: EDVAC, in: Raúl Rojas (Hrsg.): Encyclopedia of Computers and Computer History, Bd. 1, Chicago – London 2001, S. 265 f.

[321] Vgl. Lukoff: a. a. O., , S. 127–142

[322] Vgl. Emerson W. Pugh und William Aspray: Creating the Computer Industry, in: IEEE Annals of the History of Computing, Bd. 18/1996 Nr. 2, S. 7–17, hier S. 8

[323] Vgl. George Gray: UNIVAC I: The First Mass-Produced Computer, Unisys History Newsletter, Bd. 5/2001, Nr. 1, https://wiki.cc.gatech.edu/folklore/index.php/UNIVAC_1:_The_First_Mass-Produced_Computer (10.06.2013)

[324] Vgl. Michael R. Williams: Selective Sequence Electronic Calculator, in: Raúl Rojas (Hrsg.): Encyclopedia of Computers and Computer History, Bd. 2, Chicago – London 2001, S. 698 f., hier S. 698

[325] Vgl. Emerson W. Pugh: Building IBM. Shaping an industry and its technology, Cambridge, Mass. 1995, S. 143

[326] Vgl. Charles J. Bashe: IBM's Early Computers, 2. Aufl., Cambridge, Mass. 1986, S. 130–136 sowie 162

[327] Charles Moritz (Hrsg.): Current Biography Yearbook 1964, New York 1964, S. 331

[328] Vgl. o. Verf.: „Zwanzig Minuten am Rand eines Atomkriegs“, in: DER SPIEGEL Nr. 26/1980, S. 102–114

[329] Johannes Neumann: Fortschritt und Wandel–Über Vieldeutigkeit und Karriere geläufiger Schlagworte, in: Jörg Alberts (Hrsg.): Fortschritt im geschichtlichen Wandel, Berlin 1998, S. 97–117, hier S. 105

[330] Francis Bacon: Das neue Organon (Novum Organon), hrsg. von M. Buhr, Erstes Buch, § 129, Berlin 1962, S. 135

[331] Eurich, a. a. O., S. 140

[332] Vgl. Füßl, Katalogteil, a. a. O., S. 121

[333] Vgl. Zuse, a. a. O., S. 135–137

[334] Vgl. Horst Rode und Klaus-Henning Hansen: Die Erfindung der universellen Maschine. Zur Geschichte der Datenverarbeitung in 50 Jahrhunderten, Hannover 1992, S. 105

[335] Vgl. Friedrich Naumann: Vom Abakus zum Internet. Die Geschichte der Informatik, Darmstadt 2001, S. 172

[336] Vgl. Johannes Bähr: Die „amerikanische Herausforderung“, in: Archiv für Sozialgeschichte, Bd. 35/1995, S. 115–130, hier S. 120

[337] Vgl. Jean-Jacques Servan Schreiber: Die amerikanische Herausforderung, Hamburg 1968 (Originaltitel: Le défi américain, Paris 1967)

[338] Vgl. Bähr, a. a. O., S. 125 - 128
[339] Vgl. Gundhild Lütge: "Seine Kunden liebten ihn". Heinz Nixdorf trieb die Computertechnik voran. Doch am Ende wurde sein Unternehmen selbst zum Opfer des Fortschritts, in: DIE ZEIT, Nr. 28/2003, S. 20
[340] Vgl. Michel van Kooten: Global Software Top 100–Edition 2011, http://www.softwaretop100.org/global-software-top-100-edition-2011 (12.09.2012)
[341] John F. Jacobs: SAGE Overview, in: Annals of the History of Computing, Bd. 5/1983, H. 4, S. 323–329, hier S. 323–325
[342] Herbert Matis: Die Wundermaschine. Die unendliche Geschichte der Datenverarbeitung: Von der Rechenuhr zum Internet, Frankfurt/Wien 2002, S. 235
[343] Vgl. Frank Darius: SAGE, in: Raúl Rojas (Hrsg.): Encyclopedia of Computers and Computer History, Bd. 2, New York 2001, S. 686–687
[344] Rudolf Lindner, Bertram Wohak und Holger Zeltwanger: Planen, Entscheiden, Herrschen. Vom Rechnen zur elektronischen Datenverarbeitung, Reinbek 1988, S. 105
[345] Vgl. Hans Dieter Hellige: Militärische Einflüsse auf Leitbilder, Lösungsmuster und Entwicklungsrichtungen der Computerkommunikation, in: Technikgeschichte, Bd. 59/1992, H. 4, S. 371–401, hier S. 377 u. 384
[346] Vgl. Hellige, a. a. O., S. 376
[347] Hellige, a. a. O., S. 382 f.
[348] Eurich, a. a. O., S. 109 f.
[349] Friedrich Pollock: Automation. Materialien zur Beurteilung der ökonomischen und sozialen Folgen, Frankfurt (Main) 1964, S. 258
[350] Vgl. C. W. Spangle: Hardware Markets in the 70's, in: Fred Gruenberger (Hrsg.): Expanding Use of Computers in the 70's: Markets, Needs, Technology, Englewood Cliffs 1971, S. 37–50, hier S. 37
[351] Vgl. Axel Schildt: Die Sozialgeschichte der Bundesrepublik Deutschland bis 1989/90, München 2007, S. 31
[352] Vgl. Pugh / Aspray, a. a. O., S. 14
[353] Vgl. James W. Cortada: Information Technology as Business History, Westport [u. a.] 1996, S. 20
[354] Vgl. o. Verf.: Bedeutung und Entwicklung der automatischen Datenverarbeitung, hrsg. von der Diebold Deutschland GmbH, in: Günter Friedrichs (Red.): Computer und Angestellte, Bd. I, Köln 1971, S. 197–246, hier S. 209
[355] Vgl. Günter Friedrichs: Einsatz von Mikroprozessoren–Auswirkungen auf Produktion und Beschäftigung, in: Rationalisierung, Bd. 29/1978, H. 7–8, S. 157–160, hier S. 157
[356] Klaus R. Allerbeck und Wendy J. Hoag: „Utopia is Around the corner"– Computerdiffusion in den USA als soziale Bewegung, in: Zeitschrift für Soziologie, Jg. 18/1989, Heft 1, S. 35–53, hier S. 39
[357] Horst L. Beck: Elektronische Unternehmens-Führung, in: Frankfurter Allgemeine Zeitung vom 19.11.1966, S. 5
[358] Vgl. Martin Baethge und Herbert Oberbeck: Zukunft der Angestellten. Neue Technologien und berufliche Perspektiven in Büro und Verwaltung, Frankfurt a. M. / New York 1986, S. 311
[359] Peter Brödner, Detlef Krüger u. Bernd Senf: Der programmierte Kopf. Eine Sozialgeschichte der Datenverarbeitung, Berlin 1981, S. 56 und 59

[360] Urs Jaeggi: Computer und kaufmännische Angestellte, in: G. Friedrichs (Red.): Computer und Angestellte, Bd. II, Frankfurt a. M. 1971, S. 487–501, hier S. 492
[361] Jaeggi, a. a. O., S. 488
[362] Vgl. Brödner, a. a. O., S. 107
[363] Vgl. Jochen Fuhrmann: Zur Veränderung der Arbeitsaufgaben von kaufmännischen und technischen Angestellten durch Computer (10 Fallstudien), in: G. Friedrichs (Red.): Computer und Angestellte, Bd. I, Frankfurt a. M. 1971, S. 321–443, hier S. 328
[364] Vgl. Albert A. Blum: Computer und kaufmännische Angestellte, in: G. Friedrichs (Red.): Computer und Angestellte, Bd. II, Frankfurt a. M. 1971, S. 467–486, hier S. 471
[365] Vgl. Eduard Gaugler [u. a.]: Rationalisierung und Humanisierung von Büroarbeiten, 2. Aufl., Ludwigshafen 1980, insb. S. 384
[366] Werner Dostal: Datenverarbeitung und Beschäftigung, Teil 1, in: Mitteilungen aus der Arbeitsmarkt- und Berufsforschung, 13. Jg./1980, S. 39–56, hier S. 52
[367] Vgl. Walter Niens: Schule, Ausbildung und Weiterbildung für Angestellte, in: G. Friedrichs (Red.): Computer und Angestellte, Bd. II, Frankfurt a. M. 1971, S. 753–771, hier S. 761 u. 763
[368] Vgl. Werner Dostal: Datenverarbeitung und Beschäftigung, Teil 2, in: Mitteilungen aus der Arbeitsmarkt- und Berufsforschung, 13. Jg./1980, S. 426–442, hier S. 430
[369] Vgl. Abigail J. Sellen und Richard H. R. Harper: The Myth of the Paperless Office, Cambridge (Mass.) und London 2002, S. 3
[370] Vgl. Sellen, a. a. O., S. 13
[371] Vgl. Sellen, a. a. O., S. 76
[372] Baethge, a. a. O., S. 365 u. 376
[373] Konrad Mellerowicz: Allgemeine Betriebswirtschaftslehre, Bd. I, 7. Aufl., Berlin 1952, S. 87
[374] Ulrich Klotz: Gewerkschaften und Technik–zwischen Rhetorik und Politik, in: Hans-Joachim Schabedoth (Hrsg.): Gestalten statt Verwaltung. Aktive Mitbestimmung bei Arbeit und Technik, Köln 1991, S. 104–123, hier S. 123
[375] Vgl. Kerstin Kohlenberg [u. a.]: Die Straße der Tyrannen, in: DIE ZEIT Nr. 45 vom 3. Nov. 2011, S. 17–19, hier S. 18
[376] Vgl. Eckhard Rahlenbeck: Millionen in Millisekunden–Wie der Hochfrequenzhandel die Börsen verändert, Sendung SWR2 Wissen am 30. 04.2012, Manuskript S. 10
[377] Vgl. Brödner, a. a. O., S. 69
[378] Vgl. o. Verf.: Die eiserne Hand schafft mehr, in: DER SPIEGEL, Nr. 21/1984, S. 20–26, hier S. 20
[379] Vgl. o. Verf.: Automation–Einzug der Roboter, in: DER SPIEGEL, Nr. 14/1964, S. 30–48, hier S. 33
[380] Vgl. Gerhard Samulat: Das Ende der Automatisierungseuphorie, Pressemitteilung des Fraunhofer-Instituts für System und Innovationsforschung vom 13.08.2001 http://idw-online.de/pages/de/news37955 (02.07.2013)
[381] Vgl. Samulat, a. a. O.
[382] Pollock, a. a. O., S. 164
[383] Vgl. Ulrich Marsch: Intelligente Roboter brauchen den Menschen, Pressemitteilung der TU München vom 19.12.2008, http://idw-online.de/pages/de/news294823 (02.07.2013)

[384] Vgl. Wolfgang Hoffmann: Den Job-Killern auf der Spur, in: DIE ZEIT, Nr. 40 vom 29.09.1978, S. 21

[385] Vgl. Charlotte Erdmann: „One more thing“. Apples Erfolgsgeschichte vom Apple I bis zum iPad, München 2011, S. 96

[386] Vgl. Corinna Visser: Apple schlägt Google, in: Tagesspiegel vom 09.05.1011 http://www.tagesspiegel.de/wirtschaft/markenwert-apple-schlaegt-google/4153386.html (15.07.2013)

[387] Vgl. Christoph Sackmann: IT-Unternehmen: Wertvoll wie ein Staat, in: CHIP 07/2012, S. 26–27

[388] Vgl. James W. Cortada: Information Technology as Business History, Westport [u. a.] 1996, S. 21

[389] Werner Rammert: Computerwelten – Alltagswelten. Von der Konvertierung zur Variation eines Themas, in: Werner Rammert (Hrsg.): Computerwelten – Alltagswelten, Opladen 1990, S. 13–26, hier S. 18

[390] Vgl. o. Verf.: Gartner Says Worldwide PC Shipments Grew …, http://www.gartner.com/it/page.jsp?id=1981717 (25.04.2012)

[391] Vgl. o Verf.: PC-Verkäufe in Westeuropa gingen um 16 Prozent zurück, in: Magazin „Channelpartner“, IDG München vom 07.02.2012 http://www.channelpartner.de/news/2576243/index.html (25.04.2012)

[392] Vgl. o. Verf.: PC-Verkäufe erreichen Rekordwert, BITCOM-Presseinfo vom 03.01.2011 https://www.bitkom.org/de/presse/64050_66433.aspx (25.04.2012)

[393] Klaus R. Allerbeck und Wendy J. Hoag: „Utopia is Around the corner“ – Computerdiffusion in den USA als soziale Bewegung, in: Zeitschrift für Soziologie, Jg. 18/1989, Heft 1, S. 35 – 53, hier S. 50

[394] Vgl. o. Verf.: Bildschirmtext – Computerwissen für alle?, in: DER SPIEGEL, Nr. 11/1983, S. 80–85, hier S. 80

[395] Vgl. Hans Robert Hansen: Wirtschaftsinformatik I. Einführung in die betriebliche Datenverarbeitung, 6. Aufl., Stuttgart/ Jena 1992, S. 911

[396] Vgl. Statistisches Bundesamt (Hrsg.): Statistisches Jahrbuch für die Bundesrepublik Deutschland 2005, Wiesbaden 2005, S. 115

[397] Vgl. J. C. R. Licklider und Robert W. Taylor: The Computer as a Communication Device, in: Science and Technology April. 1964, S. 21–41, hier S. 21

[398] Vgl. Hafner, Katie und Matthew Lyon: Arpa Kadabra oder die Geschichte des Internet, 2. Aufl., Heidelberg 2000, S. 303

[399] Hans Dieter Hellige: Die Geschichte des Internet als Lernprozess, in: Hans-Jörg Kreowski (Hrsg.): Informatik und Gesellschaft . Verflechtungen und Perspektiven, Berlin 2008, S. 121–170, hier S. 158

[400] Lev Grossman: Invention Of the Year: The iPhone, in: Time, 1. Nov. 2007 http://www.time.com/time/specials/2007/article/0,28804,1677329_1678542,00.html (05.06.2012)

[401] Vgl. Apple Inc.: Quartalsberichte http://investor.apple.com/results.cfm (06.06.2012)

[402] Vgl. International Telecommunications Union (ITU) (Hrsg.): Statistics, http://www.itu.int/en/ITU-D/Statistics/Pages/stat/default.aspx (16.07.2013)

[403] Vgl. Statistisches Bundesamt (Hrsg.): Ausstattung privater Haushalte mit Informations- und Kommunikationstechnik im Zeitvergleich, Wiesbaden 2012, https://www.destatis.de/DE/ZahlenFakten/GesellschaftStaat/EinkommenKonsumLebensbedingungen/Ausstattung Gebrauchsguetern/Tabellen/A_Infotechnik_D_LWR.html?nn=50780 (02.08.2012)

[404] Vgl. o. Verf.: Neue Regelung: VW schaltet Dienst-Handys abends ab, in: Wolfsburger Allgemeine Zeitung vom 19.12.2011 www.waz-online.de/Wolfsburg/Wolfsburg/Volkswagen/Neue-Regelung-VW-schaltet-Dienst-Handys-abends-ab (20.11.2012)

[405] Vgl. Erdmann, a. a. O., S. 191

[406] Vgl. Astrid Herbold: Die Rückkehr der Heimarbeit, ZEIT-Online vom 09.06.2011 http://www.zeit.de/digital/internet/2011-06/internet-handel-onlineshops (19.06.2012)

[407] Christoph Drösser und Götz Hamann: Die Guten im Netz, in: DIE ZEIT Nr. 3 vom 13.01.2011, S. 27–28, hier S. 28

[408] Vgl. Statistisches Bundesamt: Pressemitteilung Nr. 076 vom 05.03.2012 https://www.destatis.de/DE/PresseService/Presse/Pressemitteilungen/2012/03/PD12_076_63931.html (02.08.2012)

[409] Vgl. Bundesverband deutscher Banken: Fakten und Zahlen aus der Kreditwirtschaft, Berlin Sept. 2011, S. 16, https://www.bankenverband.de/publikationen/ods/die-privaten-banken-fakten-und-zahlen (03.07.2012)

[410] Postman, Neil: Das Technopol. Die Macht der Technologien und die Entmündigung der Gesellschaft, Frankfurt 1992, S. 118 und 130

[411] Vgl. Peter Carstens: Elektroschrott: Die Kehrseite von PC, iPhone & Co., in: GEO.de, Artikel vom 17.08.2010, http://www.geo.de/GEO/technik/65059.html (20.06.2012)

[412] Sherry Turkle: Leben im Netz. Identität in Zeiten des Internet, Reinbek bei Hamburg 1998, S. 9 f.

[413] Turkle, Leben, a. a. O., S. 16f.

[414] Vgl. Bert Theodor te Wildt: Internetabhängigkeit – Symptomatik, Diagnostik und Therapie, in: Dominik Batthyány und Alfred Pritz: Rausch ohne Drogen. Substanzungebundene Süchte, Wien [u. a.] 2009, S. 257–279, hier S. 258

[415] Vgl. o. Verf.: Online gamers addicted says study, BBC News vom 28.11.2006 http://news.bbc.co.uk/2/hi/uk_news/england/nottinghamshire/6193462.stm (19.07.2012)

[416] Vgl. Universitätsmedizin Mainz: Präventions- und Interventionsprogramm „Internet- und Computerspielsucht“, Mainz 2012, http://www.unimedizin-mainz.de/psychosomatik/startseite/kompetenzzentrum-verhaltenssucht/computerspielsucht.html (19.07.1012)

[417] Vgl. Blizzard Entertainment: Pressemitteilung vom 7. Okt. 2010 http://eu.blizzard.com/de-de/company/press/pressreleases.html?id=10006287 (19.07.2013)

[418] Vgl. Florian Rehbein [u. a.]: Computerspielabhängigkeit im Kindes- und Jugendalter, Forschungsbericht Nr. 108 des Kriminologischen Forschungsinstituts Niedersachsen e. V. (KFN), Hannover 2009, S. 1, http://www.kfn.de/versions/kfn/assets/fb108.pdf (19.07.2013)

[419] Vgl. Alan M. Turing: Computing Machinery and Intelligence, in: Mind, Bd. 59/1950, S. 433–460, insb. S. 433 und 442

[420] Vgl. Lena Bonsiepen: Von Künstlicher Intelligenz zur Programmiertechnik, in: Jürgen Friedrich [u. a.] (Hrsg.): Informatik und Gesellschaft, Heidelberg [u. a.] 1995, S. 275–286, hier S. 275 f.

[421] Vgl. Herbert A. Simon und Allen Newell: Heuristic Problem Solving: The Next Advance in Operations Research, in: Operations Research, Bd. 6/1958, S. 1–10, hier S. 7

[422] Weizenbaum, Joseph: Die Macht der Computer und die Ohnmacht der Vernunft, 3. Aufl., Frankfurt a. M. 1982, S 15

[423] Vgl. Wolfgang Ertel: Grundkurs Künstliche Intelligenz, 2. Aufl., Wiesbaden 2009, S. 10

[424] Vgl. Georg Ruppelt: Der große summende Gott. Geschichten von Denkmaschinen, Computern und Künstlicher Intelligenz, Hameln 2003, S. 17–19

[425] Vgl. André Leroi-Gourhan: Hand und Wort. Die Evolution von Technik, Sprache und Kunst, 2. Aufl., Frankfurt a. M. 1995

[426] Vgl. Rolf Däßler: Datenträger und Speicherverfahren für die digitale Langzeitarchivierung, in: Heike Neuroth [u. a.]: Nestor-Handbuch. Eine kleine Enzyklopädie der digitalen Langzeitarchivierung, Version 2.0, Göttingen und Boizenburg 2009, Kap. 10:6

[427] Heike Neuroth: Vorwort, in: Heike Neuroth [u. a.] (Hrsg.): Nestor-Handbuch. Eine kleine Enzyklopädie der digitalen Langzeitarchivierung, Version 2.0, Göttingen und Boizenburg 2009, S. 15–17, hier S. 15 f.

[428] Vgl. Thilo Weichert: Datenschutz und Überwachung in ausgewählten Staaten, in: Jan-Hinrik Schmidt und Thilo Weichert (Hrsg.); Datenschutz, Bonn 2012, S. 419–425, hier S. 419–421

[429] Vgl. Hielke Hijmans und Owe Langfeldt: Datenschutz in der Europäischen Union, in: Jan-Hinrik Schmidt und Thilo Weichert (Hrsg.): Datenschutz, Bonn 2012, S. 403–411, hier S. 404

[430] Vgl. Nikolaus Busse: Vorratsdatenspeicherung. Jeden Tag 315.036,54 Euro Strafe, in: Frankfurter Allgemeine Zeitung vom 31.05.2012
Derksen, Roland: Zur Vereinbarung der Richtlinie über die Vorratsdatenspeicherung von Daten mit der Europäischen Grundrechtcharta, (Wissenschaftlicher Dienst des Deutschen Bundestag WD 11–3000–18/11), S. 20 sowie http://www.vorratsdatenspeicherung.de/images/rechtsgutachten_grundrechtecharta.pdf (11.09.2017)

[431] Text der Datenschutz-Grundverordnung siehe https://dsgvo-gesetz.de (11.09.2017)

[432] Marcel Rosenbach: Die neue Klassengesellschaft, in: DER SPIEGEL 17/2008 vom 21.04.2008, S. 44–48, hier S. 45, http://www.spiegel.de/spiegel/print/d-56670286.html (26.07.2013)

[433] Vgl. Dieter Korczak und Michael Wilken: Verbraucherinformation Scoring, hrsg. von der GP Forschungsgruppe, München, Juni 2009, S. 14, http://www.bmelv.de/cae/servlet/contentblob/638114/publicationFile/36121/Scoring.pdf (09.10.2012)

[434] Pörksen, Bernhard: Droht die totale Erinnerung?, in: Chrismon, Sept. 2012, S. 46–47, hier S. 46, http://chrismon.evangelisch.de/artikel/2012/droht-die-totale-erinnerung-15191 (26.07.2013)

[435] Ĉas, Johannes und Walter Peissl: Datenhandel – ein Geschäft wie jedes andere?, hrsg. von der Bundeszentrale für politische Bildung, 12.03.2010, http://www.bpb.de/gesellschaft/medien/wissen-und-eigentum/73338/datenhandel (19.09.2012)

[436] Peter Schaar: Das Ende der Privatsphäre. Der Weg in die Überwachungsgesellschaft, München 2007, S. 11

[437] Lars Reppesgaard: Global Players: Die großen Internetunternehmen betrachten den Datenschutz eher als Geschäftshindernis, in: Jan-Hinrik Schmidt und Thilo Weichert (Hrsg.): Datenschutz, Bonn 2012, S. 412–418, hier S. 413

[438] Vgl. Barton Gellman und Laura Poitras: U.S., British intelligence mining data from nine U.S. Internet companies in broad secret program, in: The Washington Post, 6. Juni 2013 http://www.washingtonpost.com/investigations/us-intelligence-mining-data-from-nine-us-internet-companies-in-broad-secret-program/2013/06/06/3a0c0da8-cebf-11e2-8845-d970ccb04497_story.html (26.07.2013)

[439] Ferscha, Alois: Pervasive Computing: connected > aware > smart, in: Friedemann Mattern, Die Informatisierung des Alltags, Berlin [u. a.] 2007, S. 3–10, hier S. 3

[440] Vgl. Donner, Susanne: Der Chip, der unter die Haut ging, in: Technology Review, Heft 11/2009
http://www.heise.de/tr/artikel/Der-Chip-der-unter-die-Haut-ging-836048.html (15.11.2012)

[441] Vgl. Niesner, Stefan: RFID in Bibliotheken – eine Einführung, http://www.opus-bayern.de/bib-info/volltexte/2006/201/pdf/Niesner_S1_RFID_in_Bibliotheken_eine_Einfuehrung.pdf (18.11.2011)

[442] Mattern, Friedemann: Hundert Jahre Zukunft – Visionen zum Computer- und Informationszeitalter, in: Friedemann Mattern (Hrsg.): Die Informatisierung des Alltags, Berlin [u. a.] 2007, S. 351–419, hier S. 407

[443] Barlow, John Perry: The Economy of Ideas. A Framework for patents and copyrights in the Digital Age, http://www.wired.com/wired/archive/2.03/economy.ideas_pr.html (01.08.2013)

Anhang

Literaturverzeichnis

Literaturverzeichnis zum Kapitel „Abakus und Rechenbrett“

Albrecht, Friedrich: Abt Benedikt Knittel und das Kloster Schöntal als literarisches Denkmal, Marbach am Neckar 1989

Alciphron: Aus Glykeras Garten. Briefe von Fischern, Bauern, Parasiten, Hetären, Leipzig 1972

Andreau, Jean: Les affaires de Monsieur Jucundus, Rom 1974

Andreau, Jean: C. Iucundus, L., in: Der neue Pauly. Enzyklopädie der Antike, hrsg. von Hubert Cancik und Helmuth Schneider, Bd. 2, Stuttgart – Weimar 1997, Spalte 894 f.

Aristophanes: Die Wespen, in: Aristophanes. Die elf erhaltenen Komödien, übers. von Wolfgang Schöner, Wien 1989

Arithmeum: Rechnen einst und heute, Bonn 1999

Bergmann, Werner: Innovationen im Quadrivium des 10. und 11. Jahrhunderts, Stuttgart 1985

Borst, Arno: Computus. Zeit und Zahl in der Geschichte Europas, München 1999

Bruchhäuser, Hanns-Peter: Kaufmannsbildung im Mittelalter, Köln-Wien 1989

Bühler, Johannes: Klosterleben im Mittelalter, Frankfurt a. M. 1989

Dhont, Jan: Das frühe Mittelalter, Frankfurt/M. 1972

Döbler, Hannsferdinand: Von der Keilschrift zum Computer, München 1974

Englisch, Brigitte: Die Artes liberales im frühen Mittelalter (5. – 9. Jh.), Stuttgart 1994

Fellmann, Rudolf: Römische Rechentafeln aus Bronze, in: Antike Welt, 14. Jg./1983, H. 1, S. 36–40

Folkerts, Menso: Frühe Darstellungen des Gerbertschen Abakus, in: Raffaella Franci [u. a.] (Hrsg.): Itinera mathematica, Siena 1996, S. 23–43

Folkerts, Menso und Erwin Neuenschwander: Rechenkunst, -methoden, Rechenbücher, in: Lexikon des Mittelalters, Bd. 7, München – Zürich 1995, Sp. 502–508

Furtwängler, A. und K. Reichhold: Griechische Vasenmalerei, München 1905

Gamillscheg, Ernst: Etymologisches Wörterbuch der französischen Sprache, 2. Aufl., Heidelberg 1969

Gandz, Salomon: Did the arabs know the abacus, in: American Mathematical Monthly, Bd. 34/1927, S. 308–316

Georges, Karl Ernst: Ausführliches lateinisch-deutsches Handwörterbuch, 2 Bände, Basel 1962

Gericke, Helmuth: Mathematik im Abendland. Von den römischen Feldmessern bis zu Descartes, Berlin [u. a.] 1990

Giardina, Andrea (Hrsg.): Der Mensch der römischen Antike, Frankfurt a. M. 1991

Gimpel, Jean: Die industrielle Revolution des Mittelalters, Zürich 1980

Glade, Heinz und Karl Manteuffel: Am Anfang stand der Abacus, Leipzig 1973

Grosse, Hugo: Historische Rechenbücher des 16. und 17. Jahrhunderts, Bad Godesberg 1901 (Nachdruck Wiesbaden 1965)

Haas, Hans und Richard von Kienle: Lateinisch-deutsches Wörterbuch, Heidelberg 1952

Harriss, G. L: Exchequer, in: Lexikon des Mittelalters, Bd. 4, München – Zürich 1989, Sp. 156–158

Heer, Friedrich: Mittelalter, Teil 1, (Kindlers Kulturgeschichte des Abendlandes), München 1977

Heimann, Heinz-Dieter: Einführung in die Geschichte des Mittelalters, Stuttgart 1997

Hein, Wolfgang: Die Mathematik im Mittelalter. Von Abakus bis Zahlenspiel, 2. Aufl., Darmstadt 2012

Hergenhahn, R. [u. a.]: „Mache für dich Linihen ..., Katalog der erhaltenen originalen Rechentische, Rechenbretter und -tücher der frühen Neuzeit, Annaberg-Buchholz 1999

Herodot: Historien, übers. von A. Horneffer, 4. Aufl., Stuttgart 1971

Heß, Wolfgang: Rechnung Legen mit Rechenpfennigen, in: Numismatisches Nachrichtenblatt, H. 4/1996, S. 11–20

Horaz (Q. Horatius Flaccus): Satiren, München 1957

Ifrah, Georges: Universalgeschichte der Zahlen, Frankfurt [u. a.] 1991

Jones, H. Stuart (Hrsg.): A catalogue of the ancient sculptures preserved in the municipal collections of Rome. The sculptures of the Museo Capitolino, 2 Bände, Oxford 1912 (Nachdruck Rom 1969)

Kloft, Hans: Die Wirtschaft der griechisch-römischen Welt, Darmstadt 1992

Koebel, Jacob: Rechenbuch auff Linien und Ziffern, Franckfurt am Meyn 1549

König, Arthur und Franz Stalzer: Rechenpfennige, Band 1, München 1989

Kretzschmer, Fritz: Bilddokumente römischer Technik, 5. Aufl., Düsseldorf 1983

Kretzschmer, F. und E. Heinsius: Über einige Darstellungen altrömischer Rechenbretter, in: Trierer Zeitschrift für Geschichte und Kunst des Trierer Landes 20, 1951, S. 96–108

Lang, Mabel: The Abacus and the Calendar, in: Hesperia XXXIII, 1964, S. 146–167 und XXXIV, 1965, S. 224–247

Lang, Mabel: Herodotos and the Abacus, in: Hesperia XXVI, 1957, S. 271–287

Lindgren, Uta: Gerbert von Aurillac und das Quadrivium, Wiesbaden 1976

Lindner, Rudolf [u. a.]: Planen, Entscheiden, Herrschen. Vom Rechnen zur elektronischen Datenverarbeitung, Reinbek 1988

Liver, Ricarda: Thesaurus proverbiorum medii aevi. Lexikon der Sprichwörter des romanisch-germanischen Mittelalters, Bd. 9, Berlin [u. a.] 1999

Luther, Martin: Deudsch Catechismus, Wittemberg 1530Marrou, Henri Irénée: Geschichte der Erziehung im klassischen Altertum, München 1977

Martin, Jochen: Spätantike und Völkerwanderung, München 1987

Menninger, Karl: Zahlwort und Ziffer, Bd. II Zahlschrift und Rechnen, 2. Aufl., Göttingen 1958

Meritt, Benjamin D.: The Athenian calendar in the fifth century, Cambridge (Mass.) 1928

Moon, Perry: The Abacus: its history, its design, its possibilities in the modern world, New York [u. a.] 1971

Müller, Karl Otto: Welthandelsbräuche 1480–1540, Wiesbaden 1962, (Nachdruck der Ausgabe von 1934

Naumann, Friedrich: Vom Abakus zum Internet, Darmstadt 2001

Pape, Wilhelm: Handwörterbuch der griechischen Sprache, 2. Bd., 3. Aufl., Braunschweig 1902

Pauli, Johannes: Das Buch Schimpff unnd Ernst genannt, Augsburg 1536

Petrarca, Francesco: Trostspiegel in Glück und Unglück, Franckfurt am Main, 1620

Petronius (Titus Petronius Arbiter): Satyrica, 3. Aufl., München [u. a.] 1983

Pleket, Henri Willy: Wirtschaft, in: Friedrich Vittinghoff (Hrsg.): Europäische Wirtschafts- und Sozialgeschichte in der römischen Kaiserzeit, Band 1, Stuttgart 1990, S. 25–160

Plinius (C. Plinius Secundus d. Ä.): Naturkunde, Buch XXXIV, Metallurgie, übers. von Roderich König, München [u. a.] 1989

Pullan, J. M.: The History of the Abacus, New York [u. a.] 1969

Record, Robert: The ground of artes, London 1543

Reicke, Emil: Lehrer und Unterrichtswesen in der deutschen Vergangenheit, 2. Aufl., Jena 1924

Ries, Adam: Rechenung nach der lenge, auff den Linihen und Feder, Leipzig 1550

Rodericus: Der Spiegel des menschlichen Lebens 1479 – Auszug aus dem Originalbuch in Faksimiledruck, München 1908

Scheidig, Walther: Die Holzschnitte des Petrarca-Meisters, Berlin, 1955

Schramm, Albert: Der Bilderschmuck der Frühdrucke, Bd. XII, Leipzig 1929

Shakespeare, William: Das Wintermärchen, in: Sämtliche Werke, übers. von A. W. Schlegel und Ludwig Tieck, Bd. 1, Stuttgart 1977

Tropfke, Johannes: Geschichte der Elementarmathematik, Bd. 1 Arithmetik und Algebra, Berlin [u. a.] 1980

Veyne, Paul: Das römische Reich, in: Paul Veyne (Hrsg.): Vom Römischen Imperium zum Byzantinischen Reich, Augsburg 1999, S. 19–227

Vorndran, Edgar P.: Entwicklungsgeschichte des Computers, 2. Aufl., Berlin [u. a.] 1986

Wartburg, Walther von: Französisches Etymologisches Wörterbuch, 1. Band, Tübingen 1948

Weeber, Karl: Humor in der Antike, Mainz 1991

Williams, Burma P. und Richard S. Williams: Finger Numbers in the Greco-Roman World and the Early Middle Ages, in: Isis, Bd. 86/1995, S. 587–608

Williams, Michael R.: A History of Computing Technology, 2. Aufl., Washington – Brüssel – Tokio 1997

Wissowa, Georg (Hrsg.): Paulys Real-Encyclopädie der classischen Altertumswissenschaft, Bd. Suppl. 4, Stuttgart 1924

Ziegler, Theobald: „Sturm, Johann“, in: Allgemeine Deutsche Biographie, 37. Band (1894), S. 21–38

Zorn, Wolfgang: Einführung in die Wirtschafts- und Sozialgeschichte, München 1972

Ohne Verfasserangabe

Artikel „counter“, in: The Oxford English Dictionary, Bd. 3, 2. Aufl., Oxford 1989

Literaturverzeichnis zum Kapitel „Rechenmaschinen“

Anthes, Erhard: Die Rechenmaschinen von Philipp Matthäus Hahn, in: Christian Väterlein (Hrsg.), Philipp Matthäus Hahn 1739–1790, Bd. 2, Stuttgart 1989, S. 457–478

Arnim, Achim von: Armut, Reichtum, Schuld und Buße der Gräfin Dolores, 3. Abt., 9. Kap., S. 272 in: Achim von Arnim, Sämtliche Romane und Erzählungen, 1. Bd., München 1962

Arithmeum: Rechnen einst und heute, Bonn 1999

Augarten, Stan: Bit by bit. An illustrated history of computers, London [u. a.] 1985

Avenel, G. d': Histoire économique de la propriété, des salaires, des denrées et de tous les prix en géneral depuis l'an 1200 jusqu'en l'an 1800, Bd. 2, 2. Aufl., Paris 1913

Bammé, Arno: Maschinen-Menschen, Mensch-Maschinen. Grundrisse einer sozialen Beziehung, Reinbek bei Hamburg 1986

Béguin, Albert: Blaise Pascal in Selbstzeugnissen und Bilddokumenten, Reinbek bei Hamburg 1979

Blenck, E.: Das Königliche statistische Bureau in Berlin beim Eintritte in sein neuntes Jahrzehnt, Berlin 1885

Brauner, Ludwig: Leben und Wirken der Erfinder von Rechenmaschinen, VIII. Arthur Burkhardt, in: Die Büro-Industrie. Fachblatt für Fabrikation und Handel aller Büromaschinen und Bürobedarfsartikel, 1934, S. 119–121

Carl, Horst: Württemberg in der 2. Hälfte des 18. Jahrhunderts, in: Christian Väterlein (Hrsg.): Philipp Matthäus Hahn 1739–1790, Teil 2 Aufsätze, Stuttgart 1989, S. 11–41

Diderot, Denis und M. d'Alembert: Encyclopédie, ou dictionnaire raisonné des sciences des arts et des métiers, Bd. 1, Paris 1751, S. 680–684 sowie Recuil de Planches sur les sciences, les arts literaux et les arts mechaniques, 4. Lieferung, Paris 1767

Eames, Charles: A computer perspective. Background to the computer age, Cambridge, Mass. [u. a.] 1990

Eick, Jürgen: Menschen und Maschinen im Büro, in: F.A.Z. vom 16. April 1960, S. 5

Errard de Bar-le-Duc, Jean: Le premier livre des instruments mathématiques méchaniques, Nancy 1584 (Nachdruck Paris 1979)

Fano, Ester: A "Wastage of Men": Technological Progress and Unemployment in the United States, in: Technology and Culture, Bd. 32/1991, Nr. 2, Teil 1, S. 264–292

Faulstich, Peter: Brunsviga (1892 – 1959) – Mechanische Rechenmaschinen als Welterfolg, in: Zeitschrift für Unternehmensgeschichte, 37. Jg., H. 2/1992, S. 101–114

Finke, W.: Über Rechenmaschinen und Rechenunterricht, in: Zeitschrift für mathematischen und naturwissenschaftlichen Unterricht, 49. Jahrg., 1918, S. 127–139

Finster, Reinhard und Gerd van den Heuvel: Gottfried Wilhelm Leibniz, 4. Aufl., Reinbek bei Hamburg 2000Flamm, Bruce: The Amazing Curta (1997) http://www.vintagecalculators.com/html/the_amazing_curta.htm (27.03.2013)

Freytag-Löringhoff, Bruno von: Wilhelm Schickards Tübinger Rechenmaschine von 1623, 5. Aufl., Tübingen 2002

Galilei, Galileo: Unterredungen und mathematische Demonstrationen über zwei neue Wissenszweige, die Mechanik und die Fallgesetze betreffend, Darmstadt 1985

G. L.: Die Trinks-Brunsviga-Rechenmaschine auf dem Mathematiker-Kongreß, in: Braunschweiger G-N-C-Monatsschrift, H. 5/1921

Goethe, Joh. Wolfgang von: Begegnungen und Gespräche, Bd. 4, Berlin 1980

Goethes Werke Band VIII, Romane und Novellen III, 11. Aufl., München 1981

Grünholz, Fr.: Die Büromaschinen in der Praxis, in: Ludwig Brauner und Victor Vogt (Hrsg.): Illustriertes ORGA-Handbuch erprobter Büromaschinen, Berlin 1921, S. 13 ff.

Hahn, Philipp Matthäus: Beschreibung mechanischer Kunstwerke, Stuttgart 1774 (Nachdruck Stuttgart 1991)

Hahn, Philipp Matthäus: Beschreibung einer Rechnungs-Maschine, in: Teutscher Merkur, Bd. 7, Nr. 5 (Mai) 1779, S. 137–154

Hahn, Philipp Matthäus: Werkstattbuch II 1771–1773, (Nachdruck und Transkription Stuttgart 1987)

Hancock, Michael: Burroughs Adding Machine Company. History 1857–1953 http://www.dotpoint.com/xnumber/hancock7.htm (22.03.2013)

Heinemann: Verwendungsmöglichkeit der Rechenmaschine im allgemeinen, unter besonderer Berücksichtigung des Unterrichts in den Handels- und Berufsschulen, in: Die deutsche Berufsschule, Jahrg. 36/1927, S. 499–501

HNF Heinz Nixdorf MuseumsForum GmbH (Hrsg.): HNF Museumsführer, Paderborn 2000

Hohl, Marie: Als Ehemalige in der Grossbank, in: Schule und Leben, Zeitschrift des Vereins Ehemaliger Handelsschülerinnen Zürich, XXI. Jahrg., Juli 1931, S. 125–129 sowie S. 146–150

Humbert, P.: L'œvre scientifique de Blaise Pascal, Paris 1947

Ifrah, Georges: The universal history of computing, New York 2000

Janetschek, Hellmut: Die Mechaniker- und Uhrmacherfamilie BRAUN und die BRAUNschen Rechenmaschinen. Ergänzungen und Richtigstellungen zur bisherigen Forschung, in: Blätter für Technikgeschichte, 50. Heft 1988, S. 165–179

Jordan, W.: Eine deutsche Fabrik für Rechenmaschinen, in: Zeitschrift für Vermessungs-wesen, Bd. 9/1880, S. 439–441

Jordan, W.: Polygonzugberechnung mit der Rechenmaschine, in: Zeitschrift für Vermessungswesen, Bd. 27/1898, S. 130–134

[Kästner, in:] Göttingische Anzeigen von gelehrten Sachen, 120. Stück vom 26. Juli 1784, S. 1201–1206 und 50. Stück, 29. März 1787, S. 494–496

Kehrbaum, Annegret [u. a.] (Hrsg.): Calculi. Bilder des Rechnens einst und heute, Opladen 1995

Kidwell, Peggy A.: The Adding Machine Fraternity at St. Louis: Creating a Center of Invention, 1880–1920, in: IEEE Annals of the History of Computing, April–Juni 2000, S. 4–21

Kidwell, Peggy A.: American Scientists and Calculating Machines – From Novelty to Commonplace, in: Annals of the History of Computing 1990, S. 31–40

Kidwell, Peggy A.: 'Yours for Improvement' – The Adding Machines of Chicago, 1884 – 1930, in: IEEE Annals of the History of Computing, Juli–Sept. 2001, S. 3–21

Klaus, Georg (Hrsg.): Wörterbuch der Kybernetik, Bd. 1, Frankfurt a. M. 1971

Klein, Felix: Elementarmathematik vom höheren Standpunkte aus, Teil 1, Leipzig 1908

König, Mario [u. a.]: Warten und aufrücken. Die Angestellten in der Schweiz 1870–1950, Zürich 1985

Krämer, Sybille: Symbolische Maschinen, Darmstadt 1988

Landes, David S.: Der entfesselte Prometheus, Köln 1973

Lauterbach, Burkhart R.: Großstadtmenschen. Die Welt der Angestellten, Frankfurt a. M. 1995

Lehmann, Nikolaus J.: Glashütte 1978. Beginn der deutschen Rechenmaschinenfertigung, Berlin 1989

Leupold, Jacob: Theatrum arithmetico-geometricum,, Leipzig 1727 (Nachdruck Hannover 1982)

Lietzmann, W.: Methodik des mathematischen Unterrichts, 1. Teil, Leipzig 1919

Loeffel, Hans: Blaise Pascal, Basel [u. a]. 1987

Mackensen, Ludolf von: Die ersten dekadischen und dualen Rechenmaschinen, in: Erwin Stein und Albert Heinekamp: Gottfried Wilhelm Leibniz, Hannover 1990, S. 52–61

Marguin, Jean: Histoire des instruments et machines à calculer, Paris 1994

Martin, Ernst: Die Rechenmaschinen und ihre Entwicklungsgeschichte, Leopoldshöhe 1925

Mills, C. Wright: Menschen im Büro. Ein Beitrag zur Soziologie der Angestellten, Köln – Deutz 1955

May, E. und M. Maier: Das Maschinenrechnen, Leipzig 1931

Mayer, Joh. Eugen: Das Rechnen in der Technik und seine Hilfsmittel, Leipzig 1908

Mehmke, R.: Numerisches Rechnen, in: Enzyklopädie der mathematischen Wissenschaften mit Einschluss ihrer Anwendungen, 1. Bd., 2. Teil, Leipzig 1900–1904, S. 938–1079

Müller-Partenkirchen, Fritz: Als die Rechenmaschine ein Herz bekam, in: Deutsche Allgemeine Zeitung, 13. Sept. 1925

Oberliesen, Rolf: Information, Daten und Signale. Geschichte technischer Informationsverarbeitung, Reinbek bei Hamburg 1982

Otten, Karl: Für Martinet (1917), in: K. Pinthus (Hrsg.), Menschheitsdämmerung, 34. Aufl., Hamburg 2006, S. 241

Paul, Jean: Komischer Anhang zum Titan, Erstes Bändchen, (Erstdruck 1802), in Jean Paul, Sämtliche Werke, Abt. I, 3. Bd., Darmstadt 1999, S. 831–1010

Paul, Jean: Blumen-, Frucht- und Dornenstücke oder Ehestand, Tod und Hochzeit des Armenadvokaten F. St. Siebenkäs, 2. Bändchen, 6. Kapitel, München 1986

Paul, Jean: Palingenesien – Achter Reise-Anzeiger, in: Jean Paul: Sämtliche Werke, hrsg. von Norbert Miller, Abt. I, 4. Bd., Darmstadt 2000

Paul, Jean: Unterthänigste Vorstellung unser, der sämtlichen Spieler und redenden Damen in Europa entgegen und wider die Einführung der Kempelischen Spiel- und Sprachmaschinen, in: Jean Paul: Sämtliche Werke, Abt. II, Bd. 2, Darmstadt 1976, S. 167–185

Petzold, Hartmut: Rechnende Maschinen, Düsseldorf 1985

Pirker, Theo: Büro und Maschine, Basel [u. a.] 1962

Pursell Jr., Carroll W.: Government and Technology in the Great Depression, in: Technology and Culture, Bd. 20/1979, Nr. 1, S. 162–174

Rahn, Guntram: Die Bedeutung des gewerblichen Rechtsschutzes für die wirtschaftliche Entwicklung: Die japanischen Erfahrungen, in: Oppenländer, Karl H. (Hrsg.), Patent-wesen, technischer Fortschritt und Wettbewerb, Berlin – München 1984, S. 77–129

Reich, E.: Die Brunsviga-Rechenmaschine Trinks-Triplex und ihre Verwendung in der niederen Geodäsie, in: Braunschweiger G-N-C Monatsschrift 1913, S. 489–491

Reinecke, H.: Neuere Entwicklungen mechanischer Rechenmaschinen, in: Martin Graef (Hrsg.): 350 Jahre Rechenmaschinen, München 1973, S. 43–50

Reuleaux, Franz: Die sogenannte Thomas'sche Rechenmaschine, 2. Aufl., Leipzig 1892

Rice, Elmer: Three plays, New York 1965

Rohrberg, Albert: Didaktik des mathematischen Unterrichtes, Erster Teil, Berlin [u. a.] 1930

Rosendorfer, Herbert: Briefe in die chinesische Vergangenheit, 33. Aufl., München 2002

Rt.: Die Brunsviga-Rechenmaschine in der Welt, in: 60 Jahre Brunsviga, Brunsviga-Monatshefte, Sonderausgabe 1931, S. 37–42

Ruppelt, Georg: „Der große summende Gott". Geschichten von Denkmaschinen, Computern und künstlicher Intelligenz, Hameln 2003

Schillinger, Klaus,: Rechengeräte aus der Sammlung des Mathematisch-Physikalischen Salons, Dresden 2000

Schneider, Reinhold (Hrsg.): Pascal, Frankfurt a. M. 1954

Schopenhauer, Arthur: Parerga und Paralipomena, Bd. 2, Kleine philosophischen Schriften, in: Arthur Schopenhauer's sämmtliche Werke, 2. Aufl., 6. Band, Leipzig 1891

Schranz, Adolf G.: Addiermaschinen einst und jetzt, Aachen ca. 1952

Shaw, Bernard: Maxims for Revolutionists, in: Bernard Shaw: Man and Superman, London 1926, S. 228–244

Scriba, Christoph J. und Bertram Maurer: Technik und Mathematik, in: Armin Hermann und Charlotte Schönbeck (Hrsg.): Technik und Wissenschaft (Bd. 3 von Technik und Kultur), Düsseldorf 1991, S. 31–76

Siemens Aktiengesellschaft: Herrn von Leibniz' Rechnung mit Null und Eins, 3. Aufl., Berlin 1979

Sossna, H.: Polygonzugberechnung mittelst Rechenmaschine, in: Zeitschrift für Vermessungswesen, Bd. 27/1898, S. 196–198

spectator [Pseud.]: Die Rechenmaschinen ein Feind der Angestellten?, in: Braunschweiger GN-C-Monatsschrift, Februar 1919, S. 98 f.

Swift, Jonathan: Gullivers Reisen, Frankfurt am Main 1974, 3. Teil, 5. Kapitel

Tout, Nigel: Anita: the world's first electronic desktop calculator, http://www.vintagecalculators.com/html/sumlock_anita.htm (27.03.2013)

Trinks, F.: Die neue Rechenmaschine Brunsviga, in: Zeitschrift des Vereins deutscher Ingenieure, Bd. 36/1892, S. 1522–1523

Troitzsch, Ulrich: Technischer Wandel in Staat und Gesellschaft zwischen 1600 und 1750, in: Akos Paulinyi und Ulrich Troitzsch, Mechanisierung und Maschinisierung 1600 bis 1840 (Bd. 3 der Propyläen-Technikgeschichte), Berlin 1997, S. 11–267

Tropfke, Johannes: Geschichte der Elementarmathematik, Bd. 1, 4. Aufl., Berlin/New York 1980

Tucholsky, Kurt: Rechenmaschine aus Amerika, in: Vossische Zeitung vom 01.01.1928 http://www.textlog.de/tucholsky-rechenmaschine.html (28.03.2013)

Tyszka, Carl von: Löhne und Lebenskosten in Westeuropa im 19. Jahrhundert, München 1914

Väterlein, Christian (Hrsg.): Philipp Matthäus Hahn 1739–1790, Bd. 1, Stuttgart 1989

Veithen, Cornelius: Über die Verwendung der Rechenmaschine bei der Bahnbestimmung von Planeten, Leipzig 1912

Vorndran, Edgar P.: Entwicklungsgeschichte des Computers, 2. Aufl., Offenbach 1986

Wicke, E.: Die chinesische Rechenmaschine (Suanpan), in: Zeitschrift für mathematischen und naturwissenschaftlichen Unterricht aller Schulgattungen, Jahrg. 62/1931

Wigand, Klaus: Rechenmaschinen in Sexta, in: Praxis der Mathematik, 5. Jahrg./1963, S. 1–4

Wilberg, Ernst-Eberhard: Die Leibniz'sche Rechenmaschine und die Julius-Universität in Helmstedt, Braunschweig 1977

Williams, Michael R: Early Calculation, in: Aspray, William (Hrsg.), Computing before Computers, Ames 1990, S. 3–58

Ohne Verfasserangabe

Addiermaschine, in: Zeitschrift für Vermessungswesen Bd. 27/1898, S. 352

Artikel „Computer", in: Robert W. Burchfield (Hrsg.): A Supplement to the Oxford English Dictionary, Bd. I, Oxford 1972, S. 601Geleitwort, in: Die Braunschweiger G-N-C-Monatsschrift (Kriegsheft) 1918, S. 1–5

Rechnenmaschine, in: Rheinisches Conversations-Lexikon, 10. Bd., Köln 1844, S. 331; ähnlich auch in: Allgemeine deutsche Real-Encyklopädie für die gebildeten Stände, 9. Bd., Leipzig 1830, S. 59

Rekordpreis für Rechenmaschine, in: DER SPIEGEL, Nr. 26/1993 (28.06.1993), S. 183

Literaturverzeichnis zum Kapitel „Der verfrühte Computer“

Babbage, Charles: On the Economy of Machinery and Manufactures, London 1832 (deutsche Ausgabe: Ueber Maschinen- und Fabrikenwesen, Berlin 1833)

Babbage, Charles: Passagen aus dem Leben eines Philosophen (Passages from the life of a philosopher, 1864), Berlin 1997Babbage, Charles: Über die theoretischen Prinzipien der Maschine zur Tabellenberechnung (1823), in: Bernhard Dotzler (Hrsg.): Babbages Rechen-Automate, Wien – New York 1996, S. 106–110

Babbage, Charles: On the economy of machinery and manufactures, London 1832 (deutsche Ausgabe: Ueber Maschinen- und Fabrikenwesen, Berlin 1833)

Bedini, Silvio A.: The Role of Automata in the History of Technology, in: Technology and Culture, Bd. 5/1964, S. 24–42

Bromley, Allan G.: Difference and Analytical Engine, in: William Aspray (Hrsg.): Computing before Computers, Ames 1990, S. 59–99

Bülow, Ralf: Ein Entwurf für eine Differenzmaschine aus dem Jahr 1784, in: Sudhoffs Archiv, H. 2/1989, S. 219–222

Bush, Vannevar: Instrumental Analysis, in: Bulletin of the American Mathematical Society, Bd. 42/1936, S. 649–669

Campbell-Kelly; Martin: Analytical Engine, in: Raúl Rojas (Hrsg.): Encyclopedia of Computers and Computer History, Bd. 1, Chicago [u. a.] 2001, S. 29–32

Comrie, L. J.: Babbage's Dream comes true, in: Nature, Bd. 159/1946, S. 567–586

Couffignal, L.: Les machines à calculer, leurs principes, leur évolution, Paris 1933, auszugsweise in englischer Übersetzung: Calculating Machines: Their Principles and Evolution, in: Brian Randell (Hrsg.), The Origins of Digital Computers, 3. Aufl., Berlin [u. a.] 1982, S. 145–154

Dotzler, Bernhard: Operateur des Wissens: Charles Babbage (1791 – 1871), in Bernhard Dotzler (Hrsg.): Babbages Rechen-Automate, Wien – New York 1996, S. 1–29

Goldstine, Herman H.: The Computer from Pascal to von Neumann, Princeton (NY) 1980

Hägermann, Dieter und Helmuth Schneider: Landbau und Handwerk 750 v. Chr. bis 1000 n. Chr., (Bd. 1 der Propyläen-Technikgeschichte), Berlin 1991

Horsley, Victor: Description of the Brain of Mr. Charles Babbage, F.R.S. (1909), auszugs-weise wiedergegeben bei Michael R. Williams: The "Last Word" on Charles Babbage, in: IEEE Annals of the History of Computing, Bd. 20/1988, H. 4, S. 10–14

Hyman, Anthony: Charles Babbage 1791–1871, Stuttgart 1987

Ifrah, Georges: The Universal History of Computing, New York [u. a.] 2001

Jacob, L.: Le calcul mécanique, Paris 1911

Jones, H. Stuart (Hrsg.): A Catalogue of the Ancient Sculptures preserved by the Municipal Collections of Rome. The Sculptures of the Museo Capitolino, 2 Bände, Oxford 1912 (Nachdruck: Rom 1969)

Klemm, Friedrich: Geschichte der Technik, 3. Aufl., Stuttgart 1998

Kopisch, August: Die Heinzelmännchen von Köln, Weinheim [u. a.] 2012

Lardner, Dionysius: Babbages Rechenmaschine (1834) in: Bernhard Dotzler (Hrsg.), Babbages Rechen-Automate, Wien – New York 1996, S. 119–179

Lindgren, Michael: Glory and Failure, Cambridge/Mass. – London 1990

Ludgate, P. E.: On a proposed analytical machine (1909), abgedruckt in Brian Randell (Hrsg.): The Origins of Digital Computers, 3. Aufl., Berlin [u. a.] 1982, S. 73–87

Ludgate, P. E.: Automatic Calculating Machines, in: E. M. Horsburgh (Hrsg.), Handbook of the Exhibition of Napier Relics and of Books, Instruments, and Devices for Facilitating Calculation, Edinburgh 1914, (Reprint des Charles Babbage Institute: Handbook of the Napier Tercentenary Celebration or Modern Instruments and Methods of Calculation, Los Angeles – San Francisco 1982), S. 124–127

Mehmke, R.: Numerisches Rechnen, in: Encyklopädie der mathematischen Wissenschaften mit Einschluß ihrer Anwendungen, 1. Bd., 2. Teil, Leipzig 1904, S. 938–1079

Menabrea, Luigi F. / Ada A. Lovelace: Grundriss der von Charles Babbage erfundenen Analytical Engine (1843), in: Bernhard Dotzler (Hrsg.): Babbages Rechen-Automate, Wien – New York 1996, S. 309–381

Merrifield, Charles Watkins: Komiteebericht über die Ratsamkeit und die Kosten des Baus der Analytical Engine (1879), in: Bernhard Dotzler (Hrsg.), Babbages Rechen-Automate, Wien – New York 1996, S. 382–396

Metropolis, N. und J. Worlton: A Trilogy on Errors in the History of Computing, in: Annals of the History of Computing, Bd. 2/1980, Nr. 1, S. 49–59

Morrison, Philip und Emily: Charles Babbage and his Calculating Engines, London 1961

Moseley, Maboth: Irascible Genius. The Life of Charles Babbage, Chicago 1970

Ocagne, Maurice d': Le calcul simplifié par les procédés mécaniques et graphiques, 3. Aufl., Paris 1928, S. 74 sowie Ralf Bülow: Ein Entwurf für eine Differenzmaschine aus dem Jahr 1784, in: Sudhoffs Archiv, H. 2/1989, S. 219–222

Quevedo, L. Torres y: Essais sur l'automatique. Sa définition. Étendue théorique de ses applications, in englische Übersetzung in: Brian Randell (Hrsg.): The Origins of Digital Computers, 3. Aufl., Berlin [u. a.] 1982, S. 89–107

Randell, Brian: From Analytical Engine to Electronical Digital Computer: The Contributions of Ludgate, Torres and Bush, in: Annals of the History of Computer, Bd. 4/1982, H. 4, S. 327–341

Rice, E. E.: The Grand Procession of Ptolemy Philadelphus, Oxford 1983

Stein, Dorothy: Ada Augusta Lovelace. Eine Frau am Anfang der Moderne, 2. Aufl., Berlin 2004

Swade, Doron: Charles Babbage and his Calculating Engines, London 1991

Swade, Doron: The cogwheel brain. Charles Babbage and the quest to build the first computer, London 2000

Swade, Doron: Der mechanische Computer des Charles Babbage, in: Spektrum der Wissenschaft, 1993, H. 4, S. 78–84

Zemanek, Heinz: Weltmacht Computer, Esslingen – München 1991

Literaturverzeichnis zum Kapitel „Ein Stück Karton beschleunigt Betriebsabläufe"

Adler, H. G.: Der verwaltete Mensch, Tübingen 1994

Adler, H. G.: Panorama. Roman in zehn Bildern, Olten u. Freiburg i. Br. 1968

Aikele, Erwin: 1890–1965 – 75 Jahre Lochkarten, in: IBM Nachrichten, 15. Jg./1965, H. 175, S. 2841–2847

Aly, Götz und Karl Heinz Roth: Die restlose Erfassung. Volkszählen, Identifizieren, Aussondern im Nationalsozialismus, 2. Aufl., Frankfurt am Main 2005

Austrian, Geoffrey D.: Herman Hollerith. Forgotten Giant of Information Processing, New York 1982

Bahrdt, Paul: Industriebürokratie, Stuttgart 1972

Beitlich, E.: Büromaschinenkunde, Hannover 1938

Biehler: Lochkartenmaschinen im Dienste der Reichsstatistik, in: Allgemeines Statistisches Archiv, Bd. 28/1939, S. 90–100

Black, Edwin: IBM und der Holocaust. Die Verstrickung des Weltkonzerns in die Verbrechen der Nazis, München 2001

Böhme, Kurt W.: Gesucht wird ... Die dramatische Geschichte des Suchdienstes, München 1965

Buck, Joseph: Die Religion in den Volkszählungen des In- und Auslandes, in: Allgemeines statistisches Archiv, Bd. 27/1937, S. 23–29

Conolly, James: History of Computing in Europe, IBM World Trade Corp., 1968

Conrad, J.: Grundriß zum Studium der politischen Oekonomie, 4. Teil: Statistik, I. Teil: Die Geschichte und Theorie der Statistik. Die Bevölkerungsstatistik, 2. Aufl., Jena 1902

Couvé, Richard: Der Mensch im Lochkartenverfahren, in: Hollerith-Nachrichten, Nr. 36, 1934, S. 443–455

DEHOMAG: Festschrift zur 25-Jahrfeier der Deutschen Hollerith-Maschinen-Gesellschaft, Berlin-Lichterfelde 1935

Deutsche Reichsbahn: Auszug aus der Dienstvorschrift für die Bearbeitung der Betriebsleistungsermittlungen in den Lochkartenstellen (VBB), 1. Januar 1939

Diedrichs, Joh.: Die Verwendung maschineller Hilfsmittel im Bankbetrieb, Berlin 1923

Dreyfuss, Carl: Beruf und Ideologie der Angestellten, München und Leipzig 1933

Drose, Kathleen (Hrsg.): Gale Book of Averages, Detroit 1993

Engwert, Andreas und Susanne Kill (Hrsg.): Sonderzüge in den Tod, Köln [u. a.] 2009

Feindler, Robert: Das Hollerith-Lochkarten-Verfahren für maschinelle Buchhaltung und Statistik, Berlin 1929

Gladwin, Lee A.: TOP SECRET: Recovering and Breaking the U.S. Army and Army Air Force Order of Battle Codes, 1941–1945, in: Prologue, Bd. 32/2000, Nr. 3, http://www.archives.gov/publications/prologue/2000/fall/top-secret-1.html (31.05.2013)

Gottwaldt, Alfred: Deutsche Reichsbahn. Kulturgeschichte und Technik, Stuttgart 2007

Gray, George: Remington Rand Tabulating Machines, Unisys History Newsletter, Bd. 4, Nr. 1 (Mai 2000) https://wiki.cc.gatech.edu/folklore/index.php/Remington_Rand_Tabulating_Machines (25.04.2013)

Gürge, Friedrich: Erinnerungen, http://www.friedrich-guerge.de

Heide, Lars: Shaping a Technology: American Punched Card Systems 1880–1914, in: IEEE Annals of the History of Computing, Bd. 19/1997, Nr. 4, S. 28–41

Hilberg, Raul: Sonderzüge nach Auschwitz, Mainz 1981

Holmes, Steven A.: Census blamed in internment of Japanese, in: The New York Times, 17. März 2000

Kaienburg, Hermann: Die Wirtschaft der SS, Berlin 2003

Kässmann, Wilhelm: Die IBM Lochkarte als Warenanhänger, in: IBM Nachrichten Nr. 125, Febr. 1956, S. 307–315

Kinsey, Alfred C.: Sexual Behavior in the Human Male, Philadelphia 1948

Kinsey, Alfred C.: Sexual Behavior in the Human Female, Philadelphia 1953

Kistermann, Friedrich W.: Hollerith Punched Card System Development (1905–1913), in: IEEE Annals of the History of Computing, Jan. – März 2005, S. 56–66

Kistermann, Friedrich W.: Locating the Victims: The Nonrole of Punched Card Technology and Census Work, in: IEEE Annals of the History of Computing, Bd. 19/1997 Nr. 2, S. 31–45

Kistermann, Friedrich W.: The Way to the First Automatic Sequence-Controlled Calculator: The 1935 DEHOMAG D11 Tabulator, in: IEEE Annals of the History of Computing, Bd. 17/1995 Nr. 2, S. 33–49

Klepacki, von: Die Hollerith'sche elektrische Zählmaschine für Volkszählungen, in: Polytechnisches Centralblatt, Jg. 57/1896, Nr. 11, S. 121–125

Köbner, Franz: Die soziale Bedeutung der Lochkartenmaschinen in: Mahn- und Buchhaltungspraxis, März 1927, 12. Heft. S. 572–584

Koon, S. G.: Hollerith Tabulating Machinery in the Business Office (1913), zitiert nach: Martin Campbell-Kelly: Punched-Card Machinery, in: William Aspray (Hrsg.): Computing Before Computers, Ames 1990, S. 122–155

Kracauer, Siegfried: Die Angestellten. Aus dem neuesten Deutschland, Frankfurt a. M. 1930

Krausnick, Helmut und Hans-Heinrich Wilhelm: Die Truppe des Weltanschauungskrieges, Stuttgart 1981

Kreisig, Wolfgang: IBM Lochkartenmaschinen helfen Menschen suchen, in: IBM Nachrichten Nr. 121, März 1955, S. 152–161

Krieger, Konrad: Der Weg der Statistik zum Volk, in: Allgemeines statistisches Archiv, Bd. 23/1933–34, S. 619–626

Landes, David S.: Der entfesselte Prometheus. Technologischer Wandel und industrielle Entwicklung in Westeuropa von 1750 bis zur Gegenwart, Köln 1973

Lauersen Walther: Organisation und Aufgaben des Maschinellen Berichtswesens des Reichsministers für Rüstung und Kriegsproduktion, Hamburg 5.12.1945 (Manuskript), BArch R 3/17a

Lauterkorn, Ludwig: Die Technik des IBM Lochkartenverfahrens in der Steuerverwaltung, in: IBM Nachrichten Nr. 124, Okt. 1955, S. 260–275

Lichtenstein, Heiner: Mit der Reichsbahn in den Tod, Köln 1985

Lindner, Rudolf [u. a.]: Planen, entscheiden, herrschen. Vom Rechnen zur elektronischen Datenverarbeitung, Reinbek 1988

Luebke, David M. und Sybil Milton: Locating the Victim: An Overview of Census-Taking, Tabulation Technology, and Persecution in Nazi Germany, in: IEEE Annals of the History of Computing, Bd. 16/1994, H. 3, S. 25–39

Matschoss, Conrad: Hundert Jahre deutsche Eisenbahn, in: Technikgeschichte, Bd. 24/1935, S. 1–18

Meyer, Beate: Das unausweichliche Dilemma: Die Reichsvereinigung der Juden in Deutschland, die Deportationen und die untergetauchten Juden, in: Beate Kosmala und Claudia Schoppmann (Hrsg.): Überleben im Untergrund, Berlin 2002, S. 273–296

Mierzejewski, Alfred C.: The Most Valuable Asset of the Reich, 2 Bände, Chapel Hill [u. a.] 1999 und 2000

Mittermaier, Klaus: Vermißt wird ... Die Arbeit des deutschen Suchdienstes, Berlin 2002

Norberg, A.: High-technology calculation in the early 20th century: Punched card machinery in business government, S. 753–779

Overmans, Rüdiger: Deutsche militärische Verluste im Zweiten Weltkrieg, 3. Aufl., München 2004

Passow, Kurt: Das "Maschinelle Berichtswesen" als Grundlage für die Führung im II. Weltkrieg, Teil II und III, in: Wehrtechnische Monatshefte, Jg. 62/1965, H. 2, S. 55–65 sowie H. 3, S. 98–113

Passow, Kurt: Das "Maschinelle Berichtswesen" als Grundlage für die Führung im II. Weltkrieg, Teil III, in: Wehrtechnische Monatshefte, Jg. 62/1965, H. 3, S. 98–135

Pätzold, Kurt und Erika Schwarz: „Auschwitz war für mich nur ein Bahnhof". Franz Novak – der Transportoffizier Adolf Eichmanns, Berlin 1994

Paul, Gerhard: Staatlicher Terror und gesellschaftliche Verrohung, Hamburg 1996

Petzold, Hartmut: Rechnende Maschinen, Düsseldorf 1985

Pingel, Falk: Häftlinge unter SS-Herrschaft, Hamburg 1978

Piper, Franciszek: The System of Prisoner Exploitation, in: Ysrael Gutman und Michael Berenbaum (Hrsg.): Anatomy of the Auschwitz death camp, Bloomington [u. a.] 1994, S. 34–49

Potthoff: Der stabile Fahrplan, in: Zeitung des Vereins Mitteleuropäischer Eisenbahnverwaltungen Jg. 73.1943, Nr. 25, S. 343–354

Pugh, Emerson W.: Building IBM. Shaping an Industry and Its Technology, Cambridge/ Mass. – London 1995

Rauchberg, Heinrich: Die elektrische Zählmaschine und ihre Anwendung insbesondere bei der österreichischen Volkszählung, in: Allgemeines Statistisches Archiv, Jg. 2/1892, S. 78–126

Rodgers, William: Die IBM-Saga, Hamburg 1971

Römmer, Christian: Digitalisierung der WVHA-Häftlingskartei, in: Gedenkstätten-Rundbrief, Nr. 150 (August 2009), S. 20–25

Römmer, Christian: Ein gescheitertes SS-Projekt: Die zentrale Häftlingskartei des WVHA, in: Dachauer Hefte, Jg. 25/2009, H. 25, S.135–142

Rottke, Hermann: Die Buchhaltung von Industriebetrieben und Handelsgeschäften, lückenlos durchgeführt mit Hollerith-Lochkarten-Maschinen, Berlin – Wien 1929

Schüler, Klaus A. Friedrich: Logistik im Russlandfeldzug, Frankfurt a. M. [u. a.] 1987

Schweitzer, Eva: Amerika und der Holocaust, München 2004

Sobel, Robert: IBM und die globale Herausforderung, Zürich [u. a.] 1986

Tosti, Luigi: Mechanisierung der Frachtenkontrolle im Güterverkehr der Italienischen Staatsbahnen, in: Zeitung des Vereins Mitteleuropäischer Eisenbahnverwaltungen, Bd. 82/1942, H. 10, S. 129–134

Tuchel, Johannes: Die Inspektion der Konzentrationslager 1938–1945, Berlin 1994

Tyszka, Carl von: Statistik, Teil I, Jena 1924, S. 100; Vgl. J. Conrad: Grundriß zum Studium der politischen Oekonomie, 4. Teil Statistik, 2. Aufl., Jena 1902

Wegener, Heinz: Wirtschaftlichkeit von Buchungsmaschinen in der Fabriklohn-, Material- und Auftragsrechnung, Berlin 1930

Weinmann, Martin (Hrsg.): Das nationalsozialistische Lagersystem (CCP), 4. Aufl., Frankfurt a. M. 2001

Wietog, Jutta: Volkszählungen unter dem Nationalsozialismus, Berlin 2001

Williams, R. Neil: Automatische Selbstkostenrechnung, in: Prometheus, Bd. 24/1912-13 (1913), Nr. 1197 (5. Dez. 1912), S. 8–12

Wright, Carroll D.: The history and growth of the United States census, Washington 1900 (Reprint 1966)

Zahn, Friedrich: Die Statistik im nationalsozialistischen Großdeutschland, in: Allgemeines Statistisches Archiv, Bd. 29/1940; S. 369–392

Ohne Verfasserangabe

Das Lochkartenverfahren bei der Reichsbahn, in: Die Reichsbahn, 5. Jg./1929, S. 885–886

New York Sunday News, 10. Jan. 1937, S. 60, zitiert nach Arthur L. Norberg: High-Techno-logy Calculation in the Early 20th Century: Punched Card Machinery in Business and Government, in: Technology and Culture, Bd. 31/1990, S. 753–779

Die Stellung der Statistik im nationalsozialistischen Staat, in: Braune Wirtschaftspost. Nationalsozialistischer Wirtschaftsdienst, Jg. 1938, Heft 11, S. 275–279

Literaturverzeichnis zum Kapitel „Rechenzentren als das Herz militärischer Systeme und der Unternehmen“

Allerbeck, Klaus R. und Wendy J. Hoag: „Utopia is Around the Corner“ – Computerdiffusion in den USA als soziale Bewegung, in: Zeitschrift für Soziologie, 18/1989, Heft 1, S. 35–53

Bacon, Francis: Das Neue Organon (Novum Organon), Erstes Buch, § 129, hrsg. von M. Buhr, Berlin 1962

Baethge, Martin und Herbert Oberbeck: Zukunft der Angestellten. Neue Technologien und berufliche Perspektiven in Büro und Verwaltung, Frankfurt a. M. – New York 1986

Bähr, Johannes: Die „amerikanische Herausforderung“, in: Archiv für Sozialgeschichte, Bd. 35/1995, S. 115–130

Bashe, Charles J.: IBM's Early Computers, 2. Aufl., Cambridge, Mass. 1986

Beck, Horst L.: Elektronische Unternehmens-Führung, in: Frankfurter Allgemeine Zeitung vom 19.11.1966, S. 5

Blum, Albert A.: Computer und kaufmännische Angestellte, in: G. Friedrichs (Red.): Computer und Angestellte, Bd. II, Frankfurt a. M. 1971, S. 467–486

Bois-Reymond, A. du: Erfindung und Erfinder, Berlin 1906

Bolz, Norbert: Welche Arbeit braucht der Mensch? – Überlegungen zur Dienstleistungsgesellschaft, http://www.kultur-punkt.ch/akademie4/kooperation-swr2/swr2-bolz-arbeit5-4.htm (27.06.2012)

Borchers, Detlef: Das papierlose Büro, ein ewiger Zukunftstraum, in: Neue Zürcher Zeitung vom 19.12.2003, Nr. 295, S. 63

Bowden, B. V.: The application of digital Computers to business and commerce, in: B. V. Bowden (Hrsg.): Faster than thought, London 1971, S. 246–271

Brödner, Peter, Detlef Krüger u. Bernd Senf: Der programmierte Kopf. Eine Sozialgeschichte der Datenverarbeitung, Berlin 1981

Brügge, Peter: „Sagen wir lieber nicht Humanität", in: DER SPIEGEL, Nr. 36/1982, S. 74–87

Copeland, B. Jack u. a. (Hrsg.): Colossus. The secrets of Bletchley Park's Codebreaking Computers, Oxford 2010, S. 1–6

Cortada, James W.: Information Technology as Business History, Westport 1996

Darius, Frank: SAGE, in: Raúl Rojas (Hrsg.): Encyclopedia of Computers and Computer History, Bd. 2, New York 2001, S. 686–687

Dostal, Werner: Datenverarbeitung und Beschäftigung, Teil 1, in: Mitteilungen aus der Arbeitsmarkt- und Berufsforschung, 13. Jg./1980, S. 39–56

Dostal, Werner: Datenverarbeitung und Beschäftigung, Teil 2, in: Mitteilungen aus der Arbeitsmarkt- und Berufsforschung, 13. Jg./1980, S. 426–442

Dürrenmatt, Friedrich: Philosophie und Naturwissenschaft. Essays, Gedichte und Reden, Zürich 1998

Dürrenmatt, Friedrich: Die Physiker. Eine Komödie in zwei Akten, Zürich 1962

Eick, Jürgen: Menschen und Maschinen im Büro, in: Frankfurter Allgemeine Zeitung vom 16.04.1960, S. 5

Eurich, Claus: Tödliche Signale. Die kriegerische Geschichte der Informationstechnik von der Antike bis zum Jahr 2000, Frankfurt a. M. 1991

Finsterbusch, Stephan: Konrad Zuse. „Er war unser aller Vormacher", Frankfurter Allgemeine FAZ.NET, 29.03.2011, http://www.faz.net/s/RubB8DFB31915A443D98590B0D538FC0BEC/Doc~E56824B36C37549C0BE6A3F345A8383AE~ATpl~Ecommon~Scontent.html (29.03.2011)

Flowers, Thomas H.: D-Day at Bletchley Park, in: B. Jack Copeland [u. a.] (Hrsg.): Colossus. The Secrets of Bletchley Park's Codebreaking Computers, Oxford 2010, S. 78–83

Friedrichs, Günter: Einsatz von Mikroprozessoren – Auswirkungen auf Produktion und Beschäftigung, in: Rationalisierung, Bd. 29/1978, H. 7–8, S. 157–160

Fritz, W. Barkley: ENIAC – A Problem Solver, in: IEEE Annals of the History of Computing, Bd. 16/1994, H. 1, S. 25–45

Fuhrmann, Jochen: Zur Veränderung der Arbeitsaufgaben von kaufmännischen und technischen Angestellten durch Computer (10 Fallstudien), in: G. Friedrichs (Red.): Computer und Angestellte, Bd. I, Frankfurt a. M. 1971, S. 321–443

Füßl, Wilhelm: Katalogteil, in: Wilhelm Füßl (Hrsg.): 100 Jahre Konrad Zuse. Einblicke in den Nachlass, München 2010, S. 65–137

Gaugler, Eduard [u. a.]: Rationalisierung und Humanisierung von Büroarbeiten, 2. Aufl., Ludwigshafen 1980

Godemont, R.: Aux sources du modèle scientifique américain (I), in: La Pensée, Nr. 201/1978, S. 33–69

Goldstine, Herman H.: The Computer from Pascal to von Neumann, Princeton 1980

Gööck, Roland: Die großen Erfindungen: Radio, Fernsehen, Computer, Künzelsau 1989

Gray, George: UNIVAC I: The First Mass-Produced Computer, Unisys History Newsletter. Bd. 5/2001, Nr. 1, https://wiki.cc.gatech.edu/folklore/index.php/UNIVAC_1:_The_First_Mass-Produced_Computer (10.06.2013)

Groves, Leslie R.: Jetzt darf ich sprechen. Die Geschichte der ersten Atombombe, Köln – Berlin 1965

Hellige, Hans Dieter: Militärische Einflüsse auf Leitbilder, Lösungsmuster und Entwicklungsrichtungen der Computerkommunikation, in: Technikgeschichte, Bd. 59 (1992), H. 4, S. 371–401

Hill, Marion: Bletchley Park People. Churchill's 'Geese that never cackled', Stroud 2010

Hoffmann, Wolfgang: Den Job-Killern auf der Spur, in: DIE ZEIT Nr. 40, 29. Sept. 1978, S. 21

Jacobs, John F.: SAGE Overview, in: Annals of the History of Computing, Bd. 5/1983, H. 4, S. 323–329

Jaeggi, Urs: Computer und kaufmännische Angestellte, in: G. Friedrichs (Red.): Computer und Angestellte, Bd. II, Frankfurt a. M. 1971, S. 487–501

Jungk, Robert: Heller als tausend Sonnen. Das Schicksal der Atomforscher, Stuttgart 1956

Kahn, David: Fernmeldewesen, Chiffriertechniken und Nachrichtenaufklärung in den Kriegen des 20. Jahrhunderts, in: Jürgen Rohwer und Eberhard Jäckel (Hrsg.): Die Funkaufklärung und ihre Rolle im Zweiten Weltkrieg, Stuttgart 1979, S. 17–47

Kemeny, John G.: Man and the computer, New York 1972

Klotz, Ulrich: Gewerkschaften und Technik – zwischen Rhetorik und Politik, in: H.-J. Schabedoth (Hrsg.): Gestalten statt Verwaltung, Köln 1991

Kohlenberg, Kerstin [u. a.]: Die Straße der Tyrannen, in: DIE ZEIT Nr. 45 vom 3. Nov. 2011, S. 17–19, hier S. 18

Kooten, Michel van: Global Software Top 100 – Edition 2011, http://www.softwaretop100.org/ global-software-top-100-edition-2011 (12.09.2012)

Lindner, Rudolf, Bertram Wohak und Holger Zeltwanger: Planen, Entscheiden, Herrschen. Vom Rechnen zur elektronischen Datenverarbeitung, Reinbek 1988

Lukoff, Herman: From Dits to Bits: A personal history of the electronic computer, Portland (Oregon) 1979

Lütge, Gundhild: "Seine Kunden liebten ihn". Heinz Nixdorf trieb die Computertechnik voran. Doch am Ende wurde sein Unternehmen selbst zum Opfer des Fortschritts, in: DIE ZEIT Nr. 28/2003, S. 20

Marsch, Ulrich: Intelligente Roboter brauchen den Menschen, Pressemitteilung der Technischen Universität München, 19.12.2008, http://idw-online.de/pages/de/news294823 (21.03.2012)

Matis, Herbert: Die Wundermaschine. Die unendliche Geschichte der Datenverarbeitung: Von der Rechenuhr zum Internet, Frankfurt/Wien 2002

Mellerowicz, Konrad: Allgemeine Betriebswirtschaftslehre, Bd. I, 7. Aufl., Berlin 1952

Moreitz, Michael (Hrsg.): Der Sprung in die Zukunft, Weinheim [u. a.] 1985

Moritz, Charles (Hrsg.): Current Biography Yearbook 1964, New York 1964

Naumann, Friedrich: Vom Abakus zum Internet. Die Geschichte der Informatik, Darmstadt 2001

Neumann, Johannes: Fortschritt und Wandel – Über Vieldeutigkeit und Karriere geläufiger Schlagworte, in: Jörg Alberts (Hrsg.): Fortschritt im geschichtlichen Wandel, Berlin 1998, S. 97–117

Niens, Walter: Schule, Ausbildung und Weiterbildung für Angestellte, in: G. Friedrichs (Red.): Computer und Angestellte, Bd. II, Frankfurt a. M. 1971, S. 753–771

Petzold, Hartmut: Konrad Zuse – ein Computerpionier, in: Wilhelm Füßl (Hrsg.): 100 Jahre Konrad Zuse. Einblicke in den Nachlass, München 2010, S. 12–19

Physikalisch-Technische Bundesanstalt: In Bodenproben keine Spur von „Hitlers Bombe", Presseinfos vom 15.02.2006 http://www.ptb.de/de/aktuelles/archiv/presseinfos/pi2006/pitext/pi060215.html (30.09.2011)

Pollock, Friedrich: Automation. Materialien zur Beurteilung der ökonomischen und sozialen Folgen, Frankfurt (Main) 1964

Pröse, Michael: Chiffriermaschinen und Entzifferungsgeräte im Zweiten Weltkrieg, München 2006

Pugh, Emerson W.: Building IBM. Shaping an industry and its technology, Cambridge, Mass. 1995

Pugh, Emerson W. und William Aspray: Creating the Computer Industry, in: IEEE Annals of the History of Computing, Bd. 18/1996 Nr. 2, S. 7–17

Rahlenbeck, Eckhard: Millionen in Millisekunden – Wie der Hochfrequenzhandel die Börsen verändert, Sendung SWR2 Wissen am 30. 04.2012, Manuskript S. 10

Rode, Horst und Klaus-Henning Hansen: Die Erfindung der universellen Maschine. Zur Geschichte der Datenverarbeitung in 50 Jahrhunderten, Hannover 1992

Rohwer, Jürgen: Die Auswirkungen der deutschen und britischen Funkaufklärung auf die Geleitzugoperationen im Nordatlantik, in: Jürgen Rohwer und Eberhard Jäckel (Hrsg.): Die Funkaufklärung und ihre Rolle im Zweiten Weltkrieg, Stuttgart 1979, S. 167–200

Rojas, Raúl und Ulf Hashagen: The First Computers – History and Architectures, Cambridge [u. a.] 2000

Samulat, Gerhard: Das Ende der Automatisierungseuphorie, Pressemitteilung des Fraunhofer-Instituts für System- und Innovationsforschung, 13.08.2001, http://idw-online.de/pages/de/news37955 (Stand: 21.03.2012)

Schildt, Axel: Die Sozialgeschichte der Bundesrepublik Deutschland bis 1989/90, München 2007

Sellen, Abigail J. und Richard H. R. Harper: The Myth of the Paperless Office, Cambridge (Mass.) und London 2002

Servan-Schreiber, Jean-Jacques: Die amerikanische Herausforderung, Hamburg 1968

Smith, Michael: Enigma entschlüsselt. Die „Codebreakers" von Bletchley Park, München 2001

Spangle, C. W.: Hardware Markets in the 70's, in: Fred Gruenberger (Hrsg.): Expanding Use of Computers in the 70's: Markets, Needs, Technology, Englewood Cliffs 1971, S. 37–50

Spiegel, Jan Van der: ENIAC, in: Raúl Rojas (Hrsg.): Encyclopedia of Computers and Computer History, Bd. 1, Chicago – London 2001, S. 283–288

United States Atomic Energy Commission: In the Matter of J. Robert Oppenheimer. Transcript of Hearing before Personnel Security Board, Washington 1954, S. 485 http://www.archive.org/details/unitedstatesatom007206mbp

Weierud, Frode: Bletchley Park's Sturgeon – The fish that laid no eggs, in: B. Jack Copeland u. a. (Hrsg.): Colossus. The secrets of Bletchley Park's codebreaking computers, Oxford 2010, S. 307–327

Werther, Waldemar: Die Entwicklung der deutschen Funkschlüsselmaschinen: Die „Enigma", in: Jürgen Rohwer und Eberhard Jäckel (Hrsg.): Die Funkaufklärung und ihre Rolle im Zweiten Weltkrieg, Stuttgart 1979, S. 50–65

Wildes, Karl L. und Nilo A. Lindgren: A century of electrical engineering and computer science at MIT, 1882–1982, Cambridge (Mass.) [u. a.] 1986

Williams, Michael R.: EDVAC, in: Raúl Rojas (Hrsg.): Encyclopedia of Computers and Computer History, Bd. 1, Chicago – London 2001, S. 265 f.

Williams, Michael R.: The Origins, Uses, and Fate of the EDVAC, in: IEEE Annals of the History of Computing, Bd. 15/1993, Nr. 1, S. 22–38

Williams, Michael R.: A Preview of Things to Come: Some Remarks on the First Generation of Computers, in: Raúl Rojas and Ulf Hashagen (Hrsg.): The first computers, Cambridge/Mass. [u. a.] 2000, S. 1–15

Williams, Michael R.: Selective Sequence Electronic Calculator, in: Raúl Rojas (Hrsg.): Encyclopedia of Computers and Computer History, Bd. 2, Chicago – London 2001, S. 698 f.

Zellmer, Rolf: Die Entstehung der deutschen Computerindustrie, Diss. Köln 1990

Zuse, Konrad: Der Computer – mein Lebenswerk, 5. Aufl., Berlin [u. a.] 2010

Ohne Verfasserangabe

Automation – Einzug der Roboter, in: DER SPIEGEL, Nr. 14/1964, S. 30–48

Bedeutung und Entwicklung der automatischen Datenverarbeitung, hrsg. von der Diebold Deutschland GmbH, in: Günter Friedrichs (Red.): Computer und Angestellte, Bd. I, Köln 1971, S. 197–246

Die eiserne Hand schafft mehr, in: DER SPIEGEL, Nr. 21/1984, S. 20–26

„Zwanzig Minuten am Rand eines Atomkriegs", in: DER SPIEGEL, Nr. 26/1980, S. 102–114

Literaturverzeichnis zum Kapitel „Der Computer für jedermann und die grenzenlose Kommunikation"

Allerbeck, Klaus R. und Wendy J. Hoag: „Utopia is Around the Corner" – Computerdiffusion in den USA als soziale Bewegung, in: Zeitschrift für Soziologie, 18/1989, Heft 1, S. 35–53

Apple Inc. (Hrsg.): Quartalsberichte, http://investor.apple.com/results.cfm (06.06.2012)

Augarten, Stan: Bit by bit. An illustrated history of computers, London [u. a.] 1985

Bagnall, Brian: Volkscomputer. Die Geschichte von Pet und VD-20, C64 und Amiga: Aufstieg und Fall des Computer-Pioniers Commodore, Utting 2010

Blizzard Entertainment: Pressemitteilung vom 7. Okt. 2010 http://eu.blizzard.com/de-de/company/press/pressreleases.html?id=10006287 (19.07.2013)

Bonsiepen, Lena: Von Künstlicher Intelligenz zur Programmiertechnik, in: Jürgen Friedrich [u. a.] (Hrsg.): Informatik und Gesellschaft, Heidelberg [u. a.] 1995, S. 275–286

Broy, Manfred (Hrsg.): Innovation durch softwareintensive eingebettete Systeme, Berlin [u. a.] 2010

Bülow, Ralf (Hrsg.): Denk, Maschine! Geschichten über Roboter, Computer und künstliche Intelligenz, München 1988

Bundesverband deutscher Banken: Fakten und Zahlen aus der Kreditwirtschaft, Berlin Sept. 2011 https://www.bankenverband.de/publikationen/ods/die-privaten-banken-fakten-und-zahlen (03.07.2012)

Bundesverfassungsgericht: Volkszählungsurteil vom 15. Dezember 1983

Busse, Nikolaus: Vorratsdatenspeicherung. Jeden Tag 315.036,54 Euro Strafe, in: Frankfurter Allgemeine Zeitung vom 31.05.2012

Carstens, Peter: Elektroschrott: Die Kehrseite von PC, iPhone & Co., in: GEO.de, Artikel vom 17.08.2010, http://www.geo.de/GEO/technik/65059.html (20.06.2012)

Ĉas, Johannes und Walter Peissl: Datenhandel – ein Geschäft wie jedes andere?, hrsg. von der Bundeszentrale für politische Bildung, 12.03.2010, http://www.bpb.de/gesellschaft/medien/wissen-und-eigentum/73338/datenhandel (19.09.2012)

Cortada, James W.: Information Technology as Business History, Westport [u. a.] 1996

Coy, Wolfgang: Media Control. Wer kontrolliert das Internet?, in: Sybille Krämer (Hrsg.): Medien – Computer – Realität. Wirklichkeitsvorstellungen und neue Medien, Frankfurt a. M. 1998, S. 133–151

Däßler, Rolf: Datenträger und Speicherverfahren für die digitale Langzeitarchivierung, in: Heike Neuroth [u. a.] (Hrsg.): Nestor-Handbuch. Eine kleine Enzyklopädie der digitalen Langzeitarchivierung, Version 2.0, Göttingen und Boizenburg 2009, Kap. 10:6

Derksen, Roland: Zur Vereinbarung der Richtlinie über die Vorratsdatenspeicherung von Daten mit der Europäischen Grundrechtcharta, (Wissenschaftlicher Dienst des Deutschen Bundestag WD 11 – 3000 – 18/11), http://www.vorratsdatenspeicherung.de/images/rechtsgutachten_grundrechtecharta.pdf (18.08.2013)

Donner, Susanne: Der Chip, der unter die Haut ging, in: Technology Review, Heft 11/2009 http://www.heise.de/tr/artikel/Der-Chip-der-unter-die-Haut-ging-836048.html (15.11.2012)

Drösser, Christoph und Götz Hamann: Die Guten im Netz, in: DIE ZEIT vom 13.01.2011, http://www.zeit.de/2011/03/Wikipedia-Weltlexikon (18.07.2013)

Eckart, Wolfgang U.: Geschichte der Medizin, 5. Aufl., Heidelberg 2005

Erdmann, Charlotte: „One more thing". Apples Erfolgsgeschichte vom Apple I bis zum iPad, München 2011

Ertel, Wolfgang: Grundkurs Künstliche Intelligenz, 2. Aufl., Wiesbaden 2009

Ferscha, Alois: Pervasive Computing: connected > aware > smart, in: Friedemann Mattern, Die Informatisierung des Alltags, Berlin [u. a.] 2007, S. 3–10

Friedewald, Michael: Der Computer als Werkzeug und Medium. Die geistigen und technischen Wurzeln des Personal Computers, Berlin 1999

Gellman, Barton und Laura Poitras: U.S., British intelligence mining data from nine U.S. Internet companies in broad secret program, in: The Washington Post, 6. Juni 2013 http://www.washingtonpost.com/investigations/us-intelligence-mining-data-from-nine-us-internet-companies-in-broad-secret-program/2013/06/06/3a0c0da8-cebf-11e2-8845-d970ccb04497_story.html (26.07.2013)

Grossman, Lev: Invention Of the Year: The iPhone, in: Time, 1. Nov. 2007, http://www.time.com/time/specials/2007/article/0,28804,1677329_1678542,00.html (05.06.2012)

Hafner, Katie und Matthew Lyon: Arpa Kadabra oder die Geschichte des Internet, 2. Aufl., Heidelberg 2000

Halfmann, Jost: Die Entstehung der Mikroelektronik. Zur Produktion des technischen Fortschritts, Frankfurt a. M. [u. a.] 1984

Hansen, Hans Robert: Wirtschaftsinformatik I. Einführung in die betriebliche Datenverarbeitung, 6. Aufl., Stuttgart [u. a.], Jena 1992

Hellige, Hans Dieter: Die Geschichte des Internet als Lernprozess, in: Hans-Jörg Kreowski (Hrsg.): Informatik und Gesellschaft . Verflechtungen und Perspektiven, Berlin 2008, S. 121–170, hier S. 154

Herbold, Astrid: Die Rückkehr der Heimarbeit, ZEIT-Online vom 09.06.2011, http://www.zeit.de/digital/internet/2011-06/internet-handel-onlineshops (19.06.2012)

Hijmans, Hielke und Owe Langfeldt: Datenschutz in der Europäischen Union, in: Jan Hinrik Schmidt und Thilo Weichert (Hrsg.): Datenschutz, Bonn 2012, S. 403–411

International Telecommunications Union (ITU) (Hrsg.): Statistics, http://www.itu.int/ict/statistics (Stand: 16.07.2013)

Irrgang, Bernhard: Posthumanes Menschsein? Künstliche Intelligenz, Cyberspace [...], Stuttgart 2005

Jonas, Hans: Das Prinzip Verantwortung. Versuch einer Ethik für die technologische Zivilisation, Frankfurt a. M. 1989

Korczak, Dieter und Michael Wilken: Verbraucherinformation Scoring, hrsg. von der GP Forschungsgruppe, München, Juni 2009, http://www.bmelv.de/cae/servlet/contentblob/638114/publicationFile/36121/Scoring.pdf (09.10.2012)

Kurz, Constanze und Frank Rieger: Die Datenfresser. Wie Internetfirmen und Staat sich unsere persönlichen Daten einverleiben und wie wir die Kontrolle darüber zurückerlangen, Frankfurt a. M. 2011

Leinster, Murray: Ein Computer namens Joe, in: Werner Heilmann (Hrsg.): Online. Erzählungen von Angeklickten und Abgestürzten [...], München 1997, S. 7–29

Leroi-Gourhan, André: Hand und Wort. Die Evolution von Technik, Sprache und Kunst, 2. Aufl., Frankfurt a. M. 1995

Licklider, J. C. R. und Robert W. Taylor: The Computer as a Communication Device, in: Science and Technology, April 1964, S. 21–41

Lewinski, Kai von: Zur Geschichte von Privatsphäre und Datenschutz, in: Jan-Hinrich Schmidt / Thilo Weichert (Hrsg.), Datenschutz, Bonn 2012, S. 23–33

Lischka, Konrad: Städte machen Millionen mit Datenhandel, SPIEGEL ONLINE, 7. Sept. 2012 http://www.spiegel.de/netzwelt/netzpolitik/melderegister-staedte-verkaufen-adressdaten-und-verdienen-millionen-a-854146.html (09.10.2012)

Lüpken-Räder, Gerda (Red.): Datenschutz von A – Z, 3. Aufl., Freiburg 2012

Neuroth, Heike: Vorwort, in: Heike Neuroth [u. a.] (Hrsg.): Nestor-Handbuch. Eine kleine Enzyklopädie der digitalen Langzeitarchivierung, Version 2.0, Göttingen und Boizenburg 2009, S. 15–17

Niesner, Stefan: RFID in Bibliotheken – eine Einführung, http://www.opus-bayern.de/bib-info/volltexte/2006/201/pdf/Niesner_S1_RFID_in_Bibliotheken_eine_Einfuehrung.pdf (18.11.2011)

Pörksen, Bernhard: Droht die totale Erinnerung?, in: Chrismon, Sept. 2012, S. 46–47 http://chrismon.evangelisch.de/artikel/2012/droht-die-totale-erinnerung-15191 (26.07.2013)

Postman, Neil: Das Technopol. Die Macht der Technologien und die Entmündigung der Gesellschaft, Frankfurt 1992

Rammert, Werner: Computerwelten – Alltagswelten. Von der Konvertierung zur Variation eines Themas, in: Werner Rammert (Hrsg.): Computerwelten – Alltagswelten, Opladen 1990, S. 13–26

Rehbein, Florian [u. a.]: Computerspielabhängigkeit im Kindes- und Jugendalter, Forschungsbericht Nr. 108 des Kriminologischen Forschungsinstituts Niedersachsen e. V. (KFN), Hannover 2009, S. 1, http://www.kfn.de/versions/kfn/assets/fb108.pdf (19.07.2013)

Reppesgaard, Lars: Global Players: Die großen Internetunternehmen betrachten den Datenschutz eher als Geschäftshindernis, in: Jan Hinrik Schmidt und Thilo Weichert (Hrsg.): Datenschutz, Bonn 2012, S. 412–418

Rohwetter, Marcus und Götz Hamann: Wir werden täglich ausgespäht, in: DIE ZEIT, Nr. 48 vom 18.11.2004

Rosenbach, Marcel: Die neue Klassengesellschaft, in: DER SPIEGEL 17/2008 vom 21.04.2008, S. 44–48, http://www.spiegel.de/spiegel/print/d-56670286.html (26.07.2013)

Ruppelt, Georg: Der große summende Gott. Geschichten von Denkmaschinen, Computern und Künstlicher Intelligenz, Hameln 2003

Sackmann, Christoph: IT-Unternehmen: Wertvoll wie ein Staat, in: CHIP 07/2012, S. 26–27

Schaar, Peter: Das Ende der Privatsphäre. Der Weg in die Überwachungsgesellschaft, München 2007

Schmitz, Heinz: Denglisch für das Internet, in: Wirtschaftswoche vom 9.11.2000

Siefkes, Dirk [u. a.] (Hrsg.): Sozialgeschichte der Informatik. Kulturelle Praktiken und Orientierungen, Wiesbaden 1998

Simon, Herbert A. und Allen Newell: Heuristic Problem Solving: The Next Advance in Operations Research, in: Operations Research, Bd. 6/1958, S. 1–10

Statistisches Bundesamt (Hrsg.): Ausstattung privater Haushalte mit Informations- und Kommunikationstechnik im Zeitvergleich, Wiesbaden 2012, https://www.destatis.de/DE/ZahlenFakten/GesellschaftStaat/EinkommenKonsumLebensbedingungen/AusstattungGebrauchsguetern/Tabellen/A_Infotechnik_D_LWR.html?nn-=50780 (02.08.2012)

Statistisches Bundesamt (Hrsg.): Statistisches Jahrbuch für die Bundesrepublik Deutschland 2005, Wiesbaden 2005

Statistisches Bundesamt: Pressemitteilung Nr. 076 vom 05.03.2012, https://www.destatis.de/DE/PresseService/Presse/Pressemitteilungen/2012/03/PD12_076_63931.html (02.08.2012)

te Wildt, Bert Theodor: Internetabhängigkeit – Symptomatik, Diagnostik und Therapie, in: Dominik Batthyány und Alfred Pritz: Rausch ohne Drogen. Substanzungebundene Süchte, Wien [u. a.] 2009, S. 257–279, hier S. 258

Turing, Alan M.: Computing Machinery and Intelligence, in: Mind, Bd. 59/1950, S. 433–460

Turkle, Sherry: Leben im Netz. Identität in Zeiten des Internet, Reinbek bei Hamburg 1998

Universitätsmedizin Mainz: Präventions- und Interventionsprogramm „Internet- und Computerspielsucht“, Mainz 2012, http://www.unimedizin-mainz.de/psychosomatik/startseite/kompetenzzentrum-verhaltenssucht/computerspielsucht.html (19.07.1012)

Visser, Corinna: Apple schlägt Google, in: Tagesspiegel vom 09.05.1011 http://www.tagesspiegel.de/wirtschaft/markenwert-apple-schlaegt-google/4153386.html (15.07.2013)

Wefing, Heinrich: Einfach nur autoritär, in: DIE ZEIT, Nr. 6 vom 02.02.2012

Weichert, Thilo: Datenschutz und Überwachung in ausgewählten Staaten, in: Jan Hinrik Schmidt und Thilo Weichert (Hrsg.): Datenschutz, Bonn 2012, S. 419–425

Weiser, Mark: The Computer for the 21st Century, in: Scientific American, Special Issue, Sept. 1991, S. 66–75

Weizenbaum, Joseph: Die Macht der Computer und die Ohnmacht der Vernunft, 3. Aufl., Frankfurt a. M. 1982

Young, Jeffrey S.: Steve Jobs. Der Henry Ford der Computerindustrie, Düsseldorf 1989

Ohne Verfasserangabe

Bildschirmtext – Computerwissen für alle?, in: DER SPIEGEL, Nr. 11/1983, S. 80–85

Gartner Says Worldwide PC Shipments Grew [… [, , http://www.gartner.com/it/ page.jsp?id=1981717 (25.04.2012)

Online gamers addicted says study, BBC News vom 28.11.2006, http://news.bbc.co.uk/2/hi/uk_news/england/nottinghamshire/6193462.stm (19.07.2012)

PC-Verkäufe erreichen Rekordwert, BITCOM-Presseinfo vom 03.01.2011, https://www.bitkom.org/de/presse/64050_66433.aspx (25.04.2012)

PC-Verkäufe in Westeuropa gingen um 16 Prozent zurück, in: Magazin „Channelpartner", IDG München vom 07.02.2012, http://www.channelpartner.de/news/2576243/index.html (25.04.2012)

Neue Regelung: VW schaltet Dienst-Handys abends ab, in: Wolfsburger Allgemeine Zeitung vom 19.12.2011, http://www.waz-online.de/Wolfsburg/Wolfsburg/Volkswagen/Neue-Regelung-VW-schaltet-Dienst-Handys-abends-ab (20.11.2012)

Literaturverzeichnis zum Kapitel „Vergangenheit begegnet Zukunft"

Barlow, John Perry: The Economy of Ideas. A Framework for patents and copyrights in the Digital Age, in: Wired, 1994, http://www.wired.com/wired/archive/2.03/economy.ideas_pr.html (01.08.2013)

Depenhauer, Otto und Klaus-Nikolaus Peifer (Hrsg.) Geistiges Eigentum: Schutzrecht oder Ausbeutungstitel? Zustand und Entwicklungen im Zeitalter von Digitalisierung und Globalisierung, Berlin [u. a.] 2008

Dürrenmatt, Friedrich: Das Mögliche ist ungeheuer. Ausgewählte Gedichte, Zürich 1993

Hansen, Gerd: Warum Urheberrecht? Die Rechtfertigung des Urheberrechts unter besonderer Berücksichtigung des Nutzerschutzes, Baden-Baden [u. a.] 2009

Irrgang, Bernhard: Posthumanes Menschsein? Künstliche Intelligenz, Cyberspace […], Stuttgart 2005

Krämer, Sybille (Hrsg.): Medien – Computer – Realität. Wirklichkeitsvorstellungen und neue Medien, Frankfurt a. M. 1998

Mattern, Friedemann: Hundert Jahre Zukunft – Visionen zum Computer- und Informationszeitalter, in: Friedemann Mattern (Hrsg.): Die Informatisierung des Alltags, Berlin [u. a.] 2007, S. 351–419

Register

Abbildungsnachweis

Vollständige bibliografische Angaben siehe Literaturverzeichnis

S. 18	Pforte Kloster Schöntal; Foto (Ausschnitt): Foto-Besserer
S. 23	Schema Handabakus; Kretzschmer: Bilddokumente römischer Technik, S. 5
S. 24	Darius-Vase; Furtwängler/Reichhold: Griechische Vasenmalerei, II. Serie, Tafeln, Tafel 88 (Ausschnitt)
S. 30	Grabstein; RLM Trier Inv. 1931,276 © GDKE/ Rheinisches Landesmuseum Trier, Foto: Th. Zühmer
S. 31	Pacioli, Luca: So[m]ma di arithmetica, geometria, proportioni & proportionalità, Venetiis 1494, Blatt 92 © Universitätsbibliothek Heidelberg, http://digi.ub.uni-heidelberg.de/diglit /il003150 00/0092 (CC BY-SA 3.0 DE)
S. 36 oben	Rechenschema Gerbert; Der Verfasser
S. 36 unten	Handschrift: Geometria Euclidis a Boethio in Latinum lucidius translata, Blatt 35r, © Universitätsbibliothek Erlangen-Nürnberg Sign. MS 379,
S. 40	Anonymus: Rechentisch, Musée de l'Œvre Notre-Dame de Strasbourg, Foto: Musées Strasbourg
S. 41	König/Stalzer: Rechenpfennige, Bd. 1, Tafel 8 Nr. 348 und Tafel 15 Nr. 1
S. 42	Schemazeichnung Rechenbrett; Der Verfasser
S. 45 oben	Holzschnitt mit Rechenbrett; Schramm: Der Bilderschmuck der Frühdrucke, Bd. XII, Tafel 46, Bild 338
S. 45 oben	Holzschnitt mit Rechenbrett Luther: Deudsch Catechismus, Wittemberg 1530, S. LVIb, SLUB Dresden/Theol.ev.cat.11
S. 45 unten	Holzschnitt mit Rechenbrett; Pauli: Das Buch Schimpff unnd Ernst genannt, Augsburg 1535, S. XXXV, Badische Landesbibliothek Karlsruhe, Sign. 63B 188 RH
S. 46	Petrarca: Trostspiegel in Glück und Unglück, Franckfurt am Main 1620, S. 265, Badische Landesbibliothek Karlsruhe. Sign. 72B 788 RH
S. 54	Zwei Rechenverfahren; Record: The grou[n]d of artes, London 1543, © British Library Board, Sign. G.16099
S. 57	Schema Rechenbrett; Der Verfasser
S. 58	Schema Rechenbrett; Der Verfasser
S. 62 oben	Schickard: Entwurfskizze (Ausschnitt), Stuttgart, Württ. Landesbibliothek, Cod. Hist. Qt 203, S. 50
S. 62 unten	Rekonstruktion der schickardschen Rechenmaschine; © Stadtmuseum Tübingen
S. 64	Funktionsweise der napierschen Stäbe; Der Verfasser
S. 66	Pascalsche Rechenmaschine; Mathematisch-Physikalischer Salon, Staatl. Kunstsammlungen Dresden, Inv.Nr. A II 11, Foto: Jürgen Karpinski
S. 69	Funktionsteile der Rechenmaschine; Diderot und d'Alembert: Encyclopédie, Recuil de Planches, 4. Lief., Paris 1767, Planche II
S. 74	Rechenmaschine Leibniz; Gottfried W. Leibniz-Bibliothek, Hannover, Bild_3_65_12
S. 78	Schema Staffelwalze; Zeichnung von L. v. Mackensen zu seinem Vortrag: Von Pascal zu Hahn, in: 350 Jahre Rechenmaschine, S. 104, Abb. 2.6
S. 76	Gottfried W. Leibniz-Bibliothek, Hannover, Leibniz-Handschriften zur Mathematik LH XXXV 3 B 3, Bl. 1r (linke Seite)
S. 78	Schema Sprossenrad; E. Vorndran: Entwicklungsgeschichte des Computers, Berlin/Offenbach: VDE-Verlag 1982, S. 50
S. 81	Rechenmaschine P. M Hahn, Landesmuseum Württemberg, Foto: Hendrik Zwietasch
S. 86	Thomas-Rechenmaschine, © Arithmeum / Rheinische Friedrich-Wilhelms-Universität Bonn, Inv.Nr. FDM 6714
S. 92	Brunsviga-Werbeanzeige Brauner und Vogt: Illustriertes Orga-Handbuch erprobter Büro-Maschinen, Berlin 1921, Anzeigenteil

S. 96 Burroughs-Addiermaschine; Encyklopädie der math. Wissenschaften, 1. Bd., 2. Teil, S. 963

S. 99 Inserat in der Schweizer Illustrierten Zeitung vom 10.01.1924, abgedruckt in: M. König, Warten und Aufrücken, Zürich 1985, S. 76

S. 101 Verkäuferschulung Burroughs; Foto mit freundl. Genehmigung von Burroughs Corporation Records, Charles Babbage Institute (CBI), University of Minnesota Libraries, Sign. Cb000123

S. 103 Das Kaufhaus des Westens – „An der Kasse", Medien-ID 70131359 © bpk / Staatsbibliothek zu Berlin

S. 104 Bedienungsanleitung Curta; © Arithmeum / Rheinische Friedrich-Wilhelms-Universität Bonn, Inv.Nr. 05.5-0719

S. 123 Porträt Jacquard; Gemeinfreies Objekt des Metropolitan Museums, New York, http://www.metmuseum.org/art/ collection/search/222531 (03.03.2017)

S. 124 Vlacq: Tabellen der Sinuum …, SLUB Dresden, http://digital.slub-dresden.de/ id469481625, (CC-BY-SA 4.0)

S. 126 Porträt Charles Babbage; Daguerreotypie von Antoine Claudet. Image-ID: NPG P28, © National Portrait Gallery, London

S. 128 Babbage: Bauteil der Difference Engine Nr. 1; Image-ID 10303371, © Science and Society Picture Library, London

S. 133 Babbage: Übersichtsplan Analytical Engine; Image-ID 10677723, © Science and Society Picture Library, London

S. 150 oben Hollerith-Kartenleser; von Klepacki: Die Hollerith'sche elektrische Zählmaschine für Volkszählungen, in: Polytechnisches Centralblatt, Jg. 57/1896, Nr. 11, S. 123

S. 150 unten Hollerith-Tabelliermaschine; Scientific American, Jg. 63. Nr. 9 (30. Aug. 1890), Ausschnitt der Titelseite

S. 152 Pantograph-Locher; Polytechnisches Centralblatt, Jg. 57/1896, Nr. 11, S. 122

S. 157 oben Lochkarte von 1910; Losch: Die Volkszählung vom 1. Dezember 1910, in: Württembergische Jahrbücher für Statistik und Landeskunde, Jg. 1912, Zweites Heft, Stuttgart 1913, S. 184

S. 157 unten Lochkarte der neueren Zeit; Der Verf

S. 161 Porträt Thomas J. Watson Sen.; Mit freundlicher Genehmigung von IBM Archives

S. 164 Kundendienstmannschaft Powers; Die Lochkarte und das Powers System, (Zeitschrift für neuzeitliches Rechnungswesen), 1933, H. 47, S. 500

S. 171 Hollerith-Abteilung der Farbenwerke Bayer; mit freundlicher Genehmigung von Bayer AG: Corporate History & Archives

S. 178 Locherinnen bei der AOK; Die Lochkarte und das Powers System, 6. Jg. 1934, H. 62/63, S. 632

S. 180 f. Werbeanzeige Powers; Die Lochkarte und das Powers System, 6. Jg. 1934, H. 62/63, S. 646 f.

S. 182 Lohnabrechnung mit Lochkarten; DEHOMAG (Hrsg.): Festschrift zur 25-Jahrfeier der Deutschen Hollerith Maschinen Gesellschaft, Berlin- Lichterfelde 1935, S. 107

S. 191 Karteiführer der SS; Statisches Jahrbuch der Schutzstaffel der NSDAP, 1938, S. 129

S. 196 Häftlings-Personal-Karte KZ Buchenwald; United States Holocaust Memorial Museum, mit freundlicher Genehmigung von Jacob Dimant

S. 197 Häftlingskarte (Vordruck); Bundesarchiv, Akte NS 4 Natzweiler / 49

S. 199 Judentransport der Reichsbahn; Yad Vashem Photo Archive, Sign. A4613/1116

S. 206 Suchdienst Flensburg; Archiv Deutsches Rotes Kreuz, Suchdienst München

S. 213 Konrad Zuse; Foto mit freundlicher Genehmigung von Siemens Archiv, München

S. 217 oben Enigma-Chiffriermaschine; in: Marinedienstvorschrift (MDv) 32, Fotoarchiv der Bibliothek für Zeitgeschichte (BfZ), Mappe A-259

S. 217 unten Guderian und Enigma; Bundesarchiv, Bild 1011-769-0229-11A / Fotograf: Erich Borchert

S. 225 Harvard Mark I; Foto mit freundlicher Genehmigung von IBM Archives

S. 227 Atombombe auf Hiroshima; bpk-Bildagentur, Bild-Nr. 30002576

S. 229 Computer mit immer kleineren Bauteilen; U. S. Army Photo No. 163-12-62 (first_four.jpg), Bild im Auftrag der US-Bundesregierung erstellt und inzwischen Public Domain (PD), Zugriff über http://ftp.arl.army.mil/~mike/comphist/ (25.12.2012)

S. 231 UNIVAC I; Foto mit freundlicher Genehmigung der Unisys Corporation

S. 240 Lichtgriffel am Bildschirm; Augarten: Bit by Bit, 1985, S. 207, Bildquelle laut S. 124: MITRE

S. 247 Datenerfassung bei BASF Ludwigshafen; Foto mit freundlicher Genehmigung von HNF Heinz Nixdorf MuseumsForum

S. 259 Karikatur „Roboter am Werkstor“, Frankfurter Rundschau vom 11.02.1984, S. 6, © Erik Liebermann

S. 262 Containerterminal; Fotograf Henrik Jessen, Wikimedia.org/wiki, File: Hamburg-CTA-AGV-2008.JPG, Creative Commons CC BY 3.0 Unported

S. 267 IBM-PC; Foto mit freundlicher Genehmigung von IBM Archives

S. 288 Karikatur zum Daten-Superhighway, mit freundlicher Genehmigung von Steve Greenberg, Erstveröffentlichung im Seattle Post-Intelligencer vom 18.10.1993